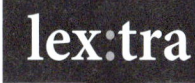

Lerngrammatik

Französisch

zum Nachschlagen, Lernen und Üben

Gertraud Gregor
Annette Runge (Übungen)

Lextra: Lerngrammatik Französisch mit CD-ROM
zum Nachschlagen, Lernen und Üben

von
Gertraud Gregor
Annette Runge (Übungen)

Beratende Mitwirkung: Axel Polleti und Annette Runge
Lektorat: Nina Boie sowie Cécile Hoene und Eva Fauconneau
Umschlaggestaltung: Cornelsen Verlag Design
Umschlagfoto: JUNOPHOTO
Layout und technische Umsetzung: Stephan Hilleckenbach
Illustrationen: Laurent Lalo

Weitere Titel in dieser Reihe
978-3-589-22264-3 Lerngrammatik Englisch mit CD-ROM
978-3-589-22267-4 Lerngrammatik Spanisch mit CD-ROM
978-3-589-01565-8 Grund- und Aufbauwortschatz Französisch nach Themen
978-3-589-01566-5 Grundwortschatz Französisch nach Themen, Übungsbuch

www.lextra.de
www.cornelsen.de

1. Auflage, 1. Druck 2009

Alle Drucke dieser Auflage sind inhaltlich unverändert und können
im Unterricht nebeneinander verwendet werden.

© 2009 Cornelsen Verlag, Berlin

Druck und Bindung: Kösel, Krugzell
Bindung patentrechtlich geschützt. Kösel FD 351, Patent-Nr. 0748702

ISBN 978-3-589-22265-0

 Inhalt gedruckt auf säurefreiem Papier aus nachhaltiger Forstwirtschaft.

Die **Lerngrammatik Französisch zum Nachschlagen, Lernen und Üben** zeichnet sich durch Übersichtlichkeit, Verständlichkeit und besonders lernerfreundliche Handhabung aus.

Im ausführlichen Inhaltsverzeichnis finden Sie rasch die grammatischen Strukturen, die Sie suchen. Innerhalb der einzelnen Kapitel ermöglicht ein einfaches Verweissystem mit vielen Querverweisen die gezielte Informationssuche. Ein Verzeichnis der relevanten grammatischen Begriffe im Anhang hilft beim Nachschlagen in Zweifelsfällen. Hier finden Sie außerdem wertvolle Hinweise zur Aussprache und zur Rechtschreibung:

A verweist auf die Erklärungen zur Aussprache S. 333–335,

R verweist auf die Erklärungen zur Rechtschreibung S. 336–341

Die **Lerngrammatik Französisch** wendet sich an Jugendliche und Erwachsene, an Lernende und Lehrende. Sie kann ebenso im Selbststudium wie auch unterrichtsbegleitend auf unterschiedlichen Stufen eingesetzt werden.

In kleinen Schritten und klar verständlicher Sprache werden alle Strukturen erläutert, die Sie bis zum Niveau C1 des Gemeinsamen europäischen Referenzrahmen kennen müssen. Die behandelten Grammatikthemen werden aus Sicht deutschsprachiger Lerner kontrastiv dargestellt. Besonders hilfreich sind dabei die anschaulichen Beispielsätze, die ins Deutsche übersetzt sind, und die zahlreichen Hinweise auf sprachliche „Stolpersteine", die Sie vor allem in den Abschnitten „Hinweise zur Vermeidung von Fehlern" am Ende der Kapitel finden.

Zu allen Grammatikkapiteln gibt es im Übungsteil für die Lernenden die Möglichkeit, das Gelernte anzuwenden und ihre Kenntnisse mithilfe der Lösungen zu überprüfen.

Viel Erfolg beim Französischlernen wünschen Ihnen

Gertraud Gregor und die Redaktion

Inhalt / Sommaire

Die Begleiter des Nomens / Les déterminants du nom

Nomen – man sagt auch Substantive – werden im Deutschen wie im Französischen meist von anderen Wörtern begleitet: den Begleitern. Sie bestimmen das Nomen näher, z.B.: **der** Baum, **die** Pflanze, **ein** Film, **sein** Auto, **diese** Reise, **welcher** Bus?, **irgendeine** Idee, **alle** Freunde.

Im folgenden Kapitel finden Sie die Abschnitte:

1 Der unbestimmte Artikel

2 Der bestimmte Artikel

3 Der mit einer Präposition zusammengezogene Artikel

4 Der Gebrauch des bestimmten Artikels

- Der bestimmte Artikel vor geographischen Namen
- Der bestimmte Artikel bei Zeitangaben
- Der bestimmte Artikel vor Körperteilen
- Der bestimmte Artikel bei Wissenschaften und Schulfächern
- Der bestimmte Artikel bei Titeln und Anreden
- Der bestimmte Artikel nach *adorer, aimer, détester, préférer*
- Die Auslassung des Artikels

5 Das partitive *de* und der Teilungsartikel

- Die Mengenangabe
- Der Teilungsartikel

6 Der Possessivbegleiter

- Der Gebrauch des Possessivbegleiters

7 Der Demonstrativbegleiter

8 Der Interrogativ- und Ausrufebegleiter

- Der Gebrauch des Interrogativ- und Ausrufebegleiters

9 Die indefiniten Begleiter

- *Aucun – pas un/e*
- *Autre*
- *Chaque*

▶▶▶

- *N' importe quel/ quelle*
- *Plusieurs/Quelques*
- *Tel*
- *Tout*

10 Hinweise zur Vermeidung von Fehlern

- Der bestimmte und der unbestimmte Artikel
- Der Possessivbegleiter

1 Der unbestimmte Artikel

		maskulin		feminin	
A	Singular	**un** restaurant	ein Restaurant	**une** voiture	ein Auto
		un_arbre	ein Baum	**une**_aventure	ein Abenteuer
		un_hôtel	ein Hotel	**une**_habitude	eine Gewohnheit
A	Plural	**des** restaurants	Restaurants	**des** voitures	Autos
		des_arbres	Bäume	**des**_aventures	Abenteuer
		des_hôtels	Hotels	**des**_habitudes	Gewohnheiten

Französische Nomen sind entweder maskulin oder feminin. Das Neutrum gibt es im Französischen nicht. Der unbestimmte maskuline Artikel ist *un*, der unbestimmte feminine Artikel ist *une*. Der unbestimmte Artikel hat im Französischen eine Pluralform: *des*. *Des* steht vor maskulinen und femininen Nomen. Einen unbestimmten Artikel im Plural gibt es im Deutschen nicht.

Beispiel	Erklärung
J'ai acheté **des** livres sur la Provence. Ich habe Bücher über die Provence gekauft. J'ai acheté **de** <u>beaux</u> livres sur la Provence. Ich habe schöne Bücher über die Provence gekauft.	Vor Adjektiven wird der unbestimmte Artikel im Plural *des* zu *de*. In der Umgangssprache hören Sie aber trotzdem häufig *des*: <u>*des beaux livres*</u>.
! **des** petits pains Brötchen **des** petits pois Erbsen **des** jeunes filles Mädchen **des** grands magasins Kaufhäuser	*Des petits pains*, *des petits pois* usw. sind zusammengesetzte Nomen: Das Adjektiv (*petits*) bildet mit dem Nomen (*pains*, *pois*) eine neue Sinneinheit. Deshalb steht hier der unbestimmte Artikel *des*.

▶▶▶ Der unbestimmte Artikel

Beispiel	Erklärung
Vous avez **un** livre sur la Provence? Haben Sie <u>ein</u> Buch über die Provence? Non, je n'ai pas **de** livre sur la Provence. Nein, ich habe <u>kein</u> Buch über die Provence.	In verneinten Sätzen wird der un- bestimmte Artikel zu *de*. Kein/keine heißt auf Französisch **ne pas** (Verb) **de**.
Ce n'est pas **un** livre sur la Provence, c'est un livre sur la Côte d'Azur. Das ist <u>kein</u> Buch über die Provence. Das ist ein Buch über die Côte d'Azur. Je n'ai pas **une** maison, j'ai un appartement. Ich habe <u>kein</u> Haus, ich habe eine Wohnung.	Ausnahmen: In verneinten Sätzen mit *être* und in Gegenüberstellungen bleibt der unbestimmte Artikel erhalten.

2   Der bestimmte Artikel

	maskulin	feminin
Singular	**le** restaurant **l'**arbre **l'**hôtel	**la** voiture **l'**île **l'**habitude
Plural	**les** restaurants **les**_arbres **les**_hôtels	**les** voitures **les**_îles **les**_habitudes

Das Französische hat die bestimmten Artikel *le*, *la*, *les*. *Le* steht vor maskulinen Nomen,
la vor femininen Nomen. Vor einem Vokal und stummem h werden *le* und *la* zu *l'*
apostrophiert. *Les* steht vor allen Nomen im Plural. Es kann nicht apostrophiert werden.

Beispiel	Erklärung
l'île – **la** grande île **l'**hôtel – **le** grand hôtel	*Le* und *la* werden nur apostrophiert, wenn sie vor Vokal oder stummem h stehen.
le hamburger, **le** Hollandais **la** honte, **la** Hollande, **la** Hongrie	Vor einem *h aspiré* werden *le* und *la* nicht apostrophiert.

3 Der mit einer Präposition zusammengezogene Artikel

Beispiel	Erklärung
Je suis **à la** banque. Ich bin in der Bank. Après je vais **au** marché Danach gehe ich auf den Markt et **aux** magasins d'à côté. und in die Geschäfte nebenan. Je viens **des** Antilles. Ich komme von den Antillen.	Die bestimmten Artikel *le* und *les* werden mit den Präpositionen *à* und *de* zusammengezogen. *La* und *l'* werden nicht mit den Präpositionen zusammengezogen. **!** mit **à** mit **de** à + le = au de + le = du à + les = aux de + les = des Auch im Deutschen werden Artikel mit Präpositionen zusammengezogen: in dem = im, zu dem = zum, auf das = aufs.
près **du** cinéma **près de** près **des** livres près **de la** gare à côté **du** parc **à côté de** à côté **des** maisons à côté **de la** banque jusqu'**au** rond point **jusqu'à** jusqu'**aux** Pays-Bas jusqu'**à la** gare grâce **aux** économies d'énergie **grâce à** grâce **à l'**énergie solaire	Die Präpositionen *à* und *de* kommen auch in präpositionalen Ausdrücken wie *près de*, *à côté de*, *jusqu'à*, *grâce à* u.a. vor. Auch hier werden sie mit den bestimmten Artikeln zusammengezogen.

4 Der Gebrauch des bestimmten Artikels

Der Gebrauch des Artikel weicht im Französischen in einigen Fällen vom Deutschen ab.

■ **Der bestimmte Artikel vor geographischen Namen**

Beispiel	Erklärung
l'Europe, **l'**Asie, **l'**Amérique, **l'**Australie **le** Portugal, **le** Danemark, **le** Luxembourg, **le** Mexique **la** France, **l'**Allemagne, **la** Russie, **l'** Autriche **les** États-Unis, **les** Pays-Bas, **les** Émirats Arabes Unis	Anders als im Deutschen steht im Französischen vor den Kontinenten und Ländernamen der bestimmte Artikel. Ausnahmen: *Israël* (f), *Andorre* (f), *Monaco* (m), *Cuba* (m).

▶▶▶ Der Gebrauch des bestimmten Artikels

Beispiel	Erklärung
la Provence, l'Alsace, le Haut-Rhin, le Rhin, la Seine, les Alpes, les Cévennes, l'Atlantique, la Baltique	Regionen, Départements, Flüsse, Gebirge und Meere werden wie im Deutschen mit dem bestimmten Artikel verwendet.

■ **Der bestimmte Artikel bei Zeitangaben**

Beispiel	Erklärung
– Tu es libre **vendredi** soir? – … am Freitagabend … – Non, **le vendredi**, je dîne chez mes parents. – … freitags … Le restaurant est fermé **lundi prochain**. … nächsten Montag … Ce restaurant est fermé **le lundi**. … montags …	Der Wochentag ohne Artikel bezeichnet einen bestimmten Tag. Der Artikel vor einem Wochentag zeigt an, dass viele Tage gemeint sind.
Je passe chez toi **le lundi de Pâques**, d'accord? … am Ostermontag … Aujourd'hui nous sommes **le 12 décembre**. Heute ist der 12. Dezember. **Le** vendredi, 12 décembre 2008 Freitag, 12. Dezember 2008	Ein genaues Datum gibt man mit dem bestimmten Artikel an.
hier matin gestern Morgen demain après-midi morgen Nachmittag lundi soir Montagabend **le** matin/**l'**après-midi morgens/nachmittags **le** soir/**la** nuit abends/nachts	Tageszeiten werden folgendermaßen angegeben: ▬ ohne Artikel, wenn ein Zeitadverb oder ein Wochentag davorsteht, ▬ mit bestimmtem Artikel, wenn die Wiederholung zu einer Tageszeit gemeint ist.

▶▶▶ Der Gebrauch des bestimmten Artikels

■ **Der bestimmte Artikel vor Körperteilen**

Beispiel	Erklärung
Laure a **les** cheveux longs et **les** yeux bleus. … hat lange Haare und blaue Augen. J'ai mal à **la** tête, mal à l'estomac et mal **au** dos. … Kopfweh, Magen- und Rückenschmerzen.	Vor Körperteilen steht meistens der bestimmte Artikel.

■ **Der bestimmte Artikel bei Wissenschaften und Schulfächern**

Beispiel	Erklärung
Il enseigne **la** géographie en français. Er unterrichtet Geografie auf Französisch. Pourquoi étudier **les** mathématiques? Warum muss man Mathematik lernen? Elle étudie **la** chimie. Sie studiert Chemie. **!** À huit heures, on a **français**. Um acht Uhr haben wir Französisch.	Wissenschaften und Schulfächer werden mit dem bestimmten Artikel verwendet. Schulstunden werden aber ohne Artikel angegeben.

■ **Der bestimmte Artikel bei Titeln und Anreden**

Beispiel		Erklärung
le docteur Pascal	Doktor Pascal	Der bestimmte Artikel steht vor Titel + Namen, zwischen *Monsieur*, *Madame* und dem Titel und in der Anrede mehrerer Personen.
le roi Philippe	König Philipp	
le commissaire Maigret	Kommissar Maigret	
Monsieur **le** maire	Herr Bürgermeister	
Madame **la** maire	Frau Bürgermeisterin	
Bonjour, monsieur **le** directeur.	Guten Tag, Herr Direktor.	
Salut, **les** copains.	Hallo, Freunde.	
Bonjour, **les** enfants.	Guten Morgen, Kinder.	
Aber:		
Bonjour, docteur.	Guten Tag, Herr/Frau Doktor.	

▶▶▶ Der Gebrauch des bestimmten Artikels

■ **Der bestimmte Artikel nach *adorer*, *aimer*, *détester*, *préférer***

Beispiel		Erklärung
Elle aime **la** musique.	Sie liebt Musik.	Nach den Verben *adorer*,
Ils adorent **les** spaghettis.	Sie lieben Spaghetti.	*aimer*, *détester*, *préférer*
Il n'aime pas **l'**avion.	Er fliegt nicht gerne.	wird das direkte Objekt
Il préfère **le** train.	Er fährt lieber Zug.	mit dem bestimmten Arti-
Elle déteste **les** frites.	Sie hasst Pommes.	kel angeschlossen.

■ **Die Auslassung des Artikels**

Nicht immer müssen Sie im Französischen einen bestimmten Artikel vor dem Nomen gebrau-
chen. Kein bestimmter Artikel wird im Französischen verwendet:

Beispiel		Erklärung
Elle est programmeuse. Il veut devenir informaticien.	Sie ist Programmiererin. Er will Informatiker werden.	▬ vor Berufsangaben,
Violents orages dans le Nord Disparition de Thomas	Heftige Gewitter im Norden Das Verschwinden von Thomas	▬ in Schlagzeilen,
Accès interdit Stationnement interdit	Zufahrt/Zutritt verboten Parken verboten	▬ auf Verkehrsschildern,
Elle habite rue Gambetta.	Sie wohnt in der Gambettastraße.	▬ in Adressen,
Elle change de train. Il manque de tact.	Sie steigt um. Er hat kein Taktgefühl.	▬ nach Verben mit *de*,
Il boit le café sans sucre.	Er trinkt den Kaffee ohne Zucker.	▬ nach *sans*.

5 Das partitive *de* und der Teilungsartikel

Mit Mengenangabe (partitives *de*)		Ohne Mengenangabe (Teilungsartikel)	
Elle achète	**deux kilos de** pommes.	Elle achète	**des** pommes.
Sie kauft	zwei Kilo Äpfel.	Sie kauft	Äpfel.
	un litre de lait.		**du** lait.
	einen Liter Milch.		Milch.
	un pot de confiture.		**de la** confiture.
	ein Glas Marmelade.		Marmelade.
	une bouteille d'eau.		**de l'**eau
	eine Flasche Wasser.		Wasser.
Elle mange	**trop de** bonbons.	Elle mange	**des** bonbons.
Sie isst	zu viele Bonbons.	Sie isst	Bonbons.
Il a	**beaucoup de** courage.	Il a	**du** courage.
Er hat	viel Mut.	Er hat	Mut.
Il **ne** fait	**pas de** sport.	Il fait	**du** sport.
Er treibt	keinen Sport.	Er treibt	Sport.

Nach einer Mengenangabe steht im Französischen das partitive *de*.

Wenn Sie aber keine Menge angeben, müssen Sie im Französischen den Teilungsartikel verwenden. Der Teilungsartikel steht vor Nomen, die nicht zählbare Dinge (Wasser, Mehl) oder unbestimmte Mengen zählbarer Dinge (Äpfel, Bücher) bezeichnen, sowie vor abstrakten Begriffen (Mut, Humor). Im Deutschen wird in diesen Fällen kein Artikel verwendet.

■ **Die Mengenangabe**

Mengenangaben können sein:

Nomen		Adverbien	
un kilo **de**	ein Kilo	peu **de**	wenig
deux litres **de**	zwei Liter	beaucoup **de**	viel
un pot **de**	ein Glas/Topf	assez **de**	genug
un paquet **de**	ein Paket/Päckchen	trop **de**	zu viel
une tasse **de**	eine Tasse	combien **de**	wie viel
un verre **de**	ein Glas	tant **de**	so viel
un groupe **de**	eine Gruppe	ne ... pas **de**	kein

▶▶▶ Das partitive *de* und der Teilungsartikel

Nomen		Adverbien	
un tas **de**	ein Haufen		
un million **de**	eine Million	ne ... plus **de**	kein/e ... mehr

Nach Mengenangaben verwenden Sie im Französischen das partitive *de*. Im Deutschen steht zwischen der Mengenangabe und dem Nomen nichts.

Beispiel	Erklärung
Nur nach den folgenden Mengenangaben steht *des*:	
La moitié **des** internautes achète(nt) sur le web. Die Hälfte der Internetbenutzer kauft im Netz.	▬ *la moitié des*
Un tiers **des** habitants a moins de 20 ans. Ein Drittel der Einwohner ist jünger als 20 Jahre.	▬ *un tiers des*
La majorité **des** entreprises du Québec sont très petites. Die meisten Firmen in Quebec sind sehr klein.	▬ *la majorité des*
À 16 ans, la plus grande partie **des** jeunes sont dans l'enseignement secondaire supérieur. Mit 16 sind die meisten Jugendlichen in der Oberstufe.	▬ *la plus grande partie des*
En 2008, la plupart **des** familles possèdent une voiture. Im Jahre 2008 haben die meisten Familien ein Auto.	▬ *la plupart des*
Bien **des** gens ne pensent qu'à eux-mêmes. Viele Leute denken nur an sich selbst.	▬ *bien des*

▪ Der Teilungsartikel

Beispiel	Erklärung
de + le = **du** de + la = de la de + l' = de l' de + les = **des**	Der Teilungsartikel wird aus der Präposition *de* + bestimmter Artikel gebildet. Der Teilungsartikel im Plural hat dieselbe Form wie der unbestimmte Artikel im Plural.
Il a **du** courage. Il **n'a pas de** courage. Er hat Mut. Er hat keinen Mut.	Nach einer Verneinung (=Nullmenge) steht nur *de*, nicht der Teilungsartikel.
Il a **des** amis. Il **n'a pas d'**amis. Er hat Freunde. Er hat keine Freunde.	

►►► Das partitive *de* und der Teilungsartikel

Beispiel	Erklärung
! Ce n'<u>est</u> pas **de la** musique. C'est **du** bruit. Das ist keine Musik. Das ist Lärm.	Steht in einem verneinten Satz aber das Verb *être*, verwenden Sie trotz der Verneinung den vollen Teilungsartikel (*du*, *de la*, *de l'*, *des*) und nicht nur *de*.
Aujourd'hui on mange **du** poisson. Heute essen wir Fisch. Moi, j'<u>aime</u> **le** poisson. Ich liebe Fisch. Mais Louis n'<u>aime</u> pas **le** poisson. Il <u>préfère</u> **la** volaille. Aber Louis mag Fisch nicht. Er mag lieber Geflügel.	Nach den Verben *aimer*, *adorer*, *préférer*, *détester* steht der bestimmte Artikel ► S. 17, kein Teilungsartikel.

6   Der Possessivbegleiter

Possessivbegleiter kennzeichnen die Zugehörigkeit von Personen oder Sachen: <u>mein</u> Telefon, <u>dein</u> Buch, <u>sein</u> Auto, <u>eure</u> Wohnung.

		maskulin		feminin	
A	Singular	vor Konsonant **mon** livre **ton** livre **son** livre	vor Vokal **mon**_ami **ton**_ami **son**_ami	vor Vokal **mon**_amie **ton**_amie **son**_amie	vor Konsonant **ma** photo **ta** photo **sa** photo
A	Plural	**mes** livres **tes** livres **ses** livres	**mes**_amis **tes**_amis **ses**_amis	**mes**_amies **tes**_amies **ses**_amies	**mes** photos **tes** photos **ses** photos
	Singular		**notre** livre / ami / amie / photo **votre** livre / ami / amie / photo **leur** livre / ami / amie / photo		
	Plural		**nos** livres / amis / amies / photos **vos** livres / amis / amies / photos **leurs** livres / amis / amies / photos		

▶▶▶ Der Possessivbegleiter

Mon, *ton*, *son* stehen vor allen maskulinen Nomen und vor femininen Nomen, die mit Vokal beginnen. *Ma*, *ta*, *sa* stehen vor femininen Nomen, die mit Konsonant beginnen. *Mes*, *tes*, *ses* stehen vor maskulinen und femininen Nomen im Plural.

Beispiel		Erklärung
Laure et **son** père	Laure und <u>ihr</u> Vater	Anders als im Deutschen richtet sich im Französischen der Possessivbegleiter nicht nach dem „Besitzer", sondern nach dem Nomen, vor dem er steht.
Marc et **son** père	Marc und <u>sein</u> Vater	
Lucie et **ses** enfants	Lucie und <u>ihre</u> Kinder	
Bernard et **ses** enfants	Bernard und <u>seine</u> Kinder	
Les Duval et **leur** enfant	Die Duvals und <u>ihr</u> Kind	
Les Martin et **leurs** enfants	Die Martins und <u>ihre</u> Kinder	

■ Der Gebrauch des Possessivbegleiters

Beispiel		Erklärung
On a récrit **notre** lettre. Wir haben unseren Brief nochmal geschrieben. **On a** passé **nos** vacances dans **notre** maison de campagne. Wir haben die Ferien in unserem Landhaus verbracht.		Nach *on* in der Bedeutung von „wir" steht *notre/ nos*.
Il fait trop chaud. Enlève **ton** manteau. Es ist zu heiß. Zieh <u>den</u> Mantel aus. Mets **ta** robe noire ce soir. Zieh heute Abend <u>das</u> schwarze Kleid an.		Häufiger als im Deutschen steht im Französischen vor Kleidern der Possessivbegleiter.
Prenez **votre** temps! Lassen Sie sich Zeit.	Prends **ton** temps! Lass dir Zeit.	In festen Wendungen steht der Possessivbegleiter ebenfalls häufiger als im Deutschen.
En juin, elle a passé **son** bac. Im Juni hat sie Abitur gemacht.		
C'est **ton** parapluie ou **le mien**? Ist das <u>dein</u> oder <u>mein</u> Schirm?		Abweichend vom Deutschen kann im Französischen vor einem Nomen nur **ein** Possessivbegleiter stehen.

7 Der Demonstrativbegleiter

		maskulin	feminin
A	Singular	**ce** garçon **cet**_ exercice	**cette** fille **cette**_ idée
A	Plural	**ces** garçons **ces**_ exercices	**ces** filles **ces**_ idées

Mit Demonstrativbegleitern verweisen Sie auf bestimmte Gegenstände oder Personen: dieser Junge, diese Übung, dieses Mädchen. Der Demonstrativbegleiter wird wie im Deutschen in Genus und Numerus dem Nomen angeglichen, vor dem er steht. *Cet* steht vor maskulinen Nomen, die mit Vokal oder stummem h beginnen. Zwischen *cet* [sɛt] und *cette* [sɛt] besteht kein hörbarer Unterschied. Im Plural gibt es nur eine Form für maskuline und feminine Nomen: *ces*.

Beispiel			Erklärung
! [selivr]	**ses** livres	seine/ihre Bücher	In der Aussprache gibt es zwischen *ces* und *ses* keinen Unterschied. Ob der Possessivbegleiter *ses* oder der Demonstrativbegleiter *ces* gemeint ist, müssen Sie dem Textzusammenhang entnehmen.
[selivr]	**ces** livres	diese Bücher	
! ce matin/**ce** soir	heute Morgen/Abend		Nicht immer wird der französische Demonstrativbegleiter mit *dieser/diese/dieses* ins Deutsche übersetzt.
cette/**cet** après-midi	heute Nachmittag		
un de **ces** jours	in den nächsten Tagen		
ces derniers jours	in den letzten Tagen		
ces derniers temps	in der letzten Zeit		

Zur Verstärkung wird vor allem in der gesprochenen Sprache *-là* an das auf den Demonstrativbegleiter folgende Nomen angehängt. Zur Gegenüberstellung kann *-ci* an das Nomen angehängt werden.

„Gib mir bitte diese Zeitung (da)." –
„Willst du diese Zeitung (hier) oder die andere?"

8 Der Interrogativ- und Ausrufebegleiter

	maskulin	feminin
Singular	**Quel** livre? **Quel** ami?	**Quelle** ville? **Quelle** émission?
Plural	**Quels** livres? **Quels**_amis?	**Quelles** villes? **Quelles**_émissions?

A

Der Interrogativ- und Ausrufebegleiter *quel* richtet sich in Genus und Numerus nach dem Nomen, vor dem er steht. Alle vier Formen werden vor Konsonanten gleich ausgesprochen [kɛl]. Vor Vokal wird das s von *quels* und *quelles* als [z] gebunden.

■ **Der Gebrauch des Interrogativ- und Ausrufebegleiters**

Beispiel	Erklärung
Quels films français connaissez-vous? <u>Welche</u> französischen Filme kennen Sie? **Quel** est votre roman préféré? <u>Welcher</u> ist Ihr Lieblingsroman? Je me demande **quelles** villes ils connaissent déjà. Ich frage mich, <u>welche</u> Städte sie schon kennen.	Mit *quel* werden direkte und indirekte Fragen und Ausrufe eingeleitet.
Quelle aventure! Was für ein Abenteuer! **Quel** temps! Was für ein Wetter! **Quelle** voix! Was für eine Stimme!	
De quelle exposition parlez-vous? <u>Von welcher</u> Ausstellung sprechen Sie? **À quel** restaurant pensez-vous? <u>An welches</u> Restaurant denken Sie? Quel vin **avec quel** fromage? <u>Welcher</u> Wein mit welchem Käse? **Sur quels** sites Internet est-ce que je peux vendre ma voiture? <u>Auf welchen</u> Internetseiten kann ich mein Auto verkaufen?	Der Fragebegleiter *quel* kann auch mit Präpositionen verwendet werden.

▶▶▶ Der Interrogativ- und Ausrufebegleiter

Beispiel		Erklärung
Quel est votre nom?	Wie heißen Sie?	Nicht immer wird *quel* mit
Quelle est votre adresse?	Wie ist Ihre/eure Anschrift?	welcher/e/es ins Deutsche
Quel est le problème?	Was ist das Problem?	übersetzt. Merken Sie sich am
Quel âge as-tu?	Wie alt bist du?	besten diese Wendungen.
Il est **quelle** heure?	Wieviel Uhr ist es?	
Quelle heure est-il?	Wieviel Uhr ist es?	
Quel jour sommes-nous?	Der Wievielte ist heute?	

Quelle est la hauteur/la longueur/la taille de ...?
Wie hoch/lang/groß ist ...?

9 Die indefiniten Begleiter

Übersicht über die indefiniten Begleiter

aucun/e ... (ne)	keine/r
autre	(ein/e) andere/r
chaque	jede/r
n'importe quel/quelle	jede/r beliebige, irgendeine/r
pas un/e	keine/r
plusieurs	mehrere
quelques	einige
tel/telle	solche/r
tout/toute + Begleiter	... ganze/r
tous/toutes + Begleiter	alle

■ *Aucun/e – pas un/e*

Beispiel	Erklärung
Je **n'**ai vu **aucun** restaurant dans cette ville.	*Aucun/e* und *pas un/e* stehen
Je **n'**ai **pas** vu **un seul** restaurant dans cette ville.	nur vor Nomen im Singular,
... kein (einziges) Restaurant ...	denen sie im Genus angegli-
	chen werden. Sie stehen ge-
Aucune chanson **ne** m'a plu.	meinsam mit *ne* in verneinten
Pas une seule chanson **ne** m'a plu.	Sätzen. *Ne* steht vor dem kon-
Kein (einziges) Lied ...	jugierten Verb.

▶▶▶ Die indefiniten Begleiter

■ *Autre*

Beispiel	Erklärung
Il a encore **un autre** problème. … <u>ein anderes</u> Problem. Je l'ai vu avec **cette autre** fille. … mit <u>diesem anderen</u> Mädchen … **Les autres** clients ne sont pas venus. <u>Die anderen</u> Kunden … **Mon autre** collègue n'est pas venu. <u>Mein anderer</u> Kollege …	Der Begleiter *autre* wird nur im Numerus dem Nomen angeglichen, vor dem er steht. Vor *autre* steht in der Regel noch ein anderer Begleiter: der unbestimmte Artikel, der Demonstrativbegleiter, der bestimmte Artikel oder der Possessivbegleiter.
! J'ai trouvé **d'autres** exemples. Ich habe <u>andere</u> Beispiele gefunden. Il y a encore **d'autres** moyens. Es gibt noch <u>andere</u> Mittel. en **d'autres** termes mit <u>anderen</u> Worten	Vor *autres* steht *d'* und nicht *des*.
C'est **autre** chose. Das ist etwas anderes. l'**autre** jour neulich un **autre** jour ein anderes Mal	Der Begleiter *autre* steht in einigen festen Wendungen.

■ *Chaque*

Beispiel	Erklärung
chaque homme **chaque** femme jeder (einzelne) Mann jede (einzelne) Frau	*Chaque* steht immer vor einem Nomen im Singular und ist unveränderlich.
! **tous les** hommes **toutes les** femmes alle Männer alle Frauen	Beachten Sie den Unterschied zwischen *tous les*/*toutes les* und *chaque*: *Tous les*/*toutes les* + Nomen im Plural bezeichnet alle insgesamt. *Chaque* + Nomen im Singular bezeichnet jede/n einzelne/n. ▶▶▶

▶▶▶ Die indefiniten Begleiter

Beispiel	Erklärung
! **Chaque** élève doit passer un examen. Jeder Schüler muss eine Prüfung ablegen. **Chacun** est bien préparé. Jeder ist gut vorbereitet.	Verwechseln Sie nicht den Begleiter *chaque* mit dem Pronomen *chacun/e*. ▶ S. 185 *Chaque* steht vor einem Nomen, *chacun/e* anstelle eines Nomens.

■ *N'importe quel/quelle*

Beispiel	Erklärung
N'importe quel élève peut vous donner la réponse. Jeder (beliebige)/Irgendein Schüler ... Pressez **n'importe quelle** touche. ... irgendeine Taste. Ils regardent **n'importe quels** films. ... irgendwelche Filme. Posez-leur **n'importe quelles** questions. ... irgendwelche Fragen.	Das französische *n'importe quel* entspricht dem deutschen *irgendein/e*, *jede/r beliebige*, im Plural *irgendwelche*. *Quel* wird dem Nomen, vor dem es steht, angeglichen.
Il achète **à** <u>n'importe quel</u> prix. Er kauft zu jedem beliebigen Preis. Ils parlent **dans** <u>n'importe quelle</u> langue. Sie sprechen in irgendeiner Sprache. Vous pouvez chatter **sur** <u>n'importe quel</u> site. Sie können auf irgendeiner Internetseite chatten.	Vor *n'importe quel* können Sie auch Präpositionen verwenden.
n'importe comment irgendwie n'importe où irgendwo/irgendwohin n'importe quand irgendwann n'importe qui irgendwer n'importe quoi irgendwas	*N'importe* kann auch mit anderen Fragewörtern zusammengesetzt werden.

▶▶▶ Die indefiniten Begleiter

■ *Plusieurs / Quelques*

Beispiel	Erklärung
Il a proposé **plusieurs** titres. Er hat <u>mehrere</u> Titel vorgeschlagen. Il parle **plusieurs** langues. Er spricht <u>mehrere</u> Sprachen. Elle va à Paris pour **quelques** jours. Sie fährt für <u>einige</u> Tage nach Paris. 450 hectares de forêt brûlés en **quelques** heures 450 Hektar Wald in <u>einigen</u> Stunden niedergebrannt	Die Begleiter *plusieurs* und *quelques* stehen beide immer im Plural und sind unveränderlich.
! **Les quelques** gouttes le matin n'ont pas empêché le public d'applaudir. Die <u>wenigen</u> Regentropfen … **Ces quelques** questions que je te pose … Diese <u>wenigen</u> Fragen, die ich dir stelle …	Vor *quelques* kann ein bestimmter Artikel oder ein Demonstrativbegleiter stehen.
pour quelque temps für einige Zeit depuis quelque temps seit einiger Zeit dans quelque temps in einiger Zeit quelque chose etwas quelque part irgendwo quelquefois manchmal	Der Begleiter im Singular *quelque* wird vor allem in festen Wendungen gebraucht.

■ *Tel*

Beispiel	Erklärung
Il a fait **un tel** bruit qu'il m'a réveillé. … <u>solch</u> einen Lärm … Je ne pouvais pas laisser passer **une telle** occasion. … <u>solch</u> eine Gelegenheit … Elle adore lire **de tels** textes. … <u>solche</u> Texte.	*Tel* steht zwischen dem unbestimmten Artikel und dem Nomen, dem es in Genus und Numerus angeglichen wird. Vor *tels/telles* wird der unbestimmte Artikel im Plural (*des*) zu *de*. ▶▶▶

▶▶▶ Die indefiniten Begleiter

Beispiel	Erklärung
Comment travailler dans **de telles** conditions? … unter <u>solchen</u> Bedingungen …	

Beispiel		Erklärung
à **telle** heure	um die und die Zeit	In einigen Wendungen steht *tel*
Monsieur **Untel**	Herr Soundso/Sowieso	ohne weitere Begleiter.
Madame **Unetelle**	Frau Soundso/Sowieso	

■ *Tout*

Beispiel	Erklärung
Un bateau a perdu **tout son** pétrole. Ein Schiff hat sein <u>ganzes</u> Erdöl verloren. **Toute la** Bretagne a peur. Die <u>ganze</u> Bretagne hat Angst. **Tous les** oiseaux sont en danger. <u>Alle</u> Vögel sind in Gefahr. Il y a des taches noires sur **toutes les** plages. Auf <u>allen</u> Stränden gibt es schwarze Flecken.	Der Begleiter *tout* wird in Genus und Numerus dem Nomen angepasst, vor dem er steht. *Tout* bedeutet im Singular *ganz* und im Plural *alle*.
On a passé **toute une** nuit à terminer ce travail. Wir haben eine ganze Nacht damit verbracht, die Arbeit zu beenden. **Tous ces** travaux sont urgents. Alle diese Arbeiten sind dringend. Je vous remercie de **tout mon** cœur. Ich danke Ihnen von ganzem Herzen.	Nach *tout* steht meist ein weiterer Begleiter: der bestimmte Artikel, der unbestimmte Artikel, der Demonstrativbegleiter oder der Possessivbegleiter.

en tout cas	auf jeden Fall	In feststehenden Ausdrücken
de toute façon	jedenfalls	und Redewendungen steht *tout*
à tout moment	in jedem Augenblick	auch ohne einen weiteren
à toute heure	jederzeit	Begleiter.
à tout prix	um jeden Preis/unbedingt	
toutes directions	alle Richtungen	
toutes sortes de	alle möglichen	
écrire en toutes lettres	ausschreiben	

10   Hinweise zur Vermeidung von Fehlern

■ **Der bestimmte und der unbestimmte Artikel**

Beispiel			Erklärung
avoir	**le** temps	Zeit haben	Abweichend vom Deutschen wird in diesen Ausdrücken mit *avoir* der bestimmte Artikel verwendet.
	le trac	Lampenfieber haben	
	la trouille (fam.)	Angst haben	
	la peau dure	ein dickes Fell haben	
	l'esprit clair	einen klaren Kopf haben	
	la gueule de bois (fam.)	einen Kater haben	
	l'œil vif	aufgeweckt sein	
	le sida/**la** rubéole	Aids/Röteln haben	
Je suis arrivée **la** dernière.		Ich bin als Letzte angekommen.	
Ils ont fait **la** paix.		Sie haben Frieden geschlossen.	
avoir	**un** cancer	Krebs haben	Abweichend vom Deutschen wird in einigen Ausdrücken mit *avoir* der unbestimmte Artikel verwendet.
	des ennuis	Ärger haben	
	des soucis	Sorgen haben	
	des migraines	Migräne haben	
	des courbatures	Muskelkater haben	
perdre	patience	die Geduld verlieren	Kein bestimmter Artikel steht dagegen in einigen Wendungen mit *perdre*.
	courage	den Mut verlieren	
	espoir	die Hoffnung verlieren	
	connaissance	das Bewusstsein verlieren	

■ **Der Possessivbegleiter**

Beispiel		Erklärung
Pardon, Madame, c'est **votre** chien? Possessivbegleiter, 2. Person Plural	… **Ihr** Hund?	*Ihr/ihr* wird je nach seiner Funktion unterschiedlich ins Französische übersetzt.
Voilà Yasmina et **son** copain. Possessivbegleiter, 3. Person Singular	… **ihr** Freund.	
Voilà les Muller et **leur** fils. Possessivbegleiter, 3. Person Plural	… **ihr** Sohn.	
! Lila et Yasmina, **vous** venez? Personalpronomen 2. Person Plural	… kommt **ihr**?	

Das Nomen / Le nom

Nomen – man sagt auch Substantiv – sind Wörter, die Personen, Dinge oder etwas Abstraktes bezeichnen: Mensch, Schreibtisch, Freude.

Das Genus (Geschlecht): Im Französischen sind Nomen entweder feminin (weiblich) oder maskulin (männlich). Neutrale (sächliche) Nomen wie im Deutschen (z. B. das Kind) gibt es im Französischen nicht. Bei einigen Nomen kann man das Genus an der Endung erkennen, bei anderen nicht.
Der Numerus (Zahl): Nomen stehen entweder im Singular (Einzahl) oder im Plural (Mehrzahl). Im Singular ist das Genus eines Nomens immer am unbestimmten Artikel erkennbar.

Im folgenden Kapitel finden Sie die Abschnitte:

1   Das Genus französischer Nomen

2   Singular und Plural des Nomens

- Nomen auf *-s, -x, -z*
- Nomen auf *-al*
- Nomen auf *-ail*
- Nomen auf *-au, -eau, -eu, -œu*
- Nomen auf *-ou*
- Besondere Pluralformen
- Nomen ohne Singular

3   Der Plural zusammengesetzter Nomen

- Nomen – Nomen
- Nomen Nomen
- Nomen Präposition Nomen
- Adjektiv Nomen / Nomen Adjektiv
- Verb Nomen / Präposition Nomen

4   Hinweise zur Vermeidung von Fehlern

1   Das Genus französischer Nomen

un/une artiste	ein Künstler/eine Künstlerin
un/une camarade	ein Kamerad/eine Kameradin
un/une collègue	ein Kollege/eine Kollegin
un/une élève	ein Schüler/eine Schülerin
un/une enfant	ein Kind (mask.)/ein Kind (fem.)
un/une locataire	ein Mieter/eine Mieterin
un/une touriste	ein Tourist/eine Touristin
un/une auteur	ein Autor/eine Autorin
un/une chef*	ein Chef/eine Chefin
un/une ministre*	ein Minister/eine Ministerin
un/une dentiste	ein Zahnarzt/eine Zahnärztin
un/une écrivain*	ein Schriftsteller/eine Schriftstellerin
un/une guide	ein Fremdenführer/eine Fremdenführerin
un/une ingénieur*	ein Ingenieur/eine Ingenieurin
un/une juge	ein Richter/eine Richterin
un/une journaliste	ein Journalist/eine Journalistin
un/une médecin*	ein Arzt/eine Ärztin
un/une peintre*	ein Maler/eine Malerin
un/une pilote*	ein Pilot/eine Pilotin
un/une architecte*	ein Architekt/eine Architektin
un/une professeur*	ein Lehrer/eine Lehrerin (in der gesprochenen Sprache: un/une prof)

* Diese Nomen werden von der Académie Francaise sowie einigen Wörterbüchern nur in der maskulinen Form akzeptiert.
Dagegen setzt sich im alltäglichen Sprachgebrauch die Feminisierung dieser Berufsbezeichnungen immer mehr durch.

Beispiel	Erklärung
Le maire* de Neuilly a rencontré **la maire** de Puteaux. … der Bürgermeister/ die Bürgermeisterin … C'est le premier dossier de **la nouvelle ministre de l'Intérieur**, Michèle Alliot-Marie. … die Innenministerin …	Einige Nomen – vor allem Berufs-bezeichnungen – können maskulin und feminin sein. Ob ein Mann oder eine Frau gemeint ist, können Sie in diesen Fällen nur am Artikel erkennen.
un auteur – une auteure un professeur – une professeure un ingénieur – une ingénieure	Heute findet man aber auch immer häufiger männliche Berufsbezeich-nungen, an die für die feminine Form ein -e angehängt wird. ▶▶▶

▶▶▶ Das Genus französischer Nomen

Man findet auch Formulierungen wie:

une femme médecin/auteur/peintre	eine Ärztin/Autorin/Malerin
Madame **le** ministre/**le** juge	eine Ministerin/Richterin
Madame **la** ministre/**la** juge	

Andere Nomen unterscheiden eine maskuline und eine feminine Form. Meist erkennt man die feminine Form des Nomens an der Endung -e. Durch dieses Endungs -e wird der stumme Endkonsonant der maskulinen Form im Femininum ausgesprochen (z.B.: *client/e*) oder der Nasalvokal der maskulinen Endung wird zu einem nichtnasalierten Vokal (z.B.: *voisin/e*).

Beispiel		Beispiel	
un ami	ein Freund	une ami**e**	eine Freundin
un assistant [asistã]	ein Assistent	une assistant**e** [asistãt]	eine Assistentin
un avocat [avɔka]	ein Anwalt	une avocat**e** [avɔkat]	eine Anwältin
un client [klijã]	ein Kunde	une client**e** [klijãt]	eine Kundin
un Allemand [almã]	ein Deutscher	une Allemand**e** [almãd]	eine Deutsche
un voisin [vwazɛ̃]	ein Nachbar	une voisin**e** [vwazin]	eine Nachbarin
un Américain [amerikɛ̃]	ein Amerikaner	une Américain**e** [amerikɛn]	eine Amerikanerin

Einige Nomen haben unterschiedliche maskuline und feminine Endungen.

M	F	maskuline Form		feminine Form	
-er	-ère	un étrang**er**	ein Ausländer	une étrang**ère**	eine Ausländerin
		un ouvri**er**	ein Arbeiter	une ouvri**ère**	eine Arbeiterin
-eur	-euse	un vend**eur**	ein Verkäufer	une vend**euse**	eine Verkäuferin
		un dans**eur**	ein Tänzer	une dans**euse**	eine Tänzerin
-teur	-trice	un direc**teur**	ein Direktor	une direc**trice**	eine Direktorin
		un ac**teur**	ein Schauspieler	une ac**trice**	eine Schauspielerin
-e	-esse	un princ**e**	ein Prinz	une princ**esse**	eine Prinzessin
		un tigr**e**	ein Tiger	une tigr**esse**	eine Tigerin
-f	-ve	un sporti**f**	ein Sportler	une sporti**ve**	eine Sportlerin
		un veu**f**	ein Witwer	une veu**ve**	eine Witwe
-oux	-ouse	un ép**oux**	ein Gatte	une ép**ouse**	eine Gattin
Verdoppelung des Endkonsonanten + **e**		un paysan	ein Bauer	une paysan**ne**	eine Bäuerin
		un chat	eine Katze (Gattung)	une chat**te**	eine Katze (weibl. Tier)
		un Europé**en**	ein Europäer	une Europé**en**n**e**	eine Europäerin
		un patron	ein Chef	une patron**ne**	eine Chefin

▶▶▶ Das Genus französischer Nomen

Beispiel		Erklärung
la victime	das Opfer	Einzelne Nomen haben
la star	der Star	nur eine feminine Form,
la vedette	der/die Hauptdarsteller(in), Star	die für Personen beider
la connaissance	die Bekanntschaft	Geschlechter verwendet
la canaille	der Halunke	wird.

Gérard Depardieu est **une vedette** du cinéma.
Gérard Depardieu ist ein Kinostar.

Beispiel		Beispiel
Typische **maskuline** Endungen sind:		Ausnahmen:
-age	le mariage, le jumelage, le garage, un étage, le stage, le paysage, le voyage, le fromage	**la** cage, **une** image, **la** page, **la** plage, **la** rage
-al	le carnaval, le signal, un hôpital, le canal	
-ail	le travail, le détail, un éventail	
-eau	le bureau, le château, le manteau	
-ège	le collège, le manège, le solfège, le florilège	
-ent	un accent, l'argent, le vent	
-et	le billet, le guichet, le carnet	
-ier	le panier, le cahier, le papier	
-isme	le tourisme, l'alpinisme, l'athlétisme, le socialisme	
-ment	un appartement, le monument, le renseignement, le comportement, un événement	**la** jument
-oir	le devoir, le trottoir, un espoir	
-teur	le moteur, un ordinateur, le radiateur	

Beispiel		Beispiel
Typische **feminine** Endungen sind:		Ausnahmen:
-ade	la salade, la promenade, une balade	**le** stade
-ance	la correspondance, la connaissance, l'ambiance	
-ence	la différence, la conférence, la concurrence	
-ée	la journée, la soirée, la randonnée, une idée	**le** musée, **le** lycée
-esse	l'adresse, la jeunesse, la gentillesse, la tristesse	▶▶▶

▶▶▶ Das Genus französischer Nomen

Beispiel		Beispiel
Typische **feminine** Endungen sind:		Ausnahmen:
-ette	la cassette, la fourchette, l'assiette, l'omelette,	**le** squelette
-euse	la friteuse, la tondeuse	
-ie	la librairie, la boucherie, la boulangerie, la maladie	
-ion	la question, la réunion, la discussion	**un** avion, **le** million
-ise	la crise, la chemise, la surprise	
-ité	la publicité, la qualité, la spécialité, une unité, une université, une activité, la nationalité, la localité	
-té	la cruauté, la liberté, une égalité, la santé	
-tié	une amitié, la moitié, la pitié	
-tion	une addition, l'attention, la correction, une exposition, une information, la conversation	
-tude	une étude, la solitude, une habitude	

tipp Viele dieser Nomen sind auch im Deutschen weiblich:
Die Korrespondenz, die Differenz, die Konferenz, die Konkurrenz, die Idee, die Adresse, die Kassette; alle Nomen auf *-tion*: die Information, die Konversation, die Revolution u. a.

Bei vielen Nomen gibt es keinen Anhaltspunkt für deren Genus. Deshalb lernen Sie sie am besten immer mit dem dazugehörigen Artikel.

Beispiel			
la table	– **der** Tisch	**le** livre	– **das** Buch
la fenêtre	– **das** Fenster	**le** soleil	– **die** Sonne

tipp Am besten lernen Sie die Nomen mit dem unbestimmten Artikel und notieren sie farbig – maskulin = blau, feminin = rot, um eine zusätzliche Merkhilfe zu haben.

2   Singular und Plural des Nomens

Beispiel	Erklärung
Singular **Plural** le livre [ləlivr] les livres [lelivr] la lettre [lalɛtr] les lettres [lelɛtr] un café [ɛ̃kafe] des cafés [dekafe] une tasse [yntas] des tasses [detas]	Die meisten französischen Nomen bilden die Plu- ralform durch Anhängen eines *-s* an die Singularform. Dieses Plural *-s* wird nicht ausge- sprochen! Plural- und Singularform der Nomen lassen sich in gesprochener Sprache nur am Begleiter erkennen: *le/la – les* *un/une – des* [lə]/[la] – [le] [ɛ̃]/[yn] – [de]

Einige Nomen haben besondere Pluralformen.

■ Nomen auf *-s, -x, -z*

Beispiel				Erklärung
le bras	les bras	der Arm	die Arme	Nomen, die im Singular auf
le prix	les prix	der Preis	die Preise	*-s*, *-x* oder *-z* enden, erhalten
la fois	les fois	das Mal	die Male	kein zusätzliches Plural-
la voix	les voix	die Stimme	die Stimmen	zeichen.
le vers	les vers	der Vers	die Verse	
le nez	les nez	die Nase	die Nasen	

■ Nomen auf *-al*

Beispiel				Erklärung
l'animal	les anim**aux**	le cheval	les chev**aux**	Nahezu alle Nomen auf
l'hôpital	les hôpit**aux**	le journal	les journ**aux**	*-al* haben im Plural die
le mal	les m**aux**	le signal	les sign**aux**	Endung *-aux*. Nur wenige
				Ausnahmen haben im Plural
Ausnahmen:				ein *-s*.
le bal	les bal**s**	le carnaval	les carnaval**s**	
le festival	les festival**s**	le choral	les choral**s**	

■ Nomen auf *-ail*

Beispiel				Erklärung
le détail	les détails	le rail	les rails	Die meisten Nomen auf *-ail*
le portail	les portails	l'éventail	les éventails	enden im Plural auf *-s*. Nur
				einige wenige bilden den
Ausnahmen:				Plural auf *-aux*.
le travail	les trav**aux**	le corail	les cor**aux**	
l'émail	les ém**aux**	le vitrail	les vitr**aux**	

▶▶▶ Singular und Plural des Nomens

- **Nomen auf *-au*, *-eau*, *-eu*, *-œu***

Beispiel				Erklärung
le noyau	les noyaux	le tuyau	les tuyaux	Nomen, die im Singular auf
le bateau	les bateaux	le château	les châteaux	*-au*, *-eau*, *-eu* oder *-œu*
le cadeau	les cadeaux	la peau	les peaux	enden, haben im Plural die
le feu	les feux	le jeu	les jeux	Endung *-x*.
le cheveu	les cheveux	le vœu	les vœux	

Ausnahmen:
le pneu   les pneus

- **Nomen auf *-ou***

Beispiel				Erklärung
le clou	les clous	le cou	les cous	Die meisten Nomen auf *-ou*
le trou	les trous	le fou	les fous	haben eine Pluralform auf *-s*.
le matou	les matous	le bisou	les bisous	Nur sieben Nomen auf *-ou*
le voyou	les voyous			bilden den Plural mit *-x*.

Ausnahmen:

le bijou	les bijoux	le caillou	les cailloux
le chou	les choux	le genou	les genoux
le hibou	les hiboux	le joujou	les joujoux
le pou	les poux		

- **Besondere Pluralformen**

Beispiel				Erklärung
! A un œil [œj] des **yeux** [jø] le ciel [sjɛl] les **cieux** [sjø]				
un œuf [œf] des œufs [ø] le bœuf [bœf] les bœufs [bø]				

		Erklärung
Madame	Mesdames	Von diesen drei Anredefor-
Mademoiselle	Mesdemoiselles	meln werden beide Bestand-
Monsieur	Messieurs	teile, Possessivbegleiter und
		Nomen, in den Plural gesetzt.

! les Nollet, les Dupont (im Unterschied zum Deutschen: die Müllers, die Schulzes) Aber: les Bourbon**s**, les Capétien**s**, les Pharaon**s**	Eigennamen stehen nur im Plural, wenn es sich um Namen eines Herrscherhauses oder eines Adelsgeschlechts handelt.

▶▶▶ Singular und Plural des Nomens

■ Nomen ohne Singular

Beispiel

les lunettes	die Brille	les fiançailles	die Verlobung
les vacances	die Ferien, der Urlaub	les environs	die Umgebung
les épinards	der Spinat	les alentours	die Umgebung
les vivres	die Lebensmittel	les dégâts	der Schaden
les ciseaux	die Schere	les échecs	das Schachspiel
les toilettes	die Toilette		

Beispiel		Erklärung
la lunette	das Fernrohr	Einige dieser nur im
le ciseau	der Meißel	Plural gebrauchten
la toilette	die Kleidung, das Waschen	Nomen haben eine
un échec	ein Misserfolg	Singularform mit ande-
! auch: les échecs	die Misserfolge	rer Bedeutung

3   Der Plural zusammengesetzter Nomen

Zusammengesetzte Nomen können aus Nomen, Verben, Adjektiven und Präpositionen zusammengesetzt werden. Nur Nomen und Adjektive können ein Pluralzeichen bekommen!

■ Nomen – Nomen

Beispiel			Erklärung
le centre-ville	les centres-villes	die Stadtmitte	Werden zwei Nomen
le mot-clé	les mots-clés	das Schlüsselwort	mit einem Bindestrich
le wagon-lit	les wagons-lits	der Schlafwagen	zu einem zusammen-
le chou-fleur	les choux-fleurs	der Blumenkohl	gesetzten Nomen ver-
Aber: l'assurance-vie	die Lebensversicherung	les assurances-vie	bunden, erhalten beide Nomen ein Plural-
le timbre-poste	die Briefmarke	les timbres-poste	zeichen.
la demi-heure	die 1/2 Stunde	les demi-heures	

■ Nomen Nomen

Beispiel			Erklärung
le lecteur laser	les lecteurs laser	der CD-Player	Bei zwei ohne Binde-
l'imprimante couleur	les imprimantes couleur	der Farbdrucker	strich verbundenen
l'appareil photo	les appareils photo	der Fotoapparat	Nomen wird nur das ers-
			te in den Plural gesetzt.

▶▶▶ Der Plural zusammengesetzter Nomen

■ Nomen Präposition Nomen

Beispiel			Erklärung
le graveur de CD	les graveurs de CD	der CD-Brenner	Werden zwei Nomen
le bouton de la souris	les boutons de la souris	die Maustaste	mit einer Präposition
l'agence de presse	les agences de presse	die Presseagentur	verbunden, wird nur
la carte à puce	les cartes à puce	die Chipkarte	das erste in den Plural
une hôtesse de l'air	des hôtesses de l'air	die Stewardess	gesetzt.
le terrain de camping	les terrains de camping	der Campingplatz	
une auberge	des auberges	die Jugend-	
de jeunesse	de jeunesse	herberge	
le chef-d'œuvre	les chefs-d'œuvre	das Meisterwerk	
Aber:			Hier steht das zweite
la banque de données die Datenbank	les banques de données		Nomen immer im
la brosse à dents die Zahnbürste	les brosses à dents		Plural.
la lime à ongles die Nagelfeile	les limes à ongles		

■ Adjektiv – Nomen / Nomen – Adjektiv

Beispiel			Erklärung
la belle-mère	les belles-mères	die Schwiegermutter	Bei Zusammensetzun-
le grand-père	les grands-pères	der Großvater	gen aus Adjektiv und
la petite-fille	les petites filles	die Enkelin	Nomen werden beide
le coffre-fort	les coffres-forts	der Safe	Bestandteile in den
			Plural gesetzt.

■ Verb – Nomen/Präposition – Nomen

Beispiel			Erklärung
le porte-monnaie	les porte-monnaie	die Geldbörse	Verben und Präpositio-
le presse-citron	les presse-citron	die Zitronenpresse	nen werden in zusam-
le gratte-ciel	les gratte-ciel	der Wolkenkratzer	mengesetzten Nomen
un hors-d'œuvre	des hors-d'œuvre	die Vorspeise	nicht in den Plural ge-
un/une après-midi	des après-midi	der Nachmittag	setzt. Meist gilt dies in
le sans-abri	les sans-abri	der Obdachlose	solchen Zusammenset-
			zungen auch für das
			Nomen selbst. Da der

R

▶▶▶ Der Plural zusammengesetzter Nomen

Beispiel			Erklärung
Aber:			Gebrauch aber schwankend ist, sehen Sie in Zweifelsfällen besser im Wörterbuch nach.
le porte-bébé	les porte-bébés	die Babytragetasche	
une arrière-pensée	des arrière-pensées	der Hintergedanke	
une arrière-cour	les arrière-cours	der Hinterhof	

4   Hinweise zur Vermeidung von Fehlern

Beispiel		Erklärung
Die meisten Bäume:	le chêne die Eiche , le boulot die Birke, le sapin die Tanne, un érable der Ahorn	sind maskulin.
Farben:	le vert das Grün, le blanc das Weiß, le rouge das Rot, le noir das Schwarz	
Metalle:	le fer das Eisen, le bronze die Bronze, le soufre der Schwefel, l'or das Gold	
Sprachen:	le français, l'allemand, le suédois	
Einige Ländernamen:	le Portugal, le Danemark, le Japon, le Canada, le Maroc	
Himmelsrichtungen:	le nord, l'est, le sud, l'ouest	sind wie im Deutschen maskulin.
Jahreszeiten:	le printemps, l'été, l'automne, l'hiver	
Wochentage:	le lundi, le mardi, le dimanche	
Monatsnamen:	le (mois de) mars, mai, juillet	

Beispiel		Erklärung
Die Kontinente:	l'Afrique, l'Europe, l'Asie, l'Amérique	sind feminin.
Die meisten Ländernamen:	la France, l'Allemagne, la Russie	
Regionen:	la Provence, la Normandie, la Bretagne	
Flüsse, die auf -e enden:	la Seine, la Loire, la Dordogne	
	Ausnahme: le Rhône	
Automarken:	la Renault, la Mercedes, la Volkswagen	▶▶▶

▶▶▶ Hinweise zur Vermeidung von Fehlern

Beispiel				Erklärung
la cerise	die Kirsche	le cerisier	der Kirschbaum	Viele Obstsorten sind
la pomme	der Apfel	le pommier	der Apfelbaum	feminin, die dazugehö-
la poire	die Birne	le poirier	der Birnbaum	rigen Bäume aber mas-
la prune	die Pflaume	le prunier	der Pflaumenbaum	kulin.
la banane	die Banane	le bananier	die Bananenstaude	
la pêche	der Pfirsich	le pêcher	der Pfirsichbaum	
une orange	eine Orange	un oranger	ein Orangenbaum	

aber:				
un abricot	die Aprikose	un abricotier	ein Aprikosenbaum	
un citron	eine Zitrone	un citronnier	ein Zitronenbaum	

Beispiel				Erklärung
maskulin		**feminin**		Diese Nomen werden
le critique	der Kritiker	la critique	die Kritik	zwar gleich ausge-
le livre	das Buch	la livre	das Pfund	sprochen, haben aber
le manche	der Stiel	la manche	der Ärmel	unterschiedliches
le mode	die Art, Weise	la mode	die Mode	Genus und unterschied-
le parallèle	der Breitengrad	la parallèle	die Parallele	liche Bedeutungen.
le physique	das Aussehen	la physique	die Physik	
le poêle [pwal]	der Ofen	la poêle	die Bratpfanne	
le voile	der Schleier	la voile	das Segel	

maskulin	**feminin**	**maskulin**	**feminin**	Erklärung
le banc	die (Sitz-)Bank	le groupe	die Gruppe	Wörter, die im Deut-
le CD/le DVD	die CD/die DVD	le masque	die Maske	schen und Französi-
le chiffre	die Ziffer	le melon	die Melone	schen eine ähnliche
le chocolat	die Schokolade	le million	die Million	Bedeutung haben,
le contrôle	die Kontrolle	un opéra	eine Oper	haben nicht immer das
un épisode	eine Episode	le parti	die Partei	gleiche Genus.
un étage	eine Etage	le rôle	die Rolle	
le garage	die Garage	le tour	die Tour	
le geste	die Geste	le tube	die Tube	
le groupe	die Gruppe	le vase	die Vase	
		le violon	die Violine	

▶▶▶ Hinweise zur Vermeidung von Fehlern

Beispiel				Erklärung
feminin	**neutrum**	**feminin**	**maskulin**	Wörter, die im Deut-
la chanson	das Chanson	une alarme	ein Alarm	schen und Französi-
une interview	ein Interview	la danse	der Tanz	schen eine ähnliche
la mer	das Meer	la place	der Platz	Bedeutung haben,
la photo	das Foto	la planète	der Planet	haben nicht immer das
la radio	das Radio	la salade	der Salat	gleiche Genus.
une auto	ein Auto	la tour	der Turm	

Das Adjektiv / L'adjectif

Adjektive beschreiben Eigenschaften von Personen, Sachen und Begriffen, z.B.: ein <u>netter</u> Mann, ein <u>schönes</u> Haus, eine <u>tolle</u> Idee.

Im folgenden Kapitel finden Sie die Abschnitte:

1   Die Formen der Adjektive

- Unveränderliche Adjektive
- Adjektive mit gleicher maskuliner und femininer Form
- Adjektive, deren feminine Form durch Anhängen eines *-e* an die maskuline Form gebildet wird
- Adjektive, für deren feminine Form der Endkonsonant verdoppelt und ein *-e* angehängt wird
- Adjektive mit einer eigenen femininen Endung
- Unregelmäßige Adjektive
- Die drei Adjektive mit zwei maskulinen Formen im Singular

2   Attributiver und prädikativer Gebrauch der Adjektive

- Attributiver Gebrauch
- Prädikativer Gebrauch
- Die Angleichung zusammengesetzter Adjektive
- Besonderheiten der Angleichung des Adjektivs

3   Die Stellung der Adjektive beim Nomen

- Die Stellung mehrerer Adjektive beim Nomen
- Bedeutungsänderung bei Voran- oder Nachstellung
- Die Adjektive *certains*, *différents*, *divers*
- Besonderheiten der Stellung der Adjektive

4   Die Steigerung der Adjektive

- Der Komparativ
- Der Superlativ

5   Adjektive und ihre Ergänzungen

6   Hinweise zur Vermeidung von Fehlern

1 Die Formen der Adjektive

Adjektive richten sich in Genus und Numerus nach dem Nomen, zu dem sie gehören. Bei den meisten Adjektiven endet die maskuline Form auf einem Konsonanten. Die feminine Form bilden Sie, indem Sie ein (nicht hörbares) -e an die maskuline Form anhängen. Die Pluralform (maskulin und feminin) wird durch Anhängen eines -s gebildet. Von dieser Regel gibt es allerdings viele Abweichungen. Man unterscheidet mehrere Gruppen von Adjektiven:

- **Unveränderliche Adjektive**

Beispiel		Erklärung
la musique	pop	Unveränderlich sind unter anderem verkürzte Adjektive (*pop*), adjektivisch gebrauchte Nomen (auch für Farben), zusammengesetzte Farbadjektive und die Wendung *bon marché* (billig). Diese Adjektive haben nur eine Form.
une chanson	super	
des vêtements	sport	
des vacances	extra	
des baskets	tendance	
une location	bon marché	
une chemise	abricot	
des yeux	marron	
un T-shirt	citron	
des lunettes	orange	
une robe	aubergine	
des yeux	bleu foncé	
une chemise	vert clair	
Aber:		Die verkürzte Form von *sympathique* (*sympa*) hat zwar keine feminine Form, ist aber im Numerus veränderlich. *Chic* hat ebenfalls keine feminine Form, kann aber ein Plural-*s* haben. Die Tendenz im Französischen geht dahin, auch verkürzte Adjektive im Numerus an das Nomen anzugleichen.
des jeunes gens	sympas	
des filles	sympas	
des vêtements	chic(s)	
des robes	chic(s)	

▶▶▶ Die Formen der Adjektive

■ Adjektive mit gleicher maskuliner und femininer Form

	maskulin	feminin
Singular	un roman formidable un peintre moderne	une chanson formidable une maison moderne
Plural	des collègues formidables des clients riches	des idées formidables des voitures rapides

Adjektive, deren maskuline Singularform auf -e endet, haben nur eine Singular- und eine Plural-form. Die Pluralform wird mit -s gebildet. Alle vier Formen werden gleich ausgesprochen. Dazu gehören insbesondere Adjektive, die auf -able, -ible, -esque und -ique enden, z.B.: *agréable*, *visible*, *pittoresque*, *pratique*.

■ **Adjektive, deren feminine Form durch Anhängen eines -e an die maskuline Form gebildet wird**

Das ist die größte Gruppe von Adjektiven. Die meisten Adjektive bilden die feminine Form durch Anhängen von -e an die männliche Form und den Plural mit -s.

Beispiel				Erklärung
maskulin		**feminin**		
bleu	bleus	bleue	bleues	Bei diesen Adjektiven werden zwar die maskulinen und fe-mininen Formen unterschied-lich geschrieben. Alle vier For-men werden aber gleich ausgesprochen.
joli	jolis	jolie	jolies	
vrai	vrais	vraie	vraies	
gai	gais	gaie	gaies	
! aigu	aigus	aigüe	aigües	Achten Sie auf die besondere Schreibweise der femininen Formen.
R ambigu	ambigus	ambigüe	ambigües	
grand	grands [grã]	grande	grandes [grãd]	Bei diesen Adjektiven verän-dert das -e der femininen For-men die Aussprache: Der Endkonsonant, der in den mas-kulinen Formen nicht ausge-sprochen wird, wird in den fe-mininen Formen ausgesprochen.
lourd	lourds [lur]	lourde	lourdes [lurd]	
petit	petits [p(ə)ti]	petite	petites [p(ə)tit]	
vert	verts [vɛr]	verte	vertes [vɛrt]	

▶▶▶ Die Formen der Adjektive

Beispiel				Erklärung
maskulin		**feminin**		Bei diesen Adjektiven wird die maskuline Form mit Nasalvokal ausgesprochen, die feminine Form mit nicht-nasaliertem Vokal.
sain	sains [sɛ̃]	saine	saines [sɛn]	
brun	bruns [brɛ̃]	brune	brunes [bryn]	
voisin	voisins [vwazɛ̃]	voisine	voisines [vwazin]	
divers	divers	diverse	diverses	Endet die maskuline Singularform auf -s, kommt bei der maskulinen Pluralform kein weiteres -s hinzu. Das betrifft vor allem Adjektive, die auf -ais und -ers enden.
français	français	française	françaises	
gris	gris	grise	grises	
génial	géniaux	géniale	géniales	Adjektive, deren maskuline Singularform auf -al endet, haben eine maskuline Pluralform auf -aux. Die femininen Formen werden regelmäßig gebildet.
amical	amicaux	amicale	amicales	
général	généraux	générale	générales	
original	originaux	originale	originales	
libéral	libéraux	libérale	libérales	
Ausnahmen:				
banal	banals	banale	banales	
final	finals	finale	finales	
fatal	fatals	fatale	fatales	z.B.: les chantiers navals – die Werften
naval	navals	navale	navales	

■ Adjektive, für deren feminine Form der Endkonsonant verdoppelt und ein -e angehängt wird

Beispiel				Erklärung
maskulin		**feminin**		Alle vier Formen dieser Adjektive werden gleich ausgesprochen. Die maskulinen Formen werden mit Nasalvokal gesprochen, die femininen Formen nicht.
naturel	naturels	naturelle	naturelles	
réel	réels	réelle	réelles	
nul	nuls	nulle	nulles	
bon	bons	bonne	bonnes	
ancien	anciens	ancienne	anciennes	
européen	européens	européenne	européennes	
moyen	moyens	moyenne	moyennes	

▶▶▶

▶▶▶ Die Formen der Adjektive

Beispiel				Erklärung
maskulin		**feminin**		Der Endkonsonant, der in den maskulinen Formen nicht ausgesprochen wird, wird in den femininen Formen ausgesprochen.
violet	violets	violet**te**	violet**tes**	
sot	sots	sot**te**	sot**tes**	
bas	bas	bas**se**	bas**ses**	
gras	gras	gras**se**	gras**ses**	
gros	gros	gros**se**	gros**ses**	
épais	épais	épais**se**	épais**ses**	

■ Adjektive mit einer eigenen femininen Endung

maskulin		**feminin**		**Endungen**
curieux	curieux	curieu**se**	curieu**ses**	**-x -se**
dangereux	dangereux	dangereu**se**	dangereu**ses**	
heureux	heureux	heureu**se**	heureu**ses**	
actif	actifs	acti**ve**	acti**ves**	**-f -ve**
naïf	naïfs	naï**ve**	naï**ves**	
sportif	sportifs	sporti**ve**	sporti**ves**	
bref	brefs	brè**ve**	brè**ves**	
neuf	neufs	neu**ve**	neu**ves**	
public	publics	publi**que**	publi**ques**	**-c -que**
turc	turcs	tur**que**	tur**ques**	
grec	grecs	grec**que**	grec**ques**	
étranger	étrangers	étrang**ère**	étrang**ères**	**-er -ère**
premier	premiers	premi**ère**	premi**ères**	
dernier	derniers	derni**ère**	derni**ères**	

(Bei **grec** → **grecque** steht das Warnsymbol **!**)

Beispiel				Erklärung
maskulin		**feminin**		Trotz der unterschiedlichen Schreibung werden alle vier Formen dieser Adjektive gleich ausgesprochen.
cher	chers	chère	chères [ʃɛr]	
fier	fiers	fière	fières [fjɛr]	
amer	amers	amère	amères [amɛr]	

▶▶▶ Die Formen der Adjektive

■ **Unregelmäßige Adjektive**

maskulin		feminin	
blanc	blancs	blanche	blanches
frais	frais	fraîche	fraîches
sec	secs	sèche	sèches
doux	doux	douce	douces
gentil	gentils [ʒãti]	gentille	gentilles [ʒãtij]
faux	faux	fausse	fausses
roux	roux	rousse	rousses
long	longs	longue	longues
fou	fous	folle	folles
malin	malins	maligne	malignes

■ **Die drei Adjektive mit zwei maskulinen Formen im Singular**

maskulin vor Konsonant	maskulin vor Vokal	feminin
un **vieux** livre	un **vieil** ami	une **vieille** maison
des **vieux** livres	des **vieux** amis	des **vieilles** maisons
un **beau** garçon	un **bel** homme	une **belle** femme
des **beaux** garçons	des **beaux** hommes	des **belles** femmes
un **nouveau** journal	un **nouvel** appartement	une **nouvelle** voiture
des **nouveaux** hôtels	des **nouveaux** appartements	des **nouvelles** idées

Die maskulinen Singularformen *vieil*, *bel* und *nouvel* stehen nur vor einem maskulinen Nomen, das mit Vokal oder stummem h beginnt.

! Un **bel** hôtel   Aber: Cet hôtel est **beau**.
                          C'est un **beau** petit hôtel.

2 Attributiver und prädikativer Gebrauch der Adjektive

■ **Attributiver Gebrauch**

Beispiel		Erklärung
un **petit** village ein kleines Dorf un village **intéressant** ein interessantes Dorf de **petits** villages kleine Dörfer des villages **intéressants** interessante Dörfer	une **petite** ville eine kleine Stadt une ville **intéressante** eine interessante Stadt de **petites** villes kleine Städte des villes **intéressantes** interessante Städte	Attributiv gebrauchte Adjektive (*les adjectifs épithètes*) können vor oder nach einem Nomen stehen ▶ S. 50 und werden in Genus und Numerus diesem Nomen angeglichen.
! Tu as **de** jolies chaussures.		In der französischen Schriftsprache wird *des* vor Adjektiven zu *de*. Im gesprochenen Französisch hört man häufig *des*: *Tu as des jolies chaussures.*
Aber: des petits pains Brötchen des petits pois Erbsen des jeunes filles Mädchen des jeunes gens Jugendliche des grands magasins Kaufhäuser		Manchmal bilden Adjektive mit Nomen eine neue Sinneinheit. In diesen Fällen steht immer der volle unbestimmte Artikel *des*.

■ **Prädikativer Gebrauch**

Beispiel		Erklärung
Le village est **petit**. Das Dorf ist <u>klein</u>. Le village est **intéressant**. Das Dorf ist <u>interessant</u>. Fabien et Pierre sont **grands**. Fabien und Pierre sind <u>groß</u>.	La ville est **petite**. Die Stadt ist <u>klein</u>. La ville est **intéressante**. Die Stadt ist <u>interessant</u>. Marie et Laure sont **grandes**. Marie und Laure sind <u>groß</u>.	Prädikativ gebrauchte Adjektive (*les adjectifs attributs*) stehen nach Verben und werden – anders als im Deutschen – im Französischen ebenfalls in Genus und Numerus an das Bezugsnomen angeglichen.

▶▶▶ Attributiver und prädikativer Gebrauch der Adjektive

Prädikativ gebrauchte Adjektive stehen nach folgenden Verben:

Beispiel		Erklärung
être	<u>Cette histoire</u> est **intéressante**. Diese Geschichte ist interessant.	In diesen Fällen bezieht sich das Adjektiv auf das Subjekt und wird dem Subjekt angeglichen.
devenir	<u>Ce bruit</u> devient très **désagréable**. Dieser Lärm wird sehr unangenehm.	
paraître	<u>Cette maison</u> paraît très **jolie**. Dieses Haus scheint sehr schön zu sein.	
rester	<u>Les écoles</u> restent **fermées** samedi. Die Schulen bleiben Samstag geschlossen.	
sembler	<u>Les Nollet</u> semblent **heureux**. Die Nollets wirken glücklich.	
avoir l'air	<u>Elle</u> a l'air **malade**. Sie sieht krank aus.	
croire	Les gens <u>la</u> croient **intelligente**. Die Leute glauben, sie sei intelligent.	In diesen Fällen bezieht sich das Adjektiv auf das direkte Objekt und wird dem Objekt angeglichen.
rendre	Ça <u>les</u> rend **fous**. Das macht sie verrückt.	
trouver	Je trouve <u>son idée</u> très **intéressante**. Ich finde seine Idee sehr interessant.	

■ **Die Angleichung zusammengesetzter Adjektive**

Die Angleichung zusammengesetzter Adjektive hängt von deren Bestandteilen ab.

Beispiel	Erklärung
<u>Adjektiv + Adjektiv:</u> des prunes aigr**es**-douc**es** des personnes sourd**es**-muett**es**	Beide Bestandteile werden dem Nomen angeglichen. Das ist im Französischen am häufigsten der Fall.
la période gall**o**-romain**e** les relations franc**o**-allemand**es** des histoires trag**i**-comiqu**es**	Nicht angeglichen werden Bestandteile, die auf *-o* oder *-i* enden. <div align="right">▶▶▶</div>

▶▶▶ Attributiver und prädikativer Gebrauch der Adjektive

Beispiel	Erklärung
Präposition/Adverb + Adjektiv: l'avant-dernière version des règles sous-entendues les rayons ultra-violets les rayons infrarouges les étudiants sud-américains	Präpositionen und Adverbien sind unveränderlich. In diesen Zusammensetzungen wird nur das Adjektiv dem Nomen angeglichen.

■ Besonderheiten der Angleichung des Adjektivs

Beispiel	Erklärung
Fabien et Marie sont grands.	Bezieht sich ein Adjektiv gleichzeitig auf ein maskulines und ein feminines Nomen, steht es im Maskulinum Plural.
Les langues française et allemande	Beziehen sich zwei Adjektive auf ein Nomen im Plural, stehen die Adjektive im Singular, wenn keines der Adjektive alleine mit dem Nomen einen Plural bilden kann.
Vous êtes Allemand/Allemande?	Sie verwenden das Adjektiv im Singular, wenn Sie sich an eine Person wenden, die Sie siezen.
Vous êtes Allemands/Allemandes?	Wenn Sie sich an mehrere Personen wenden, verwenden Sie das Adjektiv im Plural.

3 Die Stellung der Adjektive beim Nomen

Im Unterschied zum Deutschen stehen im Französischen die meisten Adjektive nach dem Nomen. Nur eine kleine Gruppe von häufig verwendeten Adjektiven steht vor dem Nomen.

Beispiel			Beispiel			Beispiel		
un	**beau**	garçon	un	**grand**	bateau	une	**jeune**	femme
une	**jolie**	fille	une	**petite**	école	un	**vieux**	monsieur
une	**bonne**	affaire	un	**gros**	livre	une	**autre**	idée
un	**mauvais**	jour						

▶▶▶ Die Stellung der Adjektive beim Nomen

Beispiel	Erklärung
des pantalons **bleus** une recette **italienne** le parti **social-démocrate** un collège **protestant** un écrivain **connu**	Alle anderen Adjektive werden nachgestellt, wie z. B.: ▬ Farbadjektive, ▬ Adjektive für Nationalitäten, politische Zugehörigkeit und Religionen, ▬ Adjektive, die von einem Partizip abgeleitet sind.

■ **Die Stellung mehrerer Adjektive beim Nomen**

Beispiel		Erklärung
un **beau** pull un pull **bleu**	un **beau** pull **bleu**	Wenn mehrere Adjektive bei einem Nomen verwendet werden, behalten sie in der Regel die Stellung bei, die sie auch einzeln gehabt hätten. Zwei nachstehende oder zwei voranstehende Adjektive können mit *et* verbunden werden.
une **jeune** femme une **jolie** femme	une **jolie jeune** femme	
un appartement **chic** un appartement **luxueux**	un appartement **chic** et **luxueux**	

Beispiel	Erklärung
! un acteur **jeune** et **beau**	Zwei vorangestellte Adjektive können auch zusammen nach dem Nomen stehen.

■ **Bedeutungsänderung bei Voran- oder Nachstellung**

Zahlreiche französische Adjektive haben in Voran- oder Nachstellung unterschiedliche Bedeutungen.

Beispiel			
un **ancien** hôtel	ehemalig, früher	un livre **ancien**	alt, sehr alt
un **certain** regard	bestimmt, gewiss	un emploi **certain**	sicher
un **chère** amie	lieb	une maison **chère**	teuer
une **curieuse** affaire	merkwürdig	une fille **curieuse**	neugierig
une **drôle** d'idée	komisch, merkwürdig	une histoire **drôle**	lustig, komisch

▶▶▶

▶▶▶ Die Stellung der Adjektive beim Nomen

le **dernier** jour	letzte	la semaine **dernière**	vorig, vergangen
les **différentes** catégories	verschieden	des opinions **différentes**	unterschiedlich, abweichend
une **fausse** identité	unecht, gefälscht	une idée **fausse**	falsch, fehlerhaft
un **grand** homme	groß, berühmt	un homme **grand**	großgewachsen
une **jeune** fille	jung	une mode **jeune**	jugendlich
les **mêmes** livres	dieselben	la bonté **même**	selbst, in Person
un **nouveau** livre	neu	un livre **nouveau**	neu-/andersartig
un **pauvre** homme	bedauernswert	un homme **pauvre**	arm
mon **propre** appartement	eigenes	un appartement **propre**	sauber
un **sacré** coup de chance	verdammt	une vache **sacrée**	heilig
un **sale** type	übel	une chemise **sale**	schmutzig
mon **seul** ami	einzig	un homme **seul**	einsam
une **vraie** alternative	wirklich, echt	une histoire **vraie**	wahr

■ Die Adjektive *certains*, *différents*, *divers*

Certains, *différents* und *divers* können auch ohne vorangestellten Artikel in der Funktion eines unbestimmten Begleiters verwendet werden. *Certains/certaines* kann auch alleine als unbestimmtes Pronomen (Indefinitpronomen) verwendet werden.

Vous pouvez choisir entre les **divers** plats de poisson.   (Adjektiv)
Sie können zwischen den verschiedenen Fischgerichten wählen.

Il a chanté **diverses** chansons avec Luc.   (unbestimmter Begleiter)
Er hat verschiedene/mehrere Lieder mit Luc gesungen.

Pour plus d'informations sur les **différents** produits,   (Adjektiv)
Für mehr Informationen über die verschiedenen Produkte
vous pouvez nous contacter.
können Sie sich an uns wenden.

J'ai essayé **différents** produits.   (unbestimmter Begleiter)
Ich habe unterschiedliche/verschiedene Produkte ausprobiert.

La pièce a un **certain** succès.   (Adjektiv)
Das (Theater-)Stück hat einen gewissen Erfolg.

▶▶▶ Die Stellung der Adjektive beim Nomen

Certaines personnes l'ont encouragé.   (unbestimmter Begleiter)

Mehrere Personen /Leute haben ihn ermutigt.

Certains d'entre vous m'ont mal compris.   (unbestimmtes Pronomen)

Einige unter Ihnen/euch haben mich missverstanden.

■ Besonderheiten der Stellung der Adjektive

Beispiel		Erklärung
un **épouvantable** accident	ein schrecklicher Unfall	Soll ein normalerweise nachge-
un **éclatant** succès	ein durchschlagender Erfolg	stelltes Adjektiv besonders betont
un **excellent** fromage	ein hervorragender Käse	werden, kann es vor das Nomen gestellt werden.

4 Die Steigerung der Adjektive

Wenn man Personen oder Dinge miteinander vergleicht, braucht man die Steigerungsformen der Adjektive.

Beispiel	Erklärung
Der A380 ist <u>größer</u> als ein anderer Airbus.	Stufe 1 der Steigerung ist der Komparativ.
Das ist <u>das größte</u> Flugzeug der Welt.	Stufe 2 der Steigerung ist der Superlativ.

■ Der Komparativ

Beispiel	Erklärung
La nouvelle Citroën est **plus grande que** la vieille. … ist größer als …	Den Komparativ bilden Sie, indem Sie *plus/aussi/moins* vor das Adjektiv stellen. Das Vergleichswort ist immer *que* (wie/als), **niemals** *comme*. ▶▶▶
Ses histoires sont **aussi sympas que** ses dessins. … genauso sympathisch wie …	
Ses copines sont **moins sportives qu'**elle. … weniger sportlich/unsportlicher als …	**Regel**
	plus *aussi* | + Adjektiv + *que* *moins*

▶▶▶ Die Steigerung der Adjektive

Beispiel	Erklärung
Le deuxième dessin est **meilleur que** le premier. … ist besser als … Ce chanteur est **plus mauvais que** le précédent. … ist schlechter als … Cette journée était **pire que** les autres. … schlimmer als …	Der Komparativ von *bon* und *mauvais* ist unregelmäßig. *Mauvais* hat zwei Steigerungsformen mit unterschiedlicher Bedeutung.

■ Der Superlativ

Beispiel	Erklärung
Les plus vieux membres de ce club avaient plus de 80 ans. oder: **Les** membres **les plus vieux** de ce club avaient plus de 80 ans. C'est **la plus jolie** ville de la région. oder: C'est **la** ville **la plus jolie** de la région. Achetez chez **le** marchand **le moins cher**. Ce sont **les** voitures **les moins polluantes** du monde.	Den Superlativ bilden Sie, indem Sie vor die Komparativformen *plus*/*moins* einen bestimmten Artikel setzen. Die Stellung der Adjektive beim Nomen bleibt erhalten, d.h. vorangestellte Adjektive können im Superlativ voran- oder nachgestellt werden. Nachgestellte Adjektive werden auch im Superlativ nachgestellt. Bei den nachgestellten Superlativen wird der bestimmte Artikel wiederholt.

Regel

le la les	plus moins	+ Adjektiv

> **!** Der Superlativ von *bon* und *mauvais* ist unregelmäßig. *Mauvais* hat zwei Superlative mit unterschiedlichen Bedeutungen.
>
> | bon/bonne | meilleur/meilleure | le/la meilleure
der/die/das beste | les meilleur(e)s
die besten |
> |---|---|---|---|
> | mauvais/e | plus mauvais/e | le/la plus mauvais/e
der/die/das schlechteste | les plus mauvais(e)s
die schlechtesten |
> | | pire | le/la pire
der/die/das schlimmste | les pires
die schlimmsten |

▶▶▶ Die Steigerung der Adjektive

Beispiel		Erklärung
un portable **bon marché**	ein billiges Handy	Beachten Sie die Steigerung der unveränderlichen Wendung *bon marché* (billig).
une assurance **bon marché**	eine billige Versicherung	
des meubles **bon marché**	billige Möbel	
Ces vols sont **meilleur marché** que les autres.	Diese Flüge sind billiger als die anderen.	
Ces pommes sont **meilleur marché**.	Diese Äpfel sind billiger.	
Où est le restaurant **le meilleur marché**?	Wo ist das billigste Restaurant?	
l'assurance **la meilleur marché**	die billigste Versicherung	
les vols **les meilleur marché** vers Paris	die billigsten Flüge nach Paris	

5   Adjektive und ihre Ergänzungen

Viele Adjektive können Ergänzungen bei sich haben. Diese Ergänzungen werden meistens mit *à* oder *de* an das Adjektiv angeschlossen.

Im Folgenden finden Sie eine Liste häufig verwendeter Adjektive mit möglichen Ergänzungen und ihren Übersetzungen, weil diese Sachverhalte im Deutschen manchmal ganz anders ausgedrückt werden.

Adjektive + à

allergique au chlore	allergisch auf Chlor
bon à savoir	gut zu wissen
comparable à la langue maternelle	vergleichbar mit der Muttersprache
contraire à la loi	gegen das Gesetz
difficile à comprendre	schwer zu verstehen
égal à ses collègues	seinen Kollegen gleichgestellt
essentiel à la survie	überlebenswichtig
fidèle à ses principes	seinen Prinzipen treu
indifférent à tout	allem gegenüber gleichgültig
inférieur à ses prédécesseurs	schlechter als seine Vorgänger
lié à la production	produktionsbedingt
nuisible à la santé	schädlich für die Gesundheit
pareil à tous les autres	allen anderen gleich
prêt à partir	bereit weg/abzufahren
prêt à tout	bereit zu allem
supérieur à la moyenne	über dem Durchschnitt

▶▶▶

▶▶▶ Die Steigerung der Adjektive

Adjektive + de

accompagné de ses enfants	begleitet von seinen Kindern
âgé de quarante ans	vierzig Jahre alt
amoureux de Julie	verliebt in Julie
capable de tout	zu allem fähig
capable de prévoir l'avenir	fähig, die Zukunft vorauszusehen
caractéristique de ce pays	bezeichnend für dieses Land
certain de son succès	seines Erfolgs sicher
certain de gagner	sicher zu gewinnen
content de ses résultats	zufrieden mit seinen Ergebnissen
content de vous voir	zufrieden/glücklich, Sie/euch zu sehen
différent des autres	sich von den anderen unterscheidend
étonné de votre réponse	erstaunt über Ihre/eure Antwort
étonné de vous voir	erstaunt, Sie/euch zu sehen
fier de notre succès	stolz auf unseren Erfolg
fier d'avoir reçu le prix	stolz darauf, den Preis erhalten zu haben
gentil de m'avoir répondu	nett, mir geantwortet zu haben
haut de vingt mètres	zwanzig Meter hoch
heureux de ce résultat	glücklich über dieses Ergebnis
heureux de vous voir	glücklich, Sie/euch zu sehen
intimidé de quelqu'un	von jemandem eingeschüchtert
large de cinq mètres	fünf Meter breit
long de cent mètres	hundert Meter lang
méchant de parler ainsi	boshaft, so zu reden
plein de vie	voller Leben
proche des utilisateurs	verbrauchernah
sévère avec les enfants	streng zu den Kindern
sûr de quelque chose	einer Sache sicher
sûr d'y arriver	sicher, es zu schaffen
typique de ce pays	typisch für dieses Land

6 Hinweise zur Vermeidung von Fehlern

Beispiel		Erklärung
Alles <u>Schöne</u> Etwas <u>Interessantes</u> Etwas <u>Nützliches</u> Nichts <u>Neues</u> Was gibt's <u>Neues</u>?	**Tout ce qui** est beau **Quelque chose** d'intéressant **Quelque chose** d'utile **Rien de** neuf **Quoi de** neuf?	Im Deutschen können aus Adjektiven Nomen gebildet werden. Im Französischen müssen Sie das anders ausdrücken. Nach *quelque chose* und nach *rien* wird ein Adjektiv immer mit *de* angeschlossen.
Eine silberne Gabel Ein hölzerner Löffel Eine goldene Krone	Une fourchette **en argent** Une cuillère **en bois** Une couronne **en or**	Das Material eines Gegenstandes drückt man im Französischen nicht adjektivisch aus.
Er wird alt. Sie wird immer jünger. Er ist dicker/dünner geworden. Der Tee wird kalt. Das Wetter wird besser. Das Wetter wird schlechter. Es wird dunkel. Es wird hell.	Il **vieillit**. Elle **rajeunit**. Il a **grossi/maigri**. Le thé **refroidit**. Le temps **s'améliore**. Le temps **empire**. Il commence à **faire** **sombre/nuit**. Il commence à **faire jour**.	Um die Veränderung eines Zustands zu bezeichnen, kann im Deutschen das Verb werden + Adjektiv verwendet werden. Dem entspricht im Französischen häufig ein eigenes Verb oder ein Verb + Adjektiv/Nomen.
konserva<u>tive</u> Leute ein katastroph<u>ales</u> Ereignis eine parado<u>xe</u> Antwort ein risk<u>antes</u> Abenteuer	des gens conservat**eurs** un événement catastroph**ique** une réponse paradox**ale** une aventure ris**quée**	Einige deutsche Adjektive ähneln ihren französischen Entsprechungen, haben aber andere Endungen.

Was ist der Unterschied zwischen einem Adjektiv und einem Adverb?

Adjektive beziehen sich auf Nomen oder Pronomen: *Cette <u>actrice</u> est **jolie**. <u>Elle</u> est très **connue** en France.* Adjektive sind veränderlich.

Adverbien beziehen sich nicht auf Nomen oder Pronomen, sondern auf:
- Verben: *Cette actrice <u>joue</u> **bien**.*
- Adjektive: *Elle est **très** <u>jolie</u>.*
- andere Adverbien: *Et elle joue **vraiment** <u>bien</u>.*
- oder einen ganzen Satz (Satzadverbien): ***Normalement**, <u>ses films ont beaucoup de succès</u>.*
Adverbien sind unveränderlich.

Im Deutschen kann man nicht immer an der Form erkennen, ob es sich um ein Adjektiv oder ein Adverb handelt: Sie arbeitet **langsam**. (Adverb) Sie ist **langsam**. (Adjektiv)

Im Französischen haben Adjektive und Adverbien oft eigene Formen:
*Elle travaille **lentement**.* (Adverb) *Elle est **lente**.* (Adjektiv)

Das folgende Kapitel informiert Sie über die Formen und den Gebrauch der französischen Adverbien.

1 Die Formen der Adverbien

- Adverbien auf *-ment*
- Adverbien auf *-amment*, *-emment*, *-ément*
- Unregelmäßige Adverbien
- Bedeutungsunterschiede zwischen Adjektiv und Adverb
- Adjektive ohne ableitbares Adverb

2 Die Steigerung der Adverbien

- Der Komparativ
- Der Superlativ

3 Die Stellung der Adverbien

- Die Stellung des Adverbs vor Adjektiv und Adverb
- Die Stellung des Adverbs beim Verb
- Die Stellung von Adverbien, die sich auf einen Satz beziehen (Satzadverbien)

4 Der Gebrauch einiger Adverbien

- *Très* und *beaucoup*
- *Aussi* und *autant*
- *Tout*

5 Der Gebrauch von Adjektiven und Adverbien

- Adjektiv als Adverb
- Adverb als Adjektiv

6 Hinweise zur Vermeidung von Fehlern

1 Die Formen der Adverbien

Im Französischen gibt es zwei Sorten von Adverbien: ursprüngliche Adverbien und von Adjektiven abgeleitete Adverbien.

Beispiel	Erklärung
Elle a **toujours** beaucoup d'idées. Mais cette fois-ci, c'est une idée **plutôt** originale.	Die ursprünglichen Adverbien haben keine typische Endung, an der man sie erkennen könnte.

assez	déjà	plutôt	toujours	aujourd'hui
encore	souvent	très	autant	hier
tant	trop	beaucoup	ici	tard
vite	bien	mal	tôt	

- **Adverbien auf -*ment***

Beispiel		Erklärung
Adjektiv	**Adverb**	Um ein Adverb von einem Adjektiv abzuleiten, wird an die feminine Form des Adjektivs die Endung -*ment* angehängt.
lent/lente ▸	lente**ment**	
sérieux/sérieuse ▸	sérieuse**ment**	
actif/active ▸	active**ment**	
long/longue ▸	longue**ment**	
régulier/régulière ▸	régulière**ment**	
rare ▸	rare**ment**	Adjektive, deren maskuline Form auf einem Vokal endet, leiten das Adverb von der maskulinen Form des Adjektivs ab. ▸▸▸
difficile ▸	difficile**ment**	
vrai/e ▸	vrai**ment**	
absolu/e ▸	absolu**ment**	
poli/e ▸	poli**ment**	

▶▶▶ Die Formen der Adverbien

Beispiel			Erklärung
Adjektiv		**Adverb**	
aisé/e	▶	aisé**ment**	
Ausnahme:			
gai/gai**e**	▶	gai**e**ment	

■ Adverbien auf *-amment, -emment, -ément*

Beispiel			Erklärung
Adjektiv		**Adverb**	Adjektive, die auf *-ant* enden, bil-
élégant/e	▶	élég**amment**	den Adverbien auf *-amment*. Ad-
méchant/e	▶	méch**amment**	jektive, die auf *-ent* enden, bilden
constant/e	▶	const**amment**	Adverbien auf *-emment*. Die En-
bruyant/e	▶	bruy**amment**	dung *-emment* wird genauso wie
différent/e	▶	différ**emment** [diferamã]	die Endung *-amment* ausgespro-
impatient/e	▶	impati**emment** [ɛ̃pasjamã]	chen: [-amã]
violent/e	▶	viol**emment** [vjɔlamã]	
Aber:			
lent/e	▶	lentement	
commode	▶	commod**ément**	Einige Adverbien enden auf
confus/e	▶	confus**ément**	*-ément*.
énorme	▶	énorm**ément**	
intense	▶	intens**ément**	
précis/e	▶	précis**ément**	
profond/e	▶	profond**ément**	

■ Unregelmäßige Adverbien

Beispiel			Erklärung
Adjektiv		**Adverb**	Von einigen Adjektiven werden
gentil/gentille	▶	**gentiment**	unregelmäßige Adverbformen ab-
bon/bonne	▶	**bien**	geleitet.
mauvais/e	▶	**mal**	
meilleur/e	▶	**mieux**	
bref/brève	▶	**brièvement**	

▶▶▶ Die Formen der Adverbien

Beispiel			Erklärung
grave	▶	gravement, grièvement	Von dem Adjektiv *grave* können zwei Adverbien abgeleitet werden. *Grièvement* ist aber nur in Verbindung mit den Verben *blesser*, *toucher*, *brûler* zu finden.

Dix personnes ont été **grièvement blessées**.

Jeune femme **grièvement brûlée** dans incendie.

Un manifestant a été **grièvement touché** à la tête.

■ **Bedeutungsunterschiede zwischen Adjektiv und Adverb**

Es gibt Adjektive, die mehrere Bedeutungen haben. Einige der davon abgeleiteten Adverbien übernehmen nur eine der Bedeutungen des Adjektivs. Manchmal hat das Adverb auch eine ganz andere Bedeutung als das Adjektiv, von dem es abgeleitet wurde.

Adjektiv	Adverb	
curieux /curieuse	curieusement	
Il est **curieux**. Er ist <u>neugierig</u>. C'est **curieux**. Das ist <u>merkwürdig</u>.	**Curieusement**, il ne m'a rien dit. <u>Merkwürdigerweise</u> hat er mir nichts gesagt.	
drôle/drôle de	drôlement	
C'est une histoire **drôle**. Das ist eine <u>lustige</u> Geschichte. C'est une **drôle** d'histoire. Das ist eine <u>merkwürdige</u> Geschichte.	C'est **drôlement** bien. Das ist <u>sehr</u> gut.	C'est **drôlement** beau. Das ist <u>sehr</u> schön. ▶▶▶

▶▶▶ Die Formen der Adverbien

Adjektiv	Adverb
égal/e	également
Coupez le jambon en morceaux **égaux**.	J'ai **également** envoyé un e-mail à ta sœur.
Schneiden Sie den Schinken in <u>gleich</u> große Stücke.	Ich habe <u>auch</u> deiner Schwester eine E-Mail geschickt.

tipp Wenn Sie hinsichtlich der Bedeutungsunterschiede von Adjektiv und Adverb im Zweifel sind, konsultieren Sie das Wörterbuch.

■ **Adjektive ohne ableitbares Adverb**

Nicht von jedem Adjektiv kann ein Adverb abgeleitet werden. Zu diesen Adjektiven gehören insbesondere:

- Farbadjektive,
- Bezeichnungen von Nationalitäten und Religionen,
- Adjektive, die Eigenschaften oder Zustände beschreiben.

Dazu zählen: *célèbre, charmant, étonné, fâché, fatigant, fatigué, intéressant, jeune, moderne, neuf, vieux* u.a.

Für fehlende Adverbien können im Französischen Umschreibungen verwendet werden:

Beispiel

Elle s'habille **d'une façon moderne et chic**.   **d'une façon** + Adjektiv
Sie kleidet sich <u>modern und chic</u>.

Il sait raconter des histoires **d'une manière intéressante**. **d'une/de manière** + Adjektiv
Er kann Geschichten sehr <u>interessant</u> erzählen.

Elle me regarde **d'un air étonné**.   **d'un air** + Adjektiv
Sie sieht mich <u>erstaunt</u> an.

Ils voient tout **en noir**.   **en** + Adjektiv
Sie sehen alles <u>schwarz</u>.

2   Die Steigerung der Adverbien

Wenn Sie Handlungen oder Tätigkeiten miteinander vergleichen, brauchen Sie die Vergleichsformen des Adverbs: Sie steigern das Adverb. Vergleichen Sie mit der Steigerung des Adjektivs ▶ S. 53 ff.

■ Der Komparativ

Beispiel	Erklärung
Paul a réagi **plus lentement que** les autres. … langsamer als … Marie parle **aussi lentement que** son père. … genauso langsam wie … Marc s'entraîne **moins régulièrement** que ses copains. … weniger regelmäßig als …	Adverbien werden genauso wie Adjektive gesteigert: Sie stellen *plus*/*aussi*/*moins* vor das Adverb und das Vergleichswort *que* dahinter. Das Vergleichswort ist immer *que*.

Regel

Komparativ

plus	
aussi	+ Adverb + *que*
moins	

■ Der Superlativ

Beispiel	Erklärung
Damien court **le plus vite** (de tous). … am schnellsten (von allen). Hugo court **le moins vite** (de tous). … am langsamsten (von allen).	Der Superlativ wird mit *le plus* + Adverb oder *le moins* + Adverb gebildet.

Regel

Superlativ

le plus	
le moins	+ Adverb

Folgende Adverbien werden unregelmäßig gesteigert:

beaucoup	plus	le plus	viel, mehr, am meisten
peu	moins	le moins	wenig, weniger, am wenigsten
bien	mieux	le mieux	gut, besser, am besten
mal	plus mal	le plus mal	schlecht, schlechter, am schlechtesten
	pis	le pis	schlimm, schlimmer, am schlimmsten

Tant **pis**! Ses affaires vont de mal en **pis**.	Pech gehabt. … immer schlechter.	Neben den regelmäßigen Steigerungsformen von *mal* gibt es die Formen *pis*, *le pis*, die in einigen festen Wendungen gebraucht werden. ▶▶▶

▶▶▶ Die Steigerung der Adverbien

Verwechseln Sie nicht Mengenangaben mit Vergleichen:

Beispiel

! Mengenangabe (mit *de*)

Théo travaille **plus de** huit heures par jour.	… mehr als 8 Stunden …
Léon travaille **moins de** trente-huit heures par semaine.	… weniger als 38 Stunden …

Vergleich (mit *que*)

Marion travaille **plus que** lui.	… mehr als er.
Et Clara travaille **moins qu'**elle.	… weniger als sie.

3   Die Stellung der Adverbien

Adverbien können sich auf ein Verb, ein Adjektiv, ein Adverb oder einen ganzen Satz beziehen. Die Stellung des Adverbs hängt von verschiedenen Faktoren ab: von seiner Bedeutung, von seiner Länge, von der Reihenfolge der Informationen, die der Sprecher geben will. Im Folgenden sind einige Grundregeln zusammengefasst.

■ Die Stellung des Adverbs vor Adjektiv und Adverb

Beispiel	Erklärung
C'est une méthode **exceptionnellement** <u>simple</u>. (Adjektiv) … außergewöhnlich einfache …	Adverbien stehen immer vor den Adjektiven und Adverbien, auf die sie sich beziehen.
Il a un probleme **vraiment** <u>grave</u>. (Adjektiv) … wirklich schlimmes …	
Ils passent **beaucoup** <u>trop</u> de temps sur Internet. (Adverb) … viel zu viel …	
Il mange **assez** <u>lentement</u>. (Adverb) … ziemlich langsam.	
Ausnahme: Adjektiv Adverb une lettre écrite **aujourd'hui** ein heute geschriebener Brief	Zeitadverbien stehen hinter dem Adjektiv, wenn dieses von einem Partizip Perfekt abgeleitet ist (hier: *écrite*).

▶▶▶ Die Stellung der Adverbien

■ Die Stellung des Adverbs beim Verb

Beispiel	Erklärung
Il <u>danse</u> **rarement**, mais il <u>danse</u> **bien**. Er tanzt selten, aber er tanzt gut. Jeudi, je <u>rentrerai</u> **tard**. Am Donnerstag werde ich spät nach Hause kommen. Jeudi, je <u>vais rentrer</u> **tard**. D'habitude, il <u>travaillait</u> **correctement**. Normalerweise arbeitete er korrekt.	Bei den einfachen Zeiten ▶ S. 84 steht das Adverb hinter dem Verb, auf das es sich bezieht.
Ils <u>ont</u> **souvent** <u>oublié</u> de nous appeler. Sie haben oft vergessen, uns anzurufen. Le nouveau logiciel <u>va</u> **bientôt** <u>arriver</u>. Die neue Software wird bald ankommen. Est-ce que les Martin <u>veulent</u> **toujours** <u>déménager</u>? Wollen die Martins immer noch umziehen?	Bei den zusammengesetzten Zeiten stehen die meisten Adverbien (z. B. *déjà*, *encore*, *toujours*) zwischen Hilfsverb und Partizip bzw. Infinitiv. Auch in Sätzen mit Modalverben kann das Adverb zwischen Modalverb und Infinitiv stehen.

Il <u>a</u> **longuement** <u>réfléchi</u> au problème.
   Er hat lange über das Problem nachgedacht.
Il <u>a réfléchi</u> **longuement** au problème.
 	
Ils <u>vont</u> **soigneusement** <u>préparer</u> la réunion.
   Sie werden die Sitzung gründlich vorbereiten.
Ils <u>vont préparer</u> **soigneusement** la réunion.
 	
Vous <u>pouvez</u> **régulièrement** <u>consulter</u> notre site.
   Sie können unsere Homepage regelmäßig konsultieren.
Vous <u>pouvez consulter</u> notre site **régulièrement**.
	Die Adverbien auf -*ment* können in zusammengesetzten Zeiten vor oder nach dem Partizip Perfekt/Infinitiv stehen. Soll eines dieser Adverbien besonders betont werden, steht es nach dem Partizip Perfekt/Infinitiv.

▶▶▶ Die Stellung der Adverbien

■ **Die Stellung von Adverbien, die sich auf einen Satz beziehen (Satzadverbien)**

Beispiel	Erklärung
Aujourd'hui, la réunion va commencer à dix heures. Die Versammlung wird heute um zehn Uhr beginnen. La réunion va commencer à dix heures, **aujourd'hui**. **Malheureusement**, il a raté son avion. Er hat unglücklicherweise sein Flugzeug verpasst. Il a raté son avion, **malheureusement**.	Satzadverbien stehen entweder, durch Komma abgetrennt, am Satzanfang oder am Satzende. Zur Stellung der Satzteile nach *peut-être, sans doute, à peine* ▶ S. 206.

4   Der Gebrauch einiger Adverbien

■ *Très* und *beaucoup*

Très (sehr) und *beaucoup* (viel, sehr) werden unterschiedlich gebraucht.

Beispiel		Erklärung
David est **très** <u>doué</u>.	David ist <u>sehr</u> begabt.	*Très* bezieht sich auf ▬ Adjektive,
Elle chante **très** <u>bien</u>.	Sie singt <u>sehr</u> gut.	▬ Adverbien,
Elle <u>a</u> **très** <u>envie</u> de devenir chanteuse. Sie hat große Lust (will unbedingt) Sängerin werden.		▬ Nomen in Ausdrücken mit *avoir* + Nomen.
Ils <u>aiment</u> **beaucoup** le rap. Sie mögen Rap <u>sehr</u>. Son style leur <u>plaît</u> **beaucoup**. Sein/Ihr Stil gefällt ihnen <u>sehr</u> (gut). Ce livre m'<u>a</u> **beaucoup** <u>intéressé</u>. Dieses Buch hat mich <u>sehr</u> interessiert.		*Beaucoup* steht ▬ nach dem Verb, auf das es sich bezieht, bzw. zwischen Hilfsverb und Partizip Perfekt.
! Ça coûte **énormément** d'argent. Das kostet <u>sehr viel</u> Geld. Il lit/travaille/écrit **énormément**. Er liest/arbeitet/schreibt <u>sehr viel</u>.		*Très* kann nie vor *beaucoup* stehen. Dem deutschen „sehr viel" entspricht *énormément*.

▶▶▶ Der Gebrauch einiger Adverbien

Beispiel	Erklärung
Cela me ferait **énormément** plaisir, si tu venais. Es würde mir <u>sehr viel</u> Freude machen, wenn du kommen würdest. Il y avait là **énormément** de gens. Da waren <u>sehr viele</u> Leute.	

■ *Aussi* und *autant*

Beispiel	Erklärung

Elle est **aussi** <u>grande</u> **que** lui.
    … so groß wie …
 	
Camille danse **aussi** <u>bien</u> **que** son frère,
    … so gut wie …
 	
mais elle ne <u>chante</u> pas **aussi** <u>bien</u> **que** lui.
    … nicht so gut wie …
 	
Le rugby <u>m'intéresse</u> **autant que** le foot.
    … so sehr wie …
 	
Quentin ne <u>parle</u> pas **autant que** Laura.
    … nicht so viel wie …
	Aussi que und *autant que* stehen in Vergleichssätzen. *Aussi que* (so … wie) steht in Verbindung mit Adjektiven und Adverbien. *Autant que* (so viel wie/so sehr wie) steht in Verbindung mit Verben.

■ *Tout*

Tout kann verschiedene Funktionen haben. *Tout* ist
- ein Begleiter ▶ S. 28,
- ein Pronomen ▶ S. 184,
- ein Nomen: *Il risque le tout.* Er riskiert das Ganze (alles).
- ein Adverb, das ein Adjektiv verstärkt.

Beispiel	Erklärung
Ils ont un **tout** <u>petit</u> jardin. Sie haben einen ganz kleinen Garten. Ces écouteurs sont **tout** <u>petits</u>. Diese Kopfhörer sind ganz klein.	*Tout* (Adverb) ist unveränderlich - vor maskulinen Adjektiven,

▶▶▶

▶▶▶ Der Gebrauch einiger Adverbien

Beispiel	Erklärung
Agnès est **tout** <u>heureuse</u>. Agnès ist ganz glücklich. Les rues sont **tout** <u>étroites</u>. Die Straßen sind ganz schmal.	▬ vor femininen Adjekti-ven, die mit Vokal oder stummem h beginnen.
Aber: Notre maison est **toute** <u>petite</u>. Unser Haus ist ganz klein. Les maisons sont **toutes** <u>petites</u>. Die Häuser sind ganz klein.	*Tout* ist aber veränderlich vor femininen Adjektiven, die mit einem Konsonan-ten beginnen.

5 Der Gebrauch von Adjektiven und Adverbien

■ **Adjektiv als Adverb**

Beispiel		Erklärung
aller **tout droit**	geradeaus gehen	Einige Verben bilden mit Adjekti-ven feste Wendungen. Diese Adjektive verhalten sich wie Adverbien: Sie stehen hinter den Verben und sind unveränderlich.
chanter **juste/faux**	richtig/falsch singen	
coûter/payer **cher**	teuer sein/bezahlen	
dormir **tranquille**	ruhig schlafen	
jouer **faux**	falsch spielen	
parler **français**	Französisch sprechen	
penser **juste**	richtig denken	
peser **lourd**	schwer sein/wiegen	
refuser **net** [rəfyzenɛt]	kategorisch ablehnen	
s'arrêter **net** [saretenɛt]	plötzlich stehen bleiben	
sentir **bon/mauvais**	gut/schlecht riechen	
tenir **bon**	durchhalten	
travailler **dur**	hart arbeiten	
viser **haut**	hoch hinaus wollen	
voir **clair/double**	klar/doppelt sehen	

▶▶▶ Der Gebrauch von Adjektiven und Adverbien

Beispiel	Erklärung
! sentir **bon**: Ce parfum sent **bon**. Cette soupe sent **bon**. … riecht gut. sentir **bien**: Il est enrhumé. Il ne sent pas **bien**. … kann nicht gut riechen.	

■ **Adverb als Adjektiv**

Beispiel		Erklärung
Ce film n'est pas **mal**.	Der Film ist nicht schlecht.	Einige Adverbien wer-
C'est un endroit pas **mal**.	Das ist kein schlechter Ort.	den prädikativ in der
C'est un type **bien**.	Das ist ein toller/guter Typ.	Funktion von Adjekti-
Cette chanson est **bien**.	Dieses Lied ist gut.	ven verwendet. Diese
C'est **mieux**.	Das ist besser.	Adverbien bleiben un-
Je n'ai rien trouvé de **mieux**.	Ich habe nichts Besseres gefunden.	veränderlich.

6   Hinweise zur Vermeidung von Fehlern

Nicht allen deutschen Adverbien entspricht auch im Französischen ein Adverb:

Beispiel

Deutsches Adverb ▶ französisches Verb

Ich höre <u>gerne</u> Musik.	J'**aime** écouter de la musique.
Sie tanzt <u>lieber</u>.	Elle **préfère** danser.
Er telefoniert <u>gerade</u>.	Il **est en train de** téléphoner.
Er hat <u>gerade</u> gegessen.	Il **vient de** manger.
Sie arbeitet <u>weiter</u>.	Elle **continue à** travailler.
<u>Hoffentlich</u> kommt er morgen.	J'**espère qu**'il viendra demain.
Ich habe <u>schließlich</u> verstanden.	J'**ai fini par** comprendre.

Deutsches Adverb ▶ französische Präposition + Nomen

Ich habe es <u>erfolglos</u> versucht.	Je l'ai essayé **en vain/sans succès**.
Sie lernt <u>mühelos</u>.	Elle apprend **sans peine**.
Sie schaut mich <u>neugierig</u> an.	Elle me regarde **avec curiosité**.
Wir arbeiten <u>höchstens</u> 7 Stunden.	Nous travaillons 7 heures **au maximum**.
Sie arbeiten <u>mindestens</u> 6 Stunden.	Ils/Elles travaillent **au moins** 6 heures. ▶▶▶

►►► Hinweise zur Vermeidung von Fehlern

Sie ist <u>fast</u> 100 Jahre alt.	Elle a **presque** 100 ans.
Er hat <u>fast</u> nichts gegessen.	Il n'a **presque** rien mangé.

Das deutsche „wäre fast, beinahe" wird im Französischen nicht mit *presque* wiedergegeben. Stattdessen verwenden Sie die Verben *faillir* oder *manquer de*.

Er wäre <u>fast</u> gestorben.	Il a **failli** mourir.
Sie wäre <u>fast</u> hingefallen.	Elle a **failli** tomber.
	Elle a **manqué de** tomber.

Die Zahlwörter / Les nombres

Im folgenden Kapitel finden Sie die Abschnitte:

1 Die Grundzahlen

- Das Geschlecht der Grundzahlen
- Der Plural der Grundzahlen
- Die zusammengesetzten Zahlen

2 Die Ordnungszahlen

3 Der Gebrauch der Grund- und Ordnungszahlen

- Datum
- Uhrzeit

4 Die Bruchzahlen

5 Die Sammelzahlen

6 Hinweise zur Vermeidung von Fehlern

1 Die Grundzahlen

0	zéro	11	onze	30	trente	100	cent
1	un, une	12	douze	40	quarante	101	cent un/
2	deux	13	treize	50	cinquante		cent une
3	trois	14	quatorze	60	soixante	110	cent dix
4	quatre	15	quinze	70	soixante-dix		
5	cinq	16	seize	71	soixante et onze	200	deux cents
6	six	17	dix-sept	72	soixante-douze		
7	sept	18	dix-huit	79	soixante-dix-neuf	1000	mille
8	huit	19	dix-neuf	80	quatre-vingts	1453	mille quatre cent
9	neuf	20	vingt	81	quatre-vingt-un,		cinquante-trois
10	dix	21	vingt et un,		quatre-vingt-une		oder: quatorze cent
			vingt et une	90	quatre-vingt-dix		cinquante-trois
		22	vingt-deux	91	quatre-vingt-onze		
				99	quatre-vingt-dix-neuf	2000	mille

1 000 000 un million / 1 000 000 000 un milliard

▶▶▶ Die Grundzahlen

■ **Das Geschlecht der Grundzahlen**

Beispiel	Erklärung
C'est **un** trois ou **un** cinq? Ist das eine Drei oder eine Fünf? vingt et **un** livres vingt et **une** robes	Im Unterschied zum Deutschen sind französische Zahlen maskulin. Nur für „eins" gibt es eine maskuline und eine feminine Form.
Le un a gagné. Die Eins hat gewonnen. Il a joué **le** huit. Er hat die Acht gespielt. **les** onze tomes de cette œuvre die elf Bücher dieses Werks	Vor Zahlen wird der bestimmte Artikel nicht apostrophiert. Der bestimmte Artikel im Plural *(les)* wird vor Zahlen nicht gebunden.

■ **Der Plural der Grundzahlen**

Beispiel	Erklärung
trois zéro**s**, quatre-vingt**s**, deux cent**s** quatre-vingts aber: quatre-vingt-quatre **!** deux cents aber: deux cent quatre Le Zimbabwe supprime trois zéros sur sa monnaie	*Zéro*, *vingt* und *cent* haben eine Pluralform. Wenn auf *vingt* oder *cent* eine weitere Zahl folgt, entfällt das Plural-*s*.
mille feuilles quatre **mille** ans d'histoire trois **mille** deux cents places	*Mille* ist unveränderlich.
deux million**s** trois milliard**s** deux million**s** trois cent mille deux cents trois milliard**s** cinquante millions quatre cent mille	*Million* und *milliard* haben im Plural ein -*s*, auch dann, wenn eine weitere Zahl folgt. (2 300 200) (3 050 400 000)
un million d'habitants, deux millions de Français un milliard d'habitants, deux milliards d'euros	*Million* und *milliard* sind Nomen; nachfolgende Nomen werden daher (wie immer bei Mengenangaben) mit *de* angeschlossen.

▶▶▶ Die Grundzahlen

Beispiel	Erklärung
	❗ Folgt auf *million* oder *milliard* eine weitere Zahl, entfällt das *de*.
trois millions cinq cent mille habitants	(3 500 000)
deux milliards cinq cents millions quarante mille euros	(2500 040 000)

■ Die zusammengesetzten Zahlen

Beispiel		Erklärung
vingt **et** un	aber: quatre-vingt-un	Von 20 bis 70 wird *un*, *une*
trente **et** un	quatre-vingt-onze	und *onze* mit *et* an den Zeh-
quarante **et** un		ner angefügt. Bei 80 und 90
cinquante **et** un		steht kein *et*, aber ein Binde-
soixante **et** un		strich.
soixante **et** onze		

2 Die Ordnungszahlen

Beispiel				Erklärung
R le	1ᵉʳ	le	premier	Eine Ordnungszahl wird
la	1ʳᵉ	la	première	mit der Grundzahl und der
le/la	2ᵉ	le/la	deuxième/le/la second/e	angehängten Endung *-ième*
le/la	3ᵉ	le/la	troisième	gebildet.
le/la	4ᵉ	le/la	quatrième	Ausnahmen: *premier/*
❗ le/la	5ᵉ	le/la	cin**qu**ième	*première*. Endet eine
le/la	6ᵉ	le/la	sixième	Grundzahl auf *-e*, fällt dieses
le/la	7ᵉ	le/la	septième	bei der Bildung der Ordnungs-
le/la	8ᵉ	le/la	huitième	zahl weg: *onze – onzième*.
❗ le/la	9ᵉ	le/la	neu**v**ième	Zu 2 gibt es eine alternative
le/la	10ᵉ	le/la	dixième	Form: *le/la seconde/e*.
le/la	11ᵉ	le/la	onzième	
le/la	12ᵉ	le/la	douzième	
le/la	20ᵉ	le/la	vingtième	
❗ le/la	21ᵉ	le/la	vingt et unième [vɛ̃teynjɛm]	
le/la	30ᵉ	le/la	trentième	
le/la	100ᵉ	le/la	centième	
le/la	200ᵉ	le/la	deuxcentième	
le/la	1000ᵉ	le/la	millième	
le/la	1001ᵉ	le/la	mille et unième	

▶▶▶

▶▶▶ Die Ordnungszahlen

Beispiel	Erklärung
le huitième arrondissement **le** onzième jour	Vor *huitième* und *onzième* wird der bestimmte Artikel nicht apostrophiert.
Le vingt-et-**unième** siècle La trente-**deuxième** leçon	*Premier* und *second* können nicht mit einer anderen Zahl verbunden werden. Nach den Zehnern (*vingt*, *trente*, *quarante* usw.) steht *unième* bzw. *deuxième*.
première ▶ 1° **premièrement** (erstens) deuxième ▶ 2° **deuxièmement** (zweitens) troisième ▶ 3° **troisièmement** (drittens)	Von den Ordnungszahlen können (wie von Adjektiven) Adverbien auf *-ment* abgeleitet werden.

3   Der Gebrauch der Grund- und Ordnungszahlen

▪ Datum

Beispiel	Erklärung

Lyon,   le **12** décembre 2007
            le **douze** décembre
 	
Aujourd'hui on est le **29** août.
                        le **vingt-neuf** août.
 	
Son anniversaire, c'est le **1ᵉʳ** mars.
                        le **premier** mars.
	Im Französischen werden zur Angabe des Datums die Grundzahlen verwendet. Nur für den ersten Tag eines Monats wird die Ordnungszahl verwendet.

▪ Uhrzeit

Beispiel	Erklärung
Il est **cinq** heures. Es ist fünf Uhr. Le cours commence à **neuf** heures du matin. Der Kurs beginnt um neun Uhr morgens. Il est quatre heures **et quart**. Es ist Viertel nach vier.	Die Uhrzeit wird ebenfalls mit den Grundzahlen angegeben.

▶▶▶ Der Gebrauch der Grund- und Ordnungszahlen

Beispiel	Erklärung
Il est <u>six heures</u> **et demie**. Es ist halb sieben. Il est sept heures **moins le quart**. Es ist Viertel vor sieben.	Eine halbe Stunde wird im Unterschied zum Deutschen zu der vergangenen Stunde hinzugezählt.

4   Die Bruchzahlen

Beispiel	Erklärung
$1/2$ un **demi** $2/2$ deux demi**s** $1/3$ un **tiers** $2/3$ deux tiers $1/4$ un **quart** $2/4$ deux quart**s** $1/5$ un cinquième $2/5$ deux cinquième**s** $1/10$ un dixième $2/10$ deux dixième**s**	Der Zähler der Bruchzahl ist eine Grundzahl, der Nenner eine Ordnungszahl. Ausnahmen: *un demi, un tiers, un quart*. Ist der Zähler größer als 1, steht der Nenner im Plural.
$1\,1/2$ un et demi $1\,3/4$ un (et) trois quarts $2\,1/5$ deux (et) un cinquième	*Demi* wird nach einer ganzen Zahl immer mit *et* angeschlossen. Andere Brüche ($1/4$, $3/4$ usw.) können mit oder ohne *et* angeschlossen werden.
les deux tiers des femmes … **les** trois quarts des touristes … **les** cinq sixièmes des habitants …	Wenn Sie Bruchteile von etwas angeben, verwenden Sie vor Brüchen, deren Zähler größer ist als 1, immer den bestimmten Artikel im Plural.
! $2/5 + 2/5 = 4/5$ Deux cinquièmes plus deux cinquièmes font quatre cinquièmes.	In Rechenaufgaben wird kein Artikel vor Brüchen verwendet.

5   Die Sammelzahlen

Beispiel	Erklärung
une paire de chaussures ein Paar Schuhe **une douzaine** d'œufs ein Dutzend Eier	Die Sammelzahlen *une paire* und *une douzaine* bezeichnen eine genaue Anzahl.

▶▶▶

▶▶▶ Die Sammelzahlen

Beispiel		Erklärung
une dizaine de personnes	ungefähr zehn Personen	Im Französischen gibt es auch Sammelzahlen, die eine ungefähre Anzahl bezeichnen. In den meisten Fällen werden sie aus einer Grundzahl mit der Endung -aine gebildet: *trentaine*, *quarantaine*, *cinquantaine*, *soixantaine*.
! dix ▶ dizaine		
une quinzaine de CD	ungefähr fünfzehn CDs	
une vingtaine de clients	ungefähr zwanzig Kunden	
une centaine de livres	etwa hundert Bücher	
aber:		
un millier de fourmis	etwa 1000 Ameisen	
environ quatre-vingts personnes		Aus zusammengesetzten Zahlen können Sie keine Sammelzahlen bilden. Dann verwenden Sie *environ* + Grundzahl.

6 Hinweise zur Vermeidung von Fehlern

Beispiel		Erklärung
eine Viertelstunde	un quart d'heure	Einige Zeitangaben sind im Französischen anders als im Deutschen. Auch der Gebrauch der Bruchzahlen ist nicht immer gleich.
eine halbe Stunde	une demi-heure	
eine dreiviertel Stunde	trois quarts d'heure	
anderthalb Stunden	une heure et demie	
7 Tage (eine Woche)	**huit** jours	
14 Tage (2 Wochen)	**quinze** jours	
$1/4$ Jahr, $1/2$ Jahr, $3/4$ Jahr	trois mois, six mois, neuf mois	
1 $1/2$ Jahre	un an et demi/dix-huit mois	
ein halber Liter, eine halbe Stunde		Vorangestelltes *demi* ist unveränderlich und wird mit Bindestrich an das Nomen angeschlossen. Steht *demi* alleine nach dem Nomen, so müssen Sie es dem vorangehenden Nomen angleichen.
un **demi**-litre, une **demi**-heure		
eineinhalb Liter, eineinhalb Stunden		
un litre et dem**i**, une heure et dem**ie**		

▶▶▶ Hinweise zur Vermeidung von Fehlern

Beispiel	Erklärung

ein Viertel der Teilnehmer   un quart des participants
 	
aber:
zwei Fünftel der Autofahrer
     les deux cinquièmes des conducteurs
 	
mehr als die Hälfte der Internetbenutzer
     plus **de la** moitié des internautes
 	
weniger als ein Drittel der Unternehmen
     moins **du** tiers des entreprises	

jeder vierte Franzose
     un français **sur quatre**
 	
Sie kam jeden dritten Tag.
     Elle venait **tous les trois jours/un jour sur trois**.
 	
der 3. Mai/am 3. Mai
     le **trois** mai
 	
Napoléon III (der Dritte)
     Napoléon III (**trois**)
	Im Deutschen steht eine Ordnungszahl, im Französischen eine Grundzahl.

Beachten Sie außerdem:

Beispiel	Erklärung
Elle a eu zéro **point**. … null Punkte.	Nach *zéro* steht ein Nomen im Singular.

La grève a duré plus **de** huit jours.
     Der Streik dauerte mehr als acht Tage.
 	
Il ne me reste plus **que** onze jours.
     Mir bleiben nur noch elf Tage.
	Vor *huit* und *onze* werden *de* und *que* nicht apostrophiert.

Das Verb / Le verbe

In diesem Kapitel finden Sie:

1 Die Verbarten
- Hilfsverben
- Modalverben
- Vollverben
- Reflexive Verben
- Unpersönliche Verben

2 Die Verbgruppen
- 1. Gruppe: Verben auf *-er*
- 2. Gruppe: Verben auf *-ir*
- 3. Gruppe: Unregelmäßige Verben auf *-ir, -re, -oir*

3 Die Verbformen
- Konjugierte Verbformen
- Einfache Verbformen
- Nichtkonjugierte Verbformen
  (Infinitiv, *participe présent, gérondif, participe passé*)

1 Die Verbarten

■ Hilfsverben

Beispiel			Erklärung
avoir	▸	j'ai parlé	Im Französischen gibt es drei Hilfsverben. Mit diesen
être	▸	elle est partie	Hilfsverben bilden Sie die zusammengesetzten Zeiten
aller	▸	il va partir	(z.B. *passé composé, futur composé, conditionnel passé*) und das Passiv. Hilfsverben stehen vor Vollverben.

■ Modalverben

Beispiel		Erklärung
devoir		Modalverben stehen vor dem Infinitiv eines Vollverbs.
vouloir		Mit dem Modalverb drücken Sie aus, ob eine Handlung
pouvoir	faire qc	gewollt, möglich, wichtig, nötig usw. ist.
savoir		

▶▶▶ Die Verbarten

■ **Vollverben**

Beispiel		Erklärung
parler	▶ Je **parle**.	Vollverben bezeichnen Handlungen,
sortir	▶ Il **sort**.	Ereignisse oder Zustände. Die drei
avoir	▶ Elle **a** un chien.	Hilfsverben können gleichzeitig auch
être	▶ Je **suis** à Cannes.	Vollverben sein.
aller	▶ Ils **vont** au théâtre.	

■ **Reflexive Verben**

Beispiel		Erklärung
s'appeler	▶ Je **m**'appelle Damien.	Reflexive Verben erkennt man an dem
	Elle **s**'appelle Louise.	Reflexivpronomen, das sie begleitet.
se promener	▶ Ils **se** sont promenés./ Nous	
	nous sommes promenés.	

■ **Unpersönliche Verben**

Beispiel		Erklärung
il faut	es ist nötig/ man muss/	Einige Verben werden nur in der 3.
	man braucht	Person Singular mit dem neutralen
il pleut/il neige/il gèle	es regnet/es schneit/	Pronomen *il* (es) verwendet. Diese Ver-
	es friert	ben nennt man unpersönliche Verben.
il s'agit de	es handelt sich um	

2   Die Verbgruppen

Französische Verben werden nach der Endung ihres Infinitivs in Gruppen eingeteilt:

■ **1. Gruppe: Verben auf *-er* (z.B. *chanter*)**

Beispiel		Erklärung
surfer	▶ surfen (auch im Internet)	Zu dieser Gruppe gehören 90 % aller
cliquer sur qc	▶ (an)klicken (am PC)	französischen Verben. Diese Verben
chatter	▶ chatten	werden nach dem gleichen Konjuga-
tchatcher	▶ quatschen	tionsmuster konjugiert. Auch die
		meisten neuen Verben werden mit
		der Infinitivendung *-er* gebildet.

▶▶▶ Die Verbgruppen

■ **2. Gruppe: Verben auf *-ir* (z.B. *finir*)**

Beispiel		Erklärung
alunir amerrir	▶ auf dem Mond landen ▶ wassern, auf dem Wasser landen (Wasserflugzeug)	Zu dieser Gruppe gehören etwa 300 Verben. Auch diese Verben werden nach dem gleichen Konjugationsmuster konjugiert. Nur wenige neue Verben erhalten die Infinitivendung *-ir*.
finir ▶	je finis, tu finis, il finit aber: nous fin**iss**ons, vous fin**iss**ez, ils fin**iss**ent	Die Verben dieser Gruppe haben eine Stammerweiterung in den Pluralformen des Präsens, d.h. diese Formen haben eine Silbe mehr.

■ **3. Gruppe: Unregelmäßige Verben auf *-ir, -re, -oir* (z. B. *dormir, attendre, pouvoir*)**

Zu dieser Gruppe gehören etwa 370 Verben und es kommen keine neuen hinzu. In dieser Gruppe werden alle unregelmäßig konjugierten Verben zusammengefasst, d.h. Verben, deren Konjugationsmuster sich nicht genau voraussagen lässt. Einige dieser unregelmäßigen Verben haben gleiche Konjugationen. So kann man drei kleine Untergruppen zusammenfassen:

1. Verben auf *-ir* (Typ: *dormir*)

Beispiel		Erklärung
dormir	▶ je **dors**, tu **dors**, il **dort**, aber: nous dormons	Diese Verben haben eine Stammverkürzung in den Singularformen, d. h. in den Singularformen fällt ein Konsonant des Infinitivstamms weg.
Ebenso: partir, sortir, sentir, mentir, servir.		

2. Verben auf *-re* (Typ: *attendre*)

Viele Verben, deren Infinitiv auf *-re* endet, sind unregelmäßig. Auch hier kann man zwei kleine Untergruppen unterscheiden:

a) Verben auf *-dre*

Beispiel		Erklärung
répondre ▶ il répond. Ebenso: attendre, confondre, correspondre, défendre, descendre, détendre, entendre, fondre, mordre, pendre, perdre, rendre, tendre, vendre.		Einige Verben, deren Infinitive die Endung *-dre* haben, enden in der 3. Person Singular auf *-d* (nicht auf *-t*). Das Partizip Perfekt endet auf *-u*: répondu.

▶▶▶ Die Verbarten

❗ Das Verb **prendre** und seine Komposita (*apprendre*, *comprendre*, *entreprendre*) enden zwar auf *-dre*, haben aber eine unregelmäßige 3. Person Plural: *ils pre**nn**ent*, und ein Partizip Perfekt auf *-is*: *il a **pris***.

b) Verben auf *-indre* (z. B. *craindre*)

Beispiel		Erklärung
craindre	▶ je crains, aber: nous craignons [krɛɲɔ̃], vous craignez [krɛɲe], ils craignent [krɛɲ] Ebenso: joindre, plaindre, peindre, contraindre u.a.	Bei den Verben, die auf *-indre* enden, wird in den Pluralformen des Präsens ein *-g-* vor das *-n-* des Stammes geschoben und die Aussprache ändert sich.

3. Verben auf *-oir* (Typ: *pouvoir*)

Beispiel		Erklärung
vouloir pouvoir valoir	▶ je veux, tu veux ▶ je peux, tu peux ▶ je vaux, tu vaux (*valoir* wird meist nur in der 3. Person gebraucht.)	Drei Verben auf *-oir* haben in der 1. und 2. Person Singular Präsens ein *-x*.

3   Die Verbformen

■ Konjugierte Verbformen

Jedes Verb kommt in verschiedenen Formen vor: Es wird konjugiert. Konjugierte Verbformen werden in einfache und zusammengesetzte Verbformen unterteilt.

Beispiel		Erklärung
je **parle** elle **travaillait** on **reviendra** nous **regardâmes** tu **mangerais** que nous **fassions**	présent imparfait futur simple passé simple conditionnel présent subjonctif présent	**Einfache Verbformen** bestehen nur aus einem Wort.
il **a parlé** il **avait parlé**	passé composé plus-que-parfait	**Zusammengesetzte Verbformen** bestehen aus zwei oder mehr ▶▶▶

▶▶▶ Die Verbformen

Beispiel		Erklärung
on **sera revenu**	futur antérieur	Wörtern. Zur Bildung der zusammen-
nous **eûmes regardé**	passé antérieur	gesetzten Verbformen brauchen Sie
tu **aurais mangé**	conditionnel passé	ein Hilfsverb (*avoir* oder *être*) und ein
que nous **ayons fait**	subjonctif passé	Partizip Perfekt. Nur das *futur com-*
il **a été construit**	passé composé passif	*posé* wird mit dem Hilfsverb *aller*
elle **va jouer**	futur composé	und einem Infinitiv gebildet.

■ **Einfache Verbformen**

Die konjugierten Verbformen werden in Stamm und Endung unterteilt. Die Endung zeigt die Person, die Zeit und den Modus des Verbs an.

Beispiel

chanter:		Stamm	Endung	zeigt an:
	je	chant	ais	1. Person Singular imparfait Indikativ
	il	chant	a	3. Person Singular passé simple Indikativ

Manche Verben haben mehrere Stämme.

Beispiel

Verben mit 2 Stämmen:

finir:		Stamm	Endung	zeigt an:
	je	fin	is	1. Person Singular Präsens Indikativ
	nous	finiss	ons	1. Person Plural Präsens Indikativ

Verben mit 3 Stämmen:

pouvoir:		Stamm	Endung	zeigt an:
	elle	peu	t	3. Person Singular Präsens Indikativ
	nous	pouv	ons	1. Person Plural Präsens Indikativ
	ils	pourr	aient	3. Person Plural conditionnel présent

■ **Nichtkonjugierte Verbformen**

Die vier nichtkonjugierten Verbformen sind der Infinitiv, das Partizip Präsens, das *gérondif* und das Partizip Perfekt.

Der Infinitiv / *L'infinitif*

Beispiel	Erklärung
regard**er**	Der Infinitiv ist die Grundform des Verbs. Es ist die Form, mit der das Verb im
réag**ir**	Wörterbuch verzeichnet ist. An der Endung des Infinitivs können Sie ▶▶▶

►►► Die Verbformen

Beispiel	Erklärung
entend**re** pouv**oir**	meistens die Verbgruppe erkennen, zu der das Verb gehört. Diese Unterscheidung hilft bei der Konjugation der Verben.

Das Partizip Präsens / *Le participe présent*

Beispiel			Erklärung
regarder	►	**regardant**	Das *participe présent* endet auf -*ant*. Es ist unveränderlich. Die Bildung und den Gebrauch des *participe présent* finden Sie auf ► S. 117.

Das *gérondif*

Beispiel			Erklärung
regarder	►	**en regardant**	Das *gérondif* besteht aus einem *participe présent*, vor das die Präposition *en* gesetzt wird. Das *gérondif* ist unveränderlich. Eine dem *gérondif* entsprechende Verbform gibt es im Deutschen nicht. Den Gebrauch des *gérondif* finden Sie auf ► S. 121.

Das Partizip Perfekt / *Le participe passé*

Beispiel			Erklärung
regard**er**	►	regard**é**	Das *participe passé* besteht aus einem Stamm und einer Endung. Die Partizipien der Verben auf -*er* werden mit -*é*, die Partizipien der regelmäßigen Verben auf -*ir* mit -*i* gebildet. Das *participe passé* ist veränderlich.
fin**ir**	►	fin**i**	
dorm**ir**	►	dorm**i**	

Beispiel			Erklärung
attendre, répondre	►	attend**u**, répond**u**	Einige Verben auf -*dre*, -*re*, -*ir* und -*oir* haben die Partizipialendung -*u*.
battre, rompre, connaître	►	batt**u**, romp**u**, conn**u**	
venir, tenir, courir	►	ven**u**, ten**u**, cour**u**	
vouloir, pouvoir	►	voul**u**, p**u**	
voir	►	v**u**	

Die Partizipien der unregelmäßigen Verben finden Sie in der Konjugationstabelle ► S. 342 *ff*. Die Veränderlichkeit des Partizip Perfekt nach *être* und *avoir* finden Sie auf ► S. 97.

Die Bildung der einfachen Verbformen / La formation des temps simples

Im diesem Kapitel finden Sie die Bildung der folgenden Zeiten:

1 Das Präsens
- Verben auf *-er*
- Verben auf *-ir* und *-re*

2 Das Imperfekt

3 Das *futur simple*

4 Das *passé simple*

5 Das *conditionnel présent*

6 Der *subjonctif présent*

7 Der Imperativ

Den Gebrauch der einfachen Verbformen finden Sie ▶ S. 127 *ff.*

Auf einen Blick ▬ Die Endungen der einfachen Verbformen

Auf einen Blick ▬ Die Ableitungen der Verbformen

1 Das Präsens

Die drei Verbgruppen

Beispiel				Erklärung
	1. Gruppe auf **-er**	2. Gruppe auf **-ir**	3. Gruppe auf **-ir**, **-re**, **-oir**	In den meisten Fällen können Sie an der Infinitivendung eines Verbs erkennen, mit welchen Endungen das Verb im Präsens konjugiert wird.
Singular	-e	-s	-s	
	-es	-s	-s	
	-e	-t	-t (-d)	
Plural		-ons		
		-ez		
		-ent		

▶▶▶ Das Präsens

■ **Verben auf -er**

Beispiel	Erklärung
chanter	Das Präsens der Verben auf -er wird mit den
je chant**e**	Endungen -e, -es, -e, -ons, -ez, -ent, die an den
tu chant**es**	Verbstamm angehängt werden, gebildet.
il chant**e**	
nous chant**ons**	
vous chant**ez**	
ils chant**ent**	

Einige Verben haben aus phonetischen Gründen eine orthographische Besonderheit:

Beispiel		Erklärung
manger	▶ nous mang**e**ons	Vor -a und -o steht -ge-, nicht -g-.
commencer	▶ nous commen**ç**ons	Vor -a und -o steht -ç-, nicht -c-.
acheter	▶ j'ach**è**te	Vor nicht hörbaren Endungen steht -è-, nicht -e-.
préférer	▶ je préf**è**re	Vor nicht hörbaren Endungen steht -è-, nicht -é-.
appeler	▶ j'appe**ll**e	Vor nicht hörbaren Endungen steht -ll-, nicht -l-.
tutoyer	▶ je tuto**i**e	Vor nicht hörbaren Endungen steht -i-, nicht -y-.
payer	▶ je pa**i**e	Bei den Verben auf -ayer sind beide Formen richtig.
	oder: je pa**y**e	

■ **Verben auf -ir und -re**

Beispiel

	finir	dormir	boire	lire	écrire	attendre
je/j'	fini**s**	dor**s**	boi**s**	li**s**	écri**s**	attend**s**
tu	fini**s**	dor**s**	boi**s**	li**s**	écri**s**	attend**s**
il	fini**t**	dor**t**	boi**t**	li**t**	écri**t**	**!** attend
nous	finiss**ons**	dorm**ons**	buv**ons**	lis**ons**	écriv**ons**	attend**ons**
vous	finiss**ez**	dorm**ez**	buv**ez**	lis**ez**	écriv**ez**	attend**ez**
ils	finiss**ent**	dorm**ent**	boiv**ent**	lis**ent**	écriv**ent**	attend**ent**

Die regelmäßigen Verben auf -ir (S. dazu: ▶ S. 80, Das Verb, 2. Die Verbgruppen) und die Verben auf -re bilden das Präsens mit den Endungen -s, -s, -t, -ons, -ez, -ent. Die meisten unregelmäßigen Verben bilden die Präsensformen ebenso.

Siehe dazu: ▶ Konjugationslisten der unregelmäßigen Verben S. 342 ff.

▶▶▶ Das Präsens

Beispiel		Erklärung
! répondre ▸ il/elle/on répon**d**	Der Stamm der Verben auf -**dre** endet auf -**d**. An dieses *d* wird in der 3. Person Singular kein -*t* angehängt.
vendre ▸ il/elle/on ven**d**	
descendre ▸ il/elle/on descen**d**	

Beispiel		Erklärung
être ▸ nous **sommes**, vous **êtes**, ils **sont**	Von dem Schema auf S. 84 weichen nur wenige unregelmäßige Verben ab.
avoir ▸ j'**ai**, il **a**, ils **ont**	
aller ▸ il **va**, ils **vont**	
faire ▸ vous **faites**, ils **font**	
dire ▸ vous **dites**	
pouvoir ▸ je peu**x**, tu peu**x**	
vouloir ▸ je veu**x**, tu veu**x**	

Beispiel		Erklärung
être ▸ vous **êtes**	**tipp** Die **2. Person Plural Präsens endet auf -*ez*.** Nur drei Verben bilden eine Ausnahme von dieser Regel.
faire ▸ vous **faites**	
dire ▸ vous **dites**	
être ▸ ils **sont** [ilsɔ̃]	Vier der am häufigsten gebrauchten Verben haben eine sehr ähnlich lautende 3. Person Plural Präsens.
avoir ▸ ils_**ont** [ilzɔ̃]	
faire ▸ ils **font** [ilfɔ̃]	
aller ▸ ils **vont** [ilvɔ̃]	

2 Das Imperfekt

Beispiel

	chanter		finir		dormir		attendre
je	chant**ais**	je	finiss**ais**	je	dorm**ais**	j'	attend**ais**
tu	chant**ais**	tu	finiss**ais**	tu	dorm**ais**	tu	attend**ais**
il	chant**ait**	il	finiss**ait**	il	dorm**ait**	il	attend**ait**
nous	chant**ions**	nous	finiss**ions**	nous	dorm**ions**	nous	attend**ions**
vous	chant**iez**	vous	finiss**iez**	vous	dorm**iez**	vous	attend**iez**
ils	chant**aient**	ils	finiss**aient**	ils	dorm**aient**	ils	attend**aient**

▶▶▶ Das Imperfekt

Das *imparfait* aller Verben – auch der unregelmäßigen Verben – wird aus dem Stamm der
1. Person Plural Präsens und den Endungen *-ais, -ais, -ait, -ions, -iez, -aient* gebildet.
Einzige Ausnahme: *être ▶ j'étais, tu étais, il était, nous étions, vous étiez, ils étaient*

Regel	*imparfait*				
			Stamm 1. Person Plural Präsens + Endung		
	parler	▶	nous parl~~ons~~	▶	je parl**ais**
	boire	▶	nous buv~~ons~~	▶	je buv**ais**

Vergessen Sie nicht, dass die Verben auf *-ger* und *-cer* aus phonetischen Gründen in der
1. Person Plural Präsens *-ge-* statt *-g-* und *-ç-* statt *-c-* haben; auch im *imparfait* vor den Endungen *-ais, -ait, -aient* wird das beibehalten.

Beispiel

!	manger	▶	nous mang~~eons~~	▶	je mang**e**ais, … ils mang**e**aient
	commencer	▶	nous commen~~çons~~	▶	je commen**ç**ais, … ils commen**ç**aient

3 Das *futur simple*

Beispiel

	chanter		finir		dormir		attendre
je	chanter**ai**	je	finir**ai**	je	dormir**ai**	j'	attendr**ai**
tu	chanter**as**	tu	finir**as**	tu	dormir**as**	tu	attendr**as**
il	chanter**a**	il	finir**a**	il	dormir**a**	il	attendr**a**
nous	chanter**ons**	nous	finir**ons**	nous	dormir**ons**	nous	attendr**ons**
vous	chanter**ez**	vous	finir**ez**	vous	dormir**ez**	vous	attendr**ez**
ils	chanter**ont**	ils	finir**ont**	ils	dormir**ont**	ils	attendr**ont**

Das *futur simple* der meisten Verben wird mit dem Infinitiv gebildet, an den die Endungen
-ai, -as, -a, -ons, -ez, -ont angehängt werden. Bei den Verben, die auf *-re* enden, fällt das Endungs-*e* des Infinitivs weg.

Regel	*futur simple*		
	Infinitiv	+	Futurendung
	parler	+	*-ai = je parlerai*
	attendr~~e~~	+	*-ai = j'attendrai*

Beispiel				Erklärung
R acheter	▶ j'achète	▶	j'ach**è**terai	Bei den Verben des Typs *acheter* und *appeler*
appeler	▶ j'appelle	▶	j'appe**ll**erai	und den Verben auf *-yer* besteht das *futur* ▶▶▶

▶▶▶ Das *futur simple*

Beispiel			Erklärung
R tutoyer	▶ je tutoie	▶ je tuto**i**erai	*simple* aus dem Stamm der 1. Person Singular Präsens + *r* + Futurendung, weil die orthographische Besonderheit dieses Verbtypus auch in
Ausnahme:			
! préférer	▶ je préfère	▶ je préf**é**rerai	den Formen des *futur simple* erhalten bleibt.

Beispiel					Erklärung
être	▶ je **serai**	venir	▶ je **viendrai**		Einige unregelmäßige
faire	▶ je **ferai**	tenir	▶ je **tiendrai**		Verben haben einen
avoir	▶ j'**aurai**	devoir	▶ je **devrai**		besonderen Futur-
savoir	▶ je **saurai**	recevoir	▶ je **recevrai**		stamm.
voir	▶ je **verrai**	aller	▶ j'**irai**		
envoyer	▶ j'**enverrai**	vouloir	▶ je **voudrai**		
pouvoir	▶ je **pourrai**	falloir	▶ il **faudra**		
courir	▶ je **courrai**				

4 Das *passé simple*

Beispiel

	chanter		commencer		manger		finir
je	chant**ai**	je	commen**çai**	je	mang**eai**	je	fin**is**
tu	chant**as**	tu	commen**ças**	tu	mang**eas**	tu	fin**is**
il	chant**a**	il	commen**ça**	il	mang**ea**	il	fin**it**
nous	chant**âmes**	nous	commen**çâmes**	nous	mang**eâmes**	nous	fin**îmes**
vous	chant**âtes**	vous	commen**çâtes**	vous	mang**eâtes**	vous	fin**îtes**
ils	chant**èrent**	ils	commen**cèrent**	ils	mang**èrent**	ils	fin**irent**

Das *passé simple* der Verben auf *-er* besteht aus dem Infinitvstamm, an den die Endungen *-ai*, *-as*, *-a*, *-âmes*, *-âtes*, *-èrent* angehängt werden.

! Denken Sie an die Verben auf *-cer* und *-ger*. Vor *-a* steht *-ge-* statt *-g-* und *-ç* statt *-c-*.

Das *passé simple* der Verben auf *-ir* und *-re* besteht aus dem Infinitivstamm, an den die Endungen *-is*, *-is*, *-it*, *-îmes*, *-îtes*, *-irent* angehängt werden.

Regel	*passé simple*		
	Infinitivstamm	+	Endung
	parle~~r~~	+	*-ai, -as, -a, -âmes, -âtes, -èrent*
	fini~~r~~ ⎫	+	*-is, -is, -it, -îmes, -îtes, -irent*
	attend~~re~~ ⎭		

▶▶▶ Das *passé simple*

Beispiel						Erklärung
avoir	▶	j'eus	boire	▶	je bus	Einige unregelmäßige Verben
être	▶	je fus	pouvoir	▶	je pus	haben die Endungen *-us, -us,*
connaître	▶	je connus	vouloir	▶	je voulus	*-ut, -ûmes, -ûtes, -urent.*
lire	▶	je lus				
vivre	▶	je vécus				
savoir	▶	je sus				
apprendre	▶	j'**appris**	mettre	▶	je **mis**	Andere unregelmäßige Verben
faire	▶	je **fis**	prendre	▶	je **pris**	haben einen besonderen
écrire	▶	j'**écris**	venir	▶	je **vins**	Stamm für das *passé simple.*
dire	▶	je **dis**	voir	▶	je **vis**	

5   Das *conditionnel présent*

Beispiel

	chanter		finir		dormir		attendre
je	chanter**ais**	je	finir**ais**	je	dormir**ais**	j'	attendr**ais**
tu	chanter**ais**	tu	finir**ais**	tu	dormir**ais**	tu	attendr**ais**
il	chanter**ait**	il	finir**ait**	il	dormir**ait**	il	attendr**ait**
nous	chanter**ions**	nous	finir**ions**	nous	dormir**ions**	nous	attendr**ions**
vous	chanter**iez**	vous	finir**iez**	vous	dormir**iez**	vous	attendr**iez**
ils	chanter**aient**	ils	finir**aient**	ils	dormir**aient**	ils	attendr**aient**

Das *conditionnel présent* wird mit dem Infinitiv und den Endungen *-ais, -ais, -ait, -ions, -iez, -aient* gebildet. Diese Endungen kennen Sie vom *imparfait*. Bei den Verben, die auf *-re* enden, fällt das Endungs-*e* des Infinitivs weg.

Regel   *conditionnel present*

Infinitiv	+	Endung	
parler	+	*-ais*	= *je parlerais*
attendre	+	*-ais*	= *j'attendrais*

tipp   Die Verbformen des *conditionnel* und des *futur simple* haben den gleichen Stamm. Die unregelmäßigen Verben, die einen besonderen Futurstamm haben, bilden mit diesem Stamm auch das *conditionnel*. Die Endungen des *conditionnel* sind mit denen des *imparfait* identisch.

!   Die 1. Person Singular des *futur simple* und des *conditionnel* sind leicht zu verwechseln: *je chanterai – je chanterais*, da die Aussprache identisch ist. Denken Sie beim *conditionnel* immer daran, dass die Endungen die des *imparfait* sind.

6 Der *subjonctif présent*

chanter	finir	dormir	attendre
que je chant**e**	que je finiss**e**	que je dorm**e**	que j' attend**e**
que tu chant**es**	que tu finiss**es**	que tu dorm**es**	que tu attend**es**
qu'il chant**e**	qu'il finiss**e**	qu'il dorm**e**	qu'il attend**e**
que nous chant**ions**	que nous finiss**ions**	que nous dorm**ions**	que nous attend**ions**
que vous chant**iez**	que vous finiss**iez**	que vous dorm**iez**	que vous attend**iez**
qu'ils chant**ent**	qu'ils finiss**ent**	qu'ils dorm**ent**	qu'ils attend**ent**

Die meisten Verben – auch die unregelmäßigen Verben – bilden den *subjonctif* aus dem Stamm der 3. Person Plural Präsens, an den die Endungen *-e*, *-es*, *-e*, *-ions*, *-iez*, *-ent* angehängt werden.

> **Regel** *subjonctif présent*
> Stamm der 3. Person Plural Präsens + Endung
> *chanter* ▸ *ils chant~~ent~~* ▸ *que je chant**e***

! Verben, die in der 1. Person Plural Präsens und in der 3. Person Plural Präsens unterschiedliche Stämme haben (s. dazu ▸ S. 80 f), behalten in der Regel beide Stämme im *subjonctif* bei.

	indicatif présent	subjonctif présent
acheter	▸ nous achetons / ils achètent	▸ que nous achetions /qu'ils achètent
boire	▸ nous buvons / ils boivent	▸ que nous buvions / qu'ils boivent
devoir	▸ nous devons / ils doivent	▸ que nous devions / qu'ils doivent
envoyer	▸ nous envoyons / ils envoient	▸ que nous envoyions / qu'ils envoient
préférer	▸ nous préférons / ils préfèrent	▸ que nous préférions / qu'ils préfèrent
prendre	▸ nous prenons / ils prennent	▸ que nous prenions / qu'ils prennent
venir	▸ nous venons / ils viennent	▸ que nous venions / qu'ils viennent
voir	▸ nous voyons / ils voient	▸ que nous voyions /qu'ils voient

|

que nous **achet**ions – que vous **achet**iez
que nous **ven**ions – que vous **ven**iez
que nous **jet**ions – que vous **jet**iez

> **tipp** Der Stamm der 1. Person Plural ist mit dem Stamm der 2. Person Plural identisch.

▶▶▶ Der *subjonctif présent*

Beispiel

Ausnahmen: Unregelmäßige Formen des *subjonctif*

aller	▸	que j'**aille** [aj]	que nous **allions** [aljɔ̃]
avoir	▸	que j'**aie** [ɛ]	que nous **ayons** [ɛjɔ̃]
être	▸	que je **sois**	que nous **soyons**
faire	▸	que je **fasse**	que nous **fassions**
pouvoir	▸	que je **puisse**	que nous **puissions**
savoir	▸	que je **sache**	que nous **sachions**
vouloir	▸	que je **veuille**	que nous **voulions**

7 Der Imperativ

Beispiel	Erklärung
Chante. Singe! **Chantons.** Singen wir! Lasst uns singen! **Chantez.** Singen Sie!/Singt!	Den Imperativ verwenden Sie, wenn Sie jemanden auffordern wollen, etwas zu tun oder zu unterlassen. Aufforderungssätze finden Sie auf ▸ S. 219, Imperative mit Pronomen auf ▸ S. 173 *ff.*, S. 220
Finis ton travail. Beende deine Arbeit! **Finissons** de discuter. Hören wir auf zu diskutieren! **Finissez** votre dispute. Beenden Sie Ihren Streit! / Beendet euren Streit! **Attends.** Warte! **Attendons** les autres. Warten wir auf die anderen! **Attendez.** Warten Sie!/Wartet!	Die Singularform des Imperativs ist mit der 1. Person Singular Präsens identisch, die Pluralformen mit der 1. und der 2. Person Plural Präsens. Die Subjektpronomen (*je*, *nous*, *vous*) fallen weg. Fast alle Verben – auch die unregelmäßigen – bilden so den Imperativ. Normalerweise steht im Französischen nach dem Imperativ ein Punkt, kein Ausrufezeichen.
! être ▸ **sois**, **soyons**, **soyez** avoir ▸ **aie**, **ayons**, **ayez** aller ▸ **va**, **allons**, **allez** savoir ▸ **sache**, **sachons**, **sachez** vouloir ▸ **veuille**, **veuillez**	Nur diese 5 Verben haben unregelmäßige Imperativformen. ▶▶▶

▶▶▶ Der Imperativ

Beispiel		Erklärung
Va**s**-y. [vazi]	Parle**s**-en. [parlzã]	Zu den besonderen Verbformen vor Pronomen, zum Imperativ der reflexiven Verben und zur Stellung der Pronomen beim Imperativ ▶ S. 173 ff
Lève-**toi**.	Ne **te** lève pas.	

⸙ Auf einen Blick

■ **Die Endungen der einfachen Verbformen**

indicatif présent	subjonctif présent	imparfait	conditionnel présent	futur simple	passé simple		
-e -s	-e	-ais	-ais	-ai	-ai	-is	-us
-es -s	-es	-ais	-ais	-as	-as	-is	-us
-e -t (-d)	-e	-ait	-ait	-a	-a	-it	-ut
-ons	-ions	-ions	-ions	-ons	-âmes	-îmes	-ûmes
-ez	-iez	-iez	-iez	-ez	-âtes	-îtes	-ûtes
-ent	-ent	-aient	-aient	-ont	-èrent	-irent	-urent

Beispiel		Erklärung
être:	nous **sommes**, vous **êtes**, ils **sont**	Von diesem Schema weichen nur einige unregelmäßige Verben ab.
avoir:	j'**ai**, il **a**, ils **ont**	
aller:	il **va**, ils **vont**	
pouvoir:	je **peux**, tu **peux**	
vouloir:	je **veux**, tu **veux**	
valoir:	je **vaux**, tu **vaux**	
faire:	vous **faites**, ils **font**	
dire:	vous **dites**, ils **disent**	
lire:	vous **lisez**, ils **lisent**	

Beispiel	Erklärung
pouvoir ▶ tu **peux** vouloir ▶ tu **veux** valoir ▶ tu **vaux**	**tipp** Die 2. Person Singular endet immer – in allen Zeiten und Modi – auf -s, z.B.: *tu viens, tu parlais, tu demanderas, tu chanterais, que tu prennes*. (Denken sie an die 2. Person Singular Präsens deutscher Verben: du gehst, du kommst, du nimmst.) Nur drei Verben bilden eine Ausnahme von dieser Regel.

Auf einen Blick

- **Die Ableitungen der Verbformen**

Die folgende Tabelle zeigt, von welcher Verbform andere Verbformen abgeleitet werden können. Unregelmäßige Verben weichen häufig von diesem Schema ab.

vom Infinitiv	leiten Sie ab		
finir	je vais finir	*futur composé*	(*aller* + Infinitiv)
	je finirai	*futur simple*	(Infinitiv + Endung)
	je finirais	*conditionnel présent*	(Infinitiv + Endung)
fin~~ir~~	je finis	*passé simple*	(Infinitivstamm + Endung)
von den Präsensformen	**leiten Sie ab**		
1. Ps. Sg. je finis	Finis!	Imperativ	
j'achète	j'achèterai	*futur simple* von einigen Verben	
1. Ps. Pl. nous finissons	je finissais	*imparfait*	(Stamm der 1. Ps. Pl. + Endung)
	Finissons!	Imperativ	
	finissant	*participe présent*	(Stamm der 1. Ps. Pl. + Endung)
	en finissant	*gérondif*	(*en + participe présent*)
2. Ps. Pl. vous finissez	Finissez!	Imperativ	
3. Ps. Pl. ils finissent	que je finisse	*subjonctif*	(Stamm der 3. Ps. Pl. + Endung)

Die Bildung der zusammengesetzten Verbformen / La formation des temps composés

Zusammengesetzte Verbformen werden mit einem Hilfsverb (*avoir*, *être*) und einem Partizip Perfekt gebildet. Nur das *futur composé* wird mit dem Hilfsverb *aller* und einem Infinitiv gebildet.

1 Welches Hilfsverb: *avoir* oder *être*?
- 1. Verben mit dem Hilfsverb *avoir*
- 2. Verben mit dem Hilfsverb *être*
- 3. Verben mit den Hilfsverben *avoir* oder *être*

2 Die Angleichung des Partizip Perfekt
- 1. Die Angleichung des Partizip Perfekt nach dem Hilfsverb *être*
- 2. Die Angleichung des Partizip Perfekt nach dem Hilfsverb *avoir*
- 3. Die Angleichung des Partizip Perfekt der reflexiven Verben
- 4. Besonderheiten der Angleichung des Partizip Perfekt

⚲ *Auf einen Blick* ➡ Wann wird das Partizip Perfekt verändert?

Hier finden Sie die Bildung der zusammengesetzten Verbformen:

3 Das *passé composé*

4 Das *plus-que parfait*

5 Das *futur composé*

6 Das *futur antérieur*

7 Das *passé antérieur*

8 Das *conditionnel passé*

9 Der *subjonctif passé*

10 Das *passé récent* (*venir de* + inf.)

11 Das *présent duratif* (*être en train de* + inf.)

⚲ *Auf einen Blick* ➡ Die einfachen und die zusammengesetzten Verbformen

Den Gebrauch der zusammengesetzten Zeitformen finden Sie ▸ S. 131 *ff*.

1 Welches Hilfsverb: *avoir* oder *être*?

Die zusammengesetzten Verbformen werden im Französischen mit den Hilfsverben *être* und *avoir* und dem Partizip Perfekt eines Verbs gebildet. Das Hilfsverb wird konjugiert, das Partizip Perfekt in bestimmten Fällen verändert (s. dazu ▶ S. 97). Der Gebrauch der Hilfsverben stimmt nicht immer mit dem Deutschen überein.

■ **1. Verben mit dem Hilfsverb *avoir***

Beispiel	Erklärung
J'**ai** <u>travaillé</u> toute la journée. Ich habe den ganzen Tag gearbeitet. Lucas **a** <u>lu</u> son dernier roman. Lucas hat seinen letzten Roman gelesen.	Die weitaus meisten Verben haben in den zusammengesetzten Formen das Hilfsverb *avoir*.
Il **a** <u>eu</u> une bonne idée. Er hat eine gute Idee gehabt. Son film **a** <u>été</u> un grand succès. Sein Film ist ein großer Erfolg gewesen.	Die Verben *avoir* und *être* selbst haben das Hilfsverb *avoir*.
Adrien **a** <u>nagé</u>. … <u>ist</u> geschwommen Emma **a** <u>couru</u>. … <u>ist</u> gerannt Clara **a** <u>sauté</u>. … <u>ist</u> gesprungen	Einige Verben, die im Deutschen das Hilfsverb „sein" haben, haben im Französischen das Hilfsverb *avoir*. Dazu zählen:
Nous **avons** <u>marché</u> toute la journée. Wir <u>sind</u> den ganzen Tag gelaufen. Ils **ont** <u>couru</u> après elle. Sie <u>sind</u> ihr nachgerannt. Elle **a** <u>nagé</u> dans la mer. Sie <u>ist</u> im Meer geschwommen.	▬ Verben, die eine Bewegungsart bezeichnen: *marcher, courir, errer, fuir, grimper, nager, sauter, surgir, voler, voyager,*
Philippe **a** <u>grandi</u>. … <u>ist</u> gewachsen. Marthe **a** <u>rougi</u>. … <u>ist</u> rot geworden. Quentin **a** <u>grossi</u>. … <u>ist</u> dick geworden. Nous **avons** <u>avancé</u>. … <u>sind</u> vorangekommen. Il **a** <u>vieilli</u>. … <u>ist</u> alt geworden.	▬ Verben, die die Veränderung eines Zustands bezeichnen: *avancer, grandir, grossir, maigrir, vieillir, rajeunir, pâlir, rougir* u. a.
Il **a** <u>disparu</u>. Er <u>ist</u> verschwunden.	▬ und *disparaître*.

▶▶▶ Welches Hilfsverb: *avoir* oder *être*?

■ **2. Verben mit dem Hilfsverb *être***

Beispiel	Erklärung
Il s'**est** promené en ville. Hier, elle s'**est** baignée.	Folgende Verben haben das Hilfsverb *être*: die reflexiven Verben (s. dazu: ▶ S. 109)
Cette chanson **est** chantée par Diam's. La ville de Montréal **a été** fondée en 1642.	alle Verben im Passiv ▶ S. 113
Alexandre **est** arrivé à six heures. Les filles **sont** parties à neuf heures. Nous **sommes** rentrés vers 23 heures. Tu **es** monté sur le Mont Royal.	▬ die Verben der Bewegungsrichtung: *aller, apparaître, arriver, descendre,* *entrer, monter, partir, rentrer, rester,* *retourner, sortir, tomber, venir,*
Nora **est** née le trois mai. Elle **est** devenue physicienne.	▬ außerdem: *décéder, devenir, mourir,* *naître.*
venir ▶ revenir, intervenir, survenir sortir ▶ ressortir tomber ▶ retomber descendre ▶ redescendre monter ▶ remonter partir ▶ repartir tomber ▶ retomber	Auch die Komposita dieser Verben haben das Hilfsverb *être*.
convenir ▶ übereinkommen, vereinbaren Nous **avons** convenu de nous rencontrer un de ces jours. Wir haben vereinbart/sind übereingekommen, uns in den nächsten Tagen zu treffen.	Ausnahme: (Nur in gehobenem Sprachstil: *Nous sommes convenus ...*)

■ **3. Verben mit den Hilfsverben *avoir* oder *être***

Einige französische Verben haben mehrere Bedeutungen. Je nach Bedeutung haben sie in den zusammengesetzten Zeiten das Hilfsverb *être* oder das Hilfsverb *avoir*.

Die Verben der Bewegungsrichtung haben das Hilfsverb *être*. Einige dieser Verben können aber auch ein direktes Objekt haben. In diesen Fällen haben sie das Hilfsverb *avoir*. Natürlich werden nur die Partizipien, die nach dem Hilfsverb *être* stehen, dem Subjekt angeglichen.

▶▶▶ Welches Hilfsverb: *avoir* oder *être*?

Léa **est sortie**.	sortir:	ausgehen
Elle **a sorti** son vélo du garage.		herausholen
Marie **est descendue** très vite	descendre:	hinuntergehen
et elle **a descendu** sa valise.		hinunterbringen
Marc et Marie **sont montés** au premier	monter:	hinaufgehen
étage et ils **ont monté** leurs bagages.		hinaufbringen
Nicolas **est rentré** assez tard.	rentrer:	heimkehren
Il **a rentré** les chaises du jardin.		hineinbringen
Julie **est retournée** jeudi.	retourner:	zurückkehren
Elle **a retourné** toutes les lettres.		zurückschicken
Le film **est passé** à la télé.	passer:	(im Fernsehen) laufen
Je **suis passé** devant la bibliothèque.		vorbeigehen
Les vacances **ont passé** trop vite.		vergehen
Les prix **sont demeurés** inchangés.	demeurer:	bleiben
Il **a demeuré** à Paris pendant trois années.		wohnen

2 Die Angleichung des Partizip Perfekt

Das Partizip Perfekt ist in bestimmten Fällen veränderlich wie ein Adjektiv:

Beispiel			Erklärung
Elles sont ven**ues**.			In drei Fällen muss an eine eventuelle Angleichung des Partizips gedacht werden:
Je **les** ai vu**s**.			1. bei Verben mit dem Hilfsverb *être*.
Elle s'est lev**ée** à cinq heures.			2. bei Verben mit vorangestelltem direktem Objekt. 3. bei reflexiven Verben.
	maskulin	**feminin**	Die maskuline Singularform ist unveränderlich.
Singular	allé pris	allé**e** pris**e**	Für die feminine Singularform wird ein *-e*, für die maskuline Pluralform ein *-s* und für die feminine Pluralform *-es* an das Partizip Perfekt angehängt.
Plural	allé**s** pris	allé**es** pris**es**	Endet ein Partizip schon auf *-s*, kommt in der maskulinen Pluralform kein weiteres *-s* hinzu.

▶▶▶ Die Angleichung des Partizip Perfekt

■ 1. Die Angleichung des Partizip Perfekt nach dem Hilfsverb *être*

Beispiel	Erklärung
Pierre est allé au cinéma. **Sophie** est rentrée. **Henri** et **Théo** sont restés chez eux. **Marie** et **Anne** sont venues avec nous.	Verben, die in den zusammengesetzten Zeiten mit *être* konjugiert werden, gleichen das Partizip Perfekt in Genus und Numerus dem **Subjekt** an.
Les films sont tournés à Paris. **Ses lettres** ont été publiées.	Das ist auch in allen Formen des Passivs der Fall.

■ 2. Die Angleichung des Partizip Perfekt nach dem Hilfsverb *avoir*

Beispiel	Erklärung
indirektes Objekt Il a parlé à son père. Partizip direktes Objekt Tu as lu **la lettre**? Tu as vu **les photos**?	Wenn es in einem Satz kein direktes Objekt gibt oder wenn das direkte Objekt **nach dem Partizip** steht, ist das Partizip nach dem Hilfsverb *avoir* unveränderlich.
direktes Objekt Partizip Oui, je l' ai lue. Oui, je **les** ai vues.	Steht das direkte Objekt aber **vor dem Verb**, so wird das Partizip nach *avoir* **dem direkten Objekt** in Genus und Numerus angeglichen.

Das direkte Objekt kann nur in drei Fällen vor dem Partizip stehen:

Beispiel	Erklärung
Tu as lu **la lettre**? Oui, je l'ai lue.	1. als direktes Objektpronomen
Tu as écouté **les CD que** Sophie a achetés?	2. als Relativpronomen *que*
Quelle lettre est-ce que tu as écrite? **Combien de livres** est-ce qu'il a achetés? **Lesquelles de ces BD** est-ce que tu a lues?	3. in der Frage nach dem direkten Objekt (mit *quel*, *combien de* oder *lequel/laquelle de*).

▶▶▶ Die Angleichung des Partizip Perfekt

■ **3. Die Angleichung des Partizip Perfekt der reflexiven Verben**

Le matin, **il s**'est levé tôt.	Le matin, **elle s**'est levé**e** tôt.
Il s'est dépêché pour attraper le bus.	**Elle s**'est dépêché**e** pour attraper le bus.
Il s'est habillé vite.	**Elle s**'est habillé**e** vite.
Ils se sont dépêché**s**.	**Elles se** sont dépêché**es**.

Reflexive Verben bilden das *passé composé* (und alle zusammengesetzten Formen) mit dem Hilfsverb *être*. Dennoch erfolgt die Angleichung des Partizips der reflexiven Verben wie bei einem Verb mit *avoir*: Das Partizip wird einem **vorangehenden direkten Objekt** angeglichen.

direktes	direktes
Objekt	Objekt
Elle s' est lavé**e**.	**Ils se** sont habillé**s**.
se laver (= laver qn)	s'habiller (= habiller qn)

Das Partizip eines reflexiven Verbs ist **veränderlich**, wenn **das direkte Objekt vor dem Verb steht**.

indirektes	direktes	indirektes	direktes
Objekt	Objekt	Objekt	Objekt
Elle **s'** est **préparé** une salade.	Ils **se** sont **lavé** les cheveux.		
se préparer qc (= préparer qc à qn)	se laver qc (= laver qc à qn)		

Das Partizip eines reflexiven Verbs ist **nicht veränderlich**, wenn **das direkte Objekt nach dem Verb steht**.

Vergleichen Sie:

Beispiel		Erklärung
1. Ils **se** sont lavé**s**.	**se** laver = laver **qn**	*se* ist direktes Objekt
2. Ils **se** sont lavé **les cheveux**.	**se** laver les mains = laver qc **à qn**	*se* ist indirektes Objekt
3. Elle **s**'est préparé **une salade**.		*se* ist indirektes Objekt
se préparer une salade = préparer qc **à qn**		▶▶▶

▶▶▶ Die Angleichung des Partizip Perfekt

Satz 1: Das Reflexivpronomen ist direktes Objekt. Es steht vor dem Partizip. Deshalb muss das Partizip dem Reflexivpronomen in Genus und Numerus angeglichen werden.

Satz 2 und 3: Das direkte Objekt (*les cheveux/ une salade*) steht nach dem Partizip. Das Reflexivpronomen (*se*) ist in beiden Fällen das indirekte Objekt im Satz. Es steht also kein direktes Objekt vor dem Partizip. Das Partizip wird nicht verändert.

Beispiel	Erklärung

! Beachten Sie:
       direktes   indirektes
       Objekt   Objekt
J'ai vu   **les jupes** **qu**'ils   **se** sont achet**ées**.
Ich habe die Röcke gesehen, die sie gekauft haben.
	Das Reflexivpronomen *se* ist indirektes Objekt im Nebensatz. *Que* vertritt *les jupes* und ist vorangestelltes direktes Objekt im Nebensatz. Deshalb wird *achetées* dem direkten Objekt angeglichen.

■ 4. Besonderheiten der Angleichung des Partizip Perfekt

Wenn in zusammengesetzten Zeiten auf ein Partizip ein Infinitiv folgt, gelten mehrere sehr komplexe Regeln der Angleichung des Partizips. Im folgenden werden die wichtigsten Grundregeln dargestellt.

Beispiel	Erklärung
Je les ai **vu** jouer au théâtre. (j'ai vu/ils jouent) Ich habe sie im Theater spielen sehen. - Où est Léa? - Je l'ai **envoyé** chercher du pain. (j'ai envoyé/elle cherche) -Wo ist Léa? - Ich habe Sie Brot holen geschickt.	1. Haben das Partizip und der Infinitiv unterschiedliche Subjekte, wird das Partizip nicht verändert.
Ma sœur s'est **fait** couper les cheveux. Meine Schwester hat sich die Haare schneiden lassen. Ils se sont **fait** construire une belle maison. Sie haben sich ein schönes Haus bauen lassen. Ma voiture? Je l'ai **fait** réparer. Mein Auto? Ich habe es reparieren lassen. Je les ai **fait** chercher partout. Ich habe sie überall suchen lassen.	2. Das Partizip von *faire* ist vor einem Infinitiv unveränderlich.

▶▶▶ Die Angleichung des Partizip Perfekt

Beispiel	Erklärung
Nous les avons **laissé** <u>partir</u> trop tôt. Wir haben sie zu früh weggehen lassen. Ils les a **laissé** <u>faire</u>. Er hat sie machen lassen.	3. Nach dem Vorbild von *faire* wird auch das Partizip von *laisser* nicht mehr angeglichen, wenn es vor einem Infinitiv steht.
Je les ai **entendu**/**entendus** <u>jouer</u>. Ich habe sie spielen hören. Il les a **envoyé**/**envoyés** <u>téléphoner</u>. Er hat sie telefonieren geschickt.	4. Das Partizip von *entendre* und *envoyer* vor einem Infinitiv wird in der Regel heute nicht mehr angeglichen. Beide Formen sind hier richtig.

✎ *Auf einen Blick*

■ **Wann wird das Partizip Perfekt verändert?**

Das Partizip Perfekt wird dem Subjekt angeglichen		Das Partizip Perfekt wird dem Objekt angeglichen	
Nach **être** wird das Partizip angeglichen dem:		Nach **avoir** wird das Partizip angeglichen dem:	
Subjekt	direkten Objekt	direkten Objekt	Subjekt
▬ bei allen nicht-reflexiven Verben, die das Hilfsverb *être* haben[1], ▬ im Passiv[2].	▬ bei reflexiven Verben, wenn das Reflexivpronomen direktes Objekt ist[3].	▬ wenn das direkte Objekt **vor** dem Verb steht: ▬ als Objektpronomen[4], ▬ als Relativpronomen *que*[5], ▬ nach *quel*[6], *lequel*, *combien de*.	▬ NIE!

Beispiele:

[1] **Elle** est revenue vers 10 heures.

[2] **Les films** ont été tournés en Afrique.

[3] **Elles se** sont promenées longtemps.

[4] Tu as lu **la lettre**? Non, je ne l'ai pas lue.

[5] Voilà **la lettre** qu'elle m'a écrite.

[6] **Quelle lettre** est-ce que tu as écrite?

3 Das *passé composé*

Beispiel	Erklärung
chanter j' **ai** chanté tu **as** chanté il/elle **a** chanté nous **avons** chanté vous **avez** chanté ils/elles **ont** chanté	Das *passé composé* wird mit den Hilfsverben *avoir* oder *être* im Präsens und dem Partizip Perfekt eines Vollverbs gebildet. Es wird genauso gebildet wie das deutsche Perfekt.
arriver je **suis** arrivé/arrivée tu **es** arrivé/arrivée il **est** arrivé elle **est** arrivée nous **sommes** arrivés/arrivées vous **êtes** arrivé/arrivée/arrivés/arrivées ils **sont** arrivés elles **sont** arrivées	Welches Hilfsverb: *avoir* oder *être*? ▸ S. 95 Das Partizip Perfekt ▸ S. 83/97 ff

4 Das *plus-que-parfait*

Beispiel	Erklärung
chanter j' **avais** chanté tu **avais** chanté il/elle **avait** chanté nous **avions** chanté vous **aviez** chanté ils/elles **avaient** chanté	Das *plus-que-parfait* wird mit den Hilfsverben *avoir* oder *être* im *imparfait* und dem Partizip Perfekt des Vollverbs gebildet. Es wird genauso gebildet wie das deutsche Plusquamperfekt.
arriver j' **étais** arrivé/arrivée tu **étais** arrivé/arrivée il **était** arrivé elle **etait** arrivée	Welches Hilfsverb: *avoir* oder *être*? ▸ S. 95 Das Partizip Perfekt ▸ S. 83/97 ff

▶▶▶ Das *plus-que-parfait*

Beispiel	Erklärung
nous **étions** arrivé**s**/arrivé**es**	
vous **étiez** arrivé/arrivé**e**/arrivé**s**/arrivé**es**	
ils **étaient** arrivé**s**	
elles **étaient** arrivé**es**	

5   Das *futur composé*

Beispiel			Erklärung
Je	**vais aller**	à la mer.	Neben dem *futur simple* gibt es im
Tu	**vas acheter**	ce livre?	Französischen noch eine zweite,
Il	**va faire**	des randonnées.	zusammengesetzte Futurform: das
Elle	**va aller**	à la piscine.	*futur composé*.
Nous	**allons partir**	pour 3 semaines.	Das *futur composé* wird mit einer kon-
Vous	**allez rester**	ici?	jugierten Form des Hilfsverbs *aller* und
Ils	**vont faire**	un film.	dem Infinitiv des entsprechenden
			Verbs gebildet.

Regel

futur composé

aller + Infinitiv

6   Das *futur antérieur*

Beispiel	Erklärung
chanter	Das *futur antérieur* wird mit den Hilfs-
j' **aurai** chanté	verben *avoir* oder *être* im *futur simple*
tu **auras** chanté	und dem Partizip Perfekt des Vollverbs
il/elle **aura** chanté	gebildet.
nous **aurons** chanté	
vous **aurez** chanté	
ils/elles **auront** chanté	▶▶▶

▶▶▶ Das *futur antérieur*

Beispiel	Erklärung
arriver je **serai** arrivé/arrivée tu **seras** arrivé/arrivée il **sera** arrivé elle **sera** arrivée nous **serons** arrivés/arrivées vous **serez** arrivé/arrivée/arrivés/arrivées ils **seront** arrivés elles **seront** arrivées	Welches Hilfsverb: *avoir* oder *être*? ▶ S. 95 Das Partizip Perfekt ▶ S. 83/97 *ff*

7 Das *passé antérieur*

Beispiel	Erklärung
chanter j' **eus** chanté tu **eus** chanté il/elle **eut** chanté nous **eûmes** chanté vous **eûtes** chanté ils/elles **eurent** chanté	Das *passé antérieur* wird mit den Hilfsverben *avoir* oder *être* im *passé simple* und dem Partizip Perfekt des Vollverbs gebildet.
arriver je **fus** arrivé/arrivée tu **fus** arrivé/arrivée il **fut** arrivé elle **fut** arrivée nous **fûmes** arrivés/arrivées vous **fûtes** arrivé/arrivée/arrivés/arrivées ils **furent** arrivés elles **furent** arrivées	Welches Hilfsverb: *avoir* oder *être*? ▶ S. 95 Das Partizip Perfekt ▶ S. 83/97 *ff*

8 Das *conditionnel passé*

Beispiel	Erklärung
chanter j' **aurais** chanté tu **aurais** chanté il/elle **aurait** chanté nous **aurions** chanté vous **auriez** chanté ils/elles **auraient** chanté	Das *conditionnel passé* wird mit den Hilfsverben *avoir* oder *être* im *conditionnel présent* und dem Partizip Perfekt des Vollverbs gebildet.
arriver je **serais** arrivé/arrivée tu **serais** arrivé/arrivée il **serait** arrivé elle **serait** arrivée nous **serions** arrivés/arrivées vous **seriez** arrivé/arrivée/arrivés/arrivées ils **seraient** arrivés elles **seraient** arrivées	Welches Hilfsverb: *avoir* oder *être*? ▸ S. 95 Das Partizip Perfekt ▸ S. 83/97 ff

9 Der *subjonctif passé*

Beispiel	Erklärung
chanter que j' **aie** chanté tu **aies** chanté il/elle **ait** chanté nous **ayons** chanté vous **ayez** chanté ils/elles **aient** chanté	Der *subjonctif passé* wird mit den Hilfsverben *avoir* oder *être* im *subjonctif présent* und dem Partizip Perfekt des Vollverbs gebildet. ▶ ▶ ▶

▶▶▶ Der *subjonctif passé*

Beispiel	Erklärung
arriver	Welches Hilfsverb: *avoir* oder *être*?
que je **sois** arrivé/arrivé**e**	▶ S. 95
tu **sois** arrivé/arrivé**e**	Das Partizip Perfekt ▶ S. 83/97 ff
il **soit** arrivé	
elle **soit** arrivé**e**	
nous **soyons** arrivé**s**/arrivé**es**	
vous **soyez** arrivé/arrivé**e**/arrivé**s**/arrivé**es**	
ils **soient** arrivé**s**	
elles **soient** arrivé**es**	

10 Das *passé récent*

Um eine gerade erst abgeschlossene Handlung zu beschreiben, wird im Französischen das *passé récent* verwendet.

Beispiel	Erklärung
Je **viens de manger**. Ich habe gerade gegessen.	Das *passé récent* wird mit einer konjugierten Form von *venir de* und einem Infinitiv gebildet. *Venir de* kann auch im *imparfait* verwendet werden. Im Deutschen gibt es keine entsprechende Form. Das *passé récent* wird mit dem Adverb „gerade" übersetzt: „gerade etwas getan haben".
Le train **vient de partir**. Der Zug ist gerade abgefahren.	
Elle **vient d'arriver**. Sie ist gerade angekommen.	
Elle **venait de m'appeler** quand il est rentré. Sie hatte mich gerade angerufen, als er nach Hause kam.	**Regel**
	passé récent
	venir de + Infinitiv
! Elle **venait de se lever** quand le facteur a sonné. Sie <u>war</u> gerade aufgestanden, als der Briefträger klingelte.	Die Wendung *venir de* + Infinitiv kann auch im *imparfait* stehen. Damit wird ausgedrückt, dass eine Handlung gerade abgeschlossen **war**.

11   Das *présent duratif*

Mit dem *présent duratif* drücken Sie aus, dass jemand gerade dabei ist, etwas zu tun.

Beispiel	Erklärung
Qu'est-ce qu'il fait? Il **est en train de préparer** le repas. Er ist gerade dabei, das Essen vorzubereiten.	Das *présent duratif* wird mit der Wendung *être en train de* + Infinitiv gebildet. Im Deutschen gibt es keine entsprechende Form. Das *présent duratif* übersetzen Sie mit „gerade dabei sein, etwas zu tun". Häufig ist im Deutschen eine substantivische Konstruktion besser.
Tu viens avec nous? Non, je **suis en train d'écrire** une lettre. Nein, ich bin gerade dabei, einen Brief zu schreiben. (… beim Briefschreiben.)	

Antoine, tu joues avec moi? Non, je **suis en train de faire** ma valise. Nein, ich bin gerade dabei, meinen Koffer zu packen. (… beim Kofferpacken.)	**Regel** présent duratif *être en train de* + Infinitiv
! Nous **étions en train** de rouler vers Nantes, quand la voiture est tombée en panne. Wir waren gerade dabei, nach Nantes zu fahren, als das Auto eine Panne hatte. (Auf dem Weg nach Nantes hatte …)	Die Wendung *être en train de* + Infinitiv können Sie auch im *imparfait* verwenden. Sie drücken damit aus, dass eine Handlung im Verlauf **war**.

Auf einen Blick

■ Die einfachen und die zusammengesetzten Verbformen

présent	imparfait	passé simple	futur simple	conditionnel présent	subjonctif présent
j'arrive	j'arrivais	j'arrivai	j'arriverai	j'arriverais	que j'arrive
nous finissons	nous finissions	nous finîmes	nous finirons	nous finirions	que nous finissions
ils prennent	ils prenaient	ils prirent	ils prendront	ils prendraient	qu'ils prennent

passé composé	plus-que-parfait	passé antérieur	futur antérieur	conditionnel passé	subjonctif passé
je suis arrivé/e	j'étais arrivé/e	je fus arrivé/e	je serai arrivé/e	je serais arrivé/e	que je sois arrivé/e
nous avons fini	nous avions fini	nous eûmes fini	nous aurons fini	nous aurions fini	que nous ayons fini
ils ont pris	ils avaient pris	ils eurent pris	ils auront pris	ils auraient pris	qu'ils aient pris

présent duratif	passé récent		futur composé		
je suis en train d'arriver	je viens d'arriver		je vais arriver		
nous sommes en train de finir	nous venons de finir		nous allons finir		
ils sont en train de prendre	ils viennent de prendre		ils vont prendre		

Die reflexiven Verben / Les verbes pronominaux

Reflexive Verben sind immer von einem Objektpronomen begleitet, z. B.: *se tromper* – sich irren, *se trouver* – sich befinden. Da diese Pronomen auf das Subjekt verweisen, heißen sie Reflexivpronomen (rückbezügliche Pronomen). (S. dazu: ▶ S. 168). Ein reflexives Verb wird so konjugiert wie die Verbgruppe, zu der es gehört. So werden z. B. *se tromper* und *se trouver* konjugiert wie die Verben auf -*er* .

In diesem Kapitel finden Sie:

1	Die Form des Reflexivpronomens
2	Die Stellung des Reflexivpronomens
3	Die Angleichung des Partizip Perfekt der reflexiven Verben
4	Hinweise zur Vermeidung von Fehlern

1   Die Form des Reflexivpronomens

Die Reflexivpronomen *me*, *te*, *se* werden vor Vokal und stummem h zu *m'*, *t'*, *s'* apostrophiert.

Beispiel

	se	**tromper**		**s'**	**appeler**		**s'**	**habiller**
je	**me**	trompe	je	**m'**	appelle	je	**m'**	habille
tu	**te**	trompes	tu	**t'**	appelles	tu	**t'**	habilles
il/elle	**se**	trompe	il/elle	**s'**	appelle	il/elle	**s'**	habille
nous	**nous**	trompons	nous	**nous**	appelons	nous	**nous**	habillons
vous	**vous**	trompez	vous	**vous**	appelez	vous	**vous**	habillez
ils/elles	**se**	trompent	ils/elles	**s'**	appellent	ils/elles	**s'**	habillent

2   Die Stellung des Reflexivpronomens

Beispiel	Erklärung
elle **se** promène elle **se** promenait **se** promenant en **se** promenant	Das Reflexivpronomen steht bei einfachen Zeiten, beim *participe présent* und beim *gérondif* vor dem Verb. ▶▶▶

▶▶▶ Die Stellung des Reflexivpronomens

Beispiel	Erklärung
elle veut **se** promener elle va **se** promener elle vient de **se** lever elle est en train de **se** lever	In einem Satz mit Modalverb, im *futur composé*, *passé récent* und *présent duratif* steht das Reflexivpronomen vor dem Infinitiv.
elle **s**'est promenée elle **s**'était promenée elle **se** serait promenée	In allen anderen zusammengesetzten Zeiten steht das Reflexivpronomen vor dem Hilfsverb.
Lève-**toi**. Ne **te** lève pas.	Beim bejahten Imperativ steht das Reflexivpronomen hinter dem Verb, beim verneinten Imperativ vor dem Verb. Imperativ und Reflexivpronomen s. ▶ S. 169

3   Die Angleichung des Partizip Perfekt der reflexiven Verben

Beispiel

Il s'est levé de bonne heure. **Il s**'est lavé, puis **il s**'est promené. **Ils se** sont promené**s**.	**Elle s**'est lev**ée** de bonne heure. **Elle s**'est lav**ée**, puis **elle s**'est promen**ée**. **Elles se** sont promen**ées**.

Reflexive Verben bilden das *passé composé* (und *plus-que-parfait*, *futur antérieur*, *passé antérieur*, *conditionnel passé*, *subjonctif passé*) mit dem Hilfsverb *être*. Dennoch erfolgt die Angleichung des Partizips der reflexiven Verben wie bei einem Verb mit *avoir*: Das Partizip wird einem **vorangehenden direkten Objekt** angeglichen.

Beispiel

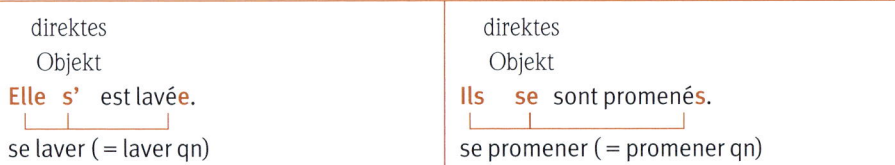

Das Partizip eines reflexiven Verbs ist **veränderlich**, wenn **das direkte Objekt vor dem Verb steht**.

▶▶▶ Die Angleichung des Partizip Perfekt der reflexiven Verben

Beispiel

indirektes Objekt	direktes Objekt		indirektes Objekt	direktes Objekt
Elle **s'** est **acheté** une jupe.			Ils **se** sont **lavé** les mains.	
s'acheter qc (= acheter qc à qn)			se laver qc (= laver qc à qn)	

Das Partizip eines reflexiven Verbs ist **nicht veränderlich,** wenn **das direkte Objekt nach dem Verb steht.**

Vergleichen Sie:

Beispiel			Erklärung
1. Ils **se** sont lav**és**.	**se** laver	= laver **qn**	*se* ist direktes Objekt
2. Ils **se** sont lavé **les mains**.	**se** laver les mains	= laver qc **à qn**	*se* ist indirektes Objekt
3. Elle **s'**est acheté **une jupe**.	**s'**acheter une jupe	= acheter qc **à qn**	*se* ist indirektes Objekt

Satz 1: Das Reflexivpronomen ist direktes Objekt. Es steht vor dem Partizip. Deshalb muss das Partizip dem Reflexivpronomen in Genus und Numerus angeglichen werden

Satz 2 und 3: Das direkte Objekt (*les mains/une jupe*) steht nach dem Partizip. Das Reflexivpronomen (*se*) ist in beiden Fällen das indirekte Objekt im Satz. Es steht also kein direktes Objekt vor dem Partizip. Das Partizip wird nicht verändert.

4   Hinweise zur Vermeidung von Fehlern

Einem französischen reflexiven Verb entspricht nicht immer ein deutsches reflexives Verb:

Beispiel

s'appeler	heißen	s'envoler	fortfliegen
s'arrêter	stehen bleiben, anhalten	se lever	aufstehen
se baigner	baden	se marier	heiraten
se conjuguer	konjugiert werden	se méfier de qn/qc	jdm/etw. misstrauen
se douter de qc	etw. ahnen	se noyer	ertrinken
s'en aller	fortgehen	se promener	spazieren gehen
s'endormir	einschlafen	se réveiller	aufwachen
s'enfuir	fliehen	se taire	schweigen

▶▶▶ Hinweise zur Vermeidung von Fehlern

Und umgekehrt entspricht auch nicht jedem deutschen reflexiven Verb ein französisches reflexives Verb.

Beispiel

Sie haben **sich scheiden lassen**.	Ils **ont divorcé**.
Der Gewinn hat **sich verdoppelt**.	Le bénéfice **a doublé**.
Du solltest **dich schämen**!	Tu devrais **avoir honte**.
sich bewegen	bouger
sich scheiden lassen	divorcer
sich verdoppeln	doubler
sich schämen	avoir honte
sich verändern	changer
sich entwickeln	évoluer

Das Passiv / Le passif

Ein Satz im Passiv zeigt an, dass das Subjekt dieses Satzes nicht selbst eine Handlung vollbringt, sondern eine „erleidet". Deshalb heißt das Passiv im Deutschen auch „Leideform". Anders als im Deutschen können im Französischen nur Verben mit direktem Objekt ein Passiv bilden. Objekte der Verben ▸ S. 140

Im folgenden Kapitel können Sie die Bildung und den Gebrauch des Passiv nachlesen.

| **1** | Bildung und Gebrauch des Passiv |
| **2** | Hinweise zur Vermeidung von Fehlern |

1   Bildung und Gebrauch des Passiv

Beispiel	Erklärung
Ces films **sont tournés** en Afrique. Diese Filme werden in Afrika gedreht. La ville de Quebec **a été fondée** par les Français. Die Stadt Québec ist von den Franzosen gegründet worden. Le roman **sera traduit** par Peter Handke. Der Roman wird von Peter Handke übersetzt werden.	Das Passiv wird mit dem Hilfsverb *être* und dem Partizip Perfekt eines Vollverbs gebildet. Das Partizip Perfekt wird in Genus und Numerus dem Subjekt des Satzes angeglichen.

Die Zeit, in der eine Passivform steht, ist an der Form von *être* erkennbar.

... **sont**	tournés	(**présent**	= *présent* von *être* + Partizip)
... **étaient**	tournés	(**imparfait**	= *imparfait* von *être* + Partizip)
... **a été**	fondée	(**passé composé**	= *passé composé* von *être* + Partizip)
... **avaient été**	tournés	(**plus-que-parfait**	= *plus-que-parfait* von *être* + Partizip)
... **sera**	traduit	(**futur simple**	= *futur simple* von *être* + Partizip)

Im Passiv (wie im Aktiv) gibt es verschiedene Tempora und Modi:

Le film **est tourné**.	... wird gedreht.	*présent*
Le film **était tourné**.	... wurde gedreht.	*imparfait*
Le film **a été tourné**.	... ist gedreht worden.	*passé composé*
Le film **avait été tourné**.	... war gedreht worden.	*plus-que-parfait*
Le film **sera tourné**.	... wird gedreht werden.	*futur simple*
Le film **serait tourné**.	... würde gedreht werden.	*conditionnel présent* ▶▶▶

▶▶▶ Bildung und Gebrauch des Passiv

Le film **aurait été tourné**.	… wäre gedreht worden.	*conditionnel passé*
que le film **soit tourné**.	… dass gedreht wird.	*subjonctif présent*

Beispiel	Erklärung
Subjekt Objekt Aktiv: **Les Français** ont fondé **la ville de Québec**. Passiv: **La ville de Québec** a été fondée <u>par</u> **les Français**. Subjekt Objekt	Das Objekt des Aktivsatzes wird im Passivsatz zum Subjekt. Der „Urheber" (das Subjekt des Aktivsatzes) wird im Regelfall mit der Präposition *par* angeschlossen.
Ausnahme: Le prof **était obéi**. Dem Lehrer wurde gehorcht. Elle **est pardonnée**. Ihr wird verziehen.	Die Verben *obéir* und *pardonner* haben ein indirektes Objekt. Dennoch bilden sie eine Passivform.
Cette maison a été construite en 1920. Dieses Haus wurde 1920 gebaut. Cette maison a été construite par une entreprise française. Dieses Haus wurde von einem französischen Unternehmen gebaut. Un garçon a été grièvement blessé. Ein Junge ist schwer verletzt worden. Un garçon a été grièvement blessé par un chien. Ein Junge ist schwer von einem Hund verletzt worden.	Es gibt Passivsätze mit und ohne Nennung des Urhebers, wie im Deutschen. Die geläufigste Präposition zur Angabe des Urhebers ist *par*.

Einige Partizipien stehen aber auch mit der Präposition *de*. *Par* steht, wenn ein Vorgang beschrieben wird, *de* steht vorwiegend, wenn ein Zustand beschrieben wird oder das Verb im übertragenen Sinn gebraucht wird.
Vergleichen Sie:

Beispiel	

Le cambrioleur a été **surpris par** la police.
    … überrascht/ertappt von der Polizei.
	Je suis **surpris de** votre réaction.
	    … überrascht von Ihrer Reaktion.

Le chanteur était **accompagné par** son orchestre.
    … begleitet von seinem Orchester.
	Le président était **accompagné de** son épouse.
	    … begleitet von seiner Frau.

▶▶▶ Bildung und Gebrauch des Passiv

Beispiel

Le chat a été **écrasé par** une voiture.	Il est **écrasé de** problèmes.
… von einem Auto überfahren.	… von Problemen erdrückt.

Beispiel		Beispiel		Erklärung
être		**être**		*De* steht nach
aimé de	geliebt von	étonné de	erstaunt von	Partizipien, die
connu de	bekannt (bei)	haï de	gehasst von	einen Zustand,
couvert de	bedeckt von	ignoré de	ignoriert/nicht	ein Gefühl oder
déçu de	enttäuscht von		gekannt (von)	eine Gemüts-
détesté de	gehasst von	oublié de	vergessen von	bewegung
entouré de	umgeben von	redouté de	gefürchtet von	beschreiben.
estimé de	geschätzt von	respecté de	respektiert von	

2   Hinweise zur Vermeidung von Fehlern

Im Deutschen werden Passivsätze häufiger verwendet als im Französischen. Vor allem im gesprochenen Französisch werden dem als schwerfällig empfundenen Passiv häufig andere Konstruktionen vorgezogen.

Im Folgenden finden Sie mehrere Möglichkeiten, deutsche Passivsätze ins Französische zu übersetzen:

Beispiel	Erklärung
Es wird Französisch gesprochen. **On parle** français. Es wurde getanzt. **On a dansé.**	Deutsche Passivsätze, die mit dem unpersönlichen „es" beginnen, haben keine Entsprechung im Französischen. Meist übersetzt man Sie mit *on* + Verb im Aktiv.
Erst wird gegessen. D'abord **on mange**. Hier wird nicht geraucht. Ici **on** ne **fume** pas. Ihm ist gesagt worden, dass … **On** lui **a dit** que …	Passivsätze ohne Angaben des Subjekts sind im Französischen nicht möglich. Man übersetzt sie meist auch mit *on* + Verb im Aktiv. ▶▶▶

▶▶▶ Hinweise zur Vermeidung von Fehlern

Beispiel	Erklärung
Das stumme „h" wird nicht ausgesprochen. Le „h" muet ne **se prononce** pas. Auch in der Schweiz wird Französisch gesprochen. Le français **se parle** aussi en Suisse. Der Infinitiv «plaire»wird ohne *accent* geschrieben. L'infinitif „plaire" **s'écrit** sans accent. So etwas sagt man nicht. Cela ne **se dit** pas.	Anstelle eines Passivsatzes können Sie im Französischen auch einen **Aktivsatz mit einem reflexiven Verb** verwenden.
Ihm ist sein Auto gestohlen worden. Il **s'est fait voler** sa voiture. Sie ist von einem Hund gebissen worden. Elle **s'est fait mordre** par un chien. Er ist von seinem Chef angeschnauzt worden. Il **s'est fait engueuler** par le patron. Sie sind verhaftet worden. Ils **se sont fait arrêter**.	Im gesprochenen Französisch ist die Umschreibung mit *se faire* + Infinitiv sehr beliebt. Sie wird nur für Personen verwendet und nur dann, wenn die Handlung für das Subjekt unangenehm oder unerwünscht ist.
Er hat sich die Haare schneiden lassen. Il s'est fait couper les cheveux.	Wenn eine Handlung vom Subjekt erwünscht ist, bedeutet *se faire* + Infinitiv = (freiwillig) lassen.

Das Partizip Präsens und das *gérondif* / Le participe présent et le gérondif

Participe présent und *gérondif* sind zwei unterschiedliche Verbformen. Ein Partizip Präsens gibt es auch im Deutschen und im Englischen:

spielen/to play/*jouer* ▸ Partizip Präsens: spiel**end**/play**ing**/*jouant*.

Im Deutschen wird das Partizip Präsens meistens als Adjektiv verwendet, im Französischen dagegen ersetzt es einen Nebensatz.

Für das *gérondif* (*en jouant*) gibt es keine entsprechende Verbform im Deutschen.

Im folgenden Kapitel erfahren Sie etwas über die Bildung und den Gebrauch von *participe présent* und *gérondif*.

1 Das *participe présent*
- ■ Die Bildung des *participe présent*
- ■ Der Gebrauch des *participe présent*

2 Das *gérondif*
- ■ Die Bildung des *gérondif*
- ■ Der Gebrauch des *gérondif*

3 Hinweise zur Vermeidung von Fehlern

1 Das *participe présent*

■ **Die Bildung des *participe présent***

Beispiel			Erklärung
parler	▸ nous parl~~ons~~	▸ **parlant**	Das *participe présent* wird mit dem Stamm der 1. Person Plural Präsens und der Endung -*ant* gebildet. Die orthographischen Besonderheiten der 1. Person Plural Präsens werden dabei übernommen. Die Bildung des *participe présent* ist – außer bei drei Verben – bei allen Verben regelmäßig. Das *participe présent* ist unveränderlich.
commencer	▸ nous commenç~~ons~~	▸ **commençant**	
manger	▸ nous mange~~ons~~	▸ **mangeant**	
finir	▸ nous finiss~~ons~~	▸ **finissant**	
pouvoir	▸ nous pouv~~ons~~	▸ **pouvant**	

▶▶▶ Das *participe présent*

Beispiel	Erklärung
avoir ▶ **ayant** [ɛjɑ̃] être ▶ **étant** savoir ▶ **sachant**	Nur diese drei Verben haben ein unregelmäßiges *participe présent*.
Les clients **ayant acheté** cet article ont également acheté: … Kunden, die diesen Artikel gekauft haben, haben auch gekauft: …	Das *participe présent* hat auch eine Vergangenheitsform: *ayant acheté – étant parti/e*
Ayant mangé trop de chocolat, elle ne se sent pas bien. Nachdem/Da sie zu viel Schokolade gegessen hat, fühlt sie sich nicht wohl. **Étant partie** à huit heures, **Marie** n'a pas fait la connaissance de Christophe. Da sie um acht Uhr weggegangen war, hat Marie Christophe nicht kennen gelernt.	Die **Vergangenheitsform** des *participe présent* wird mit dem *participe présent* des Hilfsverbs und dem *participe passé* des Verbs gebildet. Ein *participe passé*, das nach *étant* steht, muss in Genus und Numerus dem Subjekt angeglichen werden.

■ Der Gebrauch des *participe présent*

Beispiel		Erklärung
Ne <u>faisant</u> pas attention,	elle ne **comprend** rien. Da sie nicht aufpasst, versteht sie nichts. elle n'**a** rien **compris**. Da sie nicht aufgepasst hat, hat sie nichts verstanden. elle ne **comprendra** rien. Da sie nicht aufpasst, wird sie nichts verstehen.	Das *participe présent* ist zeitlich neutral. Es kann in Verbindung mit allen Zeiten gebraucht werden.
Ne <u>parlant</u> pas le japonais, Sophie ne comprenait rien à la conversation. Da sie kein Japanisch spricht, hat Sophie nichts von der Unterhaltung verstanden.		Das *participe présent* steht – wie andere Verbformen auch – zwischen *ne* und *pas/plus* ….

▶▶▶ Das *participe présent*

Beispiel	Erklärung
Ne travaillant **plus**, elle a beaucoup de temps pour voyager. Da sie nicht mehr arbeitet, hat sie viel Zeit zum Reisen.	
Regardant **par la fenêtre**, il a vu les cambrioleurs. Als er aus dem Fenster sah, hat er die Diebe gesehen. Ayant **beaucoup** travaillé, Chloé voulait dormir plus longtemps. Da sie viel gearbeitet hat, wollte Chloé länger schlafen.	Das *participe présent* kann normalerweise nicht alleine stehen. Es benötigt eine Ergänzung (z. B. ein Objekt oder ein Adverb).
Le temps ayant changé, **ils** sont rentrés sans tarder. Nachdem/Da das Wetter sich geändert hat, sind sie sofort nach Hause gegangen.	Im Unterschied zum *gérondif* kann das *participe présent* ein eigenes Subjekt haben. Diese Konstruktion finden Sie aber fast nur in literarischer Sprache.

Ein *participe présent* ersetzt einen Nebensatz. Eine Partizipialkonstruktion mit dem *participe présent* kann stehen:

Beispiel		Erklärung
Famille **ayant trois enfants** cherche jeune fille au pair. Familie mit drei Kindern sucht Aupairmädchen.	Famille qui a trois enfants …	▬ für einen Relativsatz mit *qui*,
Voulant apprendre le français rapidement, elle suit un cours de langue en France. Da sie schnell Französisch lernen will, macht sie einen Sprachkurs in Frankreich.	Comme elle veut …	▬ für einen Kausalsatz (Angabe eines Grundes mit *comme*, *parce que*, *puisque*),
Regardant par la fenêtre, je vois le merveilleux paysage alentour. Wenn ich aus dem Fenster schaue, sehe ich die wundervolle Landschaft der Umgebung.	Quand je regarde …	▬ für einen Temporalsatz zur Bezeichnung der Gleichzeitigkeit zweier Vorgänge.

▶▶▶

▶▶▶ Das *participe présent*

Das *participe présent* wird vorwiegend im geschriebenen Französisch verwendet, selten in der gesprochenen Sprache.

Beispiel	Erklärung
Ils ont réalisé un film **amusant** beaucoup les enfants. Sie haben einen Film gemacht, der die Kinder sehr amüsiert. C'est <u>un film</u> très **amusant**. Das ist ein sehr amüsanter Film.	Vom *participe présent* einiger Verben kann ein Adjektiv, das ***adjectif verbal***, abgeleitet werden. Es wird wie ein normales Adjektiv vor oder nach einem Nomen verwendet.
<u>des films</u> amusant**s** <u>une histoire</u> amusant**e** <u>des histoires</u> amusant**es**	Im Unterschied zum *participe présent* ist das *adjectif verbal* nach Genus und Numerus veränderlich.

Beispiel

participe présent	adjectif verbal
Je connais une femme **sachant** le russe. ..., die Russisch kann.	C'est une femme **savante**. ... eine gelehrte Frau.
Une voiture **pouvant** faire 300 km à l'heure ... ..., das 300 km/h fahren kann.	C'est une voiture **puissante**. ... ein starkes Auto.
Le jour **précédant** son mariage ... ...am Tag vor seiner Hochzeit.	Regardez les exercices **précédents**. ... die vorherigen/vorangehenden Übungen.
Les aliments **provoquant** des allergies. ..., die Allergien hervorrufen/verursachen.	Vous avez parfois des attitudes **provocantes**. ... provozierendes Verhalten.

▶▶▶ Das *participe présent*

Nicht immer werden *participe présent* und *adjectif verbal* gleich geschrieben und sie haben auch nicht immer die gleiche Bedeutung.

! Infinitiv	participe présent		adjectif verbal	
convaincre	convainquant	überzeugend	convaincant	überzeugend
différer	différant	sich unterscheidend	différent	unterschiedlich, anders
négliger	négligeant	vernachlässigend	négligent	nachlässig
pouvoir	pouvant	könnend	puissant	stark/mächtig
précéder	précédant	vorangehend	précédent	vorherig, vorig
provoquer	provoquant	hervorrufend	provocant	provozierend
savoir	sachant	wissend	savant	gelehrt
voir	voyant	sehend	voyant	grell, schreiend

2 Das *gérondif*

■ Die Bildung des *gérondif*

Beispiel		Erklärung
parlant finissant	▶ **en** parlant ▶ **en** finissant	Das *gérondif* wird mit der Präposition *en* und dem *participe présent* gebildet. Das *gérondif* ist unveränderlich und zeitlich neutral. Es gibt im Deutschen keine entsprechende Verbform.
! avoir être savoir	▶ **en ayant** ▶ **en étant** ▶ **en sachant**	Wie beim *participe présent* gibt es auch beim *gérondif* nur drei unregelmäßige Formen.
En **n'**insistant **pas**, vous avez respecté son choix. Dadurch dass/Indem Sie nicht weiter gefragt haben, haben Sie seine Wahl respektiert.		Die Verneinung umschließt nur die Verbform, nicht das *en*.
Il m'a beaucoup aidé en m'expliquant le problème plusieurs fois. Dadurch dass/Indem er mir das Problem mehrmals erläutert hat, hat er mir sehr geholfen.		Pronomen stehen zwischen *en* und der Verbform.

▶▶▶ Das *gérondif*

■ Der Gebrauch des *gérondif*

Das *gérondif* ist im gesprochenen und geschriebenen Französisch sehr geläufig. Es kann für verschiedene Nebensätze stehen:

Beispiel	Erklärung
Yann est tombé **en sortant** de l'école. (... quand il est sorti ...) Beim Verlassen der Schule ist Yann gefallen./Als er die Schule verlassen hat, ist Yann gefallen. Léa écoute toujours la radio **en conduisant**. (... pendant qu'elle conduit.) Beim Autofahren hört Léa immer Radio./ Während sie Auto fährt, hört Léa immer Radio.	▬ für Temporalsätze mit *pendant que* oder *quand*, um die Gleichzeitigkeit von zwei Handlungen auszudrücken,
En travaillant à l'entreprise de son oncle Alexis gagnerait sûrement davantage. (S'il travaillait ...) Wenn er im Unternehmen seines Onkels arbeitete, würde Alexis bestimmt mehr verdienen.	▬ für Konditionalsätze; das *gérondif* ersetzt den Nebensatz mit *si* und drückt eine Bedingung aus,
Beaucoup de jeunes gagnent de l'argent **en travaillant** comme baby-sitter. Viele Jugendliche verdienen Geld, indem/dadurch, dass sie als Babysitter arbeiten.	▬ für Nebensätze der Art und Weise. Sie antworten auf die Frage: Wie? (modaler Gebrauch).
En lisant des journaux français chaque jour Émilie a fait des progrès en peu de temps. Indem/Dadurch dass Émilie jeden Tag französische Zeitungen gelesen hat, hat sie rasch Fortschritte gemacht. Émilie a fait des progrès en peu de temps **en lisant** des journaux français chaque jour.	▬ Das *gerondif* kann dem Hauptsatz vorangehen oder auf diesen folgen.

Das *gérondif* ist zeitlich neutral. Es kann in Verbindung mit allen Zeiten gebraucht werden.

▶▶▶ Das *gérondif*

Beispiel	Erklärung
! J'ai rencontré Paul **revenant** du bureau. Ich habe Paul getroffen, **der** vom Büro zurückkam.	In diesem Satz bezieht sich das *participe présent* auf Paul. Das *participe présent* bezieht sich in der Regel auf das Element, dem es am nächsten steht (Paul = direktes Objekt des Hauptsatzes).
J'ai rencontré Paul **en revenant** du bureau. Ich habe Paul getroffen, als **ich** vom Büro zurückkam.	In diesem Satz bezieht sich das *gérondif* auf *je*, da es sich immer auf das Subjekt des Hauptsatzes bezieht. Im Unterschied zum *participe présent* kann das *gérondif* kein anderes Subjekt haben als das Verb des Hauptsatzes.
L'appétit vient en mangeant. (= quand **on** mange) Der Appetit kommt beim Essen. **La fortune** vient en dormant. (= quand **on** dort) Das Glück kommt im Schlaf.	Nur in einigen Redewendungen und Sprichwörtern hat das *gérondif* nicht dasselbe Subjekt wie das Verb des Hauptsatzes.
en attendant inzwischen en attendant que bis en arrivant bei der Ankunft en passant im Vorübergehen	Einige *gérondif*-Formen sind zu festen Wendungen geworden und werden nicht mit einem Nebensatz ins Deutsche übersetzt.
Léo travaillait **tout en pensant** à autre chose. Beim Arbeiten dachte Leo (die ganze Zeit) an etwas anderes. Leo arbeitete und dachte dabei …	Das *gérondif* kann mit *tout* verstärkt werden.
Pendant le cours Martin pense à autre chose **tout en sachant** qu'il faut faire attention. (… bien qu'il sache …) Im Unterricht denkt Martin an etwas anderes, **obwohl** er (genau) weiß, dass er aufpassen soll.	*Tout* steht häufig bei gleichzeitigen Vorgängen, die eigentlich nicht zueinander passen. Ins Deutsche wird das *gérondif* dann mit einem Nebensatz, der mit „obwohl" beginnt, übersetzt.

3   Hinweise zur Vermeidung von Fehlern

Auch im Deutschen gibt es ein Partizip Präsens. Aber nur in wenigen Fällen können Sie ein deutsches Partizip Präsens mit einem französischen *participe présent* übersetzen.

Partizip Präsens	*participe présent*
auf der Straße <u>spielende</u> Kinder	des enfants **jouant** dans la rue
aber:	Relativsatz
<u>spielende</u> Kinder	des enfants **qui jouent**
	präpositionaler Ausdruck
eine <u>wütende</u> Frau	une femme **en colère**
ein <u>brennendes</u> Haus	une maison **en flammes**
ein <u>fahrender</u> Zug	un train **en marche**

Im Unterschied zum Deutschen kann ein französisches *participe présent* nicht ohne Ergänzung stehen. Deshalb können Sie nur im ersten Beispiel ein *participe présent* verwenden.

Beispiel	Erklärung
l'eau **courante** das fließende Wasser	Das *adjectif verbal* einiger Verben hat eine besondere Bedeutung.
le parking **payant** der gebührenpflichtige Parkplatz	
les escaliers **roulants** die Rolltreppe	
une expression **courante** ein gängiger Ausdruck	

Der Gebrauch der Zeiten und Modi / L'emploi des temps et des modes

Das Französische hat vier Modi: **Indikativ** (Wirklichkeitsform), **Imperativ** (Befehlsform), *subjonctif* und *conditionnel*.

Im folgenden Kapitel können Sie nachschlagen, wie die Zeiten der einzelnen Modi gebraucht werden.

1   Die vier Modi im Französischen

Der Modus „moderiert" die Aussageweise des Satzes. Er stellt eine Handlung als wirklich, erwünscht oder möglich dar.

Beispiel	Erklärung
Je viens à sept heures. Ich komme um sieben Uhr. **Je viendrai** à sept heures. Ich werde um sieben Uhr kommen. Il **est venu** à sept heures. Er ist um sieben Uhr gekommen.	Diese drei Sätze stehen im **Indikativ.** Der Indikativ drückt aus, dass ein Ereignis tatsächlich stattfindet, stattfinden wird oder stattgefunden hat.
Viens à sept heures. Komm um sieben Uhr. **Ne venez pas** trop tard. Kommen Sie nicht zu spät.	Diese beiden Sätze stehen im **Imperativ.** Mit dem Imperativ wird jemand aufgefordert, etwas zu tun oder zu unterlassen. Mit dem Imperativ erteilt man Befehle.
Il voudrait que tu **viennes** à sept heures. Er möchte, dass du um sieben Uhr kommst.	Dieser Satz steht im *subjonctif.* Der *subjonctif* wird verwendet, um Wünsche, Erwartungen oder ein Gefühl auszudrücken.
Si j'avais le temps, je **viendrais** à sept heures. Wenn ich Zeit hätte, würde ich um sieben Uhr kommen. Il **serait venu** à sept heures, mais le bus avait du retard. Er wäre um sieben Uhr gekommen, aber der Bus hatte Verspätung.	Diese beiden Sätze stehen im *conditionnel.* Das *conditionnel* verwenden Sie, wenn Sie sich vorstellen, was wäre, wenn … oder was gewesen wäre, wenn …

Die Modi **Indikativ,** *subjonctif* und *conditionnel* verfügen über verschiedene Zeiten.

2   Der Indikativ

■ **1.** *Le présent*

Beispiel	Erklärung
Il **regarde** la télé. Er sieht fern.	Das Präsens wird verwendet zum Ausdruck von: ■ Handlungen, die zum Sprechzeitpunkt stattfinden,
Le soleil **brille**. Die Sonne scheint. Balzac **est** un écrivain célèbre. Balzac ist ein berühmter Schriftsteller.	■ zeitlos gültigen Feststellungen,
Tu **manges** avec nous? Isst du mit uns? Non, je **dois** partir dans 10 minutes. Nein, ich muss in zehn Minuten gehen.	■ Handlungen, die gleich beginnen werden,
Le samedi, je **joue** au tennis. Samstags spiele ich Tennis.	■ Handlungen, die sich in der Vergangenheit, Gegenwart und Zukunft wiederholen.
J'ai tourné la roue de la fortune. Et bingo! La roue s'**arrête** sur le bon numéro. Ich habe das Glücksrad gedreht. Und Bingo! Das Rad bleibt auf der richtigen Zahl stehen.	Auch verwendet man das Präsens, um ein vergangenes Geschehen in einer Erzählung besonders lebhaft und anschaulich darzustellen (*présent historique*).

■ **2.** *Le présent duratif*

Beispiel	Erklärung
Elle **est en train de manger**. Sie ist gerade dabei zu essen./ Sie isst gerade.	Das *présent duratif* wird verwendet zum Beschreiben: ■ einer gerade stattfindenden Handlung, wobei die Beschreibung des Verlaufs der Handlung in den Vordergrund gestellt wird. ▶▶▶

▶▶▶ Der Indikativ

■ **3.** *Le passé récent*

Beispiel	Erklärung
– Allô, c'est Marc. Je peux parler à Damien? – Attends, il **vient de rentrer**. Warte, er ist gerade hereingekommen. Je **viens de terminer** ce livre. Ich habe das Buch gerade zu Ende gelesen.	Das *passé récent* wird verwendet zum Ausdruck von: ▬ einer unmittelbaren Vergangenheit, d. h. zum Darstellen einer Handlung, die gerade eben erst abgeschlossen worden ist.

■ **4.** *Le futur simple*

Im Französischen gibt es drei Zeitformen, mit denen zukünftiges Geschehen ausgedrückt werden kann: das **futur simple**, das **futur composé** und das **futur antérieur**. Das *futur simple* und das *futur composé* werden sowohl in der gesprochenen als auch in der geschriebenen Sprache verwendet, wobei in der geschriebenen Sprache das *futur simple* weitaus häufiger vorkommt.

In den meisten Fällen, in denen zukünftiges Geschehen ausgedrückt werden soll, kann sowohl *futur simple* als auch *futur composé* verwendet werden.

Beispiel	Erklärung
S'il fait beau, on **fera** un pique-nique. Wenn das Wetter schön ist, machen wir ein Picknick/ werden wir ein Picknick machen.	Das *futur simple* wird verwendet: ▬ in Hauptsätzen vor oder nach einem realen Bedingungssatz mit *si*,
Un jour, Isabelle **retournera** à Paris. Eines Tages wird Isabelle nach Paris zurückkehren. Elle **regrettera** toujours d'être partie. Sie wird es immer bereuen, weggegangen zu sein. Elle ne **recommencera** plus à fumer. Sie wird nicht wieder anfangen zu rauchen.	▬ zum Beschreiben einer vom Sprechzeitpunkt fernen Zukunft oder einer zeitlich weniger bestimmten Zukunft nach Zeitangaben wie *toujours*, *un jour* oder Verneinungen wie *ne … jamais/ plus*,
Vous **terminerez** vos devoirs pour jeudi. Sie werden Ihre Aufgaben bis Donnerstag erledigt haben! Tes pères et mères **honoreras**. Du sollst Vater und Mutter ehren.	▬ in Anordnungen, Befehlen und moralischen Geboten,

▶▶▶ Der Indikativ

Beispiel	Erklärung
Rira bien qui **rira** le dernier. Wer zuletzt lacht, lacht am besten. Tout ce que tu **voudras**. Alles, was du willst. On **verra** bien. Wir werden ja sehen.	▬ in Redewendungen und idiomatischen Ausdrücken.

■ 5. *Le futur composé*

Beispiel	Erklärung
	Das *futur composé* wird verwendet:
Vite! Le train **va partir**. Schnell! Der Zug fährt gleich los.	▬ zum Ausdruck einer nahen, unmittelbaren Zukunft,
Je **vais revenir** tout de suite. Ich werde gleich/sofort wiederkommen. Maintenant, Léa **va lire** son résumé. Jetzt wird Léa ihre Zusammenfassung vorlesen.	▬ nach Adverbien wie *maintenant*, *tout de suite*,
Tu ne **vas** pas lui **dire** ça! Das wirst du ihm doch nicht sagen (wollen)!	▬ zum Ausdruck der Entrüstung oder des Erstaunens.

■ 6. *Le futur antérieur*

Beispiel	Erklärung
Je partirai pour l'Afrique dès que j'**aurai passé** mes examens. Sobald ich meine Prüfungen gemacht habe (gemacht haben werde), werde ich nach Afrika fahren. Je **serai rentré** avant minuit. Ich bin vor Mitternacht zurück. (Ich werde vor Mitternacht zurückgekommen sein.)	Das *futur antérieur* stellt: ▬ ein Geschehen in der Zukunft dar, das vor einem anderen Geschehen in der Zukunft abgeschlossen sein wird. Im Gegensatz zum Deutschen kann man es <u>nie</u> durch das Perfekt ersetzen.

Das *futur antérieur* wird im Französischen häufiger verwendet als das Futur 2 im Deutschen. Vor allem in der gesprochenen Sprache kann es durch andere Konstruktionen ersetzt werden, z. B.: Infinitivkonstruktionen: *Après avoir passé mes examens, je partirai pour l'Afrique.* ▶▶▶

▶ S. 190

▶▶▶ Der Indikativ

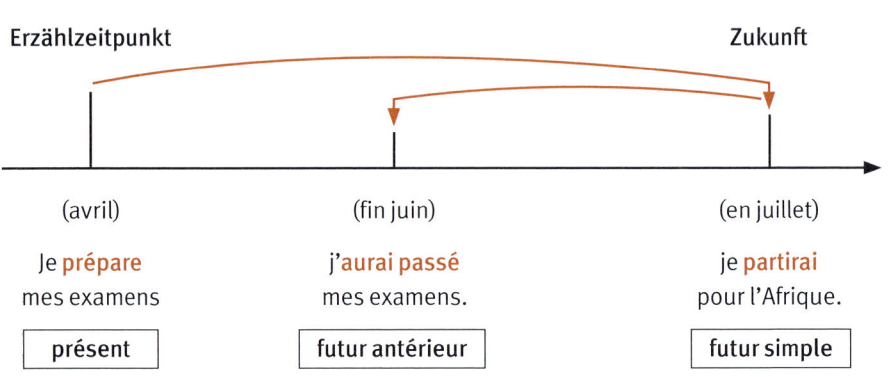

Erzählzeitpunkt | Zukunft

(avril) — (fin juin) — (en juillet)

Je **prépare** mes examens | j'**aurai passé** mes examens. | je **partirai** pour l'Afrique.

| **présent** | **futur antérieur** | **futur simple** |

■ 7. L'imparfait

Beispiel	Erklärung
Je **voulais** vous demander un conseil. Ich wollte Sie um einen Rat bitten./Ich möchte Sie um einen Rat bitten.	Das *imparfait* wird verwendet: ▬ zum Ausdruck einer höflichen Bitte,
Si j'**avais** le temps, je viendrais. Wenn ich Zeit hätte, würde ich kommen.	▬ im irrealen Bedingungssatz nach der Konjunktion *si*,
Le lundi, il **jouait** au foot. Montags spielte er (immer) Fußball.	▬ zum Beschreiben einer Gewohnheit oder eines Geschehens, das sich in der Vergangenheit wiederholte,
Je **dormais** encore quand il est entré. Ich schlief noch, als er hereinkam.	▬ zum Beschreiben einer in der Vergangenheit verlaufenden Handlung ohne Festlegung von Anfang und Ende der Handlung,
Il **écoutait** la radio, **lisait** le journal et **fumait**. Er hörte Radio, las Zeitung und rauchte.	▬ zum Beschreiben von in der Vergangenheit gleichzeitig verlaufenden Handlungen ohne bestimmten Anfang und Ende.
! pendant que — während toujours — immer/ auch: immer noch d'habitude — normalerweise	Achten Sie auf „Signalwörter". Das sind Zeitangaben, die Genaueres über den Verlauf einer Handlung oder die

▶▶▶ Der Indikativ

Beispiel		Erklärung
le soir	abends	Wiederholung oder Gleichzeitigkeit
le matin	morgens	von Handlungen aussagen. Nach diesen
le mardi	dienstags	Adverbien, Konjunktionen und Zeit-
le week-end	am Wochenende	angaben wird meistens das *imparfait*
tous les matins	jeden Morgen	verwendet.
tous les soirs	jeden Abend	
chaque jour	jeden Tag	
chaque semaine	jede Woche	
souvent	oft	
autrefois	früher, einst, damals	

■ **8. *Le passé composé***

Beispiel		Erklärung
		Das *passé composé* wird verwendet zur Darstellung von:
Je lui **ai demandé** un conseil.		▬ abgeschlossenem Geschehen,
Ich habe ihn um Rat gefragt.		
Je dormais encore **quand il est entré**.		▬ Geschehen, das beginnt, während ein
Ich schlief noch, als er hereinkam.		anderes Geschehen schon verläuft,
Il **a écouté** la radio, il **a lu** le journal et il **a fumé** une cigarette.		▬ Handlungen, die in der Vergangenheit nacheinander ablaufen: Eine
Er hat Radio gehört, dann hat er die Zeitung gelesen und dann hat er eine Zigarette geraucht.		Handlung endet, bevor die nächste beginnt (Handlungskette).
tout à coup	plötzlich	Achten Sie bei der Auswahl der Zeiten
à ce moment-là	in diesem Moment	auf folgende Zeitangaben, die Genaue-
à (huit) heures	um (acht) Uhr	res über den Beginn, das Ende, die Ein-
une fois	ein Mal	maligkeit oder das Aufeinanderfolgen
mardi dernier	am letzten Dienstag	von Handlungen aussagen können.
d'abord	zuerst	
ensuite	danach, anschließend	
après	danach, darauf	
puis	dann	
une heure après	eine Stunde später	

▶▶▶ Der Indikativ

- **9. Der Gebrauch von *imparfait* und *passé composé* im Text**

Der Gebrauch dieser beiden Zeitformen ist völlig anders geregelt als im Deutschen. Man kann also nicht von der Verwendung von Perfekt und Präteritum im Deutschen auf die Verwendung von *passé composé* und *imparfait* im Französischen schließen.

Beispiel

Paul **avait** du travail, il **aimait** son métier et tout **allait** bien. Mais un jour son usine **a fermé** et **il a perdu** son travail. Il **était** déprimé et ne **savait** pas quoi faire. Plus d'un mois plus tard il **a décidé** de vendre sa maison qui se **trouvait** au milieu du village. Il **est allé** dans la région de Lyon pour chercher du travail.	Paul hatte Arbeit, er liebte seinen Beruf und alles lief gut. Aber eines Tages schloss seine Fabrik und er verlor seine Arbeit. Er war deprimiert und wusste nicht, was er tun soll. Mehr als einen Monat später beschloss er, sein Haus zu verkaufen, das in der Mitte des Dorfes lag. Er ging in die Region Lyon, um Arbeit zu suchen.

Imparfait und *passé composé* werden in einem Text, in dem über Vergangenes berichtet wird, nebeneinander verwendet. Das **imparfait** gibt die Hintergrundinformationen: Es beschreibt eine Situation oder einen Zustand (*il avait du travail, il aimait son métier*), die schon vor der eigentlichen Handlung bestanden. Damit liefert das *imparfait* eine Art Einleitung zu der folgenden Erzählung des Geschehens. Es antwortet auf die Frage: Was war schon? und gibt Erklärungen oder Kommentare ab (*il était déprimé, il ne savait pas quoi faire*).

Das **passé composé** schildert die eigentliche Handlung, die eine Folge von abgeschlossenen Ereignissen sein kann (*son usine a fermé, il a perdu son travail*). Das *passé composé* antwortet auf die Fragen: Was ist passiert? Was ist dann geschehen?

Die im *passé composé* dargestellten Ereignisse bilden den Vordergrund der Erzählung.

- **10. *Le plus-que-parfait***

Beispiel	Erklärung
Je suis repassé à l'hôtel où **j'avais laissé** ma valise. Ich bin in das Hotel zurückgegangen, wo ich meinen Koffer gelassen hatte.	Das *plus-que-parfait* wird verwendet zur Darstellung von: ▪ einem Geschehen, das noch vor einem anderen, ebenfalls vergangenen Geschehen liegt (Vorvergangenheit).

▶▶▶ Der Indikativ

Der Erzähler blickt in die Vergangenheit:

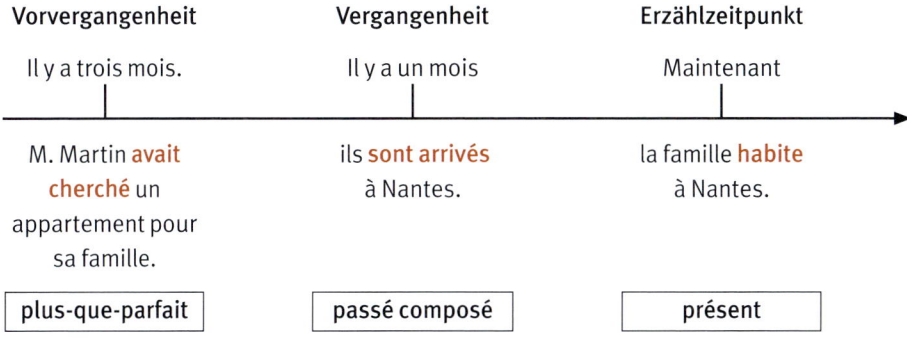

Vorvergangenheit	Vergangenheit	Erzählzeitpunkt
Il y a trois mois.	Il y a un mois	Maintenant
M. Martin **avait cherché** un appartement pour sa famille.	ils **sont arrivés** à Nantes.	la famille **habite** à Nantes.
plus-que-parfait	passé composé	présent

■ 11. *Le passé simple*

Beispiel	Erklärung
Un jour, son usine **ferma** et Paul **perdit** son travail. Il **vendit** sa maison et **alla** à Lyon. Eines Tages schloss seine Fabrik und Paul verlor seine Arbeit. Er verkaufte sein Haus und ging nach Lyon.	Das *passé simple* wird verwendet zur Darstellung von: – Handlungen, die in der Vergangenheit nacheinander ablaufen (Handlungskette),
Il <u>était</u> déprimé. Alors, il **vendit** sa maison qui se <u>trouvait</u> au milieu du village et il **alla** à Lyon. Er war deprimiert. Also verkaufte er sein Haus, das in der Mitte des Dorfes lag, und ging nach Lyon.	– Handlungen, die im Vordergrund der Erzählung stehen.

Das *passé simple* hat weitgehend dieselben Funktionen bei der Darstellung von vergangenem Geschehen wie das *passé composé*: Es beschreibt in der Vergangenheit abgeschlossenes Geschehen. In Texten wird es gemeinsam mit dem *imparfait* verwendet und übernimmt dann die Funktion des *passé composé*.

In der gesprochenen Sprache wird das *passé simple* nicht verwendet. Sie finden es im geschriebenen Französisch, in der Literatur und in Zeitungen. Mündlich ist es höchstens noch in sehr feierlichen Ansprachen, z. B. Predigten, zu hören. Die Kenntnis der Formen des *passé simple* ist vor allem für das Lesen französischer Literatur und Zeitungen wichtig.

▶▶▶ Der Indikativ

■ **12.** *Le passé antérieur*

Beispiel	Erklärung
Quand elle **eut terminé** son repas, elle se leva. Nachdem sie ihre Mahlzeit beendet hatte, stand sie auf. Dès que les invités **furent partis**, il quitta la maison. Sobald die Gäste gegangen waren, verließ er das Haus.	Wie das *plus-que-parfait* beschreibt das *passé antérieur* ein Geschehen, das noch vor einem anderen, ebenfalls vergangenen Geschehen liegt (Vorvergangenheit).

Das *passé antérieur* wird nur im geschriebenen Französisch verwendet. Es wird fast nur in Nebensätzen nach Konjunktionen wie *après que*, *dès que*, *lorsque*, *quand* verwendet, wenn das Verb im Hauptsatz im *passé simple* steht.

3 Das *conditionnel*

■ **13.** *Le conditionnel présent*

Im Unterschied zum Indikativ, der ein Geschehen als Tatsache darstellt, ist das *conditionnel* ein Modus, der ein Geschehen als angenommen, ungewiss oder ungesichert darstellen kann.

Beispiel	Erklärung
Pourriez-vous fermer la fenêtre, s'il vous plaît? Könnten Sie bitte das Fenster schließen?	Das *conditionnel* wird verwendet: ▬ für höfliche Bitten,
À ta place je l'**aiderais**. An deiner Stelle würde ich ihm/ihr helfen. Tu **devrais** l'aider. Du solltest ihm/ihr helfen.	▬ für Ratschläge,
Tu **n'aurais** pas maigri? Hast du etwa abgenommen?	▬ für Annahmen oder zweifelnde Fragen,
Nouvelles expériences: Le sel **tuerait** 50.000 personnes par an. Neue Experimente: Salz <u>soll</u> 50.000 Menschen im Jahr <u>umbringen</u>. / Angeblich bringt Salz …	▬ für ungesicherte, nicht bestätigte Nachrichten, bloße Annahmen,

▶▶▶ Das *conditionnel*

Beispiel	Erklärung
Si j'étais riche, je **ferais** le tour du monde. Wenn ich reich wäre, würde ich eine Weltreise machen.	▬ in irrealen Bedingungssätzen; aber nur im Hauptsatz. Nie im Satz mit *si!*
Il <u>a dit</u> qu'il **irait** à Montréal un jour. Er hat gesagt, er würde eines Tages nach Montreal gehen.	▬ in der indirekten Rede, wenn das Verb der Redeeinleitung in der Vergangenheit steht.

■ 14. *Le conditionnel passé*

Beispiel	Erklärung
	Das *conditionnel passé* wird verwendet:
Si j'avais été riche, j'**aurais donné** de l'argent à Joseph. Wenn ich reich gewesen wäre, hätte ich Joseph Geld gegeben.	▬ nach irrealen, auf die Vergangenheit bezogenen Bedingungssätzen, in denen das Verb im *plus-que-parfait* steht. Das Verb im Hauptsatz steht im *conditionnel passé*.
Cet accident **aurait fait** plus de 20 victimes. Dieser Unfall soll mehr als 20 Opfer gefordert haben.	▬ zur vorsichtigen Wiedergabe von Vermutungen oder Annahmen. Der Sprecher ist sich hier nicht sicher, ob das stimmt, was er sagt.
Il m'**aurait fallu** prendre plus de temps. Ich hätte mir mehr Zeit nehmen sollen. Tu **aurais dû** me le dire. Du hättest es mir sagen sollen.	▬ zum Ausdruck des Bedauerns über etwas Vergangenes, nicht mehr Änderbares und zum Ausdruck des Vorwurfs.

4　Der *subjonctif*

■ 15. *Le subjonctif présent*

Der *subjonctif* drückt einen Wunsch, ein Gefühl, einen Zweifel oder eine nachdrückliche Aufforderung aus. In der Mehrzahl der Fälle gibt es keine Wahlmöglichkeit zwischen *subjonctif* oder Indikativ: Bestimmte Verben, Wendungen oder Konjunktionen lösen ihn automatisch aus. Im Deutschen gibt es keinen *subjonctif*.

▶▶▶ Der *subjonctif*

Beispiel	Erklärung
Claire <u>veut</u> que nous **venions**. Claire möchte, dass wir kommen. Je <u>trouve dommage</u> que tu n'**aies** pas le temps. Ich finde es schade, dass du keine Zeit hast.	In den weitaus meisten Fällen ist der Gebrauch des *subjonctif* automatisiert, das heißt, Sie müssen ihn nach bestimmten Verben, Ausdrücken oder Konjunktionen im Nebensatz verwenden. In diesen Beispielen sind das *vouloir* und *trouver dommage*.
<u>Ses grands-parents</u> souhaitent qu'<u>il</u> leur **rende** visite. Seine Großeltern wünschen, dass er sie besuchen kommt.	Ein Nebensatz mit *subjonctif* kann nur stehen, wenn das Subjekt im Hauptsatz (hier: *ses grands-parents*) ein anderes als im Nebensatz ist (hier: *il*).
Ses grands-parents <u>souhaitent venir</u> à Noël. Seine Großeltern möchten an Weihnachten kommen.	Bei gleichem Subjekt steht eine Infinitivkonstruktion oder eine Infinitivergänzung.
<u>Je voudrais que</u> tu **fasses** tes devoirs. Ich möchte, dass du deine Hausaufgaben machst.	Der *subjonctif* steht: ▬ nach einer Reihe von Verben und Ausdrücken des Willens, Wunsches, der Notwendigkeit, der Bewertung des Gefühls,
<u>Bien que</u> je me **mette** en quatre, le travail n'est pas encore terminé. Obwohl ich mein Möglichstes tue, ist die Arbeit noch nicht fertig.	▬ nach einer Reihe von Konjunktionen,
C'est <u>le meilleur livre</u> que j'**aie** jamais **lu**. Das ist das beste Buch, das ich (je) gelesen habe. C'est <u>le seul match</u> **qu'elle ait gagné**. Das ist das einzige Match, das sie (je) gewonnen hat. C'est le magasin <u>le plus sympa</u> **que je connaisse**. Das ist das angenehmste Geschäft, das ich kenne.	▬ häufig in Relativsätzen, die auf einen Superlativ folgen.

▶▶▶ Der *subjonctif*

Auslöser des *subjonctif*

Beispiel

Verben	Ausdrücke
accepter que	c'est/il est normal que
admirer que	c'est/il est bizarre/curieux/drôle que
aimer mieux que	c'est/il est dommage que
attendre que	il est bon/utile/inutile/faux/juste que
autoriser que	il est important/possible/impossible/temps que
craindre que	je trouve bizarre/drôle/curieux/triste/amusant que
défendre que	je trouve bon/mauvais/important que
demander que	j'ai honte/peur que
désirer que	je suis content/déçu/heureux/surpris/triste que
détester que	je ne suis pas sûr/certain/convaincu que
empêcher que	cela m'amuse/m'étonne/m'inquiète/me surprend que
exiger que	cela m'énerve/m'inquiète que
interdire que	
permettre que	**Superlativische Ausdrücke**
préférer que	
proposer que	c'est le seul/la seule + Nomen
refuser que	c'est le premier/la première + Nomen
regretter que	c'est un/une des rares + Nomen
souhaiter que	c'est le/la plus + Adjektiv + Nomen
vouloir (bien) que	
vouloir que	
ne pas croire que	
ne pas penser que	

Konjunktionen

afin que, avant que, bien que, en attendant que, jusqu'à ce que, pour que, quoique, sans que

Nach **malgré que** wird sowohl der Indikativ als auch der *subjonctif* verwendet.

Nach **après que** verwendet man in der gesprochenen Sprache heute meist den *subjonctif*, analog zu *avant que*. In der Schriftsprache gilt das als inkorrekt.

▶▶▶

▶▶▶ Der *subjonctif*

Beispiel	Erklärung
! <u>Heureusement que</u> cela n'**a duré** qu'une heure. Glücklicherweise hat das nur eine Stunde gedauert. <u>J'espère que</u> ce n'**est** pas la grippe aviaire. Ich hoffe, dass das nicht die Vogelgrippe ist. <u>J'espère que</u> ça ne m'**arrivera** plus. Ich hoffe, dass mir das nicht mehr passieren wird.	Nach Adverbien wie *heureusement que/malheureusement que* und nach *espérer* steht der Indikativ. Nach *espérer* steht häufig das Futur.

■ 16. *Subjonctif* oder Indikativ?

Neben den Verben, Ausdrücken und Konjunktionen, die den *subjonctif* automatisch auslösen, gibt es eine Reihe von Verben und Ausdrücken, nach denen der *subjonctif* stehen kann – oder auch nicht. Meist kommt es auf die Ausdrucksabsicht des Sprechers an.

Beispiel	Erklärung
1. <u>Je suis sûr que</u> Marie **a raison**. Ich bin sicher, dass Marie Recht hat. 1. <u>Il est certain que</u> la maison **est** près de la mer. Es ist sicher, dass das Haus nahe am Meer liegt. 2. <u>Je ne suis pas sûr que</u> Marie **ait raison**. Ich bin nicht sicher, ob Marie Recht hat. 2. <u>Il n'est pas certain que</u> la maison **soit** près de la mer. Es ist nicht sicher, dass das Haus nahe am Meer liegt.	Im ersten Satz ist der Sprecher überzeugt, dass Marie Recht hat/dass das Haus am Meer liegt. Für ihn ist es eine Tatsache. Im zweiten Satz ist sich der Sprecher nicht so sicher.

Nach Ausdrücken der Sicherheit oder der Vermutung, nach Ausdrücken des Sagens, Meinens oder Denkens steht im bejahten Satz immer der Indikativ, im verneinten Satz hingegen der *subjonctif*.

Beispiel	
Indikativ	**subjonctif**
il/c'est vrai que	il/c'est faux que
il/c'est certain que	il/ce n'est pas certain que
il/c'est sûr que	il/ce n'est pas sûr que
il/c'est probable que	il/ce n'est pas probable que

▶▶▶ Der *subjonctif*

Beispiel

Indikativ	subjonctif
je suis convaincu que	je ne suis pas convaincu que
je suis persuadé que	je ne suis pas persuadé que
je suis sûr que	je ne suis pas sûr que
je suis certain que	je ne suis pas certain que
j'ai l'impression que	je n'ai pas l'impression que
je crois que	je ne crois pas que
j'estime que	je n'estime pas que
je m'imagine que	je ne m'imagine pas que
je pense que	je ne pense pas que
je prétends que	je ne prétends pas que
je trouve que	je ne trouve pas que

Beispiel	Erklärung
C'est dommage **qu'il ne me réponde** pas. Es ist schade, dass er mir nicht antwortet. ▶ Il ne me répond pas. C'est dommage./ Quel dommage.	**tipp** Wenn Sie sich nicht sicher sind, ob Sie einen *subjonctif* verwenden müssen oder nicht, können Sie den Nebensatz vermeiden, indem Sie zwei Sätze bilden.

■ 17. *Le subjonctif passé*

Beispiel	Erklärung
Il trouve bizarre que Camille **soit** déjà **partie**. Er findet es merkwürdig, dass Camille schon gegangen ist.	Der *subjonctif passé* wird verwendet: – wenn die Handlung des Nebensatzes vor der Handlung des Hauptsatzes geschieht und nach denselben Auslösern wie der *subjonctif présent*.

Der *subjonctif imparfait* und der *subjonctif plus-que-parfait* sind meistens nur noch in älterer Literatur zu finden und gehören ausschließlich der gehobenen geschriebenen Sprache an. Auch dort werden sie meist nur noch in der 3. Person verwendet.

Das Verb und seine Ergänzungen / Le verbe et ses compléments

Im folgenden Kapitel erfahren Sie etwas über Verbergänzungen und häufig gebrauchte Verben und Redewendungen.

1 Verbergänzungen

2 Häufig gebrauchte Verben und Redewendungen

1 Verbergänzungen

Französische Verben können unterschiedliche Ergänzungen haben:

Beispiel		Erklärung
Claire organise **une fête**.	organiser **qc**	▬ direktes Objekt
Elle téléphone **à ses copains**.	téléphoner **à qn**	▬ indirektes Objekt mit *à*
Elle parle **de la fête**.	parler **de qc**	▬ indirektes Objekt mit *de*
Elle parle **avec Matthieu**.	parler **avec qn**	▬ indirektes Objekt mit anderer Präposition
Amélie peut **apporter des CD**.	pouvoir **faire qc**	▬ Infinitivergänzung (ohne Präposition)
Luc commence **à préparer un repas**.	commencer **à faire qc**	▬ Infinitivergänzung mit *à*
Raphaël a arrêté **de travailler**.	arrêter **de faire qc**	▬ Infinitivergänzung mit *de*

Die Angabe

qn / qc	bedeutet, dass an das Verb ein direktes Objekt angeschlossen werden kann;
à qn / à qc	bedeutet, dass an das Verb ein indirektes Objekt mit *à* angeschlossen werden kann;
de qn / de qc	bedeutet, dass an das Verb ein indirektes Objekt mit *de* angeschlossen werden kann;
qc à qn	bedeutet, dass an das Verb ein direktes und ein indirektes Objekt angeschlossen werden können;
à qn de qc	bedeutet, dass an das Verb zwei indirekte Objekte angeschlossen werden können;

▶▶▶ Verbergänzungen

à + inf.	bedeutet, dass an das Verb ein Infinitiv mit *à* angeschlossen werden kann;
de + inf.	bedeutet, dass an das Verb ein Infinitiv mit *de* angeschlossen werden kann;
à qn de faire qc	bedeutet, dass an das Verb ein indirektes Objekt mit *à* und ein Infinitiv mit *de*
	angeschlossen werden können.
Dabei steht:	*qn* für *quelqu'un* (jemand), ein Personenobjekt,
	qc für *quelque chose* (etwas), ein Sachobjekt.

Häufig entspricht ein französisches direktes Objekt einem deutschen Akkusativobjekt und ein französisches indirektes Objekt einem deutschen Dativobjekt.

Beispiel

direktes Objekt	Akkusativobjekt
Jérémy cherche **son chat**.	Jérémy sucht **seine Katze**.

indirektes Objekt	Dativobjekt
Vincent a répondu **à son prof**.	Vincent hat **seinem Lehrer** geantwortet.

Das ist aber nicht bei allen Verben so: *aider* hat ein direktes Objekt, „helfen" hat aber ein Dativobjekt. *Demander* hat in der Bedeutung „fragen" ein indirektes Objekt, „fragen" hat aber ein Akkusativobjekt.

Beispiel

direktes Objekt	Dativobjekt
Laure aide **son père**.	Laure hilft **ihrem Vater**.

indirektes Objekt	Akkusativobjekt
Pierre demande **à sa copine**.	Pierre fragt **seine Freundin**.

Zu diesen Verben mit unterschiedlichen Objekten im Deutschen und Französischen gehören:

Beispiel		Erklärung
direktes Objekt	Dativobjekt	**Direktes Objekt** im Französischen – **Dativobjekt** im Deutschen
aider qn	jemandem helfen	
contredire qn	jemandem widersprechen	
croire qn	jemandem glauben	
écouter qn	jemandem zuhören	
féliciter qn	jemandem gratulieren	
remercier qn	jemandem danken	
suivre qn	jemandem folgen	▶▶▶

▸▸▸ Verbergänzungen

Beispiel		Erklärung
indirektes Objekt	**Akkusativobjekt**	**Indirektes Objekt** im Französischen – **Akkusativobjekt** im Deutschen
demander à qn	jemanden fragen	
jouer à qc	etwas spielen	
mentir à qn	jemanden belügen	
parler à qn	jemanden/mit jemandem sprechen	
rendre visite à qn	jemanden besuchen	
répondre à qc	etwas beantworten	
réussir à qc	etwas bestehen, schaffen	
téléphoner à qn	jemanden anrufen	

In der folgenden Liste finden Sie häufig gebrauchte Verben mit ihren Ergänzungen und Beispiel-sätze für deren Gebrauch.

2   Häufig gebrauchte Verben und Redewendungen

A

accepter ~ **qn/qc** J'accepte votre proposition / vos excuses. Ich akzeptiere Ihren Vor-schlag / Ihre Entschuldigung. Ich nehme … an. Ils n'ont jamais accepté leur gendre. Sie haben ihren Schwiegersohn nie akzeptiert. ~ **de +** *Inf.* Elle a accepté de venir. Sie hat zuge-sagt zu kommen.

accomplir ~ **qc** accomplir un devoir / une cérémonie eine Aufgabe erfüllen / eine Zeremonie durchführen; **s'~** Mon souhait s'est accompli. Mein Wunsch ist in Erfüllung gegangen.

accorder ~ **qc** accorder les instruments die Instrumente stimmen; accorder le verbe avec le sujet das Verb dem Subjekt angleichen; ~ **de l'importance / de la valeur à qc** etw. Bedeu-tung/Gewicht beilegen; ~ **qc à qn** On nous a accordé deux jours de vacances supplémen-taires. Sie haben uns zwei extra Urlaubstage gewährt. **s'~ à +** *Inf.* Tout le monde s'accorde à dire que … Alle sind sich einig, dass …

accrocher ~ **qc** Il a accroché un cadre au mur. Er hat ein Bild an die Wand gehängt. Il a accroché une voiture sur le parking. Er ist mit einem Auto auf dem Parkplatz zusammenge-stoßen. Leur musique accroche les passants. Ihre Musik zieht die Aufmerksamkeit der Pas-santen auf sich. Les maths? Je n'accroche pas. Mathematik? Das ist nicht mein Ding. **s'~ à qn/qc** Il s'accroche à son passé. Er klammert sich an seine Vergangenheit.

accuser ~ **qn/qc de qc** On l'accuse du vol. Er wird des Diebstahls beschuldigt/angeklagt. Il accuse le mauvais temps de sa mauvaise humeur. Er schiebt die Verantwortung für seine schlechte Laune auf das Wetter. ~ **qn de +** *Inf.* Il l'accuse de tricher. Er beschuldigt ihn zu

▶▶▶ Häufig gebrauchte Verben und Redewendungen

schummeln. **~ réception de qc** Nous accusons réception de votre lettre. Wir bestätigen Ihnen den Empfang Ihres Briefes. **s'~ de qc** Il s'accuse de l'échec du projet. Er schiebt die Schuld am Scheitern des Projekts auf sich.

adorer ~ qn/qc Elle adore le cinéma. Sie liebt das Kino. Elle adore Gérard Depardieu. Sie schwärmt für Gérard Depardieu. **~ + *Inf.*** Elle adore faire du ski. Sie fährt sehr gerne Ski.

agacer ~ qn/qc Lucie m'agace. Lucie ärgert/nervt mich. Cela m'agace qu'elle ne me parle plus. Es ärgert mich, dass sie nicht mehr mit mir spricht. Cela agace les yeux. Das reizt die Augen.

aider ~ qn Elle aide sa petite sœur. Sie hilft ihrer kleinen Schwester. **~ à qc** Cette tisane aide à la digestion. Dieser Kräutertee erleichtert die Verdauung. **~ qn à + *Inf.*** Elle m'aide à faire la cuisine. Sie hilft mir beim Kochen. **s'~ de qc** Elle s'est aidée du dictionnaire pour écrire la lettre. Um den Brief zu schreiben, hat sie das Wörterbuch zu Hilfe genommen.

aimer ~ qn/qc Hugo aime Lisa. Hugo liebt Lisa. Il aime les chiens / le sport. Er mag Hunde / Sport. Tu aimes ce film? Gefällt dir der Film? **~ + *Inf.*** J'aime aller au cinéma. Ich gehe gerne ins Kino.

aller Alex va à l'école. Alex geht in die Schule. Daniel va à Paris. Daniel fährt nach Paris. aller à pied / à vélo / à cheval zu Fuß gehen / Fahrrad fahren / reiten; aller en voiture / en avion / en bateau / en train Auto fahren / fliegen / Schiff fahren / Zug fahren; Comment allez-vous? Wie geht es Ihnen/euch? Ces couleurs vont bien ensemble. Diese Farben passen gut zusammen. **~ à qn/qc** Cette chemise te va très bien. Das Hemd steht dir sehr gut. Demain, à 4 heures. Est-ce que cela vous va? Morgen um 4 Uhr. Passt Ihnen das? Ces chaussures vont avec ma robe. Diese Schuhe passen zu meinem Kleid. **~ + *Inf. (futur composé)*** Je vais venir vers 8 heures. Ich werde gegen 8 Uhr kommen. Elle va voir sa tante. Sie besucht ihre Tante. **~ chercher qn/qc** Tu peux aller la chercher à la gare demain matin? Kannst du sie morgen früh am Bahnhof abholen? **Y ~** Vas-y! Los! Allez-y! Fangt an! Allons-y! Los. Dann wollen wir mal. On y va? Kann es losgehen? Seid ihr soweit? **S'en ~** Il s'en va. Er geht weg.

allumer ~ qc Il allume la lumière. Er macht das Licht an. Elle allume la télé. Sie schaltet den Fernseher an. Allumer un feu / une cigarette / une bougie ein Feuer / eine Zigarette / eine Kerze anzünden; **s'~** La lumière s'allume automatiquement. Das Licht geht automatisch an. Ses yeux s'allument. Seine Augen fangen zu leuchten an.

amuser ~ qn Il nous a bien amusés. Er hat uns gut unterhalten. Cela ne m'amuse pas. Das macht mir keinen Spaß. **s'~ à + *Inf.*** Ils s'amusent à inventer des histoires. Es macht ihnen Spaß / Sie vergnügen sich damit, Geschichten zu erfinden. **s'~ avec qn/qc** Les filles s'amusent avec leurs poupées. Die Mädchen spielen mit ihren Puppen. **s'~ de qn/qc** Ils s'amusent de ma faute. Sie machen sich über meinen Fehler lustig. Pour s'amuser. Nur zum Spaß.

appeler ~ qn Je l'ai appelé, mais il n'est pas venu. Ich habe ihn gerufen, aber er ist nicht gekommen. Je vais l'appeler ce soir. Ich werde sie/ihn heute Abend anrufen. Il appelle sa

▶▶▶ Häufig gebrauchte Verben und Redewendungen

fille Marthe. Er nennt seine Tochter Marthe. **s'~** Il s'appelle Clément. Er heißt Clément.
en ~ à qc Cet article en appelle à votre conscience. Dieser Artikel appelliert an Ihr/euer
Gewissen.

apporter **~ qc à qn** J'apporte les livres à la bibliothèque. Ich bringe die Bücher zur Büche-
rei. Tu m'as apporté le CD que je t'avais prêté? Hast du mir die CD mitgebracht, die ich dir
geliehen hatte? Qu'est-ce que cela t'a apporté? Was hat dir das gebracht?

apprendre **~ qc** Elle apprend le français. Sie lernt Französisch. Je viens d'apprendre que
Manon ne viendra pas. Ich habe gerade erfahren, dass Manon nicht kommen wird. **~ qc à qn**
Je lui apprends le français. Ich bringe ihr/ihm Französisch bei. Il m'a appris qu'il allait travailler à Paris. Er hat mir mitgeteilt, dass er in Paris arbeiten wird. **~ à +** *Inf.* Elle apprend à
parler français. Sie lernt Französisch zu sprechen. Je leur apprends à nager. Ich bringe ihnen
das Schwimmen bei.

arrêter Matthieu, arrête. Matthieu, hör auf! **~ qc** arrêter une voiture ein Auto anhalten;
arrêter un moteur einen Motor ausschalten; arrêter le travail die Arbeit einstellen/niederle-
gen; **~ qn** La police a arrêté le voleur. Die Polizei hat den Dieb festgenommen. **~ de +** *Inf.* Il a
arrêté de fumer. Er hat aufgehört zu rauchen. **s'~** Arrêtez-vous! Bleiben Sie stehen! Le train /
La pendule s'arrête. Der Zug hält. / Die Uhr bleibt stehen.

arriver Il arrive à 10 heures. Er kommt um 10 Uhr an. J'arrive! Ich komme schon. L'accident
est arrivé hier. Der Unfall ist gestern passiert. Cela arrive. Das kommt vor / passiert. **~ à qn** Ça
m'arrive souvent. Das passiert mir oft. Qu'est-ce qui t'arrive? Was ist mit dir los? **~ à +** *Inf.* Je
n'arrive pas à terminer ce travail. Ich schaffe es nicht / Es gelingt mir nicht, diese Arbeit zu
beenden.

attendre J'ai dû attendre longtemps. Ich musste lange warten. **~ qn/qc** attendre les invités
/ le bus / une occasion auf die Gäste / den Bus / eine Gelegenheit warten; Elle attend un
bébé. Sie erwartet ein Baby. **s'~ à qc** On ne s'attendait pas à sa venue. Wir hatten mit sei-
nem/ihrem Kommen nicht gerechnet.

avoir Il a 15 ans. Er ist 15 Jahre alt. La tour a 100 m de hauteur. Der Turm ist 100 m hoch.
avoir chaud/froid jdm heiß/kalt sein; avoir mal / faim / soif / de la chance Schmerzen / Hun-
ger /Durst / Glück haben; **~ besoin de** J'ai besoin d'une grammaire. Ich brauche eine Gram-
matik. **~ envie de** J'ai envie d'aller au théâtre. Ich habe Lust ins Theater zu gehen. **~ l'air** Il a
l'air triste. Er sieht traurig aus. **~ lieu** Le concert a lieu ce soir. Das Konzert findet heute
Abend statt. **~ qn/qc** Il a une maison / un fils. Er hat ein Haus / einen Sohn. **~ qn** On l'a eu.
Wir haben ihn reingelegt. **~ à +** *Inf.* J'ai à faire. Ich habe zu tun. J'ai à te parler. Ich muss mit
dir reden. **n'~ qu'à +** *Inf.* Tu n'as qu'à lire ce livre. Du musst nur dieses Buch lesen. **y ~** Il y a
beaucoup de monde. Es gibt / Da sind viele Leute. Il y a trois semaines Vor drei Wochen; **en
~ pour** J'en ai pour cinq minutes. Ich brauche fünf Minuten. **se faire ~** Je me suis fait avoir.
Ich bin (darauf) reingefallen.

▶▶▶ Häufig gebrauchte Verben und Redewendungen

B

baigner Il était baigné de larmes / de sueur. Er war tränenüberströmt/schweißgebadet. **~ qn** Elle baigne le bébé. Sie badet das Baby. **se ~** Ils se baignent dans la mer. Sie baden/schwimmen im Meer.

balancer ~ qc Elle balance les jambes / les bras. Sie baumelt mit den Beinen / schlenkert mit den Armen. Il balance l'argent par les fenêtres. Er schmeißt das Geld zum Fenster hinaus. **se ~** Les enfants se balancent (sur la balançoire). Die Kinder schaukeln auf der Schaukel / wippen auf der Wippe. **se faire ~** Il s'est fait balancer de l'école. Er ist von der Schule geflogen. **s'en ~** Je m'en balance. Es ist mir schnuppe.

battre Mon cœur bat. Mein Herz schlägt. **~ qn/qc** Samuel bat Maurice. Samuel schlägt Maurice. Il bat les cartes. Er mischt die Karten. Elle bat les tapis. Sie klopft die Teppiche aus. On bat le blé. Man drischt das Korn. Il bat tous les records. Er schlägt alle Rekorde. **~ de qc** L'oiseau bat des ailes. Der Vogel schlägt mit den Flügeln. Les gens battent des mains. Die Leute klatschen. **se ~** Il s'est battu avec un autre garçon. Er hat sich mit einem anderen Jungen geprügelt/geschlagen. Ils se battent pour la liberté. Sie kämpfen für die Freiheit.

boire boire dans un verre / dans une tasse / à la source aus einem Glas / einer Tasse / einer Quelle trinken; **~ qc** boire du thé Tee trinken; **~ à qn/qc** Nous buvons à la santé de Jean. Wir trinken auf die Gesundheit von Jean.

C

casser ~ qc Il casse un verre. Er zerbricht ein Glas. Il a cassé sa radio. Er hat sein Radio kaputtgemacht. Florian lui casse la tête / les pieds. Florian geht ihm/ihr auf die Nerven / den Geist. **se ~** Le verre s'est cassé. Das Glas ist zerbrochen. **se ~ qc** Muriel s'est cassé le bras. Muriel hat sich den Arm gebrochen. Se casser la tête sich den Kopf zerbrechen

changer Le temps change. Das Wetter ändert sich. Il a beaucoup changé. Er hat sich sehr verändert. **~ qc** changer de l'argent / la roue d'une voiture Geld / das Rad eines Autos wechseln; changer un bébé ein Baby wickeln; **~ qn/qc en** La sorcière change le prince en grenouille. Die Hexe verwandelt den Prinz in einen Frosch. **~ de** Je change de train à Paris. Ich steige in Paris um. Il change de chemise deux fois par jour. Er wechselt zweimal am Tag das Hemd. Il a changé d'avis / d'adresse. Er hat seine Meinung geändert / ist umgezogen. Il a changé de métier. Er hat den Beruf gewechselt. Léa a changé de place avec Chloé. Lea hat den Platz mit Chloé getauscht. **se ~** Je vais me changer. Ich gehe mich umziehen.

chercher ~ qn/qc Je cherche la solution. Ich suche die Lösung. Il cherche son chat. Er sucht seine Katze. **aller/venir/envoyer ~ qn/qc** Viens me chercher à la gare. Hol mich am Bahnhof ab. Je vais chercher du pain. Ich hole Brot. **~ à + *Inf.*** Ils cherchent à déménager. Sie wollen umziehen. **se ~** Elle se cherche. Sie ist auf der Suche nach sich selbst.

▶▶▶ Häufig gebrauchte Verben und Redewendungen

choisir ~ **qn/qc** J'ai choisi une robe bleue. Ich habe ein blaues Kleid ausgesucht/ausgewählt. Il a choisi le bon moment pour m'appeler. Er hat den richtigen Moment gewählt, um mich anzurufen. Tu peux choisir entre deux menus. Du kannst zwischen zwei Menüs auswählen. ~ **de** + *Inf.* Il a choisi de rester. Er hat beschlossen zu bleiben.

claquer ~ **qc** Il claque la porte derrière lui. Er knallt die Tür hinter sich zu. Claquer des dents mit den Zähnen klappern; claquer de l'argent Geld verschleudern; **faire** ~ **qc** faire claquer ses doigts mit den Fingern schnippsen; **faire claquer sa langue** mit der Zunge schnalzen; ~ **qn** Ce travail m'a claqué. Die Arbeit hat mich fertiggemacht.

commencer Le cours commence à 8 heures. Der Unterricht fängt um 8 Uhr an. ~ **qc** Je n'ai pas encore commencé mon travail. Ich habe meine Arbeit noch nicht begonnen. ~ **à** + *Inf.* Les élèves commencent à lire un roman. Die Schüler beginnen einen Roman zu lesen. ~ **par** + *Inf.* J'ai commencé par visiter les musées. Ich habe als erstes die Museen besucht. ~ **par qc** Le spectacle commence par un ballet. Die Aufführung beginnt mit einem Ballett.

comprendre ~ **qn/qc** Je te comprends bien. Ich verstehe dich gut. Je ne comprends rien à l'informatique. Ich verstehe nichts von IT. Ce prix comprend le service. Der Preis beinhaltet den Service. Service compris. Service eingeschlossen. La maison comprend six chambres. Das Haus umfasst/hat sechs Zimmer. **se** ~ On s'est mal compris. Wir haben einander missverstanden. Cela se comprend. Das versteht sich von selbst/selbstverständlich. **se faire** ~ Il sait se faire comprendre. Er kann sich verständlich machen.

compter ~ **qn/qc** Elle compte ses élèves. Sie zählt ihre Schüler. ~ **qn/qc parmi** Je le compte parmi les meilleurs chanteurs français. Ich zähle ihn zu den besten französischen Sängern. ~ + *Inf.* Je compte partir demain. Ich habe vor, morgen abzufahren. ~ **sur qn/qc** Je compte sur toi. Ich zähle auf dich. / Ich rechne mit dir. On ne peut pas compter sur lui. Auf ihn kann man sich nicht verlassen.

conduire Fabien conduit bien. Fabien fährt gut (Auto). ~ **qn/qc** Je l'ai conduit à la gare. Ich habe ihn zum Bahnhof gefahren/gebracht. Un guide va conduire le groupe. Ein Führer wird die Gruppe führen. ~ **à qn/qc** Le chemin conduit au château. Der Weg führt zum Schloss. ~ **à** + *Inf.* Les événements l'ont conduit à changer d'avis. Die Ereignisse haben dazu geführt, dass er seine Meinung änderte. **se** ~ Il s'est conduit comme un enfant. Er hat sich wie ein Kind benommen.

connaître ~ **qn/qc** Tu connais Julie? Kennst du Julie? Il a connu des périodes difficiles. Er hat schwere Zeiten durchgemacht/erlebt. Ce spectacle a connu un grand succès. Diese Aufführung hat einen großen Erfolg gehabt. Elle connaît son métier. Sie versteht ihr Geschäft / ihre Sache. **faire** ~ **qc** Il a fait connaître les résultats. Er hat die Ergebnisse bekannt gegeben. ~ **qn/qc comme** Je la connais comme pianiste. Ich kenne sie als Pianistin. **s'y** ~ **en** Elle s'y connaît en géographie. Sie kennt sich in Geographie aus. Je n'y connais rien. Ich verstehe nichts davon. **se** ~ tel que je me connais wie ich mich kenne; **se faire** ~ Il s'est fait connaî-

▶▶▶ Häufig gebrauchte Verben und Redewendungen

tre par ses chansons engagées. Er wurde mit seinen engagierten Liedern bekannt/ berühmt.

continuer Le travail continue. Die Arbeit geht weiter. **~ qc** Il continue son travail. Er setzt seine Arbeit fort / macht seine Arbeit weiter. **~ à/de +** *Inf.* Elle continue à jouer / de jouer. Sie spielt weiter.

couper Nous avons été coupés. Wir sind unterbrochen worden (am Telefon). La route a été coupée. Die Strasse ist gesperrt. Le village est coupé du monde. Das Dorf ist von der Außenwelt abgeschnitten. **~ qc** couper l'électricité / le gaz / l'eau den Strom / das Gas / das Wasser abstellen; Il m'a coupé la parole. Er hat mir das Wort abgeschnitten. Cette histoire m'a coupé le souffle. Diese Geschichte hat mir den Atem geraubt/stocken lassen; couper son vin den Wein mit Wasser verschneiden.

courir Yann court plus vite que Benjamin. Yann läuft/rennt schneller als Benjamin. La route court le long de la rivière. Die Straße verläuft am Fluss entlang. **~ qn/qc** Il court les filles. Er läuft den Mädchen nach. Elle court un grand risque. Sie geht ein großes Risiko ein. Qui a fait courir ce bruit? Wer hat das Gerücht in die Welt gesetzt? J'ai couru les magasins mais je n'ai rien trouvé. Ich habe die Geschäfte abgeklappert, aber ich habe nichts gefunden. **~ après qn/ qc** Je ne cours pas après les huîtres. Ich esse Austern nicht so gern.

craindre ~ qn/qc C'est un professeur que tout le monde craint. Das ist ein Lehrer, den alle fürchten / vor dem alle Angst haben. Elle craint le pire. Sie befürchtet das Schlimmste. Cette plante craint la chaleur. Diese Pflanze ist hitzeempfindlich. **~ de +** *Inf.* Il craint de la blesser. Er hat Angst davor, sie zu verletzen.

croire ~ qn/qc Je te crois. Ich glaube dir. Je crois que oui. Ich glaube ja. Je n'en crois pas mes yeux. Ich traue meinen Augen nicht. On croirait que … Man könnte meinen, dass … Je l'ai cru mort. Ich habe ihn/sie für tot gehalten. **faire ~** Ils voulaient me faire croire que … Sie wollten mir weismachen, dass … **~ en qn/qc** croire en Dieu an Gott glauben; **~ à qc** croire aux fantômes an Gespenster glauben; **~ +** *Inf.* Tu crois pouvoir venir demain? Meinst du, dass du morgen kommen kannst? **se ~** Elle se croit intelligente. Sie hält sich für schlau.

D

décider C'est moi qui décide. Ich entscheide. Les parents ont décidé que les enfants restaient à la maison. Die Eltern haben beschlossen, dass die Kinder zu Hause bleiben. **~ de +** *Inf.* J'ai décidé de partir. Ich habe mich entschieden zu gehen. **~ qn à +** *Inf.* Je l'ai décidé à venir. Ich habe ihn dazu gebracht/überzeugt zu kommen. **se ~ pour qn/qc** Je me suis décidé pour le pull vert. Ich habe mich für den grünen Pulli entschieden. **se ~ à +** *Inf.* Elle s'est décidée à partir. Sie hat sich entschlossen zu gehen.

défendre ~ qn/qc Isabelle a défendu son ami. Isabelle hat ihren Freund verteidigt. Elle défend son point de vue contre les critiques. Sie verteidigt ihren Standpunkt gegen die

▶▶▶ Häufig gebrauchte Verben und Redewendungen

Kritiker. **Défendre une théorie** eine Theorie vertreten; **~ qc à qn** Le médecin lui a défendu le tabac. Der Arzt hat ihm den Tabak verboten. **~ à qn de + *Inf.*** Elle a défendu à ses enfants de sortir. Sie hat ihren Kindern verboten auszugehen. **se ~** Il s'est bien défendu. Er hat sich tapfer geschlagen. **se ~ de + *Inf.*** Elle se défend d'être la meilleure. Sie bestreitet, die Beste zu sein. Je me défendais de pleurer. Ich wollte nicht weinen. **se ~ qc** Il se défend toutes sorties. Er versagt sich auszugehen.

demander **~ qc** Elle demande une information. Sie bittet um eine Information. Cela demande une explication. Das bedarf einer Erklärung. **~ qc à qn** Elle demande son chemin à un passant. Sie fragt einen Passanten nach dem Weg. **~ à qn de + *Inf.*** Je lui ai demandé de payer le livre. Ich habe ihn/sie gebeten, das Buch zu bezahlen. **se ~** Je me demandais si j'avais raison. Ich fragte mich, ob ich Recht hatte. **en ~ (trop) de qn** Il en demande trop de ses élèves. Er verlangt zu viel von seinen Schülern. **se ~** Je me demande comment ça marche. Ich frage mich, wie das funktioniert.

descendre (*mit Hilfsverb* être) Elle est descendue. Sie ist heruntergekommen/ausgestiegen/hinuntergegangen. La marée descend. Das Wasser geht zurück. Es ist Ebbe. (*mit Hilfsverb* avoir) **~ qc** Elle a descendu l'escalier. Sie ist die Treppe hinuntergegangen. Elle a descendu sa valise. Sie hat ihren Koffer hinuntergetragen. Il a descendu les bouteilles à la cave. Er hat die Flaschen in den Keller gebracht. Elle a descendu les livres de l'étagère. Sie hat die Bücher vom Regal heruntergeholt. **Descendre un fleuve** einen Fluss hinunterfahren

devoir **~ + *Inf.*** Il doit partir. Er muss/soll wegfahren. Tu ne dois pas bavarder pendant les cours. Du sollst im Unterricht nicht schwätzen. Tu as dû te tromper. Du musst dich geirrt haben. **~ qc à qn** Je lui dois cinq euros. Ich schulde ihm/ihr fünf Euro. C'est à lui que je le dois. Das habe ich ihm zu verdanken. **se ~ comme il se doit** wie es sich gehört; **se ~ de + *Inf.*** Je me dois d'intervenir. Ich bin es mir schuldig, einzugreifen.

dire Comment dirais-je? Wie soll ich sagen? Disons … Sagen wir mal … Dis donc! Sag bloß! / Sag mal! C'est beaucoup dire. Das wäre zuviel gesagt. On dirait que … Man könnte sagen/meinen, dass … Pour ainsi dire sozusagen; à vrai dire offengestanden; **~ qc à qn** Il m'a dit la vérité. Er hat mir die Wahrheit gesagt. **Dire la messe** die Messe lesen; Il a dit que oui. Er hat ja gesagt. **~ qc de** Qu'est-ce que tu en dis? Was sagst du dazu? **vouloir ~** Ça ne veut rien dire. Das bedeutet gar nichts. Qu'est-ce que ça veut dire? Was heißt das? / Was soll das (denn) heißen? **Dire du mal de qn** über jemanden schlecht reden; **se ~** Cela ne se dit pas. Das sagt man nicht. **Comment ça se dit en français?** Wie heißt das auf Französisch?

donner **~ qc à qn** Elle me donne un livre / un conseil / un bisou / la main. Sie gibt mir ein Buch / einen Rat / einen Kuss / die Hand. Ils nous ont donné à boire et à manger. Sie haben uns zu essen und zu trinken gegeben. **Donner envie/faim/raison** Lust machen / hungrig machen / Recht geben; **donner de la joie** Freude machen; Tu me donnes un coup de main? Kannst du mir mal schnell helfen? **~ sur** Mes fenêtres donnent sur la rue. Meine Fenster

▶▶▶ Häufig gebrauchte Verben und Redewendungen

gehen auf die Straße hinaus. **~ à +** *Inf.* Cela donne à réfléchir. Es macht nachdenklich. étant donné qc in Anbetracht

E

échapper ~ à qn/qc Il a échappé à la police. Er ist der Polizei entkommen. Il a échappé à une peine. Er ist einer Bestrafung entgangen. Le verre m'a échappé. Das Glas ist mir aus der Hand gefallen. **Cette faute m'a échappé.** Diesen Fehler habe ich übersehen. **Son nom m'a échappé.** Sein Name ist mir entfallen. Ce mot m'a échappé. Das Wort ist mir herausgerutscht. Il l'a échappé belle. Er ist gut davongekommen.

éclater Un pneu a éclaté. Ein Reifen ist geplatzt. **Une bombe a éclaté.** Eine Bombe ist explodiert. **Une vitre a éclaté.** Eine Scheibe ist zersprungen. L'orage a éclaté. Das Gewitter ist losgebrochen. La guerre a éclaté. Der Krieg ist ausgebrochen. La vérité a éclaté. Die Wahrheit kam heraus. Il a éclaté de rire / en sanglots. Er ist in Gelächter/Tränen ausgebrochen. **s'~** On va s'éclater. Wir werden uns gut amüsieren.

écouter Écoute! Hör mal! Ils ont écouté à la porte. Sie haben an der Tür gelauscht. **~ qn/qc** Il écoute la radio. Er hört Radio. Il écoute son nouveau CD. Er hört seine neue CD. **Nous écoutons Sophie.** Wir hören Sophie zu. Ils ont toujours écouté leur père. Sie haben immer auf ihren Vater gehört. Ne l'écoute pas. Hör nicht auf ihn/sie.

empêcher ~ qc On a empêché la construction du tunnel. Wir haben den Bau des Tunnels verhindert. Cela n'empêche pas que ... Das ändert nichts daran, dass ... **~ qn de +** *Inf.* Mon petit frère m'empêche de travailler. Mein kleiner Bruder hindert mich daran zu arbeiten. **s'~ de +** *Inf.* Je n'ai pas pu m'empêcher de rire. Ich konnte nicht umhin zu lachen.

enseigner Elle enseigne dans un lycée parisien. Sie unterrichtet in einem Pariser Gymnasium. **~ qc à qn** Elle enseigne le français. Sie unterrichtet Französisch. Elle enseigne le français aux élèves. Sie bringt den Schülern Französisch bei. **~ à +** *Inf.* Il enseigne à lire aux élèves. Er bringt den Schülern das Lesen bei.

entendre Il entend mal. Er hört schlecht. J'ai mal entendu. Ich habe mich verhört. (C'est) entendu! Abgemacht! / Einverstanden! Bien entendu Natürlich. **~ qn/qc** J'entends des voix. Ich höre Stimmen. La police entend les témoins. Die Polizei hört die Zeugen an. Qu'est-ce que vous entendez par cela? Was verstehen Sie darunter? / Was meinen Sie damit? **~ dire** J'ai entendu dire qu'il avait acheté une maison. Ich habe gehört, dass er ein Haus gekauft hatte. **s'~** Ils s'entendent bien. Sie verstehen sich gut. **s'y ~** Je n'y entends rien. Ich verstehe nichts davon. Elle s'y entend bien. Das kann sie gut. / Davon versteht sie was.

entrer Il entre dans la maison. Er geht ins Haus hinein. Il est entré au parti socialiste. Er ist in die sozialistische Partei eingetreten. Il est entré au couvent. Er ist in ein Kloster eingetreten. Elle est entrée dans les détails. Sie ist bis in die Details gegangen. Ils sont entrés en France par la Suisse. Sie sind über die Schweiz nach Frankreich eingereist. Cela n'entre pas dans

▶▶▶ Häufig gebrauchte Verben und Redewendungen

mes devoirs. Das gehört nicht zu meinen Pflichten. **Je suis entré en contact avec lui.** Ich bin mit ihm in Kontakt getreten. **Entrer en conversation avec qn** mit jdm ins Gespräch kommen; **Entrez!** Herein! **Défense d'entrer!** Eintritt verboten.

essayer **~ qc** essayer un fromage einen Käse probieren; **essayer une robe** ein Kleid anprobieren; **essayer une voiture** ein Auto testen; **~ de +** *Inf.* Nous essayons de faire cet exercice. Wir versuchen, diese Übung zu machen. **s'~ à qc** Elle s'essaie à la peinture. Sie versucht es mit der Malerei.

être Il est pianiste. Er ist Pianist. **Paris est la capitale de la France.** Paris ist die Hauptstadt Frankreichs. **Je suis mieux aujourd'hui.** Mir geht es heute besser. **On est quel jour?** Welcher Tag ist heute / Den Wievielten haben wir heute? **Nous sommes mardi.** Heute ist Dienstag. **Il est 6 heures.** Es ist 6 Uhr. **Être en avance / en retard** zu früh / zu spät sein; **~ à** La poste est à cinq minutes d'ici. Die Post ist fünf Minuten von hier. **~ à qn** Ce livre est à moi. Dieses Buch gehört mir. **~ de** Elle est de bonne/mauvaise humeur. Sie hat gute/schlechte Laune. **en ~** Où en êtes-vous? Wie weit seid ihr / sind Sie gekommen? **y ~** J'y suis. Ich bin fertig/ bereit. / Ich hab's. Ça y est. Fertig. / Das war's. Je n'y suis pour rien. Ich kann nichts dafür. **~ en train de +** *Inf.* (*présent duratif*) Je suis en train de préparer le repas. Ich bin gerade dabei, das Essen zu machen.

F

faire Qu'est-ce que tu fais ce soir? Was machst du heute Abend? **Quoi faire?** Was tun? **Pourquoi faire?** Wozu? **Que fait-il dans la vie?** Was macht er beruflich? **Je ne peux pas faire autrement.** Ich kann nicht anders. **Faire le clown / l'idiot / le malade** den Clown / Idioten / Kranken spielen; **faire qn président/capitaine** jn zum Präsidenten/Kapitän machen; **Elle fait la cuisine.** Sie kocht. **Il fait un gâteau.** Er backt einen Kuchen. **Faire la paix** Frieden schließen; **faire sensation** Aufsehen erregen; **faire un rêve** träumen; **faire sa valise** Koffer packen; **faire la vaiselle** Geschirr spülen; **faire connaissance** Bekanntschaft machen; **faire l'amour** miteinander schlafen; **Il fait 1 m 90 de haut.** Er ist 1 m 90 groß. **Il fait beau / chaud / froid / 30 degrés.** Es ist schön / heiß / kalt / 30 Grad warm. **Trois fois trois font neuf.** Drei mal drei ist neun. **Elle fait son chemin.** Sie geht ihren Weg. **Fais comme chez toi.** Mach's dir bequem. **Elle fait jeune.** Sie sieht jung aus. **Cela fait drôle.** Das sieht komisch aus. / Das ist ein komisches Gefühl. **~ de** Elle fait du 40. Sie hat (Kleider) Größe 40. **La voiture fait du 100.** Das Auto fährt 100. **Il fait du sport / du piano / des études.** Er treibt Sport / spielt Klavier / studiert. **~ +** *Inf.* Il fait écrire un texte aux élèves. Er lässt die Schüler einen Text schreiben. **Elle fait manger le bébé.** Sie füttert das Baby. **J'ai fait réparer ma voiture.** Ich habe mein Auto reparieren lassen. **Il faut faire venir le docteur.** Wir müssen den Arzt kommen lassen / holen. **se ~** Cela ne se fait pas. Das macht man nicht. **se ~ +** *Inf.* Je me suis fait couper les cheveux. Ich habe mir die Haare schneiden lassen. **se ~ à qc** Il s'est fait à l'idée de partir. Er hat

▶▶▶ Häufig gebrauchte Verben und Redewendungen

sich an den Gedanken wegzugehen gewöhnt. **ne pas s'en ~** Ne t'en fais pas. Mach dir nichts draus / keine Sorgen.

falloir ~ qc Il faut du pain. Wir brauchen Brot. Il faut de la patience. Man braucht Geduld. **~ +** *Inf.* Il faut travailler. Man muss arbeiten. Il lui faut travailler. / Il faut qu'elle travaille. Sie muss arbeiten.

fermer La fenêtre ferme mal. Das Fenster schließt schlecht. Les magasins ferment à 8 heures. Die Geschäfte schließen um 8 Uhr. **~ qc** fermer une porte eine Tür schließen/zumachen; fermer une porte à clé eine Tür ab-/zuschließen/absperren; fermer une route eine Strasse sperren; Je n'ai pas fermé l'œil de la nuit. Ich habe diese Nacht kein Auge zugetan. Il a fermé la porte sur lui. Er hat die Tür hinter sich geschlossen. Elle a fermé la porte au nez de Louis. Sie hat Louis die Tür vor der Nase zugeschlagen.

finir Les travaux sont finis. Die Baustelle ist beendet. **~ qc** Il a fini ce travail. Er hat diese Arbeit beendet. **~ de +** *Inf.* Il n'a pas encore fini de travailler. Er hat noch nicht aufgehört zu arbeiten. **~ par qc** On finit le repas par un café. Wir beenden das Essen mit einem Kaffee. **~ par +** *Inf.* Elle a fini par dire oui. Sie hat schließlich ja gesagt. **en ~** Ça n'en finit pas. Das nimmt kein Ende. **en ~ avec qn/qc** Il faut en finir avec ce travail. Wir müssen diese Arbeit zu Ende bringen. **en ~ de +** *Inf.* Il n'en finit pas de parler. Er redet ohne Ende.

forcer ~ qn/qc Ils ont forcé Luc à venir. Sie haben Luc gezwungen zu kommen. Forcer une porte / une serrure eine Tür / ein Schloss aufbrechen; **se ~** Il s'est forcé pour finir son assiette. Er hat sich Mühe gegeben alles aufzuessen. Ne vous forcez pas. Überanstrengen Sie sich nicht.

G

gagner Il a gagné. Er hat gewonnen. **~ qc** gagner un prix / du temps / de la place einen Preis/Zeit/Platz gewinnen; Il gagne sa vie / de l'argent. Er verdient seinen Lebensunterhalt/ Geld. **~ qn** La fatigue me gagne. Die Müdigkeit überkommt mich.

H

hésiter J'hésite entre le pull bleu et le pull vert. Ich schwanke zwischen dem blauen und dem grünen Pulli. **~ à +** *Inf.* Il a hésité à répondre à cette question. Er hat gezögert, auf diese Frage zu antworten.

I

installer Vous êtes bien installés. Ihr habt euch gut eingerichtet. **~ qc** installer une lampe eine Lampe anbringen; installer des meubles Möbel aufstellen; **s'~** On s'installe autour de la table. Wir setzen uns an den Tisch. Marion s'est installée à Paris. Marion hat sich in Paris niedergelassen.

▶▶▶ Häufig gebrauchte Verben und Redewendungen

J

joindre **~ qc** Je joins la copie à ma lettre. Ich lege die Kopie meinem Brief bei. Joindre les mains die Hände falten; ci-joint/e beiliegend (einem Brief), in der Anlage; **~ qn** Je ne suis pas arrivé à le joindre. Ich habe ihn nicht erreicht. **se ~ à qn** Je peux me joindre à vous? Kann ich mich Ihnen anschließen?

jouer **~ qc** jouer une carte eine Karte ausspielen; jouer un cheval auf ein Pferd setzen; jouer son avenir seine Zukunft aufs Spiel setzen; **~ à qc** (*Sport/Spiel*) Il joue au foot. Er spielt Fußball. Jouer à cache-cache verstecken spielen; jouer aux échecs Schach spielen; jouer aux cartes Karten spielen; **~ de qc** (*Instrument*) jouer de la guitare Gitarre spielen; jouer du piano Klavier spielen.

juger **~ qc** Qui juge l'affaire Durand? Wer urteilt in der Durand-Sache? (*Gericht*); **~ qn** On l'a jugé coupable. Er wurde für schuldig befunden. **~ qn/qc** + *Adj.* Elle le juge incapable. Sie hält ihn für unfähig. Si vous jugez ma présence nécessaire. Wenn Sie meine Anwesenheit für notwendig halten. Il n'a pas jugé nécessaire de venir. Er hat es nicht für nötig gehalten zu kommen.

L

laisser **~ qc** J'ai laissé mes affaires chez elle. Ich habe meine Sachen bei ihr gelassen. Ils ont laissé l'appartement en bon état. Sie haben die Wohnung in gutem Zustand hinterlassen. Il n'a pas laissé d'adresse. Er hat keine Adresse hinterlassen. **~ qc à qn** Elle m'a laissé sa voiture. Sie hat mir ihr Auto überlassen. **~ qn** Laisse-moi tranquille. Lass mich in Ruhe. Laisse-le! Lass ihn! **~ +** *Inf.* Tu la laisses sortir seule? Lässt du sie alleine ausgehen? Ils laissent jouer les enfants dehors. Sie lassen die Kinder draußen spielen. Laisse tomber! Gib's auf! **se ~ +** *Inf.* Elle se laisse aller. Sie lässt sich gehen. Ne te laisse pas faire. Lass dir nicht alles gefallen.

lever La pâte lève. Der Teig geht auf. Les salades lèvent. Der Salat schießt. **~ qc** Levez le bras. Heben Sie den Arm. L'élève lève le doigt. Der Schüler meldet sich. Nous levons nos verres à ta santé. Wir erheben das Glas auf deine Gesundheit. Lever l'ancre den Anker lichten; lever des impôts Steuern erheben; lever le courrier den Briefkasten leeren; **se ~** Je me lève toujours à 6 heures. Ich stehe immer um 6 Uhr auf. Elle se lève (de sa chaise). Sie steht (von ihrem Stuhl) auf. Le soleil se lève. Die Sonne geht auf. Le jour se lève. Der Tag bricht an. Le vent se lève. Ein Wind kommt auf. Le temps se lève. Es (das Wetter) klart auf.

M

manquer Qui manque ce matin? Wer fehlt heute morgen? **~ qc** Elle a manqué le bus / le train. Sie hat den Bus/Zug verpasst. Il manque l'école. Er fehlt in der Schule. Il manque deux livres. Es fehlen zwei Bücher. **~ à qn** Tu nous manques. Du fehlst uns. **~ à qc** Il a manqué à

▶▶▶ Häufig gebrauchte Verben und Redewendungen

sa parole. Er hat sein Wort nicht gehalten. **~ de qc** Il manque de courage. Es fehlt ihm der Mut. **~ de +** *Inf.* Elle a manqué de tomber. Sie ist/wäre fast hingefallen. **ne pas ~ de +** *Inf.* Je ne manquerai pas de vous appeler. Ich werde es nicht versäumen Sie anzurufen. **à ne pas ~** Le festival d'Avignon est un évènement à ne pas manquer. Das Theaterfestival von Avignon ist ein Ereignis, das man nicht verpassen sollte.

marcher On a marché longtemps jusqu'ici. Wir sind lange bis hier gelaufen. Marcher pieds-nus barfuß laufen; marcher à quatre pattes auf Händen und Füßen laufen; Ma montre ne marche pas. Meine Uhr geht nicht. Ça ne marche pas. Das funktioniert / geht / klappt nicht. / Das verkauft sich nicht gut. Ça marche bien. Das läuft/geht/funktioniert gut. / Das verkauft sich gut. **~ sur qc** J'ai marché sur une guêpe. Ich bin auf eine Wespe getreten.

mettre ~ qc mettre son chapeau seinen Hut aufsetzen; mettre son manteau den Mantel anziehen; mettre la table / le couvert den Tisch decken; mettre le chauffage die Heizung anstellen; **~ qn/qc (quelque part)** Il met le livre sur la table. Er legt das Buch auf den Tisch. Elle met la clé dans la serrure. Sie steckt den Schlüssel ins Schloss. Il met son nom sur le cahier. Er schreibt seinen Namen auf das Heft. Elle a mis le rôti au four. Sie hat den Braten in den Ofen geschoben. Il met son enfant au lit. Er bringt sein Kind ins Bett. Mettre ses enfants à l'école seine Kinder in die Schule schicken; mettre une plante en terre eine Pflanze ein-pflanzen; mettre du vin en bouteille Wein abfüllen; mettre une lettre à la poste einen Brief zur Post bringen; mettre qc à la poubelle etw. in den Mülleimer werfen / etw. wegwerfen; mettre du sel salzen; mettre de l'argent sur un compte Geld auf ein Konto einzahlen; mettre un enfant au monde ein Kind zur Welt bringen; mettre les points sur les i sehr deutlich wer-den; mettre qc au jour etw. ans Tageslicht bringen; mettre de l'huile sur le feu Öl ins Feuer gießen; mettre du linge à sécher Wäsche aufhängen; **~ en** mettre en scène (Theater) insze-nieren; mettre en danger in Gefahr bringen; mettre en liberté freilassen; mettre en vente zum Verkauf anbieten; Mis en bouteille à … (Wein) Abgefüllt in … **~ (+** *Zeitangabe***)** Il a mis une heure à ranger sa chambre. Er hat eine Stunde gebraucht, um sein Zimmer aufzuräu-men. **se ~** se mettre du côté de qn sich auf jds Seite stellen; se mettre en route sich auf den Weg machen; se mettre debout sich hinstellen / aufstehen; se mettre à table zu Tisch gehen / anfangen zu essen; se mettre à genoux sich hinknien; Il s'est mis en colère. Er ist wütend geworden. **se ~ à qc** Je me mets au travail / au piano. Ich setze mich an die Arbeit / ans Kla-vier. Il s'est mis au lit. Er hat sich ins Bett gelegt. Elle s'est mise au volant. Sie hat sich ans Steuer gesetzt. Se mettre à l'abri sich unterstellen / in Deckung gehen; **se ~ à +** *Inf.* Elle s'est mise à pleurer. Sie hat angefangen zu weinen. Il se met à pleuvoir. Es beginnt zu regnen.

monter (*mit Hilfsverb* être) Lucien est monté au quatrième étage. Lucien ist in den 4. Stock hochgegangen. Elles sont montées sur la colline. Sie sind den Hügel hinaufgestiegen. Le che-min / La température monte. Der Weg / die Temperatur steigt (an). Monter à bicyclette auf das Fahrrad steigen; monter à cheval reiten; **se ~ à** Les dépenses se montent à 50 euros.

▶▶▶ Häufig gebrauchte Verben und Redewendungen

Die Ausgaben belaufen sich auf 50 Euro. (*mit Hilfsverb* avoir) **~ qc** Il a monté l'escalier. Er ist die Treppe hochgestiegen. **Monter une tente** ein Zelt aufstellen; Il a monté ma valise au quatrième étage. Er hat meinen Koffer in den 4. Stock gebracht. **Monter la garde** Wache stehen
se moquer ~ de qn/qc Tu te moques de moi? Machst du dich über mich lustig? Il se moque des autres. Ihm sind die anderen egal. Il se moque de mes problèmes. Meine Probleme sind ihm egal. Je m'en moque. Das ist mir egal. Je m'en moque pas mal. Das ist mir völlig Wurst/schnuppe.

O

occuper ~ qn/qc Elle occupe ma place. Sie nimmt meinen Platz ein. **Occuper un pays** ein Land besetzen; Ce livre m'a occupé longtemps. Das Buch hat mich lange beschäftigt. Ce travail m'occupait beaucoup. Diese Arbeit hat mich sehr in Anspruch genommen. Il occupe 40 ouvriers. Er beschäftigt 40 Arbeiter. **s'~ de qn/qc** Il s'occupe de sa petite nièce. Er kümmert sich um seine kleine Nichte. Elle ne s'occupe plus de sa collection. Sie beschäftigt sich nicht mehr mit ihrer Sammlung. Je m'en occupe. Ich kümmere mich darum. On s'occupe de vous? Werden Sie schon bedient? Ne t'occupe pas de ça! Das geht dich nichts an.
offrir ~ qc à qn J'ai offert un livre à ma sœur pour son anniversaire. Ich habe meiner Schwester ein Buch zum Geburtstag geschenkt. **Offre-lui un verre de vin.** Biete ihm ein Glas Wein an. Il m'a offert 100 euros pour ce travail. Er hat mir 100 Euro für diese Arbeit angeboten. **~ (à qn) de +** *Inf.* Elle a offert à son frère de l'aider. Sie hat ihrem Bruder angeboten, ihm zu helfen. **s'~ qc** Il s'est offert ce voyage. Er hat sich diese Reise geleistet.
ouvrir Les magasins ouvrent à 9 heures. Die Geschäfte öffnen um 9 Uhr. **~ qc** ouvrir une bouteille / un livre / son cœur eine Flasche / ein Buch / sein Herz öffnen; **ouvrir un restaurant / un compte** ein Restaurant / ein Konto eröffnen; *(fam.)* **ouvrir la radio / la télé / la lumière** das Radio / den Fernseher / das Licht anmachen/anschalten; **s'~** La porte s'ouvre. Die Tür öffnet sich. La porte s'ouvre facilement. Die Tür lässt sich leicht öffnen.

P

parler Elle parle fort/bas/beaucoup. Sie spricht laut/leise/viel. Il parle bien le français. Er spricht gut Französisch. **~ à qn** Il a parlé à Martin. Er hat mit Martin gesprochen. **~ avec qn** Tu as parlé avec elle? Hast du mit ihr gesprochen? **~ de qn/qc à qn** Lucie nous a parlé de vous / de ses problèmes. Lucie hat mit uns über Sie / über ihre Probleme gesprochen. **~ de +** *Inf.* Il parle d'ouvrir un restaurant. Er spricht davon, ein Restaurant zu öffnen. **se ~** Ils ne se parlent plus. Sie sprechen nicht mehr miteinander. Le français se parle dans le monde entier. Französisch wird in der ganzen Welt gesprochen.
partir Elle est déjà partie. Sie ist schon weggegangen/weggefahren/losgegangen/losgefahren. **Partir en vacances** in Urlaub fahren; Le train / Le bus part. Der Zug / Der Bus fährt los. L'avion

▶▶▶ Häufig gebrauchte Verben und Redewendungen

part. Das Flugzeug fliegt ab/los. L'affaire est mal partie. Die Sache hat schlecht angefangen. À partir de maintenant / d'aujourd'hui / d'ici von jetzt/heute/hier an. J'ai déjà eu maille à partir avec lui. Ich bin schon mit ihm aneinander geraten. **~ + *Inf.*** Il part chercher son frère à la gare. Er geht seinen Bruder am Bahnhof abholen. **~ à + *Inf.*** Soudain, elle est partie à rire. Sie fing plötzlich an zu lachen. **~ de qc** Il est parti de rien. Er hat mit nichts angefangen. **passer** Le film passe à la télé. Der Film läuft im Fernsehen. Le temps passe. Die Zeit vergeht. Le facteur est déjà passé. Der Briefträger ist schon dagewesen/vorbeigekommen. Passer dans la classe supérieure in die nächste Klasse versetzt werden; passer sur un pont über eine Brücke fahren; défense de passer Durchgang verboten **~ qc** Elle passe ses vacances en France. Sie verbringt ihre Ferien in Frankreich. Il passe son examen demain. Er wird sein Examen morgen ablegen. Il passe l'aspirateur. Er saugt Staub. Passer la seconde in den 2. Gang schalten; Il passe directeur. Er wird Direktor. **~ qc à qn** Tu me passes le sel, s'il te plaît? Kannst du mir bitte das Salz reichen? **~ par** La Seine passe par Paris. Die Seine fließt durch Paris. Je passe par Lyon. Ich fahre über Lyon. Il passe pour un idiot. Er gilt als dumm. **faire ~** Fais passer les bonbons. Gib die Bonbons weiter. **laisser ~** Laissez-le passer. Lassen Sie ihn vorbei/durchgehen. **se ~** Qu'est-ce qui se passe? Was ist los? L'entretien s'est bien passé. Das Gespräch ist gut gelaufen. Mon mal de tête s'est passé. Meine Kopfschmerzen sind weg. **se ~ de qn/qc** On ne peut pas se passer de lui. Man kann ihn nicht mehr entbehren. **se ~ de + *Inf.*** On ne peut pas se passer de dormir. Man kann auf den Schlaf nicht verzichten. **se faire ~ pour qn/qc** Il s'est fait passer pour son mari. Er hat sich als ihr Mann ausgegeben.

penser Penses-tu! Wo denkst du hin! / Von wegen! **~ à qn/qc** À quoi penses-tu? Woran denkst du? N'y pensons plus! Vergessen wir es. **~ à + *Inf.*** Pensez à acheter du pain. Denkt daran, Brot zu kaufen. **~ + *Inf.*** Je pense venir à la fête. Ich beabsichtige, zu dem Fest zu kommen. **~ qc de qn/qc** Que pensez-vous de lui? Was halten Sie von ihm? Qu'en pensez-vous? Was halten Sie davon?

perdre perdre au jeu im Spiel verlieren; **~ qn/qc** J'ai perdu mes clés. Ich habe meine Schlüssel verloren. Je perds patience. Ich verliere die Geduld. Elle a perdu ses parents très jeune. Sie hat ihre Eltern sehr früh verloren. Perdre connaissance ohnmächtig werden / das Bewusstsein verlieren; perdre le fil den roten Faden verlieren; **~ de** perdre de sa valeur an Wert verlieren; perdre de sa crédibilité an Glaubwürdigkeit verlieren; perdre de vue aus den Augen verlieren; **se ~** Il s'est perdu. Er hat sich verlaufen/verfahren.

plaindre Il est à plaindre. Er ist zu bemitleiden. Il n'est pas à plaindre. Er kann sich nicht beklagen. **~ qn** Je vous plains. Sie tun / Ihr tut mir Leid. **se ~ (à qn) de qc** Il s'est plaint à moi de son travail. Er hat sich bei mir über seine Arbeit beschwert. Il s'est plaint auprès de moi. Er hat sich bei mir beklagt. De quoi te plains-tu? Worüber beklagst du dich?

▶▶▶ Häufig gebrauchte Verben und Redewendungen

porter ~ qn/qc Tu peux porter mes valises? Kannst du meine Koffer tragen? Elle porte son enfant dans les bras. Sie trägt ihr Kind in ihren Armen. **Porter les lettres à la poste** die Briefe zur Post bringen; Ils ont porté son livre à l'écran. Sie haben sein Buch verfilmt. **Porter un jugement** urteilen / ein Urteil fällen; **porter secours** Hilfe leisten; **porter plainte** Klage erheben; **porter témoignage** Zeugnis ablegen; **porter conseil** Rat geben; **porter qc à la perfection** etw. zur Vollendung bringen; **~ sur** Cet article porte sur l'enseignement. In diesem Artikel geht es um den Unterricht. **~ à +** *Inf.* Tout porte à croire que … Alles weist darauf hin, dass … **se ~** Je me porte mieux. Es geht mir besser. Son regard s'est porté sur elle. Sein Blick hat sich auf sie gerichtet.

poser Nous avons posé pour une photo. Wir haben für ein Foto posiert. **~ qc** Il pose sa valise. Er stellt seinen Koffer ab. **Poser une lampe** eine Lampe anbringen; Cela pose un problème. Das bringt ein Problem mit sich. **Poser une question** eine Frage stellen; **poser des conditions** Bedingungen stellen; **poser sa candidature** sich bewerben; **se ~** L'avion se pose. Das Flugzeug setzt auf / landet. Une mouche se pose sur l'assiette. Eine Fliege setzt sich auf den Teller.

pousser L'herbe pousse. Das Gras wächst. **Poussez!** (Auf einer Tür) Drücken. Ne poussez pas. Drängeln Sie nicht. Tu pousses! Du übertreibst ein bisschen. Faut pas pousser! Nur nicht übertreiben! **~ qn/qc** pousser une voiture ein Auto anschieben; Le garçon l'a poussé. Der Junge hat ihn geschubst. **Pousser un cri** einen Schrei ausstoßen; **pousser qc trop loin** etw. zu weit treiben; **~ qn à +** *Inf.* C'est lui qui m'a poussé à vous appeler. Er hat mich dazu gebracht, Sie anzurufen. **se ~** Pousse-toi un peu! Mach mal Platz. / Rück mal ein Stück. **se laisser ~ qc** Je me laisse pousser les cheveux. Ich lasse meine Haare wachsen.

pouvoir Je n'en peux plus. Ich kann nicht mehr. Je n'y peux rien. Ich kann nichts dafür. **~ +** *Inf.* Je ne peux pas venir. Ich kann nicht kommen. Si l'on peut dire wenn man so sagen darf; **se ~** Ça se peut. Das kann sein. Ça se pourrait bien. Möglich! / Das könnte (möglich) sein.

prendre **~ qc** Prenez la 3ᵉ rue à droite. Nehmen Sie die dritte (Straße) rechts. **Prendre des leçons d'allemand** Deutschstunden nehmen; **prendre de l'argent à la banque** Geld von der Bank holen; **prendre qc en main** etw. in die Hand nehmen; **prendre un apéro / un verre / un café** einen Aperitif / ein Glas / einen Kaffee trinken; **prendre une photo** ein Foto machen; **prendre le taxi / le bus / le métro / le train / l'avion** das Taxi / den Bus / die Metro /den Zug / das Flugzeug nehmen; **prendre la fuite** die Flucht ergreifen; **prendre des vacances** Urlaub nehmen; **prendre du temps** Zeit kosten; **prendre l'habitude de** sich angewöhnen zu; **prendre de l'importance** Bedeutung gewinnen; **prendre des mesures** Maßnahmen ergreifen; **prendre le pouvoir** die Macht übernehmen; **prendre des risques** Risiken eingehen; **prendre pied** Fuß fassen; **~ qc à qn** Elle m'a pris ma place. Sie hat mir meinen Platz weggenommen. Qu'est-ce qui te prend? Was ist denn in dich gefahren? **passer ~ qn/qc** Je passe te prendre à 20 h 00. Ich hole dich um 20.00 Uhr ab. **se ~** se prendre par la main

▶▶▶ Häufig gebrauchte Verben und Redewendungen

sich an der Hand nehmen. **se ~ pour** Elles se prennent pour des génies. Sie halten sich für Genies.

R

réfléchir Il est en train de réfléchir. Er überlegt gerade / denkt gerade nach. **~ sur** Je réfléchis sur ce qu'on pourrait faire en été. Ich überlege, was wir im Sommer machen könnten. **~ à qc** J'ai réfléchi à ta question. Ich habe über deine Frage nachgedacht. **~ qc** L'eau réfléchissait la lumière. Das Wasser reflektierte das Licht. **se ~ dans** Les maisons se réfléchissent dans le fleuve. Die Häuser spiegeln sich im Fluss.

regarder ~ qn/qc Il regarde la télé. Er sieht fern. Elle regarde sa montre. Sie sieht auf die Uhr. On regarde les athlètes. Wir sehen den Athleten zu. Cela ne vous regarde pas. Das geht Sie nichts an. **~ à qc** Il ne regarde pas à la qualité. Er achtet nicht auf die Qualität. Il faut y regarder à deux fois. Das muss ich mir zweimal überlegen. **se ~** Il se regarde dans le miroir. Er schaut sich im Spiegel an.

remettre ~ qc Il a remis les livres sur l'étagère. Er hat die Bücher zurück ins Regal gestellt. J'ai remis les clés dans la poche. Ich habe die Schlüssel wieder in die Tasche gesteckt. Remettre des vêtements Kleider wieder anziehen; remettre sa montre à l'heure die Uhr stellen; remettre qc en marche etw. wieder in Gang setzen; remmettre qc en question etw. in Frage stellen; remettre qc à plus tard etw. auf später verschieben; **~ qc à qn** Tu as remis le courrier au voisin? Hast du die Post dem Nachbarn übergeben/überreicht? **se ~ à +** *Inf.* Elle s'est remise à travailler. Sie hat wieder angefangen zu arbeiten. **se ~ de qc** Il s'est remis de sa maladie. Er hat sich von seiner Krankheit wieder erholt.

rendre Léa a été malade et a rendu. Léa ist krank geworden und hat erbrochen. **~ qc à qn** Elle m'a rendu l'argent. Sie hat mir das Geld zurückgegeben. Rendre service à qn jm einen Gefallen tun; rendre un jugement ein Urteil fällen; rendre visite à qn jn besuchen; **~ qn/qc** (**+** *Adj.*) Il me rend nerveux/fou/heureux. Er macht mich nervös/verrückt/glücklich. Ça rend les choses compliquées. Das macht die Sache schwierig. **se ~** Je dois me rendre à Paris. Ich muss nach Paris fahren. Le coupable s'est rendu. Der Täter hat sich der Polizei gestellt. **se ~ compte de qc** Il s'est rendu compte de son erreur. Er hat seinen Fehler bemerkt. **se ~** (**+** *Adj.*) Il se rend utile. Er macht sich nützlich.

rentrer (*mit Hilfsverb* être) Elle est rentrée chez elle. Sie ist nach Hause gegangen. Il est rentré dans un arbre. Er ist gegen einen Baum gefahren. Les écoles / Les facultés rentrent dans quelques jours. In wenigen Tagen ist Schulbeginn (1. Schultag nach den Ferien) / Semesterbeginn. Après avoir passé son bac, il est rentré dans L'Administration. Nach dem Abitur ist er in den Verwaltungsdienst gegangen. Cette clé rentre dans la serrure. Dieser Schlüssel passt ins Schloss. Rentrer dans ses frais auf seine Kosten kommen; rentrer en fonction sein Amt (wieder) antreten; rentrer dans l'ordre wieder in Ordnung kommen; (*mit Hilfsverb* avoir) **~ qc** Il a rentré les chaises du jardin dans la cave. Er hat die Gartenstühle in den Keller

▶▶▶ Häufig gebrauchte Verben und Redewendungen

gebracht. **Le chat rentre ses griffes.** Die Katze zieht die Krallen ein. **Rentrer le ventre** den Bauch einziehen; **rentrer la voiture au garage** das Auto in die Garage fahren; **rentrer les foins** das Heu einbringen

réussir Le traitement n'a pas réussi. Die Behandlung hat keinen Erfolg gehabt. **J'ai réussi.** Ich hab's geschafft. **Il réussit dans tout ce qu'il fait.** Ihm gelingt alles, was er macht. **Il a réussi à l'examen.** Er hat die Prüfung bestanden. **~ qc Elle a réussi cette sauce.** Diese Sauce ist ihr gelungen. **~ à + *Inf.* Je n'ai pas réussi à le convaincre.** Es ist mir nicht gelungen, ihn zu überzeugen. **~ à qn Les vacances m'ont réussi.** Die Ferien haben mir gut getan.

revenir Il n'est toujours pas revenu. Er ist immer noch nicht zurückgekommen. **~ à qn/qc Je reviens à ce sujet.** Ich komme auf dieses Thema zurück. **Cela revient au même.** Das kommt auf das Gleiche hinaus. **Elle est revenue à elle.** Sie ist wieder zu sich gekommen. **Son nom m'est revenu.** Sein/Ihr Name ist mir wieder eingefallen. **~ à qn de + *Inf.* Il ne vous revient pas de prendre cette décision.** Es steht Ihnen nicht zu, diese Entscheidung zu treffen. **~ à + *Inf.* Cela revient à dire que …** Das heißt mit anderen Worten, dass / Das heißt soviel wie … **Revenir cher / à mille euros** viel / tausend Euro kosten; **faire ~ Faites revenir la viande.** Das Fleisch anbraten. **ne pas en ~ Je n'en reviens pas.** Ich kann es nicht fassen.

rêver Il était assis dans son fauteuil et rêvait. Er saß in seinem Sessel und träumte vor sich hin. **On croit rêver. / Il me semble que je rêve.** Ich glaube, ich träume. **J'ai rêvé cette nuit que j'habitais à la mer.** Heute Nacht habe ich geträumt, dass ich am Meer wohne. **~ de qn/qc J'ai rêvé de toi.** Ich habe von dir geträumt. **Il rêve d'une vie meilleure.** Er träumt von einem besseren Leben. **~ de + *Inf.* Je rêve de voyager.** Ich träume davon zu verreisen. **~ à qc À quoi rêves-tu?** Woran denkst du gerade?

S

savoir J'ai su que … Ich habe erfahren, dass … **On ne sait jamais.** Man weiß nie. / Man kann nie wissen. **Savoir par cœur** auswendig kennen/wissen; **autant que je sache** soviel ich weiß; **~ qc Il sait tout.** Er weiß alles. **Je sais son adresse.** Ich weiß seine/ihre Adresse. **Elle sait le français.** Sie kann Französisch. **~ + *Inf.* Elle sait nager.** Sie kann schwimmen. **~ + *Adj.* Je ne le savais pas si riche.** Ich wusste nicht, dass er so reich ist. **faire ~ qc à qn Ils m'ont fait savoir qu'ils étaient bien arrivés.** Sie haben mir mitgeteilt, dass sie gut angekommen sind. **Faites-nous savoir la date de votre arrivée.** Teilen Sie uns das Datum Ihrer Ankunft mit. **se ~ Tout se sait.** Nichts bleibt verborgen.

sembler Il (me) semble gentil. Er scheint (mir) nett zu sein. **Il (me) semble que …** Es scheint (mir), dass … **Cela me semble possible.** Das scheint mir möglich zu sein. **Il me semble le voir.** Es scheint mir, als ob ich ihn sehe.

servir ~ qn/qc On vous sert? Werden Sie bedient? **Qu'est-ce que je vous sers?** Was kann ich Ihnen bringen? **~ à qc / ~ à + *Inf.* À quoi sert cela?** Wozu dient das? **Cette machine sert à**

▶▶▶ Häufig gebrauchte Verben und Redewendungen

faire du café. Die Maschine dient dazu, Kaffee zu machen. **Cela ne sert à rien.** Das nützt nichts. **~ de qc à qn** Il nous a servi d'interprète. Er hat uns als Dolmetscher gedient. Cela lui sert de prétexte. Das dient ihm/ihr als Vorwand. **se ~** Servez-vous. Bedienen Sie sich. **se ~ de qc** Je ne sais pas me servir de cet appareil. Ich kann dieses Gerät nicht bedienen. **se faire ~** sich bedienen lassen

sortir Elle est sortie en ville. Sie ist in die Stadt gegangen. Il sort tous les soirs. Er geht jeden Abend aus. La rivière est sortie de son lit. Der Fluss ist über die Ufer getreten. Le livre vient de sortir. Das Buch ist gerade herausgekommen/erschienen. Elle sort la voiture du garage. Sie holt das Auto aus der Garage. / Sie fährt das Auto aus der Garage. Il sort son chien. Er führt seinen Hund spazieren. Je sors de chez lui. Ich komme gerade von ihm. Sortir d'une école eine Schule abgeschlossen haben; **sortir du sujet** vom Thema abweichen; **sortir d'un pays** ein Land verlassen; **se ~ de qc** Sa situation était difficile, mais il s'en est bien sorti. Seine Situation war schwierig, aber er ist gut damit fertig geworden.

T

tenir La corde ne tient plus. Das Seil hält nicht mehr. **Tous les livres tiennent dans ce carton.** Alle Bücher passen in diesen Karton. **Tiens!** Da! / Nimm! **Tiens, tiens!** Sieh an! / Sieh mal einer an! **~ qc** Elle tenait tous les CD dans sa main. Sie hielt alle CDs in der Hand. **Tenir le volant** das Steuer in der Hand haben; **tenir un chien en laisse** einen Hund an der Leine haben; **tenir debout** stehen bleiben (= nicht umfallen); **tenir qc propre** etw. sauber halten; **tenir bon/ferme** standhaft bleiben; **~ compte de qc** Il est parti en vacances sans tenir compte de sa situation. Er ist in Urlaub gefahren, ohne Rücksicht auf seine Situation zu nehmen. **Tenir tête à qn** jm die Stirn bieten; **tenir une promesse** ein Versprechen halten; **tenir sa langue** den Mund halten; **tenir les yeux fermés** die Augen geschlossen halten; **tenir une porte ouverte** eine Tür offen halten; **tenir compagnie à qn** jm Gesellschaft leisten; **tenir le coup** etw. aushalten; **tenir un hôtel** ein Hotel führen; **~ qn/qc pour** Je le tiens pour un menteur. Ich halte ihn für einen Lügner. Je tiens cela pour impossible. Ich halte das für unmöglich. **~ à qn/qc** J'y tiens beaucoup. Ich lege großen Wert darauf. **~ à + Inf.** Je tiens à venir. Ich lege Wert darauf zu kommen. **se ~** Les enfants se tenaient par la main. Die Kinder hielten sich an der Hand. Tenez-vous tranquilles. Bleibt ruhig. Tiens-toi bien! Benimm dich! La conférence se tient dans la grande salle. Die Konferenz findet in dem großen Raum statt. **s'en ~ à qc** Tenez-vous-en aux consignes. Halten Sie sich an die Anweisungen.

trouver C'est tout trouvé. Das ist schon alles klar. **~ qn/qc** J'ai trouvé mes clés. Ich habe meine Schlüssel gefunden. J'ai trouvé la solution. Ich habe die Lösung gefunden. Trouver moyen ein Mittel finden / Mittel und Wege finden; **trouver la mort** den Tod finden; Je trouve qu'il exagère. Ich finde, (dass) er übertreibt. **~ + Adj.** Je le trouve amaigri. Ich finde, er hat abgenommen. Je trouve bon/difficile/curieux/drôle que … Ich finde es gut/schwierig/merk-

▶▶▶ Häufig gebrauchte Verben und Redewendungen

würdig/lustig, dass … **~ (qc) à +** *Inf.* Je n'ai rien trouvé à lui dire. Ich wusste nicht, was ich ihm/ihr sagen sollte. **aller ~ qn** jn aufsuchen; **se ~** Il se trouve à Paris actuellement. Er befindet sich gerade in Paris. La maison se trouve à côté du parc. Das Haus steht neben dem Park. Une plante qui se trouve partout. Eine Pflanze, die es überall gibt. Son nom ne se trouve pas sur la liste. Sein/ihr Name steht nicht auf der Liste. Il se trouve que … Zufällig … Se trouver puni/attrapé bestraft/hereingelegt werden

V

venir Il vient de France. Er kommt aus Frankreich. Elle est venue à 6 heures. Sie ist um 6 Uhr gekommen. Es-tu venu par le train? Bist du mit dem Zug gekommen? Des boutons lui sont venus sur tout le corps. Er/Sie hat auf dem ganzen Körper Pickel bekommen. Venir au monde zur Welt kommen; Ils sont venus à son aide. Sie sind ihm/ihr zu Hilfe gekommen. Les générations à venir die kommenden Generationen; **~ voir qn** Dimanche Damien est venu me voir. Am Sonntag hat mich Damien besucht. Venez me voir. Besuchen Sie mich. **faire ~** Il faut faire venir un médecin. Man muss einen Arzt kommen lassen / holen. **~ à qn** Il m'est venu une drôle d'idée. Mir ist eine lustige Idee gekommen. **~ de** D'où vient que …? Woher kommt es, dass …? **en ~ à +** *Inf.* On en est venu à parler de toi. Wir sind darauf gekommen, von dir zu sprechen. Où veut-il en venir? Worauf will er hinaus? **~ de +** *Inf.* (*passé récent*) Je viens de manger. Ich habe gerade gegessen. **y ~** J'y viens. Ich komme darauf (zu sprechen).

vouloir **~ qc** Je veux du chocolat. Ich will Schokolade. Je voudrais du café. Ich hätte/möchte gerne Kaffee. Comme tu voudras. Wie du willst. Cela veut dire que … Das heißt / Das bedeutet, dass … **~ +** *Inf.* Je veux manger. Ich will essen. Veuillez ouvrir la porte. Würden Sie bitte die Tür öffnen. Veuillez agréer, Monsieur, l'expression de mes sentiments distingués. (*Schlussformel am Ende eines förmlichen Briefes*) Mit freundlichen Grüßen. **ne pas ~ de qn/ qc** Je ne veux pas de ce cahier-là. Ich will dieses Heft nicht. Il ne veut pas de nos excuses. Er will nichts von unseren Entschuldigungen wissen. **~ qc de qn** Que voulez-vous de moi? Was wollen Sie von mir? Je veux de lui qu'il obéisse. Ich will von ihm, dass er gehorcht. **en ~ à qn** Je lui en veux. Ich bin ihm/ihr böse. Ne m'en veux pas. Sei mir nicht böse. **se ~ +** *Adj.* Il se veut charmant. Er will charmant sein. **s'en ~ de** Je m'en veux de ne pas l'avoir appelé. Ich mache mir Vorwürfe, dass ich ihn nicht angerufen habe.

Die Pronomen / Les pronoms

Pronomen – man sagt auch Fürwörter – sind Stellvertreter. Sie stehen für ein Nomen mit seinen Begleitern und seinen Erweiterungen. Inhalt dieses Kapitels:

1	2	3	4	5
Die verbundenen Personalpronomen	Die unverbundenen Personalpronomen	Die direkten Objektpronomen	Die indirekten Objektpronomen	Die Reflexivpronomen
je	moi	me	me	me
tu	toi	te	te	te
il	lui	le	lui	se
elle	elle	la	lui	se
nous	nous	nous	nous	nous
vous	vous	vous	vous	vous
ils	eux	les	leur	se
elles	elles	les	leur	se
on				

6 Das Pronomen *y*

7 Das Pronomen *en*

? *Auf einen Blick* ▬ Die Pronominalisierung von direkten und indirekten Objekten

8 Die Stellung der Pronomen im Satz

- In Aussagesätzen
- Beim Imperativ
- Die Stellung von zwei Objektpronomen im Satz
- Die Stellung von zwei Objektpronomen beim Imperativ

9 Die Relativpronomen

- *qui*
- *que*
- *ce qui/ce que*
- *ce à quoi/ce dont*
- *où*
- *dont*
- *lequel*

▶▶▶

Die Pronomen / Les pronoms

1 Die verbundenen Personalpronomen

Beispiel			Erklärung
Je	suis de Paris.	ich	Diese Personalpronomen werden wie im Deutschen als Subjekte vor Verben gebraucht. Sie können nicht alleine stehen.
Tu	es de Paris?	du	
Il	est de Paris.	er	
Elle	est de Paris.	sie	
On	est de Paris.	man/wir	
Nous	sommes de Paris.	wir	
Vous	êtes de Paris?	ihr/Sie	
Ils	sont de Paris.	sie	
Elles	sont de Paris.	sie	

A

J'habite à Toulouse. nous_avons vous_habitez ils_écrivent elles_écoutent	Vor einem Vokal oder einem stummen *h* wird *je* zu *j'*. Vor einem Vokal oder einem stummen *h* wird bei der Aussprache das *-s* von *nous*, *vous*, *ils* und *elles* mit dem folgenden Vokal gebunden.

! Um Missverständnisse zu vermeiden, unterscheiden Sie deshalb deutlich:

ils_ont / elles_ont   sie haben   von *ils sont / elles sont*   sie sind
[ilzɔ̃]   [ɛlzɔ̃]   mit stimmhaftem *s*   [ilsɔ̃]   [ɛlsɔ̃]   mit stimmlosem *s*

Beispiel	Erklärung
Il pleut. **Il** neige. Es regnet. Es schneit. **Il** s'agit d'une question importante. Es handelt sich um eine wichtige Frage.	Unpersönliche Verben haben das Pronomen *il*. *Il* entspricht in diesem Fall dem deutschen „es".
On va en Provence en été. <u>Wir</u> fahren … C'est un restaurant où **on** mange très bien. …, in dem <u>man</u> gut essen kann. **On** était très content**s** de cet hôtel. <u>Wir</u> waren sehr zufrieden …	Im gesprochenen Französisch wird häufig *on* anstelle von *nous* in der Bedeutung „wir" verwendet. Ob *on* „man" oder „wir" bedeutet, muss dem Gesprächszusammenhang entnommen werden. Wird *on* in der Bedeutung von *nous* verwendet, stehen die dazugehörigen Adjektive und Partizipien im Plural. ▶▶▶

▶▶▶ Die verbundenen Personalpronomen

| Sind <u>Sie</u> zufrieden? | Sind <u>Sie</u> zufrieden? | Seid <u>ihr</u> Laura und David? |

Vous ist zugleich das Pronomen für die Höflichkeitsform im Singular und Plural (Sie) und für die 2. Person Plural (ihr).

! Achten Sie auf die Angleichung von Adjektiven und Partizipien nach *vous*. (Bild 1 und 2)

Voilà Max et Damien.
Ils sont de Montpellier.

Voilà Juliette et Marie.
Elles sont de Rennes.

Voilà Aurélie et Christophe.
Ils sont de Bordeaux.

Im Französischen gibt es auch in der 3. Person Plural ein maskulines und ein feminines Personalpronomen. *Ils* wird auch als zusammenfassendes Pronomen für maskuline und feminine Personen und Sachen verwendet.

▶▶▶ Die verbundenen Personalpronomen

Beispiel	Erklärung
Il peut venir demain.	In Aussagesätzen steht das verbundene Personalpronomen (Subjektpronomen) immer vor dem konjugierten Verb.

«Je peux venir demain », **dit-elle**.
Viendrait-elle?
 	
Peut-être **voulait-elle** être certaine.
	Hinter dem konjugierten Verb steht es:
	▬ nach der direkten Rede,
	▬ in der Inversionsfrage
	  ▶ S. 215,
	▬ wenn der Satz mit *peut-être*, *sans doute* oder *ainsi* beginnt.
	  ▶ S. 206
	Das nachgestellte Personalpronomen wird mit dem Verb durch einen Bindestrich verbunden.

2   Die unverbundenen Personalpronomen

Beispiel		Erklärung
		Die unverbundenen Personalpronomen werden verwendet:
Qui a parlé à Monsieur Lafarge?		
Toi ou **elle? Moi**.	Du oder sie? Ich.	▬ in Sätzen ohne Verb,
J'ai longtemps discuté avec **lui**.	… mit ihm.	▬ nach Präpositionen,
Pour **lui** tout est clair.	Für ihn …	
Ce sont tes sœurs sur la photo?		
Oui, ce sont **elles**.	… das sind sie.	▬ nach *c'est* und *ce sont*,
Paul est plus grand que **moi**.	… als ich.	▬ in Vergleichssätzen nach *que*,
Ce livre est **à moi**.	… gehört mir.	▬ mit der Präposition *à*, um
Mais les BD sont **à eux**.	… gehören ihnen.	Zugehörigkeit auszudrücken.
1. **Moi**, je pense souvent à eux. <u>Ich</u> denke oft an sie. 2. **Nous**, on ne voit plus personne. <u>Wir</u> sehen niemanden mehr.		Die unverbundenen Personalpronomen werden auch zur Verstärkung verwendet. Sie können ein Subjekt (Satz 1 und 2) oder ein direktes Objekt (Satz 3 und 4) verstärken. Das **▶▶▶**

▶▶▶ Die unverbundenen Personalpronomen

Beispiel	Erklärung
3. **Eux**, je les ai vus hier. <u>Sie</u> habe ich gestern gesehen. 4. Je les ai vus hier, **eux**. <u>Sie</u> habe ich gestern gesehen.	unverbundene Personalpronomen kann am Anfang oder am Ende des Satzes stehen. In jedem Fall wird es mit Komma abgetrennt.
Tu as fait le gâteau **toi-même**? Hast du den Kuchen <u>selbst</u> gemacht? Oui, je l'ai fait **moi-même**. Ja, ich habe ihn <u>selbst</u> gemacht. Ils viennent **eux-mêmes**. Sie kommen <u>selbst</u>.	Die unverbundenen Personalpronomen können durch *-même* verstärkt werden. *Même* wird mit einem Bindestrich an das unverbundene Personalpronomen angehängt. Nach Personalpronomen im Plural steht auch *même* im Plural: *-mêmes*.

3   Die direkten Objektpronomen

Beispiel			
Tu	**me**	photographies?	mich
Oui, je	**te**	photographie.	dich
Tu	**m'**	entends?	mich
Oui, je	**t'**	entends bien.	dich
Et Marc? Je	**le**	photographie aussi.	ihn
Et Lucie? Je	**la**	photographie aussi.	sie
Tu as appelé M. Duval? Oui, je	**l'**	ai appelé.	ihn
Et Mme Perrin? D'accord, je	**l'**	appelle aussi.	sie
Les collègues	**nous**	attendent?	uns
Je vais	**vous**	appeler demain	Sie/euch
Tu vois les oiseaux? Non, je ne	**les**	vois pas.	sie

Direkte Objektpronomen ersetzen direkte Objekte und stehen für maskuline oder feminine Personen oder Sachen. Die direkten Objekte der 3. Person Singular und Plural entsprechen in ihrer Form den bestimmten Artikeln (*le*, *la*, *les*). Vor Vokal und stummem h werden *me*, *te*, *le/la* zu *m'*, *t'*, *l'* verkürzt.

▶▶▶ Die direkten Objektpronomen

Beispiel	Erklärung
On cherche la rue Victor Hugo. Vous pouvez **nous** aider, s'il vous plaît? Wir suchen die V. Hugo Straße. Können Sie uns bitte helfen? Pour plus de renseignement, **on** peut **s'**adresser à l'office de tourisme. Für weitere Informationen kann man sich an das Fremdenverkehrsbüro wenden. Ils **vous** aident tout de suite. Sie helfen Ihnen / euch sofort.	Wird *on* in der Bedeutung von „wir" verwendet, ist das entsprechende Objektpronomen *nous*; wird *on* in der Bedeutung von „man" verwendet, ist das entsprechende Objektpronomen *vous*. Das Reflexivpronomen ist in beiden Fällen *se*.

4   Die indirekten Objektpronomen

Beispiel

Mes parents	**me**	font un cadeau.	mir
Je vais	**t'**	écrire une carte postale.	dir
Les amis de David	**lui**	écrivent souvent.	ihm
Les amies de Marie	**lui**	écrivent aussi souvent.	ihr
Ils	**nous**	demandent notre avis.	uns
Je	**vous**	écrirai bientôt.	Ihnen/euch
Il	**leur**	a raconté son histoire.	ihnen

Die indirekten Objektpronomen ersetzen indirekte Objekte, die mit *à* an ein Verb angeschlossen werden. Sie stehen meistens für Personen, seltener für Sachen. Für die 3. Person Singular gibt es nur eine Form: *lui*. Nur die indirekten Objektpronomen *lui* und *leur* unterscheiden sich in der Form von den direkten Objektpronomen. Vor Vokal und stummem *h* werden *me* und *te* zu *m'* und *t'* verkürzt.

Pronomen für indirekte Sachobjekte ▶ S. 168

! Einige Verben schließen ein indirektes Personenobjekt mit einer Präposition und einem unverbundenen Personalpronomen an - nicht mit einem indirekten Objektpronomen.

Martin pense <u>à ses collègues</u>.   ▶   Il pense **à eux**.
Martin denkt an seine Kollegen.   Er denkt an sie.

▶▶▶ Die indirekten Objektpronomen

Je me suis adressée <u>à Mme Chevalier</u>.   ▶   Je me suis adressée à elle.
Ich habe mich an Frau Chevalier gewandt.   Ich habe mich an sie gewandt.

Il s'est confié <u>à son oncle</u>.   ▶   Il s'est confié à lui.
Er hat sich seinem Onkel anvertraut.   Er hat sich ihm anvertraut.

Dazu zählen:

comparer qn à qn	mit jdm vergleichen	**–** und alle reflexiven Verben, z.B:	
faire attention à qn	auf jdn aufpassen		
penser à qn	an jdn denken	s'adapter à qn	sich an jdn anpassen
prendre garde à qn	auf jdn aufpassen	s'adresser à qn	sich an jdn wenden
renoncer à qn	auf jdn verzichten	s'attacher à qn	sich an jdn anschließen
songer à qn	an jdn denken	s'attaquer à qn	jdn angreifen
tenir à qn	an jdm hängen	se confier à qn	sich jdm anvertrauen
		se fier à qn	sich auf jdn verlassen
		s'intéresser à qn	sich für jdn interessieren
		s'habituer à qn	sich an jdn gewöhnen
		se plaindre à qn	sich bei jdm beschweren

Beispiel	Erklärung
Le Pastis devient blanc quand on lui ajoute de l'eau. Der Pastis wird weiß, wenn man ihm Wasser hinzufügt. Ces plantes sont trop sèches. Il faut leur donner de l'eau. Diese Pflanzen sind zu trocken. Man muss ihnen Wasser geben.	Die indirekten Objektpronomen stehen normalerweise für Personen. Nach einigen Verben jedoch werden auch indirekte **Sach**objekte mit den indirekten Objektpronomen ersetzt. Dazu zählen: *ajouter, demander, devoir, donner, préférer, reprocher, ressembler*.

5   Die Reflexivpronomen

Reflexive Verben werden von einem Objektpronomen begleitet. Dieses Pronomen steht in derselben Person wie das Subjekt und kann direktes oder indirektes Objekt des Satzes sein ▶ S. 166.

Die Reflexivpronomen unterscheiden sich nur in der 3. Person Singular und Plural von den direkten Objektpronomen: *se*. *Me*, *te* und *se* werden vor Vokal und stummem *h* zu *m'*, *t'*, *s'* verkürzt.

▶▶▶ Die Reflexivpronomen

Beispiel	Erklärung
	Das Reflexivpronomen steht:
Elles **se dépêchent**.	▬ bei einfachen Zeiten und dem *gérondif* vor dem Verb,
En **se promenant** dans les rues de Paris on voit de tout.	
Elle **va se séparer** de lui.	▬ beim *futur composé*, *passé récent*, *présent duratif* und bei Modalverben vor dem Infinitiv,
Il **vient de se lever**.	
Elle **est en train de se maquiller**.	
Ils **veulent se marier** en juin.	
Ils **se sont levés** trop tard.	▬ bei allen anderen zusammengesetzten Zeiten vor dem Hilfsverb,
Ne **vous inquiétez** pas.	▬ beim verneinten Imperativ vor dem Verb,
Te souviens-tu?	▬ in einer Inversionsfrage vor dem Verb.
Dépêche-**toi**.	Nur beim bejahten Imperativ steht das Reflexivpronomen mit einem Bindestrich angeschlossen **hinter** dem Verb.
Levez-**vous**.	

6   Das Pronomen *y*

Beispiel	Erklärung
	Das Pronomen *y* steht für:
Elle est toujours <u>à Paris</u>?	▬ Ortsangaben mit allen Präpositionen, außer mit *de* (für Ortsangaben mit *de* steht das Pronomen *en*),
Elle **y** est depuis trois mois.	
Sie ist seit drei Monaten **dort**.	
Tu as cherché <u>sous ton lit</u>?	
Oui, j'**y** ai déjà regardé.	
Ich habe **dort** schon nachgeschaut.	
Tu as répondu à <u>la lettre de Paul</u>?	▬ indirekte **Sach**objekte mit *à*.
Oui, j'**y** ai répondu.	
Ich habe **darauf** geantwortet.	
	Indirekte Personenobjekte mit *à* werden durch die indirekten Objektpronomen ▶ S. 167 f ersetzt.
Tu as pensé <u>à mes livres</u>?	
Oui, j'**y** ai pensé.	
Ich habe **daran** gedacht.	

7   Das Pronomen *en*

Beispiel	Erklärung
Vous venez <u>de Paris?</u> Oui, j'**en** viens. Ja, ich komme von dort.	Das Pronomen *en* steht für: ■ Ortsangaben mit *de*,
Tu as acheté <u>du pain</u>? Non, je n'**en** ai pas acheté. Ich habe keins (davon) gekauft. On a encore <u>des oranges</u>? Oui, on **en** a cinq ou six. Wir haben fünf oder sechs (davon).	■ Nomen, vor denen der Teilungsartikel oder ein unbestimmter Artikel im Plural steht,
Tu as <u>beaucoup de CD</u>? Oui, j'**en** ai beaucoup. Ich habe viele (davon).	■ ein Nomen, vor dem eine Mengenangabe steht ▸ Mengenangaben S. 18,
Tu cherches <u>un couteau</u>? Il y **en** a un dans le tiroir. Es ist eines (davon) in der Schublade.	■ ein direktes Sachobjekt, vor dem ein unbestimmter Artikel steht.
Tu as <u>un chat</u>? Non, j'**en** ai trois. Ich habe drei (davon). Vous avez <u>un lecteur MP3</u>? Non, je n'**en** ai pas. Ich habe keinen (davon).	Zahlwörter und Mengenangaben werden im bejahten Satz wiederholt, aber nicht im verneinten.
On parle beaucoup <u>de ce livre</u>. On **en** parle beaucoup. Man spricht viel davon. On parle beaucoup <u>de cette actrice</u>. On parle beaucoup **d'elle**. Man spricht viel von ihr.	*En* kann nur indirekte **Sach**objekte ersetzen. Indirekte **Personen**objekte werden durch *de* + unverbundenes Personalpronomen ersetzt. Im gesprochenen Französisch wird *en* allerdings auch für Personen verwendet: *Il a parlé <u>de sa copine</u>? Oui, il **en** a beaucoup parlé.* In den weitaus meisten Fällen wird *en* nicht ins Deutsche übersetzt.

Auf einen Blick

■ **Die Pronominalisierung von direkten und indirekten Objekten**

Direkte Objekte

direkte Personenobjekte	direkte Sachobjekte
werden immer durch die direkten Objektpronomen ersetzt Elle voit **sa copine**. Elle **la** voit. Il cherche **ses copines**. Il **les** cherche.	werden durch die direkten Objektpronomen ersetzt, außer, wenn vor ihnen ein Teilungsartikel oder ein unbestimmter Artikel im Plural steht Elle mange **la pomme**. Elle mange **cette pomme**. Elle **la** mange. Elle mange **ma pomme**.

! Aber:
Elle mange **une pomme**.   Elle **en** mange **une**.
Elle mange **des pommes**.   Elle **en** mange.
Elle mange **de la soupe**.   Elle **en** mange.

Indirekte Objekte

indirekte Personenobjekte		indirekte Sachobjekte	
Verb + *à qn*	Verb + *de qn*	Verb + *à qc*	Verb + *de qc*
indirekte Objektpronomen Il **lui** donne le livre. (à son frère)	*de* + unverbundene Personalpronomen Il parle **d'elle**. (de sa copine)	y Elle **y** répond. (à la lettre)	en Il **en** parle. (de son travail)
bei einigen Verben: *à* + unverbundene Personalpronomen Elle pense **à lui**. (à son copain)			

8 Die Stellung der Pronomen im Satz

■ **In Aussagesätzen**

Beispiel	Erklärung
Est-ce que Marc a trouvé ses clés? Hat Marc seine Schlüssel gefunden? Il **les** cherche encore, mais il ne **les** trouve pas. Er sucht sie noch, aber er findet sie nicht. Je **leur** téléphonerai, mais je ne **leur** écrirai pas. Ich rufe sie an, aber ich schreibe ihnen nicht. Je n'**y** vais pas. Ich gehe nicht (dort)hin.	Die Objektpronomen stehen bei den einfachen Verbformen (*présent, imparfait, futur simple, conditionnel* usw.) vor dem konjugierten Verb und innerhalb der Verneinungsklammer.
Il a cherché ses clés, mais il ne **les** a pas trouvées. Er hat seine Schlüssel gesucht, aber er hat sie nicht gefunden. Je **leur** ai écrit, mais je ne **leur** ai pas téléphoné. Ich habe ihnen geschrieben, aber ich habe sie nicht angerufen. Je n'**y** suis pas allé. Ich bin nicht (dort) hingegangen. J'**en** ai rêvé, mais je n'**en** ai jamais parlé. Ich habe davon geträumt, aber ich habe nie davon gesprochen.	Bei den zusammengesetzten Verbformen stehen die Objektpronomen vor dem Hilfsverb und innerhalb der Verneinungsklammer. Bei vorangestellten direkten Objektpronomen müssen Sie an die Angleichung des Partizips denken. ▸ S. 97 *ff*, Die Angleichung des Partizip Perfekt
Il va **les** chercher. Er wird sie suchen. Je vais **leur** téléphoner, mais je ne vais pas **leur** écrire. Ich werde sie anrufen, aber ich werde ihnen nicht schreiben. Je ne veux pas **en** parler. Ich will nicht darüber reden.	Beim *futur composé* und in Sätzen mit Modalverben stehen die Objektpronomen vor dem Infinitiv, auf den sie sich beziehen, und außerhalb der Verneinungsklammer.

▶▶▶ Die Stellung der Pronomen im Satz

- **Beim Imperativ**

Beispiel		Erklärung
Regarde-**moi**.	Sieh mich an!	Im bejahten Imperativsatz steht das Objekt-pronomen hinter dem Verb und wird mit Bindestrich angeschlossen. Statt der unbeton-ten Formen *me* und *te* werden die betonten Formen *moi* und *toi* verwendet. Im verneinten Imperativsatz steht das Objekt-pronomen vor dem Verb und innerhalb der Verneinungsklammer.
Ne **me** regarde pas.	Sieh mich nicht an!	
Regarde-**la**.	Sieh sie an!	
Ne **la** regarde pas.	Sieh sie nicht an!	
Va**s**-y.	Geh hin!	Wenn die Verbform des bejahten Imperativs auf einem Vokal endet, muss aus Ausspra-chegründen vor den Pronomen *en* und *y* ein *-s* an die Verbform angehängt werden.
N'y va pas.	Geh nicht hin!	
Pense**s**-y.	Denke daran!	
N'y pense pas.	Denke nicht daran!	

- **Die Stellung von zwei Objektpronomen im Satz**

Zwei Objektpronomen können in einem Satz nur kombiniert werden, wenn eines von ihnen das direkte Objektpronomen *le*, *la* oder *les* ist. Die direkten Objektpronomen *me*, *te*, *se*, *nous*, *vous* können nicht mit *lui* oder *leur* kombiniert werden.
Wenn zwei Objektpronomen in einem Satz verwendet werden, gelten folgende Stellungs-regeln:

Beispiel		Erklärung
Marc **me** montre **ses photos**.	Il **me les** montre.	Die indirekten Objektpronomen *me*, *te*, *se*, *nous*, *vous* stehen immer vor den direkten Objekt-pronomen *le*, *la*, *les*. Das ist an-ders als im Deutschen.
Je **te** traduis **la phrase**.	Je **te la** traduis.	
Il **nous** raconte **l'histoire**.	Il **nous la** raconte.	
Elle **vous** donne **le livre**.	Elle **vous le** donne.	
Marc montre **ses photos** à **Jeanne**.	Il **les lui** montre.	Die indirekten Objektprono-men *lui* und *leur* stehen hinter den direkten Objektpronomen *le*, *la*, *les*. Das ist wie im Deut-schen. ▶▶▶
Marie montre **le livre** à **ses parents**.	Elle **le leur** montre.	

▶▶▶ Die Stellung der Pronomen im Satz

Beispiel	Erklärung
Luc **nous** parle **de son travail**. Il **nous en** parle. Je **l'ai** rencontré **à l'hôtel**. Je **l'y** ai rencontré. Il **y** avait **peu de voitures**. Il **y en** avait peu.	Die Pronomen *en* und *y* stehen immer hinter allen anderen Pronomen. *En* steht an letzter Stelle.

!

direktes Objektpronomen	indirektes Objektpronomen	direktes Objektpronomen	indirektes Objektpronomen
		Aber:	
me			
te	le	le	lui
se	la	la	leur
nous	les	les	
vous			

Beispiel	Erklärung
Il me présente **à elle**. Er stellt mich ihr vor. Il la présente **à lui**. Er stellt sie ihm vor. Je les présente **à elles**. Ich stelle sie ihnen vor. Il me présente **à eux**. Er stellt mich ihnen vor.	Da die direkten Objektpronomen *me*, *te*, *se*, *nous*, *vous* nicht mit *lui* oder *leur* kombiniert werden können, kann bei einem Verb mit zwei Personenobjekten (z. B. *présenter qn à qn*) ein indirektes Objekt der 3. Person Singular und Plural nur mit *à* + unverbundenem Personalpronomen wiedergegeben werden.

■ **Die Stellung von zwei Objektpronomen beim Imperativ**

Beispiel	Erklärung
Donne-**le-moi**. oder Donne-**moi-le**. Gib es/ihn mir! Montre-**les-nous**. oder Montre-**nous-les**. Zeig sie uns! Raconte-**le-leur**. Erzähle es ihnen! Promets-**le-lui**. Versprich es ihm/ihr!	Beide Objektpronomen stehen hinter dem Imperativ und werden mit ihm durch Bindestriche verbunden. Die direkten Objektpronomen *le*, *la*, *les* können vor oder nach den indirekten Objektpronomen *moi*, *toi*, *nous*, *vous* stehen. Sie stehen aber immer vor den indirekten Objektpronomen *lui* und *leur*.

▶▶▶ Die Stellung der Pronomen im Satz

Beispiel		Erklärung
Ne me le donne pas.	Gib es mir nicht!	Beim verneinten Imperativ stehen die Objektpronomen wie im Aussagesatz.
Ne le leur raconte pas.	Erzähle es ihnen nicht!	
Ne nous les montre pas.	Zeig sie uns nicht!	
Présente-moi **à elle**.	Stelle mich ihr vor!	Da die direkten Objektpronomen *me*, *te*, *se*, *nous*, *vous* nicht mit *lui* oder *leur* kombiniert werden können, kann bei einem Verb mit zwei Personenobjekten (z. B. *présenter qn à qn*) ein indirektes Objekt der 3. Person Singular und Plural auch im Imperativ nur mit *à* + unverbundenem Personalpronomen wiedergegeben werden.
Présente-la **à lui**.	Stelle sie ihm vor!	
Présente-nous **à elles**.	Stelle uns ihnen vor!	
Présente-moi **à eux**.	Stelle mich ihnen vor!	

9   Die Relativpronomen

■ *qui*

Beispiel		Erklärung
Elle voit un garçon … einen Jungen, **der** …	**qui** joue de la guitare.	Das Relativpronomen *qui* ist unveränderlich. Es ist Subjekt des Relativsatzes. Auf *qui* folgt ein Verb, vor dem auch noch ein Objektpronomen stehen kann (Beispiel 4).
Tu as une copine … eine Freundin, **die** …	**qui** fait de la danse?	
Il voit une femme … eine Frau, **die** …	**qui** joue du piano.	
Tu connais les hommes … Männer, **die** …	**qui** te regardent?	
Ils voient des filles … Mädchen, **die** …	**qui** chantent.	

▶▶▶ Die Relativpronomen

■ *que*

Beispiel		Erklärung
Elle appelle l'ami … den Freund, **den** …	**qu'**elle veut inviter.	Das Relativpronomen *que* ist ebenfalls unveränderlich. Es ist das direkte Objekt des Relativsatzes. Auf *que* folgt häufig das Subjekt des Relativsatzes.
J'écoute le CD … die CD, **die** …	**que** tu aimes.	
Quelle est la chanson … das Lied, **das** …	**que** tu aimes le plus?	
Voilà les papiers … die Papiere, **die** …	**que** tu cherches.	
Tu connais les filles … die Mädchen, **die** …	**que** Lucas appelle?	
Voilà **la lettre qu'**il t'a écrit**e.**		In den zusammengesetzten Zeiten muss ein Partizip, das nach *que* steht, dem direkten Objekt angeglichen werden. ▶ S. 97 ff

■ *ce qui/ce que*

Beispiel		Erklärung
Vous ne savez pas …, **was** morgen passieren wird.	**ce qui** arrivera demain.	Die Relativpronomen *ce qui* und *ce que* beziehen sich auf Sachverhalte (nicht auf Personen oder Dinge). Man übersetzt sie mit ‚was'. *Ce qui* ist das Subjekt des Relativsatzes; auf *ce qui* folgt ein Verb, vor dem auch noch ein Objektpronomen stehen kann (Beispiel 2 und 3). *Ce que* ist das direkte Objekt des Relativsatzes; auf *ce que* folgt das Subjekt des Relativsatzes.
Je ne sais pas …, **was** ihn interessiert.	**ce qui** l'intéresse.	
Lucie fait …, **was** ihr gefällt.	**ce qui** lui plaît.	
Je n'ai pas compris …, **was** Marc gesagt hat.	**ce que** Marc a dit.	
Tu sais …, **was** er will?	**ce qu'**il veut?	

▶▶▶ Die Relativpronomen

■ *ce à quoi/ce dont*

Beispiel	Erklärung
Les étudiants ne savaient pas exactement **ce à quoi** leur professeur s'attendait. Die Studenten wussten nicht genau, <u>was</u> ihr Professor erwartete.	Die Relativpronomen *ce à quoi* und *ce dont* beziehen sich ebenfalls auf Sachverhalte und sind indirektes Objekt des Relativsatzes.
Ce magicien devine **ce à quoi** vous pensez. Dieser Magier errät, <u>woran</u> sie denken.	
Ils ignorent **ce dont** les élèves ont vraiment besoin. Sie wissen nicht, <u>was</u> die Schüler wirklich brauchen.	
Il ne fait pas **ce dont** il n'a pas envie. Er macht nicht, <u>wozu</u> er keine Lust hat.	

■ *où*

Beispiel	Erklärung
Le café **où** ils veulent aller est loin d'ici. Das Café, **in das** sie	Das Relativpronomen *où* steht anstelle einer Ortsangabe oder einer Zeitangabe. *Où* ist unveränderlich.
Je connais la ville **où** vous habitez. …die Stadt, **in der** …	
Je n'oublierai jamais l'année **où** il a passé son bac. …, das Jahr, **in dem** er sein Abitur gemacht hat.	

■ *dont*

M. Lafarge a besoin **d'informations**. L'office de tourisme peut lui donner ces informations.

L'office de tourisme peut lui donner les informations **dont** il a besoin.

Das Relativpronomen *dont* ist unveränderlich. Es steht für Personen und Sachen, Maskulinum und Femininum, Singular und Plural. *Dont* vertritt verschiedene Ergänzungen mit *de*.

▶▶▶

▶▶▶ Die Relativpronomen

Beispiel	Erklärung
Marc parle du séjour **dont** il rêve depuis longtemps. … **von dem** er seit langem träumt.	Das können sein: ▬ Ergänzungen eines Verbs,
Qui est le garçon **dont** Sophie est tombée amoureuse? … **in den** Sophie verliebt ist?	▬ Ergänzungen eines Adjektivs mit *de*,
Tu connais le livre **dont** j'ai oublié le titre? … **dessen** Titel ich vergessen habe?	▬ Ergänzungen eines Nomens.
Elle a trois frères **dont** un habite en Allemagne. … **von denen** einer in Deutschland lebt.	*Dont* kann auch partitiv gebraucht werden.
Il a quatre enfants **dont** trois filles. … **darunter** drei Mädchen.	

Da *dont* verschiedenartige Ergänzungen mit *de* ersetzt, wird es ganz unterschiedlich ins Deutsche übersetzt:

parler de qn/qc	Le séjour **dont** il parle …	…, **von dem** er spricht, …
s'occuper de qn/qc	L'enfant **dont** elle s'occupe …	…, **um das** sie sich kümmert, …
avoir envie de qc	Le voyage **dont** j'ai envie …	…, **auf die** ich Lust habe, …
avoir besoin de	Le dictionnaire **dont** j'ai besoin …	…, **das** ich brauche, …
être content de qc	Le résultat **dont** je suis content …	…, **über das** ich glücklich bin, …
être fier de	Les photos **dont** je suis fier…	…, **auf die** ich stolz bin, …

■ *lequel*

Beispiel			Erklärung
	maskulin	**feminin**	Das Relativpronomen *lequel* hat dieselben Formen wie das Interrogativpronomen *lequel*. Es richtet sich in Genus und Numerus nach dem Nomen, das es vertritt. Es wird aus einem bestimmten Artikel und einer Form des Interrogativbegleiters *quel* zusammengesetzt. Wie die bestimmten Artikel *le* und *les* werden *lequel*, *lesquels* und *lesquelles* mit den Präpositionen *à* und *de* zusammengezogen.
Singular	lequel	laquelle	
mit *à*	**au**quel	à laquelle	
mit *de*	**du**quel	de laquelle	
Plural	lesquels	lesquelles	
mit *à*	**aux**quels	**aux**quelles	
mit *de*	**des**quels	**des**quelles	

▶▶▶ Die Relativpronomen

Beispiel	Erklärung
Il y a des textes **dans lesquels** Voltaire se moque de la justice. …, in denen Voltaire sich über die Justiz lustig macht. Ce sont des textes **à cause desquels** il doit prendre la fuite. …, derentwegen er die Flucht ergreifen muss. Quelle est la raison **pour laquelle** il doit quitter la France? …, weshalb er Frankreich verlassen muss?	*Lequel* wird nach Präpositionen verwendet.
Le jeune Français **à qui** elle écrit de temps en temps s'appelle Damien.	*Lequel* wird fast nur verwendet, wenn das Bezugswort eine Sache ist. Ist das Bezugswort eine Person, wird eine Präposition + *qui* vorgezogen.
J'ai vu <u>la sœur de Patrick</u> **avec laquelle** je suis allé prendre un café. Ich habe die Schwester von Patrick gesehen, mit der ich einen Kaffee trinken gegangen bin.	Nur um Verwechslungen auszuschließen, verwendet man *lequel* auch mit Personen. *Avec qui* wäre in diesem Beispielsatz nicht eindeutig, da es sich auf *la sœur* und auf Patrick beziehen könnte.
! J'ai beaucoup d'amis **parmi lesquels** il y a aussi des Américains. Je ne connais pas les femmes **entre lesquelles** Frédéric est assis.	Mit den Präpositionen *parmi* und *entre* muss immer *lequel* stehen, auch wenn das Bezugswort Personen sind, was selten ist.

10 Die neutralen Pronomen

- ■ *Il, ce, cela/ça, ceci*

Beispiel		Erklärung
Il pleut.	<u>Es</u> regnet.	*Il* und *ce* sind immer Subjekte. *Ce* kann nur vor *être*, aber nicht vor anderen Verben stehen.
Il est 2 heures.	<u>Es</u> ist 2 Uhr.	
C'est vrai?	Ist <u>das</u> wahr?	
Ce n'est pas compliqué. <u>Das</u> ist nicht schwierig.		▶▶▶

▶▶▶ Die neutralen Pronomen

Beispiel	Erklärung
Cela/Ça ne fait rien. <u>Das</u> macht nichts. M. Morel a dit **cela/ça** à ses élèves. Er hat <u>das</u> zu seinen Schülern gesagt. Je vais te dire **ceci**. Ich werde dir <u>Folgendes</u> sagen.	*Cela, ça* und *ceci* können sowohl Subjekt als auch Objekt sein. *Cela* (eher standardsprachlich) und *ça* (eher umgangssprachlich) sind meistens austauschbar, außer in der Wendung *Ça va?* Wie geht es dir? *Ça va.* Es geht.
Cela me plaît, **ceci** non. <u>Das</u> gefällt mir, <u>dieses</u> nicht.	*Cela* und *ceci* dienen der Gegenüberstellung.

- ▪ *le*

Beispiel	Erklärung
Il **le** fait exprès. Er macht <u>es</u> absichtlich. Je **le** sais. Ich weiß <u>es</u>.	Das neutrale Pronomen *le* ist immer direktes Objekt des Satzes und wird mit „es" ins Deutsche übersetzt.

- ▪ *soi*

Beispiel	Erklärung
Chacun pense à **soi** d'abord. Jeder denkt zuerst an <u>sich</u>. Cela va de **soi**. Das versteht sich von <u>selbst</u>./Das ist <u>selbst</u>verständlich. Là où on est bien, on est chez **soi**. Da, wo man sich wohl fühlt, ist man zu Hause (bei <u>sich</u>). Il faut savoir ce qui est bon **pour soi-même**. Man muss wissen, was gut für einen <u>selbst</u> ist.	*Soi* bezieht sich auf ein unbestimmtes Subjekt im Singular (*on, chacun, cela* u. a.). Es kann mit *-même* verstärkt werden.

11   Das Demonstrativpronomen

Beispiel			Erklärung
	maskulin	**feminin**	Das Demonstrativpronomen wird in Geschlecht und Zahl dem Nomen angeglichen, das es vertritt.
Singular	celui	celle	
Plural	ceux	celles	

▶▶▶ Das Demonstrativpronomen

Tu prends <u>le sac</u> à 35 €?	Non, je prends **celui** à 22 €.
Est-ce que ce sont <u>tes jeux vidéo</u>?	Non, ce sont **ceux** de mon frère.
Tu parles de <u>quelle fille</u>?	De **celle** qui joue du piano.
À ton avis, <u>quelles baskets</u> sont plus sympa?	**Celles** à 49 €.

Das Demonstrativpronomen steht anstelle eines Nomens. Mit dem Demonstrativpronomen kann man auf eine oder mehrere Personen oder Sachen verweisen.

Beispiel	Erklärung
Celle **qui joue du piano**. Ceux **de ma sœur**. Ceux **à 30 €**. celui-**ci**, celle-**ci**, ceux-**ci**, celles-**là**	Die französischen Demonstrativpronomen stehen nie alleine. Auf *celui*, *celle*, *ceux*, *celles* folgt eine weitere Angabe: ▬ ein Relativsatz, ▬ eine Ergänzung mit *de* oder *à*, ▬ *-ci* oder *-là*.

12   Das Possessivpronomen

Beispiel	maskulin	feminin	Erklärung
Singular	le mien le tien le sien	la mienne la tienne la sienne	Im Französischen wird zwischen den Possessiv**begleitern** (*mon*, *ton*, *son* etc.), die vor einem Nomen stehen, und den Possessiv**pronomen**, die **anstelle** eines Nomens stehen, unterschieden. Die Possessivpronomen werden in Genus und Numerus dem Nomen angeglichen, das sie vertreten. Sie werden immer mit dem bestimmten Artikel verwendet.
	le nôtre le vôtre le leur	la nôtre la vôtre la leur	
Plural	les miens les tiens les siens	les miennes les tiennes les siennes	
	les nôtres les vôtres les leurs		

▶▶▶

▶▶▶ Das Possessivpronomen

Beispiel	Erklärung
J'ai oublié mon <u>portable</u>. Tu me prêtes **le tien?** Leihst du mir **deins**? Ta <u>sœur</u> est plus grande que **la mienne.** Deine Schwester ist größer als **meine.** Notre <u>professeur de français</u> est plus gentil que **le vôtre.** … ist netter als **eurer.** Ce sont mes <u>baskets</u> ou **les tiennes?** Sind das meine oder **deine** Turnschuhe?	Anders als im Deutschen können nicht zwei Possessivbegleiter vor einem Nomen stehen. Anstelle des zweiten Possessivbegleiters im Deutschen steht im Französischen das Possessivpronomen.

Possessiv**begleiter**		Possessiv**pronomen**	
notre bureau	votre bureau	le nôtre	le vôtre
[nɔtr]	[vɔtr]	[notr]	[votr]

13 Das Interrogativpronomen

■ **Frage nach Personen**

Qui est venu? Qui **est-ce qui** est venu?	**Wer** ist gekommen?
Qui a-t-elle invité? Qui **est-ce qu**'elle a invité?	**Wen** hat sie eingeladen?

Qui kann das Subjekt oder das Objekt eines Fragesatzes sein.
Qui est-ce **qui** ist immer Subjekt des Fragesatzes (Wer …?).
Qui est-ce **que** ist immer Objekt des Fragesatzes (Wen…?).
Qui als Objekt des Fragesatzes erfordert die Inversion (*Qui* **a-t-elle** invité?).

Beispiel		Erklärung
À qui penses-tu? An wen denkst du?	**À qui est-ce que** tu penses?	*Qui* und *qui est-ce que* können mit Präpositionen verwendet werden.
De qui parlez-vous? Von wem sprechen Sie?	**De qui est-ce que** vous parlez?	
Pour qui écrit-on? Für wen schreiben wir?	**Pour qui est-ce qu**'on écrit?	

▶▶▶ Das Interrogativpronomen

■ **Frage nach Sachen**

Beispiel	Erklärung
Qu'est-ce qui se passe ici? Was geht hier vor?	*Qu'est-ce qui* ist immer das Subjekt des Fragesatzes (Was…?).
Qu'est-ce que tu fais? **Que** fais-tu? Tu fais **quoi**? Was machst du?	*Qu'est-ce que*, *que* und *quoi* sind das Objekt des Fragesatzes (Was…?). *Que* als Objekt erfordert immer die Inversion des Subjekts (*Que fais-tu?*). Die Frage mit nachgestelltem *quoi* ist umgangssprachlich.
De quoi s'agit-il? Worum …? **À quoi** penses-tu? Woran …? **Avec quoi** fais-tu cela? Womit …?	In Verbindung mit Präpositionen kann nur *quoi* (nicht *que*) stehen.

!

Frage nach **Personen**	*Qui est-ce qui?*	Frage nach dem **Subjekt** (Wer?)
	Qui est-ce que?	Frage nach dem **Objekt** (Wen?)
Frage nach **Sachen**	*Qu'est-ce qui?*	Frage nach dem **Subjekt** (Was?)
	Qu'est-ce que?	Frage nach dem **Objekt** (Was?)

■ **Das Interrogativpronomen *lequel***

Beispiel			Erklärung
	maskulin	**feminin**	Das Interrogativpronomen *lequel* hat dieselben Formen wie das Relativpronomen *lequel*. Es richtet sich in Genus und Numerus nach dem Nomen, nach dem es fragt. Es wird aus einem bestimmten Artikel und einer Form des Interrogativbegleiters *quel* zusammengesetzt. Wie die bestimmten Artikel *le* und *les* werden *lequel*, *lesquels* und *lesquelles* mit den Präpositionen *à* und *de* zusammengezogen. ▶▶▶
Singular mit *à* mit *de*	lequel **au**quel **du**quel	laquelle à laquelle de laquelle	
Plural mit *à* mit *de*	lesquels **aux**quels **des**quels	lesquelles **aux**quelles **des**quelles	

Mit dem Fragepronomen *lequel* fragt man nach Personen oder Sachen.

Ils ont déjà choisi <u>une voiture</u>.	**Laquelle**?	Welches?
Je connais un très <u>bon guitariste</u>.	**Lequel**?	Welchen?
Lesquels de <u>ces films</u> allez-vous voir?		Welche?
Lesquelles de <u>ces prédictions</u> se réalisent?		Welche?
Il s'est adressé à <u>plusieurs collègues</u>.	**Auxquels**?	An welche?
Hugo a beaucoup parlé <u>de cette chanson</u>.	**De laquelle**?	Von welchem?

Die Bildung des Fragesatzes: ▶ KAPITEL 18

14 Die Indefinitpronomen

Indefinitpronomen stehen für nicht näher bestimmte Personen oder Sachen.

■ *tout le monde*

Beispiel	Erklärung
Tout le monde connaît cette actrice. <u>Jeder</u> kennt diese Schauspielerin. Ce livre s'adresse à **tout le monde**. Dieses Buch wendet sich an <u>alle</u>. On ne peut pas plaire à **tout le monde**. Man kann nicht <u>jedem</u> gefallen.	*Tout le monde* bedeutet „jeder/alle". Es kann Subjekt oder Objekt des Satzes sein. *Tout le monde* als Subjekt steht immer mit einem Verb in der 3. Person Singular.
! tout le monde – jeder, alle le monde entier – die ganze Welt	Verwechseln Sie nicht *tout le monde* und *le monde entier*.

■ *tout*

Beispiel		Erklärung
Tout m'a plu. Alles hat mir gefallen.	**Tout** est gratuit. Alles ist gratis.	*Tout* (alles) ist unveränderlich. Es kann Subjekt und Objekt eines Satzes sein. In zusammengesetzten Zeiten steht *tout* vor dem Partizip und in einem verneinten Satz hinter *pas*.
Réponse à **tout**.	Antwort auf **alles**.	
J'ai déjà **tout** fait.	Ich habe schon **alles** gemacht.	
Je n'ai pas **tout** fait.	Ich habe nicht **alles** gemacht.	

▶▶▶ Die Indefinitpronomen

■ *chacun/chacune*

Beispiel	Erklärung
Alex a quatre frères. Chacun a sa copine. *Jeder hat eine Freundin.* M. Brun a trois filles. Il achète un cadeau pour chacune. *Er kauft für jede ein Geschenk.* Chacun de nous peut sauver des vies. *Jeder von uns kann Leben retten.* Chacun de vous est responsable. *Jeder von Ihnen/euch ist verantwortlich.*	Das unbestimmte Pronomen *chacun/e* hat eine maskuline und eine feminine Form. Es kann Subjekt und Objekt in einem Satz sein. *Chacun* bezeichnet jeden/jede Einzelne/n aus einer (bekannten) Gruppe. Häufig wird diese (bekannte) Gruppe mit einer *de-* Ergänzung angegeben: *chacun de nous*.
Chaque participant s'est bien préparé. *Jeder Teilnehmer hat sich gut vorbereitet.* Chacun s'est bien préparé. *Jeder hat sich gut vorbereitet.*	Verwechseln Sie das Indefinitpronomen *chacun/e* nicht mit dem indefiniten Begleiter *chaque*. *Chaque* steht vor einem Nomen, *chacun/e* steht alleine.

■ *tous/toutes*

Beispiel	Erklärung
Elle a beaucoup de copains. Elle les a tous invités. Ils sont tous venus./ Tous sont venus. *Sie hat sie alle eingeladen. Sie sind alle gekommen./* *Alle sind gekommen.* Il a beaucoup de copines. Il les a toutes invitées. Elles sont toutes venues./ Toutes sont venues. *Er hat sie alle eingeladen. Sie sind alle gekommen./* *Alle sind gekommen.*	*Tous/toutes* hat eine maskuline und eine feminine Pluralform. Beide werden mit „alle" ins Deutsche übersetzt. *Tous/toutes* kann Subjekt und Objekt eines Satzes sein. Als Subjekt kann *tous/toutes* vor dem Verb oder als prädikative Ergänzung stehen.

▶▶▶ Die Indefinitpronomen

■ *quelqu'un*

Beispiel	Erklärung
Quelqu'un nous a appelé. Jemand hat uns angerufen. J'entends **quelqu'un** parler. Ich höre jemanden sprechen. Tu as parlé à **quelqu'un**? Hast du mit jemandem gesprochen? J'ai reçu un mail de **quelqu'un** que je ne connais pas. Ich habe eine Mail von jemandem bekommen, den ich nicht kenne.	*Quelqu'un* steht nur für Personen. Es kann Subjekt, direktes oder indirektes Objekt eines Satzes sein. *Quelqu'un* steht nur in bejahten Sätzen.

■ *quelque chose*

Beispiel	Erklärung
Quelque chose m'a réveillé. Etwas hat mich geweckt. J'ai entendu **quelque chose**. Ich habe etwas gehört. Tu as besoin de **quelque chose**? Brauchst du etwas? Je pensais à **quelque chose** de désagréable. Ich habe an etwas Unangenehmes gedacht.	*Quelque chose* steht nur für Sachen. Es kann Subjekt, direktes oder indirektes Objekt eines Satzes sein. *Quelque chose* steht nur in bejahten Sätzen. Nach *quelque chose* werden Adjektive mit *de* angeschlossen.

■ *quelques-uns/unes*

Beispiel	Erklärung
Tu connais ses chansons? **Quelques-unes** sont très célèbres. Einige sind sehr berühmt. J'ai lu **quelques-uns** de ses articles. Ich habe einige von seinen Artikeln gelesen.	*Quelques-uns/unes* wird im Genus an das Nomen angeglichen, das es vertritt. Es kann Subjekt und Objekt eines Satzes sein und steht nur in bejahten Sätzen.

▶▶▶ Die Indefinitpronomen

- **_n'importe_ + Fragewort**

Beispiel		Erklärung
N'importe qui peut entrer ici. Jeder (x-beliebige) kann hier hereinkommen.		
Tu peux poser la question à **n'importe qui**. Du kannst diese Frage irgendjemandem/jedem stellen.		
Il va répondre **n'importe quoi**. Er wird dir irgendetwas antworten. (= irgendeinen Mist, meist pejorativ)		
Tu prends quelle limonade? Je prends **n'importe laquelle**. Ich nehme irgendeine.		
n'importe où	irgendwo	_N'importe_ kann mit verschiedenen Frage-wörtern kombiniert werden.
n'importe comment	irgendwie	
n'importe lequel/laquelle	irgendein/e (_lequel_ ist nach Genus und Numerus veränderlich.)	
n'importe lesquels/lesquelles	irgendwelche	

15 Hinweise zur Vermeidung von Fehlern

Die „verflixten sie":
Das deutsche „sie" wird je nach Funktion unterschiedlich ins Französische übersetzt.

Sie ist	**Elle** est	Subjektpronomen 3. Person Singular
Sie sind	**Vous** êtes	Subjektpronomen 2. Person Plural
Sie sind	**Elles** sont	Subjektpronomen 3. Person Plural femininum
Sie sind	**Ils** sont	Subjektpronomen 3. Person Plural maskulinum
Ich sehe sie.	Je **la** vois	direktes Objektpronomen 3. Person Singular
Ich sehe Sie.	Je **vous** vois	direktes Objektpronomen 2. Person Plural
Ich sehe sie.	Je **les** vois	direktes Objektpronomen 3. Person Plural

▶▶▶ Hinweise zur Vermeidung von Fehlern

Wie wird „was" ins Französische übersetzt?

<u>Was</u> liegt auf dem Tisch?	*Qu'est-ce qui se trouve sur la table?*
<u>Was</u> hat sie gesagt?	*Qu'est-ce qu'elle a dit?*

In diesen beiden Sätzen ist „was" Fragepronomen, das nach dem Subjekt (Satz 1) oder nach dem Objekt (Satz 2) fragt.

Lucie hat mir erzählt, <u>was</u> passiert ist.	*Lucie m'a raconté **ce qui** s'est passé.*
Max hat vergessen, <u>was</u> er einkaufen soll.	*Max a oublié **ce qu'**il devait acheter.*
Ich würde gerne wissen, <u>was</u> er braucht.	*Je voudrais savoir **ce dont** il a besoin.*

In diesen drei Sätzen ist ‚was' Relativpronomen und ersetzt das Subjekt (*ce qui*) oder ein Objekt (*ce que*, *ce dont*) im Relativsatz.

⏐ *Auf einen Blick*

■ **Begleiter und Pronomen**

Einige Begleiter und Pronomen sind leicht zu verwechseln, weil sie gleiche oder ähnliche Formen haben:

	Begleiter	Pronomen	
bestimmter Artikel	*le, la, les*	*le, la, les*	direkte Objektpronomen
Fragebegleiter	*quel/le*	*lequel, laquelle*	Fragepronomen
Demonstrativbegleiter	*ce, cette*	*celui, celle*	Demonstrativpronomen
Possessivbegleiter	*mon, ton*	*le mien, le tien*	Possessivpronomen
unbestimmter Begleiter	*chaque*	*chacun*	Indefinitpronomen
unbestimmter Begleiter	*quelques*	*quelqu'un, quelques-uns/unes*	Indefinitpronomen
unbestimmter Begleiter	*plusieurs*	*plusieurs*	Indefinitpronomen

! Begleiter **begleiten** Nomen.
Pronomen **ersetzen** Nomen.

Die Präpositionen / Les prépositions

Präpositionen (z.B. über, unter, vor, hinter) sind unveränderlich. Sie bezeichnen das Verhältnis von Personen oder Dingen zueinander und heißen deshalb auf Deutsch auch Verhältniswörter.

Der Inhalt des folgenden Kapitels:

1 Die Form der Präpositionen

2 Der Gebrauch der Präpositionen

- Präposition + Infinitiv
- Präposition und Artikel vor Ländernamen
- 1. Präpositionen zur Angabe des Ortes (Frage: Wo? Woher?)
- 2. Präpositionen zur Angabe der Richtung (Frage: Wohin?)
- 3. Präpositionen zur Angabe eines Zeitpunkts (Frage: Wann?)
- 4. Präpositionen zur Angabe einer Zeitdauer (Frage: Wie lange?)
- 5. Präpositionen zur Angabe eines Mittels (Frage: Womit?)
- 6. Präpositionen zur Angabe eines Materials (Frage: Woraus?)
- 7. Präpositionen zur Angabe eines Grunds/einer Ursache (Frage: Weswegen?)

3 Präposition oder Konjunktion?

4 Hinweise zur Vermeidung von Fehlern

1 Die Form der Präpositionen

Beispiel	Erklärung
à, après, avant, avec, chez, contre, dans, de, depuis, derrière, dès, devant, en, entre, envers, hors, jusque, malgré, par, parmi, pendant, pour, sans, sauf, selon, sous, sur, vers	Es gibt Präpositionen, die nur aus einem Wort bestehen.
à cause de, à côté de, à partir de, au-dessous de, à droite de, à gauche de, à partir de, à travers de, au lieu de, en dehors de, en face de, grâce à, jusqu'à, loin de, près de	Und es gibt präpositionale Ausdrücke, die aus mehreren Wörtern bestehen.

Die Präpositionen *de* und *à* werden – auch wenn sie Teil eines präpositionalen Ausdrucks sind – mit den nachfolgenden Artikeln *le* und *les* zusammengezogen. Mit den bestimmten Artikeln *la* und *l'* werden die Präpositionen nicht zusammengezogen. ▶ S. 14

2 Der Gebrauch der Präpositionen

Beispiel	Erklärung
	Mit Hilfe von Präpositionen können Sie:
Elle est née **au** mois de mai. … im Mai …	▪ einen Zeitpunkt,
Ils jouent **depuis** trois heures. … seit drei Stunden.	▪ eine Zeitdauer,
Il habite **à** Paris. … in Paris.	▪ einen Ort,
Elle va **à** Bordeaux. … nach Bordeaux.	▪ eine Richtung,
Elle a écrit la lettre **à** la main. … mit der Hand.	▪ ein Mittel,
Je pleurs à cause **de** toi. … wegen dir.	▪ einen Grund,
La chaise est **en** bois. … aus Holz.	▪ das Material angeben.

▪ **Präposition + Infinitiv**

Beispiel	Erklärung
Il est parti **sans prendre** de l'argent. Er ist weggegangen, <u>ohne</u> Geld <u>mitzunehmen</u>.	Die Präpositionen *après*, *avant de*, *pour* und *sans* werden vor Infinitiven verwendet. Diese Infinitivkonstruktionen ersetzen Nebensätze und können nur verwendet werden, wenn sie dasselbe Subjekt haben wie der Hauptsatz.
Elle est allée en France **pour apprendre** le français. Sie ist nach Frankreich gegangen, <u>um</u> Französisch <u>zu lernen</u>.	
Avant de préparer le repas ils ont rangé la cuisine. <u>Bevor sie gekocht haben</u>, / Vor dem Kochen haben sie die Küche aufgeräumt.	*Après avoir/être* + Partizip Perfekt und *avant de* + Infinitiv werden meist mit einem Nebensatz ins Deutsche übersetzt. Das Partizip Perfekt nach *être/s'être* muss dem Subjekt des Hauptsatzes in Genus und Numerus angeglichen werden.
Après avoir mangé, ils sont allés au centre-ville. <u>Nachdem sie gegessen hatten</u>, / Nach dem Essen sind sie in die Stadt gegangen.	
Après s'être entraînée, elle est rentrée. <u>Nachdem sie trainiert hat</u>, / Nach dem Training ist sie nach Hause gegangen.	
Après être arrivées à Paris, elles ont pris un taxi pour aller à l'hôtel. <u>Nachdem sie in Paris angekommen waren</u>, sind sie mit dem Taxi zum Hotel gefahren.	

! *Après avoir/être* + *participe passé* = nachdem + Nebensatz
Avant de + *infinitif* = bevor + Nebensatz

▶▶▶ Der Gebrauch der Präpositionen

■ Präposition und Artikel vor Ländernamen

		feminine Ländernamen	maskuline Ländernamen	Ländernamen im Plural
Il est	in …	**en** France	**au** Portugal	**aux** États-Unis
Il habite	in …	**en** Allemagne	**au** Japon	**aux** Pays-Bas
Il va	nach …			
Länder ohne Artikel		**en** Israël	**à** Monaco	
Il vient	aus …	**de** France	**du** Portugal	**des** États-Unis
		d'Allemagne	**du** Canada	**des** Pays-Bas
Länder ohne Artikel		**d'** Israël	**de** Monaco	

Vor allen femininen Ländernamen werden die Präpositionen *en/de* ohne Artikel verwendet. Vor maskulinen Ländernamen werden die Präpositionen mit bestimmtem Artikel verwendet (*à + le/les = au/aux*; *de + le/les = du/des*). Vor maskulinen Ländernamen ohne Artikel werden die Präpositionen *à/de* verwendet.

> **!** feminine Ländernamen   *en/de*   + Ländername
> maskuline Ländernamen   *au/du*   + Ländername
> Ländernamen im Plural   *aux/des*   + Ländername
> Ländernamen ohne Artikel   *en/à/de*   + Ländername

■ 1. Präpositionen zur Angabe des Ortes (Frage: Wo? Woher?)

Beispiel

à	la campagne	<u>auf</u> dem Land
à	la maison	<u>zu</u> Hause
à	Paris	<u>in</u> Paris
à côté de	l'école	<u>neben</u> der Schule
à droite de/à gauche de	la piscine	<u>rechts</u>/<u>links vom</u> Schwimmbad
au	Portugal	<u>in</u> Portugal
au milieu de	la ville	<u>inmitten</u> der Stadt
autour de	la ville	<u>um</u> die Stadt herum
chez	Valérie	<u>bei</u> Valérie
chez	le médecin	<u>beim</u> Arzt
dans	la cuisine	<u>in</u> der Küche
dans	la rue	<u>auf</u> der Straße
de	Paris/France	<u>aus</u> Paris/Frankreich

▶▶▶ Der Gebrauch der Präpositionen

de	Metz à Nancy	<u>von</u> Metz <u>nach</u> Nancy
derrière	la maison	<u>hinter</u> dem Haus
devant	la maison	<u>vor</u> dem Haus
en	France/Normandie	<u>in</u> Frankreich/ <u>in</u> der Normandie
en	ville	<u>in</u> der Stadt
entre	Grenoble et Gap	<u>zwischen</u> Grenoble und Gap
loin de	Paris	<u>weit</u> von Paris
près de	mon bureau	<u>in der Nähe</u> meines Büros
sous	la table	<u>unter</u> dem Tisch
sur	l'armoire	<u>auf</u> dem Schrank
sur	la Loire	<u>an</u> der Loire

■ 2. Präpositionen zur Angabe der Richtung (Frage: Wohin?)

à	la campagne	<u>auf</u> das Land
à	la maison	<u>nach</u> Hause
à	l'école	<u>in</u> die Schule
à	la gare	<u>zum</u> Bahnhof
à	Paris	<u>nach</u> Paris
au	Portugal	<u>nach</u> Portugal
chez	Valérie	<u>zu</u> Valérie
dans	la cuisine	<u>in</u> die Küche
en	France	<u>nach</u> Frankreich
jusqu'à	la Seine	<u>bis zur</u> Seine
vers	Fabien	<u>auf</u> Fabien zu

■ 3. Präpositionen zur Angabe eines Zeitpunkts (Frage: Wann?)

à	deux heures	<u>um</u> zwei Uhr
à	Noël	<u>an</u> Weihnachten
à	midi	mittags
à	douze ans	<u>im</u> Alter von 12 Jahren
à partir de	lundi	<u>ab</u> Montag/von Montag an
après	Pâques	<u>nach</u> Ostern
au	printemps	<u>im</u> Frühling
au	XVIIe siècle	<u>im</u> 17. Jahrhundert

▶▶▶ Der Gebrauch der Präpositionen

Beispiel

avant	le départ	vor der Abfahrt
dans	vingt minutes	in zwanzig Minuten (nach Ablauf von)
dès	1989	seit 1989/ von 1989 an
en	mars	im März
en	été	im Sommer
en	2001	(im Jahre) 2001
entre	deux et trois heures	zwischen zwei und drei Uhr
il y a	deux mois	vor zwei Monaten
jusqu'à	cinq heures	bis fünf Uhr
vers	six heures	gegen sechs Uhr

■ 4. Präpositionen zur Angabe einer Zeitdauer (Frage: Wie lange?)

Beispiel

à	deux minutes d'ici	zwei Minuten von hier
de	trois à cinq	von drei bis fünf
depuis	une heure	seit einer Stunde
en	dix minutes	in (innerhalb von) zehn Minuten
pendant	une heure	eine Stunde lang
pendant	les vacances	während der Ferien
pour	deux ans	für zwei Jahre/zwei Jahre lang

■ 5. Präpositionen zur Angabe eines Mittels (Frage: Womit?)

Beispiel

à	pied/vélo	zu Fuß/mit dem Fahrrad
à	la main	mit der Hand
au	crayon	mit dem Bleistift
avec	un marteau	mit einem Hammer
en	voiture/bus/train/	mit dem Auto/Bus/Zug
	avion/bateau/métro	mit dem Flugzeug/Schiff/der U-Bahn

■ 6. Präpositionen zur Angabe eines Materials (Frage: Woraus?)

Beispiel

de/en	bois/laine	aus Holz/Wolle
de/en	or/métal	aus Gold/Metall

▶▶▶ Der Gebrauch der Präpositionen

■ 7. Präpositionen zur Angabe eines Grunds/einer Ursache (Frage: Weswegen?)

Beispiel

à cause de	la blessure	wegen der Verletzung
de	faim/soif	vor Hunger/Durst
de	froid/fatigue	vor Kälte/Müdigkeit
grâce à	ma sœur	dank meiner Schwester
malgré	la maladie	trotz der Krankheit
par	amour/pitié	aus Liebe/Mitleid
par	expérience	aus Erfahrung
par	manque de temps	aus Zeitmangel

3 Präposition oder Konjunktion?

Verwechseln Sie nicht Präpositionen mit Konjunktionen.
Präpositionen verbinden Wörter miteinander. Konjunktionen leiten einen Nebensatz ein.

Präposition	Konjunktion
après l'école nach der Schule	après que son réveil a (ait) sonné nachdem sein Wecker geklingelt hat
avant de partir vor dem Weggehen	avant que nous partions bevor wir weggehen
depuis des années seit Jahren	depuis que je le connais seit ich ihn kenne
dès 2008 seit 2008	dès qu'il s'est levé sobald er aufgestanden ist
jusqu'à huit heures bis acht Uhr	jusqu'à ce qu' il fasse nuit bis es Nacht/dunkel wird
malgré sa maladie trotz seiner Krankheit	malgré qu'il est (soit) malade obwohl er krank ist
pendant mon voyage en France während meiner Reise nach Frankreich	pendant que j'étais en France als ich in Frankreich war

▶▶▶ Präposition oder Konjunktion?

Präposition	Konjunktion
pour trouver la solution	**pour qu'**elle trouve une solution
um die Lösung zu finden	damit sie eine Lösung findet
sans faute	**sans que** Marie le sache
ohne Fehler	ohne dass Marie es weiß

4   Hinweise zur Vermeidung von Fehlern

Einige deutsche Präpositionen werden je nach Bedeutung sehr unterschiedlich ins Französische übersetzt:

	Beispiel	
an	an der Loire	**sur** la Loire
	an der Ecke	**au** coin
	an erster Stelle	**en** premier lieu
	am Tag/Abend	**le** jour/soir
	an Pfingsten	**à** la Pentecôte
auf	auf der Treppe/Straße/dem Hof	**dans** l'escalier/la rue/la cour
	auf der Welt	**au** monde
	auf dem Land	**à** la campagne
	auf den/dem Boden (fallen/sein)	(tomber/être) **par** terre
	auf diese Art	**de** cette façon
	auf der Flucht	**en** fuite
	auf Deutsch	**en** allemand
aus	aus Paris/Deutschland	**de** Paris/**d'**Allemagne
	etw. aus dem Schrank nehmen	prendre qc **dans** l'armoire
	aus einer Tasse/einem Glas trinken	boire **dans** une tasse/un verre
	aus der Flasche trinken	boire **à** la bouteille
	aus Holz/Glas	**en**/**de** bois/verre
	aus Wut	**de** colère
	aus Liebe/Versehen/Angst	**par** amour/mégarde/peur
	aus Erfahrung	**par** expérience
	aus diesem Grund	**pour** cette raison
in	in die Schule (gehen)	(aller) **à** l'école ▶▶▶

▶▶▶ Hinweise zur Vermeidung von Fehlern

	Beispiel	
in	in der Schule (sein)	(être) **à** l'école
	im 16. Jahrhundert	**au** XVIe siècle
	im März	**en** mars
	in 10 Minuten (innerhalb von)	**en** 10 minutes
	in 3 Monaten (nach Ablauf von)	**dans** trois mois
	in der nächsten Woche	la semaine **prochaine**
	in den Ferien	**pendant** les vacances
mit	mit der Post	**par** la poste
	mit der Bahn/dem Auto/Schiff	**en** train/voiture/bateau
	mit Matthieu	**avec** Matthieu
	mit dem Finger berühren	toucher **du** doigt
	mit der Hand (schreiben)	(écrire) **à** la main
	mit lauter Stimme	**à** haute voix
	mit 20 Jahren	**à** vingt ans
	mit Absicht/Recht	**à** dessein/bon droit
nach	nach Amerika/Paris fahren	partir **pour** l'Amérique/Paris
		aller **en** Amérique/**à** Paris
	nach Süden	**vers** le sud
	nach den Ferien	**après** les vacances
vor	vor dem Haus	**devant** la maison
	vor 8 Uhr	**avant** 8 heures
	vor allem	**avant** tout
	vor 2 Wochen/Kurzem	**il y a** deux semaines/peu de temps
	vor Freude/Kälte	**de** joie/froid
zu	zu Hause	**chez** soi/**à** la maison
	zum Zahnarzt	**chez** le dentiste
	zum ersten Mal	**pour** la première fois
	zum Vergnügen	**pour** le plaisir
	zu Besuch	**en** visite
	zu Fuß	**à** pied
	zur Schule	**à** l'école
	zu verkaufen	**à** vendre
	zu (meiner) Überraschung	**à** (ma) surprise
	zu diesem Zweck	**à** cette fin/**dans** ce but

Die Konjunktionen / Les conjonctions

Konjunktionen sind Bindewörter, die Satzteile oder Sätze miteinander verbinden. Sie sind unveränderlich. Es gibt zwei Arten von Konjunktionen:

*Le cours est facile **et** intéressant.*	nebenordnende (auch beiordnende) Konjunktionen
*Je suis sûr **que** je vais y retourner.*	unterordnende Konjunktionen

Dieses Kapitel behandelt:

1 Nebenordnende Konjunktionen

2 Unterordnende Konjunktionen

- Die Konjunktion *que*
- Die Konjunktion *si*
- Unterordnende Konjunktionen, die zeitliche Beziehungen angeben
- Unterordnende Konjunktionen, die Begründungen angeben

3 Unterordnende Konjunktionen und der *subjonctif*

- Temporale Beziehungen
- Wunsch, Ziel, gewünschte Wirkung
- Gegensatz
- Bedingung

Auf einen Blick ▬ Präpositionen und Konjunktionen

1 Nebenordnende Konjunktionen

Nebenordnende Konjunktionen verbinden Wörter, Satzteile oder Sätze gleicher Art miteinander, z. B.:

Beispiel	Erklärung
La maison est grande **et** belle.	zwei Adjektive
Il joue au foot **et** au volley-ball.	zwei Ergänzungen
Julien travaille **et** Cécile prépare la réunion.	zwei Hauptsätze

Die nebenordnenden Konjunktionen werden im Wesentlichen wie im Deutschen verwendet.

Beispiel	Erklärung	
Mme Nollet travaille dans le jardin **et** M. Nollet bricole. Mme Nollet arbeitet im Garten und M. Nollet bastelt.	*et*	und
		▶▶▶

▶▶▶ Nebenordnende Konjunktionen

Beispiel	Erklärung	
Leur fils ne veut aider **ni** son père **ni** sa mère. Ihr Sohn will weder seinem Vater noch seiner Mutter helfen.	*ni ... ni*	weder ... noch
Son premier roman n'était pas long, **mais** il était très intéressant. Sein erster Roman war nicht lang, aber er war sehr interessant.	*mais*	aber
Il vaut mieux prendre le métro, Es ist besser, die U-Bahn zu nehmen,		
car il y a de plus en plus d'embouteillages au centre-ville. denn es gibt immer mehr Staus in der Innenstadt.	*car*	denn
Donc, tout le monde est pressé. Also haben es alle Leute eilig.	*donc*	also
On prend le métro **ou** (bien) on va à pied. Wir fahren mit der U-Bahn oder wir gehen zu Fuß.	*ou (bien)*	oder
Prenez **soit** la ligne 6, **soit** la ligne 7. Nehmen Sie/Nehmt entweder die Linie 6 oder die Linie 7.	*soit ... soit*	entweder ... oder
Ou nous allons nous promener **ou** nous restons, mais décide-toi. Entweder gehen wir spazieren oder wir bleiben hier, aber entscheide dich.	*ou ... ou*	entweder ... oder

2   Unterordnende Konjunktionen

Unterordnende Konjunktionen leiten einen Nebensatz ein, der einem Hauptsatz untergeordnet ist. Nach einigen der unterordnenden Konjunktionen muss der *subjonctif* im Nebensatz stehen, nach anderen Konjunktionen kann er stehen.

■   Die Konjunktion *que*

Beispiel	Erklärung
Pierre dit **qu'**il vient. Pierre sagt, <u>dass</u> er kommt. Je suis sûre **que** Pierre viendra. Ich bin sicher, <u>dass</u> Pierre kommen wird.	*Que* leitet die indirekte Rede ein. Im Nebensatz mit *que* kann (abhängig vom Verb, Adjektiv oder Nomen im Hauptsatz) der Indikativ stehen.

▶▶▶ Unterordnende Konjunktionen

Beispiel	Erklärung
Elle dit **qu'**elle voudrait rentrer. Sie sagt, <u>dass</u> sie nach Hause gehen möchte.	Im Nebensatz mit *que* stehen in der indirekten Rede unterschiedliche Zeiten und Modi. ▶ S. 231
Il regrette **que** Lucie **soit** malade. Er bedauert, <u>dass</u> Lucie krank ist.	Nach bestimmten Auslösern steht im Nebensatz mit *que* der *subjonctif*.

■ **Die Konjunktion *si***

Die Konjunktion *si* wird mit „wenn/falls" oder mit „ob" ins Deutsche übersetzt.

Beispiel	Erklärung
Si tu as besoin de quelqu'un, appelle-moi. <u>Wenn</u> du jemanden brauchst, ruf mich an.	*Si* (wenn/falls) leitet einen **Bedingungssatz** ein.
Dis-moi **si** tu pourras venir. Sag mir, <u>ob</u> du kommen kannst.	*Si* (ob) leitet eine **indirekte Frage** ein.
! s'il Aber: si elle s'ils si elles si on	*Si* wird vor *il* und *ils* apostrophiert, aber nicht vor *elle*, *elles* und *on*.

Das deutsche „wenn" kann einen Bedingungssatz und einen zeitlichen Nebensatz einleiten. Im Französischen werden hier unterschiedliche Konjunktionen verwendet.

Beispiel	Erklärung
S'il est là, nous nous amuserons bien. <u>Wenn/Falls</u> er da ist, werden wir uns gut amüsieren.	Bedingungssatz ▶ *si*
Quand il est là, il y a toujours une bonne ambiance. <u>Wenn</u> er da ist, ist die Stimmung immer gut.	zeitlicher Nebensatz ▶ *quand*
Vous ne venez pas? **Si.** Kommen Sie nicht? <u>Doch</u>.	*Si* als Antwort auf eine verneinte Frage bedeutet „doch".

▶▶▶ Unterordnende Konjunktionen

■ Unterordnende Konjunktionen, die zeitliche Beziehungen angeben

Beispiel	Erklärung	
Quand elle est arrivée, elle ne m'a pas reconnu. Als sie angekommen ist, hat sie mich nicht erkannt.	*quand* (+ *passé composé*)	als
Lorsqu'elle m'a reconnu, elle m'a dit bonjour. Als sie mich erkannt hat, hat sie mich begrüßt.	*lorsque* (+ *passé composé*)	als
Quand/lorsqu' il fait beau, on se promène au parc. (Immer) Wenn das Wetter schön ist, gehen wir im Park spazieren. **Quand/lorsqu'** il faisait beau, on se promenait au parc. (Immer) Wenn das Wetter schön war, sind wir im Park spazieren gegangen.	*quand/lorsque* (+ *présent /imparfait*)	(immer) wenn
Pendant que nous nous promenons, les enfants jouent au ballon. Während wir spazieren gehen, spielen die Kinder Ball.	*pendant que*	während
Elle est rentrée **au moment où** le téléphone a sonné. Sie ist in dem Moment heimgekommen, als das Telefon klingelte.	*au moment où*	in dem Augenblick, als
Depuis qu'il travaille seul, il travaille mieux. Seitdem er alleine arbeitet, arbeitet er besser.	*depuis que*	seit
Noah est un compagnon agréable **tant qu'**il ne chante pas. Noah ist ein angenehmer Gefährte, solange er nicht singt.	*tant que*	solange

▶▶▶ Unterordnende Konjunktionen

■ **Unterordnende Konjunktionen, die Begründungen angeben**

Beispiel	Erklärung	
Ils habitent ici **parce que** c'est moins cher. Sie wohnen hier, <u>weil</u> es billiger ist.	*parce que*	weil
Comme il veut gagner la compétition, il s'entraîne beaucoup. <u>Da</u> er den Wettkampf gewinnen will, trainiert er viel.	*comme*	da
L'appartement est encore vide, **puisqu'**il n'est pas vendu. Die Wohnung steht noch leer, <u>da/ weil</u> sie noch nicht verkauft ist.	*puisque*	da, weil

3   Unterordnende Konjunktionen und der *subjonctif*

Im Französischen gibt es eine ganze Reihe von Konjunktionen, die den Gebrauch des *subjonctif* automatisch auslösen: Das Verb in dem auf die Konjunktion folgenden Nebensatz **muss** im *subjonctif* stehen.

■ **Temporale Beziehungen**

Beispiel	Erklärung	
Il a eu un portable **avant que** ce <u>soit</u> la mode. Er hatte ein Handy, <u>bevor</u> es Mode war.	*avant que*	bevor
Il retire de l'argent avec sa carte, Er hebt mit seiner Karte Geld ab, **jusqu'à ce qu'**il <u>ait</u> des problèmes. <u>bis</u> er Probleme bekommt.	*jusqu'à ce que*	bis
En attendant qu'il <u>vienne</u>, <u>Bis</u> er gekommen ist, nous avons raconté des histoires drôles. haben wir lustige Geschichten erzählt.	*en attendant que*	bis
On a fait la vaisselle **après qu'**ils <u>étaient</u>/<u>soient</u> partis. Wir haben das Geschirr abgewaschen, <u>nachdem</u> sie gegangen waren.	*après que*	nachdem

! Nach *après que* wird im gesprochenen Französisch heute häufig der *subjonctif* verwendet, analog zu *avant que*. In der Schriftsprache gilt das als inkorrekt.

▶▶▶ Unterordnende Konjunktionen und der *subjonctif*

■ Wunsch, Ziel, gewünschte Wirkung

Nach *de manière que*, *de façon que* und *de sorte que* steht der *subjonctif*, wenn eine gewünschte Folge ausgedrückt werden soll.

Beispiel	Erklärung	
J'ai déjà tout préparé pour demain matin, Ich habe schon alles für morgen früh vorbereitet, **pour qu'**on <u>puisse</u> partir très tôt. <u>damit</u> wir sehr früh losfahren können.	*pour que*	damit
Elle lui donne de l'argent, **afin qu'**il <u>vienne</u> en taxi. Sie gibt ihm Geld, <u>damit</u> er mit dem Taxi kommt.	*afin que*	damit
Il explique le problème **de façon que** tout le monde <u>comprenne</u>. Er erklärt das Problem <u>so, dass</u> alle es verstehen.	*de façon que*	so, dass
Parlez plus haut **de manière qu'**on <u>puisse</u> vous entendre. Sprechen Sie/Sprecht bitte lauter, <u>so dass</u>/<u>damit</u> man Sie/euch verstehen kann.	*de manière que*	so dass
Je voudrais que tu nous expliques cela Ich möchte, dass du uns das so erklärst, **de sorte qu'**on puisse le comprendre. <u>dass</u> wir es verstehen können.	*de sorte que*	so, dass
! J'ai transformé la phrase **de façon qu'**elle <u>ne contient</u> plus le subjonctif. Ich habe den Satz <u>so</u> umformuliert, <u>dass</u> er nun keinen subjonctif mehr enthält. Il n'a pas cessé de pleuvoir, **de façon que** nous ne <u>pouvons</u> pas sortir. Es hat nicht aufgehört zu regnen, <u>so dass</u> wir nicht ausgehen können.	Wird eine tatsächliche Folge oder die Art und Weise, wie etwas geschieht, ausgedrückt, steht der Indikativ.	

▶▶▶ Unterordnende Konjunktionen und der *subjonctif*

■ Gegensatz

Beispiel	Erklärung	
Elle sort le soir, **bien que** ses parents <u>soient</u> contre. Sie geht abends aus, <u>obwohl</u> ihre Eltern dagegen sind.	*bien que*	obwohl
Ils n'arrêtent pas de discuter, Sie hören nicht auf zu diskutieren, **quoique** nous <u>ayons</u> déjà trouvé une solution. <u>obwohl</u> wir schon eine Lösung gefunden haben.	*quoique*	obwohl
Il regarde la télévision **malgré qu'**il <u>ait</u> beaucoup de devoirs à faire. Er sieht fern, <u>obwohl</u> er viele Hausaufgaben hat.	*malgré que*	obwohl

■ Bedingung

Beispiel	Erklärung	
Je te prête ma voiture, Ich leihe dir mein Auto **à condition que** tu me la <u>rendes</u> demain. <u>unter der Bedingung, dass</u> du es mir morgen zurückgibst.	*à condition que*	unter der Bedingung, dass
À supposer /supposé que tu <u>perdes</u> la clé, <u>Angenommen</u> du verlierst den Schlüssel, il y en a une autre dans la boîte à lettres. dann ist noch einer im Briefkasten.	*à supposer que* *supposé que*	angenommen, dass
Pourvu qu'ils ne <u>fassent</u> pas trop de désordre, <u>Vorausgesetzt</u>/<u>Wenn</u> sie nicht zu viel Unordnung machen, les enfants peuvent jouer ici. können die Kinder hier spielen.	*pourvu que*	vorausgesetzt dass, wenn
Elle est sortie **sans que** personne <u>l'ait</u> remarqué. Sie ist aus dem Haus gegangen, <u>ohne dass</u> es jemand bemerkt hätte.	*sans que*	ohne dass
Je viendrai chez toi ce soir Ich komme heute Abend zu dir, **à moins que** tu (ne) <u>sortes</u>. <u>außer wenn</u> du ausgehst.	*à moins que*	es sei denn, dass/außer, wenn

⚲ Auf einen Blick

■ Präpositionen und Konjunktionen

Präposition		Konjunktion	
afin de	um zu	afin que (+ subjonctif)	damit
après	nach	après que	nachdem
avant de	vor	avant que (+ subjonctif)	bevor
dès	seit	dès que	sobald
jusqu'à	bis	jusqu'à ce que (+ subjonctif)	bis dass
malgré	trotz	malgré que (+ subjonctif)	obwohl
pour	für/um zu	pour que (+ subjonctif)	damit
sans	ohne	sans que (+ subjonctif)	ohne dass

Der Aussagesatz und seine Bestandteile / La phrase déclarative et ses composantes

Ein vollständiger Aussagesatz besteht mindestens aus einem Subjekt und einem Prädikat.

Häufig besteht das Prädikat aus einer oder mehreren Ergänzungen. Für französische Sätze gibt es eine Reihe von festen Stellungsregeln. Das bedeutet, dass bestimmte Satzteile nur in einer bestimmten Reihenfolge im Satz verwendet werden können.

Dieses Kapitel behandelt:

1 Das Subjekt

2 Das Prädikat

3 Die Ergänzung des Verbs

- Das direkte Objekt
- Das indirekte Objekt
- Die Stellung der Objekte im Satz
- Die adverbiale Bestimmung und ihre Stellung im Satz
- Die Infinitivergänzung

4 Die Hervorhebung von Satzteilen

- *C'est … qui/ ce sont … qui*
- *C'est … que/ce sont … que*

5 Der segmentierte Satz

1   Das Subjekt

Das Subjekt eines Satzes besteht aus einem einzelnen Wort, aus Wortgruppen oder einem Satz.

Beispiel	Erklärung
Marie travaille dans un bureau.	– Eigenname
Elle fait du sport.	– Subjektpronomen
Les filles vont danser.	– Nomen mit Begleiter
Voyager est très agréable.	– Infinitiv
Ce qu'il m'a dit ne me plaît pas.	– Nebensatz

▶▶▶ Das Subjekt

Das Subjekt steht im französischen Aussagesatz vor dem Verb. Von dieser Regel gibt es zwei Ausnahmen. Das Subjekt steht hinter dem Verb:

Beispiel	Erklärung
«Au revoir», **dit-elle**. „Auf Wiedersehen", sagte sie.	▬ nach der direkten Rede,
<u>Peut-être</u> **va-t-elle** revenir bientôt. <u>Vielleicht</u> kommt sie bald wieder. <u>Sans doute</u> **avez-vous** raison. <u>Zweifellos</u> haben Sie / habt ihr Recht. <u>À peine</u> **était-il** rentré, <u>Kaum</u> war er nach Hause gekommen, que le téléphone se mit à sonner. als das Telefon anfing zu klingeln.	▬ nach den Adverbien *peut-être*, *sans doute*, *à peine ... que*, *aussi* (so, deshalb), wenn sie am Satzanfang stehen. Das ist im Deutschen genauso. Diese Umkehrung der Reihenfolge Subjekt – Verb nennt man Inversion.
Vous avez <u>sans doute</u> raison. <u>Sans doute</u> **que vous avez** raison. **Vous avez** <u>peut-être</u> raison. <u>Peut-être</u> **que vous avez** raison.	Die Inversion nach diesen Adverbien ist im gesprochenen Französisch selten. Meistens stehen diese Adverbien nach dem Verb oder werden mit *que* verwendet.

2 Das Prädikat

Das Prädikat eines Satzes besteht aus einem allein stehenden Verb oder einem Verb mit Ergänzung(en).

Subjekt	Prädikat	
	Verb	**Ergänzung(en)**
Robert	travaille.	
Sophie	habite	à Nantes.
Sylvie	écrit	un roman.
Catherine	parle	d'un film à sa copine.

Prädikative Ergänzungen (im Deutschen auch Gleichstellungsergänzungen, weil sie eine Gleichstellung zwischen Subjekt und Ergänzungen herstellen) folgen auf die Verben *être*, *devenir*, *sembler*, *rester*, *paraître*, *avoir l'air*. Eine prädikative Ergänzung kann aus einem Nomen oder einem Adjektiv bestehen. Die Ergänzung bezieht sich auf das Subjekt, dem sie in Genus und Numerus angeglichen wird. S. dazu auch: ▶ S. 49

▶▶▶ Das Prädikat

Subjekt	Prädikat	
	Verb	prädikative Ergänzung
Paul	a l'air	gentil.
Il	est	infirmier.
Claire	est	gentille.
Elle	devient	infirmière.

3 Die Ergänzung des Verbs

Verben können folgende Ergänzungen haben:

Beispiel	Erklärung
Sylvie écrit **un roman**.	– ein direktes Objekt,
Sophie téléphone **à sa copine**.	– ein indirektes Objekt mit *à*,
Elles parlent **de Samuel**.	– ein indirektes Objekt mit *de*,
Elles vont **au cinéma**.	– eine adverbiale Bestimmung,
Elles aiment **nager**.	– eine Infinitivergänzung.

Auf ▶ S. 142 ff finden Sie eine Liste häufig gebrauchter Verben mit ihren Ergänzungen.

■ Das direkte Objekt

Das direkte Objekt heißt so, weil es direkt, also ohne Präposition, an das Verb angeschlossen wird. Direktes Objekt eines Verbs können einzelne Worte, Wortgruppen oder Sätze sein:

Beispiel	Erklärung
Marion achète **un cadeau**.	– ein Nomen mit Begleiter,
Marion rencontre **Quentin**.	– ein Eigenname,
Elle **le** rencontre.	– ein direktes Objektpronomen,
Elle demande à Quentin **ce qu'il a fait hier**.	– ein Relativsatz.
	(Relativpronomen: *ce que* = was)

In zusammengesetzten Zeiten wird das Partizip in bestimmten Fällen dem direkten Objekt angeglichen: S. dazu ▶ S. 97 ff

■ Das indirekte Objekt

Das indirekte Objekt wird mit einer Präposition – meist *à* oder *de* – an das Verb angeschlossen. Indirektes Objekt kann sein:

▶▶▶ Die Ergänzung des Verbs

Beispiel	Erklärung
Manon téléphone **à sa copine**.	▬ ein Nomen mit Begleiter,
Elles parlent **de Louise**.	▬ ein Eigenname,
Elle **lui** parle.	▬ ein indirektes Objektpronomen,
Elle pense souvent **à eux**.	▬ ein unverbundenes Personalpronomen,
Il s'intéresse **à ce qu'elle fait**.	▬ ein Relativsatz (Relativpronomen: *ce que* = was).

■ Die Stellung der Objekte im Satz

Beispiel	Erklärung
Amélie a acheté **un livre**.	**Direkte** und **indirekte Objekte** stehen im Aussagesatz nach dem Verb. Direkte Objekte stehen vor indirekten Objekten.
Elle a parlé **à Adrien**.	
Elle donne son livre **à Adrien**.	
Amélie parle **à** sa copine **de** son sport préféré.	Manche Verben können zwei indirekte Objekte haben. Normalerweise steht das *à*-Objekt vor dem *de*-Objekt. Nur wenn das *à*-Objekt länger ist als das *de*-Objekt oder wenn es besonders betont werden soll, steht es an letzter Stelle.
Elle parle **de** ses projets **à** M. et Mme Garnier.	

Zur Stellung der Objektpronomen beim Verb siehe ▶ S. 172 *ff*

■ Die adverbiale Bestimmung und ihre Stellung im Satz

Eine adverbiale Bestimmung gibt Auskunft über:

Beispiel	Erklärung
Damien part **pour l'Espagne**.	▬ den Ort,
Les parents sont **dans la cuisine**.	
Nadia arrive **à cinq heures**.	▬ die Zeit,
Ils se parlent **tous les jours**.	
Marie ne sort pas **à cause du mauvais temps**.	▬ den Grund,
Elle écrit ses lettres **à la main**.	▬ die Art und Weise.

Eine adverbiale Bestimmung kann bestehen aus:

Beispiel	Erklärung
Pierre habite **là-bas**.	▬ einem Adverb,
Sophie habite **rue de France**.	▬ einem Eigennamen,

▶▶▶ Die Ergänzung des Verbs

Beispiel	Erklärung
Elle va **à la piscine**. Elle **y** va souvent. Sophie sort **quand elle veut**.	▬ einer Präposition und einem Nomen, ▬ einem Pronomen, ▬ einem Nebensatz.
Félix va **au bureau**. Nathan habite **à la campagne**.	Es gibt Verben, die nicht alleine stehen können. Eine adverbiale Bestimmung kann also eine notwendige Verbergänzung sein. Die adverbialen Bestimmungen stehen in diesem Fall beim Verb.
Aujourd'hui, Félix va au bureau. Nathan habite à la campagne **depuis deux mois**.	Eine adverbiale Bestimmung kann sich auch auf einen ganzen Satz beziehen, weshalb man diese Art Ergänzung auch Satzadverb nennt. Dann handelt es sich um eine freie adverbiale Bestimmung, die auch weggelassen werden kann. Sie kann am Anfang oder am Ende des Satzes stehen.
Le soir, **au stade**, le groupe de Daniel s'entraîne. Le groupe de Daniel s'entraîne **le soir au stade**. **Le soir**, le groupe de Daniel s'entraîne **au stade**.	Mehrere freie Ergänzungen können entweder zusammen am Satzanfang/Satzende oder verteilt auf Satzanfang und Satzende stehen.

■ **Die Infinitivergänzung**

Beispiel	Erklärung
Alexis et Romain veulent **partir**. Sarah apprend **à lire**. Hugo a oublié **de payer**. Alexis et Romain veulent **partir avec des amis**. Julie apprend **à lire à sa sœur**.	Eine Infinitivergänzung kann mit oder ohne Präposition an das Verb angeschlossen werden. Ob nach einem Verb eine Präposition, und wenn ja, welche Präposition verwendet werden muss, hängt vom Verb ab. Auf ▶ S. 142 ff finden Sie eine Liste häufig gebrauchter Verben mit ihren Ergänzungen. Eine Infinitivergänzung kann auch aus einem Infinitiv und weiteren Ergänzungen bestehen.

Die Stellung der Pronomen beim Infinitiv: ▶ S. 172 ff

4 Die Hervorhebung von Satzteilen

Im Deutschen können die relativ freie Wortstellung im Satz und – in der gesprochenen Sprache – die Betonung dazu benutzt werden, einzelne Satzglieder hervorzuheben. Im Französischen sind diese Möglichkeiten stark eingeschränkt.

■ *C'est … qui/ ce sont … qui*

Beispiel	Erklärung
C'est Camille **qui** veut aller danser. Camille will tanzen gehen. (Es ist Camille, die tanzen gehen will.) **C'est** elle **qui** a choisi le restaurant. Sie hat das Restaurant ausgesucht. (Sie ist es, die das Restaurant ausgesucht hat.) **Ce sont** Isabelle et Inès **qui** vont avec Camille. Isabelle und Inès gehen mit Camille. (Es sind Isabelle und Inès, die mit Camille gehen.) **Ce sont** elles **qui** vont avec Camille. Sie gehen mit Camille. Mais **c'est** moi **qui** ai eu l'idée. Aber ich habe die Idee gehabt.	Mit *c'est … qui/ce sont … qui* wird ein Subjekt hervorgehoben. Nach *c'est/ce sont* stehen die unverbundenen Personalpronomen. *Ce sont* steht nur vor *eux/elles* oder einem Nomen im Plural. In der gesprochenen Sprache wird auch an dieser Stelle häufig *c'est* verwendet.
C'est toi qui **as** appelé ce matin? Warst du es, der heute morgen angerufen hat? Oui, **c'est moi** qui t'**ai** appelé. Ja, das bin/war ich, der dich angerufen hat.	Anders als im Deutschen richtet sich das Verb im *qui*-Satz immer nach dem hervorgehobenen Subjekt.

■ *C'est … que/ce sont … que*

Mit *c'est/ce sont … que* können andere Satzteile hervorgehoben werden:

Beispiel	Erklärung
C'est la musique classique **que** Nicolas aime. **C'est** à Nicolas **qu'**elle a offert un CD. **C'est** au restaurant **qu'**ils vont se rencontrer. **C'est** vendredi **que** le concert aura lieu. **C'est** en allant au bureau **que** Nicolas est tombé.	▬ ein direktes Objekt, ▬ ein indirektes Objekt, ▬ eine adverbiale Bestimmung, ▬ ein *gérondif*.

►►► Die Hervorhebung von Satzteilen

Ce sont des poèmes qu'elle a lus dans le train.

Ce sont les chansons de son nouvel album que j'ai écoutées.

In diesen Beispielen wird das direkte Objekt durch **ce sont ... que** hervorgehoben. *Que* ist das direkte Objekt des Nebensatzes und steht vor einem Verb im *passé composé*. Das Partizip muss in Genus und Numerus dem direkten Objekt angeglichen werden. S. dazu: Angleichung des Partizip Perfekt ► S. 97 ff

5 Der segmentierte Satz

Beispiel	Erklärung
Il est arrivé, **ton copain**. (Subjekt) Dein Freund ist gekommen. **Ce film**, je **l'**ai déjà vu. (Objekt) Diesen Film habe ich schon gesehen.	Im gesprochenen Französisch werden häufig Sätze verwendet, in denen ein Satzteil (Subjekt oder Objekt) wiederholt wird. Diese Sätze nennt man segmentierte Sätze. Im segmentierten Satz wird ein Satzteil voran- oder nachgestellt und im Satz durch ein Pronomen wiederholt. Ein Subjekt wird durch ein Subjektpronomen wiederholt, ein Objekt durch ein Objektpronomen. Der vorangestellte oder nachgestellte Satzteil wird durch ein Komma abgetrennt.
Moi, je voudrais aller au cinéma. Je voudrais aller au cinéma, **moi**. **Lui**, il voudrait aller danser. Il voudrait aller danser, **lui**. **Nous**, on voudrait rester à la maison. On voudrait rester à la maison, **nous**.	Ist das Subjekt des Satzes ein Pronomen, wird ein unverbundenes Personalpronomen zur Wiederholung vor oder nach den Satz gestellt.

Der Fragesatz / La phrase interrogative

Die indirekte Frage ▶ S. 232

Es gibt zwei Arten von Fragen: die Entscheidungsfrage und die Teilfrage. Entscheidungsfragen (auch Gesamtfragen) werden mit *Oui* oder *Non* beantwortet und haben kein Fragewort. Teilfragen enthalten ein Fragewort und erwarten als Antwort bestimmte Angaben (z. B. einen Ort, einen Zeitpunkt, eine Eigenschaft usw.).

On va au cinéma?	*Oui. / Non.*	Entscheidungsfrage
Quand est-ce qu'on va au cinéma?	*Ce soir. / Demain. / Samedi.*	Teilfrage

Das Französische verfügt über mehrere Möglichkeiten, Entscheidungsfragen und Teilfragen zu bilden. Die Verwendung der unterschiedlichen Fragetypen hängt von der Redesituation und dem Gesprächspartner ab.

Eine Entscheidungsfrage kann gebildet werden als:	Eine Teilfrage kann gebildet werden als:
– Intonationsfrage,	– Frage mit nachgestelltem Fragewort,
– Frage mit *est-ce que*,	– Frage mit *est-ce que*,
– Inversionsfrage,	– Inversionsfrage,
– absolute Frage,	– absolute Frage,
– segmentierte Frage.	– segmentierte Frage.

Dieses Kapitel informiert über:

1   **Die Intonationsfrage und die Frage mit nachgestelltem Fragewort**

- ▪ **Die Entscheidungsfrage**
- ▪ **Die Teilfrage**

2   **Die Frage mit *est-ce que***

- ▪ **Die Entscheidungsfrage**
- ▪ **Die Teilfrage**

3   **Die Inversionsfrage**

- ▪ **Die Entscheidungsfrage**
- ▪ **Die Teilfrage**

1 Die Intonationsfrage und die Frage mit nachgestelltem Fragewort

Die Intonationsfrage und die Frage mit nachgestelltem Fragewort sind der häufigste Fragetyp im gesprochenen Französisch. In der geschriebenen Sprache und in förmlichen Situationen werden sie, außer in der Wiedergabe von Dialogen, nicht verwendet.

◾ Die Entscheidungsfrage

Beispiel	Erklärung
On va au cinéma? Gehen wir ins Kino? Tu viendras demain? Kommst du morgen?/Wirst du morgen kommen?	Die Wortstellung in der Intonationsfrage ist die gleiche wie im Aussagesatz. Als Frage ist sie nur durch die ansteigende Intonation (Satzmelodie), mit der sie gesprochen wird, erkennbar.

◾ Die Teilfrage

Beispiel		Erklärung
Tu habites **où**?	Wo wohnst du?	In dieser Frageform steht das Fragewort
Il est **quelle** heure?	Wie viel Uhr ist es?	am Ende des Satzes. Die Stellung der
Il vient **quand**?	Wann kommt er?	übrigen Satzglieder ist die gleiche wie
		im Aussagesatz.

2 Die Frage mit *est-ce que*

Die Frage mit *est-ce que* wird sowohl im gesprochenen als auch im geschriebenen Französisch verwendet.

■ Die Entscheidungsfrage

Beispiel	Erklärung
Est-ce qu'on va au cinéma? Gehen wir ins Kino? **Est-ce que** tu viendras demain? Kommst du morgen?	*Est-ce que* ist ein Fragesignal. Es steht am Anfang des Fragesatzes. Die Stellung der übrigen Satzglieder ist die gleiche wie im Aussagesatz.

■ Die Teilfrage

Beispiel	Erklärung
Qu'est-ce que tu fais? Was machst du? **Quand est-ce qu'**on va au cinéma? Wann gehen wir ins Kino?	Bei einer Teilfrage steht das Fragewort vor *est-ce que*. Die Stellung der übrigen Satzglieder ist die gleiche wie im Aussagesatz. Im Unterschied zum Deutschen wird im Französischen fast immer das Fragewort am höchsten intoniert und der Satz mit fallender Intonation gesprochen.

Beispiel	Erklärung
! **Où est-ce qu'**elle est? Wo ist sie? Aber: **Où** est Jérôme? Wo ist Jérôme?	*Où est-ce que* + *être* kann nur verwendet werden, wenn das Subjekt ein Pronomen ist. Bei Nomen wird die Inversionsfrage verwendet.

Fragen mit dem Element *est-ce* nach Personen und Sachen ähneln sich sehr und führen leicht zu Verwechslungen.

Fragen nach <u>Personen</u>	*Qui est-ce qui vient?*	Wer kommt?
	Qui est-ce que tu as invité?	Wen hast du eingeladen?
Fragen nach **Sachen**	*Qu'est-ce qui te dérange?*	Was stört dich?
	Qu'est-ce que tu vas faire?	Was wirst du tun?

In Fragen nach dem Subjekt endet das Fragewort auf *qui*.
In Fragen nach dem Objekt endet das Fragewort auf *que*.

3   Die Inversionsfrage

Die Inversionsfrage gehört vorwiegend der geschriebenen Sprache an. In der gesprochenen Sprache ist die Inversionsfrage vor allem in einigen formelhaften Wendungen und in kurzen Fragen üblich. Z. B.:

Êtes-vous d'accord?	Sind Sie/Seid ihr einverstanden?
Où est-elle?	Wo ist sie?
Comment allez-vous?	Wie geht es Ihnen/euch?

■ Die Entscheidungsfrage

Beispiel	Erklärung
Apprenez-**vous** le français? Lernen Sie Französisch? Pourrais-**tu** m'aider? Könntest du mir helfen? **Va-t-elle** venir? Wird sie kommen? **A-t-il** écrit la lettre? Hat er den Brief geschrieben?	In einer Inversionsfrage steht das Subjektpronomen hinter dem Verb. Verb und Subjektpronomen werden mit einem Bindestrich verbunden. Endet die Verbform der 3. Person Singular auf einem Vokal, so wird zur Erleichterung der Aussprache ein -t- zwischen Verb und Subjektpronomen eingeschoben.

■ Die Teilfrage

Beispiel	Erklärung
Pourquoi apprends-**tu** le français? Warum lernst du Französisch? **Comment** trouvez-**vous** ce film? Wie finden Sie/findet ihr den Film? **Pourquoi** a-t-il appris le français? Warum hat er Französisch gelernt? **Comment** avez-vous trouvé ce film? Wie haben Sie/habt ihr den Film gefunden?	In der Teilfrage steht das Fragewort vor und das Subjektpronomen hinter dem Verb. In den zusammengesetzten Zeiten steht das Subjektpronomen zwischen Hilfsverb und Partizip. Eine Inversionsfrage kann immer dann gebildet werden, wenn das Subjekt ein Pronomen ist. Ist das Subjekt ein Nomen, muss eine absolute Frage verwendet werden. ▶ S.216

4   Die absolute Fragestellung

Die absolute Fragestellung gehört fast ausschließlich der Schriftsprache an. Im gesprochenen Französisch wird sie nur in sehr förmlichen Situationen (z. B. offiziellen Reden) verwendet.

- **Die Entscheidungsfrage**

Beispiel	Erklärung
Tes frères viendront-**ils** aussi? Kommen deine Brüder auch? **Pauline** va-t-**elle** travailler avec nous? Wird Pauline mit uns arbeiten?	Die absolute Fragestellung wird verwendet, wenn das Subjekt des Fragesatzes ein Nomen (kein Pronomen) ist. Das Subjekt wird nach dem Verb mit dem entsprechenden Pronomen wiederholt. Das Pronomen steht wie in der Inversionsfrage hinter dem Verb.

- **Die Teilfrage**

Beispiel	Erklärung
Pourquoi **Cécilia** ne vient-**elle** pas? Warum kommt Cécilia nicht? De qui **David** a-t-**il** parlé? Von wem hat David gesprochen?	In der Teilfrage steht das Fragewort am Anfang der Frage. Wie bei der Entscheidungsfrage wird das Subjekt nach dem Verb mit dem entsprechenden Pronomen wiederholt.

5   Die segmentierte Frage

Die segmentierte Frage wird nur in der gesprochenen Sprache verwendet, dort kommt sie allerdings sehr häufig vor.

- **Die Entscheidungsfrage**

Beispiel	Erklärung
Tes frères, ils viennent aussi? Kommen deine Brüder auch? Tu **les** as achetés ici, **ces livres**? Hast du diese Bücher hier gekauft?	In der segmentierten Frage wird der Satzteil, nach dem gefragt wird, mit Komma abgetrennt und dem Satz voran- oder nachgestellt. Innerhalb des Satzes wird das Subjekt durch ein Pronomen wiedergegeben.

▶▶▶ Die segmentierte Frage

■ **Die Teilfrage**

Beispiel	Erklärung
Elle revient <u>quand</u>, **Sophie**? Wann kommt Sophie zurück? **Pierre, il** habite <u>où</u>? Wo wohnt Pierre?	In einer segmentierten Teilfrage wird das Fragewort nachgestellt und der Satzteil, nach dem gefragt wird, dem Satz voran- oder nachgestellt.

6 Die Infinitivfrage

Beispiel	Erklärung
Que faire? Was tun? Où aller? Wohin soll ich/sollen wir gehen? Qui inviter? Wen soll ich/sollen wir einladen? Quel chemin prendre? Welchen Weg soll ich/sollen wir nehmen? À qui demander conseil? Wen soll ich/sollen wir um Rat fragen? Lequel choisir? Welchen soll ich/sollen wir auswählen?	Mit Frageworten und Infinitiven können verkürzte Fragen gebildet werden.

7 Hinweise zur Vermeidung von Fehlern

Im Unterschied zum Deutschen ist das Fragepronomen *qui* unveränderlich. Es kann aber mit Präpositionen gebraucht werden.

	Beispiel
<u>Wer</u> hat Agnès eingeladen? *Wer* übersetzen Sie mit *qui* oder *qui est-ce qui*.	**Qui** a invité Agnès? **Qui est-ce qui** a invité Agnès?
<u>Wen</u> hat Laura eingeladen? *Wen* übersetzen Sie mit *qui* oder *qui est-ce que*.	**Qui est-ce que** Laura a invité? Laura a invité **qui**? (umgangssprachlich)

▶▶▶ Hinweise zur Vermeidung von Fehlern

Das deutsche Fragewort „was" wird für Sachen verwendet, die Subjekt oder Objekt sind.
Im Französischen unterscheiden sich Fragen nach dem Subjekt und nach dem Objekt vonein-
ander.

	Beispiel	
<u>Wem</u> hast du das Buch gegeben? *Wem* übersetzen Sie mit *à qui*.	**À qui** est-ce que tu as donné le livre?	
<u>Was</u> ist los?	**Qu'est-ce qui** se passe?	Subjekt
<u>Was</u> interessiert ihn?	**Qu'est-ce qui** l'intéresse?	Subjekt
<u>Was</u> ist das?	**Qu'est-ce que** c'est?	Objekt
<u>Was</u> hat er dir gegeben?	**Qu'est-ce qu'**il t'a donné?	Objekt

Beispiel	Erklärung
Antwort auf eine negative Frage: Les Lambert ne viennent pas ce soir? **Si**. Kommen die Lamberts heute Abend nicht? <u>Doch</u>.	Eine negative Frage wird mit *si* bejaht und mit *non* verneint.

Der Aufforderungssatz und der Ausrufesatz / La phrase impérative et la phrase exclamative

Mit Aufforderungssätzen kann man Befehle, Verbote, Wünsche oder Bitten ausdrücken.

Asseyez-vous.	Setzen Sie sich./Setzt euch.
Ne l'écoutez pas.	Hören Sie ihm nicht zu./Hört ihm nicht zu.
Donne-moi un conseil.	Gib mir einen Rat.
Fermez la fenêtre, s'il vous plaît.	Schließen Sie bitte das Fenster.

Mit Ausrufesätzen drückt man Erstaunen, Verwunderung, Überraschung oder Verärgerung aus.

Comme c'est difficile!	Ist das schwierig!
Quelle surprise!	Was für eine Überraschung!
Mais qu'il est méchant, ce garçon!	Der ist aber boshaft, der Junge!
Si seulement j'avais su!	Wenn ich das nur gewusst hätte!

Dieses Kapitel informiert über die folgenden Satztypen:

1 Der Aufforderungssatz

2 Der Ausrufesatz

1   Der Aufforderungssatz

Beispiel	Erklärung
Prenez place, s'il vous plaît. Nehmen Sie / Nehmt bitte Platz. **Ne parlez pas** si vite. Sprechen Sie / Sprecht nicht so schnell.	Aufforderungssätze werden meist mit den Imperativformen des Verbs gebildet ▸ S. 91.
Donne-moi le pain, s'il te plaît. Gib mir bitte das Brot. **Dis-leur** bonjour de ma part. Grüße sie von mir. **Dis-le-moi**. /**Dis-moi-le**. Sag es mir.	Die Pronomen stehen im bejahten Aufforderungssatz hinter dem Imperativ und werden mit einem Bindestrich an das Verb angeschlossen.

▶ ▶ ▶

▶▶▶ Der Aufforderungssatz

Beispiel	Erklärung
Ne me le dis pas. Sag es mir nicht. **Ne me regarde pas** comme ça. Sieh mich nicht so an. **Ne leur donnez plus** de sucre. Geben Sie ihnen / Gebt ihnen keinen Zucker mehr. **Ne leur en donnez** plus. Geben Sie ihnen / Gebt ihnen keinen mehr (davon).	In einem verneinten Imperativsatz stehen die Pronomen vor der Verbform, wie in einem Aussagesatz. (Stellung der Pronomen beim Imperativ ▶ S. 173) Nach einem Aufforderungssatz mit Imperativ steht im Französischen kein Ausrufezeichen.
Tu ne sortiras pas ce soir! Du wirst heute Abend nicht ausgehen./ Heute Abend gehst du nicht aus. **Tu vas** t'excuser! Du wirst dich entschuldigen.	Befehle können auch mit dem *futur simple* oder dem *futur composé* ausgedrückt werden.
Tu ne tueras pas. Du sollst nicht töten.	Auch die zehn Gebote (*les dix commandements*) sind als Befehle im *futur simple* formuliert.
Ne pas se pencher au dehors. Nicht hinauslehnen. **Ne pas marcher** sur la pelouse. Den Rasen nicht betreten. **Brancher** l'imprimante avant de l'allumer. Den Drucker vor dem Einschalten anschließen. **Cuire** les pâtes dans de l'eau bouillante salée. Die Nudeln im Salzwasser kochen.	Auf Verbotsschildern, in Gebrauchsanweisungen oder in Kochrezepten werden Aufforderungen auch mit einem Infinitiv ausgedrückt.
Tu peux parler moins vite, s'il te plaît? Kannst du bitte langsamer sprechen? **Pouvez-vous** m'aider, s'il vous plaît? Können Sie mir bitte helfen?	Aufforderungssätze mit dem Imperativ oder einer Futurform werden nicht als besonders höflich empfunden. Deshalb gibt es mehrere Möglichkeiten, den

▶▶▶ Der Aufforderungssatz

Beispiel	Erklärung
Veux-tu m'écouter sans m'interrompre? Würdest du mir zuhören, ohne mich zu unterbrechen?	Befehlscharakter des Satzes abzuschwächen. Aufforderungen können auch als Fragen mit den Verben *pouvoir* oder *vouloir* + Infinitiv gebildet werden.
Tu pourrais m'aider? Könntest du mir helfen? **Pourriez-vous** me l'expliquer encore une fois? Könnten Sie mir das noch einmal erklären?	Besonders höfliche Fragen und Bitten werden mit dem *conditionnel* gebildet.

2　Der Ausrufesatz

Beispiel	Erklärung
Clément est vraiment adorable! Clément ist wirklich süß/sehr nett!	Ausrufesätze können sein: ▪ ein normaler Aussagesatz. Dann kann man nur an der Intonation hören, dass es sich um einen Ausrufesatz handelt.
Comme c'est triste! Ist das traurig. **Que** c'est mignon! Ach wie süß!/Ist das süß!	▪ ein Aussagesatz, der mit *comme* oder *que*,
Quelle horreur!　Wie schrecklich! **Quel** beau tableau!　Was für ein schönes Bild.	▪ durch *quel* + Nomen,
Si elle **venait** plus souvent! Wenn sie nur öfter käme! **Si seulement** elle nous **avait écoutés**! Wenn sie nur auf uns gehört hätte!	▪ mit *si* (*seulement*) + ein Verb im *imparfait* oder im *plus-que-parfait* eingeleitet wird.
Mais **ce qu'**il est beau, ce garçon. Ist der schön, der Junge. **Qu'est-ce que** c'est marrant! Ist das witzig!	Im gesprochenen Französisch wird häufig *ce que* oder *qu'est-ce que* anstelle von *comme* oder *que* verwendet.

Der Bedingungssatz / La phrase conditionnelle

Bedingungssätze (oder genauer: Bedingungsgefüge) drücken Bedingungen und deren Folgen aus. Es werden zwei Arten von Bedingungen unterschieden:

Beispiel	Erklärung
S'il neige, on ne prendra pas la voiture. Wenn es schneit, nehmen wir nicht das Auto. Si elle veut, je lui donnerai mon adresse. Wenn sie will, werde ich ihr meine Adresse geben.	**Reale Bedingung:** eine Bedingung, deren Erfüllung als tatsächlich, möglich oder wahrscheinlich angesehen wird.
S'il était riche, il ne travaillerait plus! Wenn er reich wäre, würde er nicht mehr arbeiten. S'ils avaient marqué un but, ils auraient gagné le match. Wenn sie ein Tor geschossen hätten, hätten sie das Spiel gewonnen.	**Irreale Bedingung:** eine nur gedachte Bedingung, deren Erfüllung unwahrscheinlich (Gegenwart) oder unmöglich (weil sie in der Vergangenheit liegt) ist.

Den Unterschied zwischen realer und irrealer Bedingung drücken Sie mit den Verbformen aus.

Ein Bedingungsgefüge besteht aus zwei Teilen:
1. dem *si*-Satz (**Nebensatz**), der die Bedingung ausdrückt,
2. dem **Hauptsatz**, der die Folge beschreibt.

Dieses Kapitel behandelt:

1 Reale Bedingungen

2 Irreale Bedingungen

3 Andere Möglichkeiten, Bedingungen auszudrücken

1   Reale Bedingungen

Um eine erfüllbare Bedingung auszudrücken, steht im *si*-Satz *présent*, *passé composé* oder *imparfait*. Um die tatsächliche, mögliche oder sehr wahrscheinliche Folge auszudrücken, steht im Hauptsatz *présent*, *futur simple* oder *conditionnel présent*.

Bedingung (*si*-Satz)	Folge (Hauptsatz)
Si vous **venez** de Dunkerque,	**prenez** la sortie n° 18.
Wenn Sie von Dunkerque kommen,	nehmen Sie die Ausfahrt 18.
Si vous ne **comprenez** pas la règle,	on vous l'**expliquera** encore une fois.
Wenn Sie die Regel nicht verstehen,	werden wir sie Ihnen noch einmal erklären.
Si ça lui **fait** plaisir,	je lui **achèterai** ce foulard.
Wenn es ihr Freude macht,	werde ich ihr diesen Schal kaufen.
Si tu **as** peur de rester seul à la maison,	**viens** donc avec nous.
Wenn du Angst hast, alleine zu Hause zu bleiben,	komm doch mit uns.
Si tu **as trouvé** une solution,	tu **peux** nous informer.
Wenn du eine Lösung gefunden hast,	kannst du uns informieren.
Si j'**ai terminé** mon travail samedi,	je vous **rappellerai**.
Wenn ich meine Arbeit bis Samstag erledigt habe,	rufe ich Sie wieder an.
S'ils **marquaient** encore un but,	ils **gagneraient**.
Wenn sie noch ein Tor schießen würden,	würden sie gewinnen.

Regel

Reale Bedingungen

Nebensatz	Hauptsatz	
si + présent *si + passé composé*	*présent* *futur simple* *impératif*	**!** Im Nebensatz mit *si* steht das Futur nie.
si + passé composé	*conditionnel présent*	

2 Irreale Bedingungen

Um eine nicht erfüllte Bedingung auszudrücken, wird im *si*-Satz (Nebensatz) *imparfait* oder *plus-que-parfait* verwendet. Um die nur gedachte Folge auszudrücken, wird im Hauptsatz *conditionnel présent* oder *conditionnel passé* verwendet.

Bedingung (*si*-Satz)	Folge (Hauptsatz)
Si elle **était** riche, Wenn sie reich wäre,	elle **voyagerait** beaucoup. würde sie viel reisen.
S'il **avait** une voiture, Wenn er ein Auto hätte,	il n'**aurait** pas **pris** le train. hätte er nicht den Zug genommen.
Si tu **avais lu** le journal, Wenn du die Zeitung gelesen hättest,	tu **serais** au courant. wärst du auf dem Laufenden.
S'il **avait eu** de l'argent, Wenn er Geld gehabt hätte,	il **aurait acheté** l'appartement. hätte er die Wohnung gekauft.

Regel

Irreale Bedingungen

Nebensatz	Hauptsatz	
si + imparfait *si + plus-que- parfait*	*conditionnel présent / passé*	**!** Im Nebensatz mit *si* (= wenn) steht *conditionnel* nie.
si + passé composé	*conditionnel présent*	

	Beispiel	Erklärung
!	Elle lui a demandé **s'il viendrait** avec elle. Sie hat ihn gefragt, ob er mit ihr kommen würde.	Nach *si* (= ob) in der indirekten Frage kann *conditionnel* stehen.
	s'il Aber: si elle s'ils si elles si on	*Si* wird vor *il* und *ils* apostrophiert, aber nicht vor *elle*, *elles* und *on*.

Zur Unterscheidung von *si* und *quand* ▸ S. 199

3 Andere Möglichkeiten, Bedingungen auszudrücken

Beispiel	Erklärung
En prenant le train, tu arriveras encore à l'heure. Wenn du den Zug nimmst, kommst du noch rechtzeitig an. **En l'écoutant** bien, tu le comprendras. Wenn du ihm gut zuhörst, wirst du ihn verstehen.	▬ Das *gérondif* kann Bedingungen ausdrücken. Hierfür müssen das *gérondif* und das Verb im Hauptsatz das gleiche Subjekt haben. ▶ S. 121 ff
Au cas où tu ne me **croirais** pas, regarde dans une encyclopédie. Im Falle, dass/Wenn du mir nicht glaubst, schau in einer Enzyklopädie nach.	▬ *au cas où* + *conditionnel*
Vous pouvez rester, **à condition de** ne pas fumer. Sie können unter der Bedingung bleiben, dass Sie nicht rauchen.	▬ *à condition de* + Infinitiv (bei gleichem Subjekt)
Je le ferai, mais **à condition que** vous m'aidiez. Ich werde es machen, aber unter der Bedingung dass Sie mir helfen.	▬ *à condition que* + *subjonctif* (bei unterschiedlichen Subjekten im Haupt- und im Nebensatz)

Der Relativsatz / La proposition relative

	Bezugselement	Relativsatz
Tu connais	la dame	**qui** vient d'entrer?
		dont on parle tout le temps?
C'est	quelqu'un	**que** tu devrais connaître.

Relativsätze sind Nebensätze. Sie geben zusätzliche Informationen zu Nomen oder Pronomen (den Bezugselementen), die im Hauptsatz vorkommen. Relativsätze werden durch Relativpronomen eingeleitet (▸ S. 175 ff) und stehen immer hinter dem Bezugselement.

Dieses Kapitel behandelt:

1 Die Wortstellung im Relativsatz

2 Indikativ oder *subjonctif* im Relativsatz

- 1. Wenn der Relativsatz eine gewünschte Eigenschaft ausdrückt
- 2. Nach Superlativen und superlativischen Ausdrücken im Hauptsatz
- 3. Nach verneinten Hauptsätzen

3 Die Angleichung von *participe passé* und Adjektiven im Relativsatz

4 Relativsätze ohne Bezugsnomen

1 Die Wortstellung im Relativsatz

	Hauptsatz	Relativsatz		
Paul? C'est le jeune homme	**qui**		est	un vrai champion.
	avec qui	je	joue	au tennis.
	que	j'	ai rencontré	hier.
	dont	on	a parlé	récemment.

Das Relativpronomen steht am Anfang des Relativsatzes (ggf. nach einer einleitenden Präposition: *Le jeune homme **avec qui** je joue au tennis.*). Es folgen das Subjekt + Verb + Ergänzungen. Wenn das Relativpronomen selbst das Subjekt des Relativsatzes ist (*qui*), folgen Verb + Ergänzungen. Das heißt, die Wortstellung bleibt die gleiche wie im Aussagesatz.

Beispiel	Erklärung
Je me souviens de toutes ces histoires que nous <u>a racontées</u> **ma mère**.	Vor allem in der geschriebenen Sprache (z. B. in Zeitungen) findet man auch die

▶▶▶ Die Wortstellung im Relativsatz

Beispiel	Erklärung
Ich erinnere mich an all diese Geschichten, die meine Mutter uns erzählt hat.	Inversion des Subjekts im Relativsatz.

2 Indikativ oder *subjonctif* im Relativsatz

In den meisten Fällen steht im Relativsatz der Indikativ. Der *subjonctif* steht in folgenden drei Fällen:

■ **1. Wenn der Relativsatz eine gewünschte Eigenschaft ausdrückt**

Gewünschte Eigenschaft subjonctif	Tatsächlich vorhandene Eigenschaft Indikativ
1. Je cherche un appartement qui ne **soit** pas trop cher. Ich suche eine Wohnung, die nicht zu teuer ist (sein soll).	2. J'ai trouvé un appartement qui n'**est** pas trop cher. Ich habe eine Wohnung gefunden, die nicht zu teuer ist.
3. Connaissez-vous un appartement qui ne **soit** pas trop cher? Kennen Sie/Kennt ihr eine Wohnung, die nicht zu teuer ist?	4. Oui, quelqu'un m'a parlé d'un appartement qui n'**est** pas trop cher. Ja, jemand hat mir von einer Wohnung erzählt, die nicht zu teuer ist.

In Satz 1 und 3 informiert der Relativsatz über eine Eigenschaft, die die Wohnung haben **soll**. In Satz 2 und 4 informiert der Relativsatz über eine Eigenschaft, die die Wohnung **tatsächlich hat**. Dieser Unterschied macht sich im Gebrauch des Modus im Relativsatz bemerkbar.

... qui n'**est** pas trop cher.   tatsächliche Eigenschaft ▶ Indikativ
... qui ne **soit** pas trop cher.   gewünschte Eigenschaft ▶ subjonctif

Beispiel		Erklärung
chercher qn/qc il (me) faut qn/qc avoir besoin de qn/qc rêver de qn/qc je voudrais qn/qc j'aimerais qn/qc as-tu/avez-vous qn/qc y a-t-il qn/qc connais-tu/connaissez-vous qn/qc	qui que	Nach nebenstehenden Verben und Ausdrücken im Hauptsatz ist im darauf folgenden Relativsatz der *subjonctif* zu erwarten: In vielen dieser Fälle kann auch das *conditionnel* anstelle des *subjonctif* stehen. Welcher Modus passender ist, kann nur das Sprachgefühl entscheiden.

▶▶▶ Indikativ oder *subjonctif* im Relativsatz

■ 2. Nach Superlativen und superlativischen Ausdrücken im Hauptsatz

Beispiel	Erklärung
C'est **la plus belle** région q<u>ue</u> je **connaisse**. Das ist die schönste Gegend, die ich kenne.	Nach einem Superlativ oder einem superlativischen Ausdruck im Hauptsatz steht das Verb im folgenden Relativsatz in der Regel im *subjonctif*.
C'est **le plus beau** voyage q<u>ue</u> j'**aie** jamais **fait**. Das ist die schönste Reise, die ich je gemacht habe.	Superlativische Ausdrücke im Hauptsatz sind:
C'est **le meilleur** film q<u>ue</u> j'**aie** jamais **vu**. Das ist der beste Film, den ich je gesehen habe.	C'est le seul/la seule C'est le premier/la première + Nomen C'est le dernier/la dernière C'est un/e des rares
Quel est le nom **le plus drôle** q<u>ue</u> vous **ayez** jamais **entendu?** Welches ist der komischste Name, den Sie je gehört haben/den ihr je gehört habt?	
Clément est **le seul** d'entre nous q<u>ui</u> **sache** chanter. Clément ist der Einzige unter uns, der singen kann.	
Le mieux q<u>ue</u> vous **puissiez** faire est de le laisser tranquille. Das Beste, was Sie tun können/ihr tun könnt, ist, ihn in Ruhe zu lassen.	
C'est **la plus belle** région q<u>ue</u> je **connais**. C'est **le plus beau** voyage q<u>ue</u> j'**ai fait**. C'est **le meilleur** film q<u>ue</u> j'**ai** jamais **vu**.	**Aber:** Wenn die Aussage als Tatsache gewertet wird oder der Wahrheitsgehalt der Aussage unterstrichen werden soll, wird auch nach einem Superlativ im Hauptsatz der Indikativ verwendet.
! C'était le meilleur livre qu'il avait écrit.	Steht das Verb im Hauptsatz in der Vergangenheit, dann steht das Verb im Relativsatz meist nicht im *subjonctif*, sondern im Indikativ (weil hier der Wahrheitsgehalt der Aussage bereits erwiesen ist). Möglich ist aber auch: *C'était le meilleur livre qu'il **ait écrit**.*

▶▶▶ Indikativ oder *subjonctif* im Relativsatz

■ **3. Nach verneinten Hauptsätzen**

Beispiel	Erklärung
Il **n'y a personne** <u>que</u> je **connaisse**, alors je m'en vais. Es ist niemand da, den ich kenne, also gehe ich.	Auch nach verneinten Hauptsätzen steht (in gehobener Sprache) im darauf folgenden Relativsatz der *subjonctif*.
Je **ne** vois **rien** <u>qui</u> me **plaise**. Ich sehe nichts, was mir gefällt. Il **n'y a que** toi <u>qui</u> **puisses** l'aider. Nur du kannst ihm helfen. Il y a **peu de** gens <u>qui</u> **soient** capables de vivre sans musique. Es gibt wenige Leute, die fähig sind, ohne Musik zu leben.	Nach diesen Verneinungen im Hauptsatz steht im Relativsatz der *subjonctif*: ne … personnne — niemand ne … rien — nichts ne … que — nur peu de — wenig/e ne … pas de — kein/e ne … aucun/e — kein/e einzige/r ne … pas un/e seul/e — kein/e einzige/r
Il <u>n'y</u> **avait** <u>personne</u> que je **connaissais**. Es war niemand da, den ich kannte.	Wenn das Verb im Hauptsatz im *imparfait* steht, steht im Relativsatz meist auch der Indikativ.

3   Die Angleichung von *participe passé* und Adjektiven im Relativsatz

Da die Relativpronomen *qui* und *que* unveränderlich sind, kann man ihnen nicht ansehen, ob sie für ein maskulines oder feminines Nomen im Singular oder im Plural stehen. Und doch geben sie die Merkmale eines Nomens weiter. D. h. ein Adjektiv und ein Partizip Perfekt muss auch in einem Relativsatz dem Nomen angeglichen werden, auf das es sich bezieht.

Beispiel	Erklärung
Le monsieur qui est venu … Der Herr, der gekommen ist … **Les garçons qui** sont venu**s** … Die Jungs, die gekommen sind …	Das Partizip nach dem Hilfsverb *être* muss dem Nomen angeglichen werden, auf das es sich bezieht. ▶ S. 97 ff
La dame qui est venu**e** … Die Dame, die gekommen ist … **Les filles qui** sont venu**es** … Die Mädchen, die gekommen sind …	

▶▶▶ Die Angleichung von *participe passé* und Adjektiven im Relativsatz

Beispiel		Erklärung
J'ai vu **un film qui** est très intéressant. Ich habe einen Film gesehen, der sehr interessant ist. Il raconte des **histoires qui** ne sont pas toujours vrai**es**. Er erzählt Geschichten, die nicht immer wahr sind.		Das Adjektiv muss dem Nomen angeglichen werden, zu dem es gehört.
Tu as déjà écouté les CD **que** j'ai acheté**s**? Hast du schon die CDs gehört, die ich gekauft habe? Vous avez lu la lettre **que** M. Morel a écri**te**? Haben Sie/Habt ihr den Brief gelesen, den M. Morel geschrieben hat? Où sont les photos **que** j'ai mis**es** sur la table? Wo sind die Fotos, die ich auf den Tisch gelegt habe?	(acheter qc) (écrire qc) (mettre qc)	In diesen Relativsätzen ist das Relativpronomen *que* das direkte Objekt. *Que* vertritt ein Nomen mit seinem Genus und Numerus und steht vor dem Partizip. Deshalb muss das Partizip dem direkten Objekt angeglichen werden. ▶ S. 97 ff

4 Relativsätze ohne Bezugsnomen

Relativsätze können auch das Subjekt eines Hauptsatzes sein.

Relativsatz = Subjekt	restlicher Hauptsatz
Qui vivra Wer leben wird,	**verra.** wird sehen. (= Abwarten und Tee trinken)
Qui aime Wer liebt,	**ne châtie jamais.** bestraft nie.
Ce qui est cher Was teuer ist,	**n'est pas toujours bon.** ist nicht immer gut.
Ce qui est simple pour vous Was für Sie/euch einfach ist,	**ne l'est pas pour moi.** ist es nicht für mich.
Ce qu'elle lit Was sie liest,	**ne m'intéresse pas.** interessiert mich nicht.
Ce à quoi pensent les ados Das, woran die Jugendlichen denken,	**n'intéresse pas toujours leurs parents.** interessiert nicht immer ihre Eltern.
Ce dont on parle Das, worüber man spricht,	**n'est pas toujours ce dont il s'agit.** ist nicht immer das, worum es sich (wirklich) handelt.

Die indirekte Rede / Le discours indirect

Wenn Sie darüber berichten, was jemand gesagt hat, verwenden Sie nicht immer die direkte Rede. Er hat gesagt: „Ich komme morgen.", sondern eher die indirekte Rede: Er hat gesagt, dass er morgen komme/kommt.

In diesem Kapitel finden Sie:

1 Die indirekte Rede

2 Die indirekte Frage

- Die indirekte Entscheidungsfrage
- Die indirekte Teilfrage

3 Die Zeitenfolge in der indirekten Rede

4 Die Wiedergabe von Aufforderungen

1 Die indirekte Rede

Die indirekte Rede besteht aus einem Hauptsatz (redeeinleitender Satz) und einem Nebensatz. Im Hauptsatz steht ein Verb der Redeeinleitung, z.B. *dire/raconter/répéter/affirmer/ajouter* usw. Im Nebensatz wird der Inhalt der Rede wiedergegeben. Der Nebensatz wird mit der Konjunktion *que* eingeleitet. Im Unterschied zum Deutschen und zum Englischen kann im Französischen die Konjunktion nicht weggelassen werden!

Direkte Rede

Camille raconte: «Je joue dans un groupe de rock.»
Camille erzählt: „Ich spiele in einer Rockband."

Elle ajoute: «Mon instrument préféré, c'est la guitare.»
Sie fügt hinzu: „Mein Lieblingsinstrument ist die Gitarre."

Indirekte Rede

Hauptsatz	Nebensatz
Camille raconte	qu'elle joue dans un groupe de rock.
Camille erzählt,	dass sie in einer Rockband spielt.
Elle ajoute	que son instrument préféré, c'est la guitare.
Sie fügt hinzu,	dass ihr Lieblingsinstrument die Gitarre ist.

2   Die indirekte Frage

■ Die indirekte Entscheidungsfrage

Eine indirekte **Entscheidungsfrage** wird mit *si* (ob) eingeleitet. Nur vor *il* und *ils* wird *si* zu *s'* apostrophiert. Die Konjunktion *si* ▶ S. 199

Direkte Entscheidungsfrage	Indirekte Entscheidungsfrage
Lisa demande à Léo: Lisa fragt Léo:	Lisa demande à Léo Lisa fragt Léo,
«Tu vas faire les courses?» „Gehst du einkaufen?"	– s'il va faire les courses. – ob er einkaufen geht.
«Est-ce que les enfants ont déjà mangé?» „Haben die Kinder schon gegessen?"	– si les enfants ont déjà mangé. – ob die Kinder schon gegessen haben.
Léo demande à Lisa: Léo fragt Lisa:	Léo demande à Lisa Léo fragt Lisa,
«Tu pourrais m'aider, s'il te plaît?» „Könntest du mir bitte helfen?"	– si elle pourrait l'aider. – ob sie ihm helfen könne.

■ Die indirekte Teilfrage

Eine indirekte Teilfrage wird mit demselben Fragewort eingeleitet wie die entsprechende direkte Frage. Nach dem Fragewort wird die Wortstellung eines Aussagesatzes beibehalten: Fragewort + Subjekt + Verb + Ergänzung.

Direkte Teilfrage	Indirekte Teilfrage
Il demande/Il veut savoir: Er fragt / Er möchte wissen:	
«**Comment** êtes-vous venus?» „Wie sind sie gekommen?"	Il demande **comment** nous sommes venus. Er fragt, wie wir gekommen sind.
«**Quand** êtes-vous arrivés?» „Wann sind Sie/seid ihr angekommen?"	Il veut savoir **quand** nous sommes arrivés. Er möchte wissen, wann wir angekommen sind.
«**Où** est-ce que vous habitez?» „Wo wohnen Sie?"	Il me demande **où** nous habitons. Er fragt mich, wo wir wohnen.
«**À qui** as-tu parlé?» „Mit wem hast du gesprochen?"	Il lui demande **à qui** il a parlé. Er fragt ihn, mit wem er gesprochen hat.

▶▶▶ Die indirekte Frage

Direkte Teilfrage	Indirekte Teilfrage
Il demande/Il veut savoir: Er fragt /Er möchte wissen:	
«**Par quoi** est-ce que tu veux commencer?» „Womit willst du anfangen?"	Dis-moi **par quoi** tu veux commencer. Sag mir, womit du anfangen willst.
«**De qui** a-t-il tenu cette information?» „Von wem hat er diese Information erhalten?"	Il aimerait savoir **de qui** il a tenu cette information. Er würde gern wissen, von wem er diese Information erhalten hat.
«**Qui** vous a dit cela?» „Wer hat Ihnen das gesagt?"	Dites-moi **qui** vous a dit cela. Sagen Sie mir, wer Ihnen das gesagt hat.

Aber: Direkte Fragen mit *qui est-ce qui* und *qui est-ce que* werden in der indirekten Frage mit *qui* eingeleitet.
Direkte Fragen mit *qu'est-ce qui* werden in der indirekten Frage mit *ce qui* eingeleitet.
Direkte Fragen mit *qu'est-ce que* oder *que* werden in der indirekten Frage mit *ce que* eingeleitet.

Direkte Teilfrage	Indirekte Teilfrage
Il demande/Il veut savoir: Er fragt / Er möchte wissen:	
«**Qui** est-ce qui est venu?» „Wer ist gekommen?"	Va voir **qui** est venu. Sieh nach, wer gekommen ist.
«**Qui** est-ce que tu as invité?» „Wen hast du eingeladen?"	Il lui demande **qui** elle a invité. Er fragt sie, wen sie eingeladen hat.
«Qu'est-**ce qui** t'intéresse?» „Was interessiert dich?"	Il veut savoir **ce qui** m'intéresse. Er möchte wissen, was mich interessiert.
«Qu'est-**ce que** vous faites?» „Was macht ihr?"	Il nous demande **ce que** nous faisons. Er fragt uns, was wir machen.
«**Que** voulez-vous visiter?» „Was möchtet ihr besuchen?"	Il veut savoir **ce que** nous voulons visiter. Er möchte wissen, was wir besuchen wollen.

▶▶▶ Die indirekte Frage

Qui est-ce qui	▸ qui	Frage nach Personen	(Subjekt)
Qui est-ce que			(direktes Objekt)
Qu'est-ce qui	▸ ce qui		(Subjekt)
Qu'est-ce que	▸ ce que	Frage nach Sachen	(direktes Objekt)
Que	▸ ce que		(direktes Objekt)

! In einer indirekten Frage steht nie *est-ce que* und nie die Inversion.

3 Die Zeitenfolge in der indirekten Rede

Bei der indirekten Rede hängt das Tempus des Verbs im Nebensatz vom Tempus des Verbs im Hauptsatz ab.

Direkte Rede

«C'est sûr, je **partirai** d'ici. Je n'**aime** pas cette banlieue triste. Avant de venir ici, j'**ai habité** dans une petite ville de province. C'**était** beaucoup moins anonyme. Là-bas je n'**avais** pas encore **connu** cette indifférence. Je **voudrais** y retourner. »

Es ist sicher, dass ich hier weggehen werde. Ich mag diese triste Vorstadt nicht. Bevor ich hierher kam, habe ich in einer kleinen Provinzstadt gelebt. Dort war es viel weniger anonym. Dort habe ich diese Gleichgültigkeit noch nicht gekannt. Ich möchte dorthin zurück.

Steht das Verb des Hauptsatzes im *présent*, *futur*, *conditionnel présent* (also in einem Tempus der ‚Nichtvergangenheit'), so steht das Verb im Nebensatz (indirekte Rede) im selben Tempus wie in der direkten Rede.

Indirekte Rede

Hauptsatz (Redeeinleitung)	**Nebensatz** (Redewiedergabe)
	qu'elle **partira** d'ici.
	dass sie hier weggehen werde.
	qu'elle n'**aime** pas cette banlieue.
	dass sie diese Vorstadt nicht möge.
dit /	qu'elle **a habité** dans une petite ville.
Elle **va dire** /	dass sie in einer kleinen Stadt gelebt habe.
dira / **dirait**	que c'**était** beaucoup moins anonyme.
	dass es viel weniger anonym gewesen sei.
	qu'elle n'**avait** pas **connu** cette indifférence.
	dass sie diese Gleichgültigkeit noch nicht gekannt hätte.
	qu'elle **voudrait** y retourner.
	dass sie gerne dorthin zurückkehren würde.

▶▶▶ Die Zeitenfolge in der indirekten Rede

Steht das Verb des Hauptsatzes in einem Tempus der Vergangenheit, ändern sich einige Tempora im Nebensatz.

Indirekte Rede

Hauptsatz (Redeeinleitung)	Nebensatz (Redewiedergabe)
	qu'elle **partirait** d'ici.
	dass sie hier weggehen werde.
	qu'elle n'**aimait** pas cette banlieue.
	dass sie diese Vorstadt nicht möge.
Elle **a dit**/**disait** **avait dit**	qu'elle **avait habité** dans une petite ville.
	dass sie in einer kleinen Stadt gelebt habe.
	que c'**était** beaucoup moins anonyme.
	dass es viel weniger anonym gewesen sei.
	qu'elle n'**avait** pas **connu** cette indifférence.
	dass sie diese Gleichgültigkeit noch nicht gekannt hätte.
	qu'elle **voudrait** y retourner.
	dass sie gerne dorthin zurückgehen würde.

Aus:	wird:	Aber:	bleibt:
futur	▶ conditionnel	imparfait	imparfait
présent	▶ imparfait	plus-que-parfait	plus-que-parfait
passé composé	▶ plus-que-parfait	conditionnel	conditionnel

! Beachten Sie, dass der Gebrauch der Tempora im Nebensatz auch von der Sprechabsicht und der Perspektive des Sprechers abhängig ist. Nach einem redeeinleitenden Verb im *passé composé* (*il a dit* o. ä.) braucht in bestimmten Fällen keine Veränderung des Tempus einzutreten.

Beispiel	Erklärung
Elle m'**a dit** au téléphone ce matin que la SNCF **fait** la grève. Sie hat mir heute Morgen am Telefon gesagt, dass die SNCF streikt. Il ne m'**a** pas **dit** que les magasins **sont** fermés lundi. Er hat mir nicht gesagt, dass die Geschäfte montags geschlossen sind.	Wenn der Inhalt der Redewiedergabe zum Zeitpunkt der Wiedergabe immer noch gilt, kann nach einem redeeinleitenden Verb in der Vergangenheit das Verb der indirekten Rede im *présent* stehen.

4   Die Wiedergabe von Aufforderungen

Beispiel	Erklärung
Donne-moi ce livre. ▶ Gib mir dieses Buch.	Aufforderungssätze können mit einer Infinitivkonstruktion, einem Satz mit *subjonctif* oder mit dem Verb *devoir* wiedergegeben werden.
Elle me demande/m'a demandé **de lui donner** ce livre. Sie bittet mich darum/hat mich darum gebeten, ihr dieses Buch zu geben.	
Elle voudrait/voulait **que je lui donne** ce livre. Sie möchte/wollte, dass ich ihr dieses Buch gebe.	
Elle dit **que je dois** lui donner ce livre. Sie sagt, dass ich ihr das Buch geben soll/muss.	
Elle a dit que je **devais** lui donner ce livre. Sie hat gesagt, dass ich ihr das Buch geben soll/muss.	

Der verneinte Satz / La phrase négative

Elle travaille.   Elle **ne** travaille **pas**.   Elle **ne** travaille **plus**.   Elle **ne** travaille **jamais**.
Sie arbeitet.   Sie arbeitet nicht.   Sie arbeitet nicht mehr.   Sie arbeitet nie.

Sätze können bejaht oder verneint sein. Im Französischen gibt es mehrere Verneinungswörter.

Dieses Kapitel informiert über:

1   Die Verneinung mit *ne … pas/plus/jamais*

2   Die Verneinung mit *personne/rien/aucun/pas un seul*

- Die Verwendung als Subjekt
- Die Verwendung als Ergänzung

3   Die Wortstellung im verneinten Satz

- Die Stellung von *ne … personne*, *aucun/e* und *ne … pas un/e seul/e*

4   Die Verneinung nur mit *pas*

5   Die Verneinung nur mit *ne*

6   Der Gebrauch der Verneinungswörter in positiver Bedeutung

7   Die Verneinung mit *ne … ni … ni*

8   Die Einschränkung mit *ne … que*

9   Hinweise zur Vermeidung von Fehlern

1   Die Verneinung mit *ne … pas/plus/jamais*

Beispiel	Erklärung
Aujourd'hui, il **ne** sort **pas**. Heute geht er <u>nicht</u> aus. Il **ne** sort **plus**. Er geht <u>nicht mehr</u> aus. Il **ne** sort **jamais**. Er geht <u>nie</u> aus.	Im Französischen besteht die Verneinung aus zwei Teilen: *Ne* wird vor die konjugierte Form des Verbs gestellt und *pas/plus/jamais* dahinter, so dass das Verb wie von einer Verneinungsklammer umschlossen ist.

▶▶▶ Die Verneinung mit *ne ... pas / plus / jamais*

Beispiel	Erklärung
Margaux n'aime **pas du tout** la musique pop. Margaux mag Popmusik <u>überhaupt nicht</u>.	Vor Vokal und stummem *h* wird *ne* zu *n'* apostrophiert. *Ne ... pas* kann mit *du tout*, *non plus* und *encore* verstärkt werden. *Ne ... plus* kann mit *jamais* und *du tout* verstärkt werden.
Elle n'aime **pas non plus** le rap. Sie mag Rap <u>auch nicht</u>.	
Il n'a **pas encore** mangé à la cantine de son entreprise. Er hat <u>noch nicht</u> in der Kantine seiner Firma gegessen.	
Je **ne** ferai **plus jamais** la vaisselle! Ich werde <u>nie wieder</u> abwaschen.	
Il n'a **plus du tout** envie de travailler. Er hat <u>überhaupt keine</u> Lust mehr zu arbeiten.	
– Tu veux **du** café? – Möchtest du Kaffee? – Non merci, je ne bois pas/plus/jamais **de** café. – Nein danke, ich trinke keinen Kaffee (mehr)/nie Kaffee.	Nach den Verneinungen *ne ... pas/ plus/jamais* steht nur *de* und kein Teilungsartikel ▶ S. 19
! C'est **pas** vrai. Das ist nicht wahr. Elle t'écoute **plus**. Sie hört dir nicht mehr zu. Il danse **jamais**. Er tanzt nie.	Im gesprochenen Französisch wird das *ne* in verneinten Sätzen meistens weggelassen. Im geschriebenen Französisch ist das nicht möglich.
Elle **ne** vient **guère** nous voir ces derniers temps. Sie besucht uns kaum noch in letzter Zeit.	Im gehobenen Französisch wird auch *ne ... guère* (kaum) verwendet. In der Standardsprache wird stattdessen *ne ... pas souvent*, *ne ... pas beaucoup* oder *ne ... presque pas* verwendet.

2 Die Verneinung mit *personne/rien/aucun/pas un seul*

Diese Verneinungswörter können Subjekt oder Ergänzung im Satz sein.

■ Die Verwendung als Subjekt

Beispiel	Erklärung

Personne ne vient le voir.
Niemand besucht ihn.
 	
Rien ne l'intéresse.
Nichts interessiert ihn.
 	
J'ai regardé les photos.
 	
    Aucune ne m'a plu.
    Keins hat mir gefallen.
 	
    Pas une seule ne m'a plu.
    Kein Einziges hat mir gefallen.
	Sind *personne, rien, aucun/e, pas un/e seul/e* Subjekt des Satzes, so stehen sie mit *ne* vor dem Verb. *Aucun/e* und *pas un/e seul/e* sind veränderlich und werden dem Genus des Nomens angepasst, das sie vertreten (hier: *la photo*).

■ Die Verwendung als Ergänzung

Beispiel	Erklärung
Je **ne** vois **personne**. Ich sehe niemanden. Elle **ne** parle **à personne**. Sie spricht mit niemandem. Il **ne** fait **rien**. Er macht nichts. Ils **ne** pensent **à rien**. Sie denken an nichts. Il **n'**a lu **aucun** de ces livres. Er hat kein einziges dieser Bücher gelesen. Elle **ne** connaît **aucune** femme qui bricole. Sie kennt keine Frau, die bastelt. Je **n'**y crois **pas une seule** seconde. Ich glaube keine Sekunde daran.	Als Ergänzung stehen diese Verneinungswörter genau wie *ne ... pas* beim Verb: *Ne* steht vor dem Verb, *personne, rien, aucun/e, pas un/e seul/e* dahinter. *Personne* und *rien* können auch mit Präpositionen verwendet werden.

3   Die Wortstellung im verneinten Satz

Beispiel	Erklärung
	Die Verneinungsklammer umschließt:
M. Masson **ne** viendra **pas**. M. Masson wird nicht kommen. Il **ne** m'écrit **jamais**. Er schreibt mir nie. Clara **n'est pas** venue **non plus**. Clara ist auch nicht gekommen. Elle **ne** m'a **plus** téléphoné. Sie hat mich nicht mehr angerufen. **Ne** le lui dis **pas**, s'il te plaît. Sag es ihm/ihr bitte nicht. Elle **ne** va **pas** t'en parler. Sie wird mit dir nicht darüber reden.	▬ in den einfachen und den zusammengesetzten Zeiten Pronomen + konjugiertes Verb, Hilfsverb oder Imperativ,
Ne travaillant **plus**, elle a beaucoup de temps pour voyager. Da sie nicht mehr arbeitet, hat sie viel Zeit zum Reisen.	▬ das *participe présent*,
En **ne** mangeant **plus** de sucreries, il a perdu dix kilos. Er hat zehn Kilo abgenommen, indem/weil er keine Süßigkeiten mehr gegessen hat.	▬ beim *gérondif* nur die Verbform, nicht das *en*,
Il **ne** peut **pas** venir. Er kann nicht kommen.	▬ in einem Satz mit Modalverb das Modalverb (nicht den Infinitiv),
Pourquoi **ne** vient-il **pas**? Warum kommt er nicht? Pourquoi **n'est**-il **pas** venu? Warum ist er nicht gekommen?	▬ bei Inversionsfragen das Verb mit dem nachgestellten Subjektpronomen.
Il **ne** lui téléphone **plus**. Er ruft ihn/sie nicht mehr an.	▬ Pronomen stehen innerhalb der Verneinungsklammer.

▶▶▶ Die Wortstellung im verneinten Satz

Beispiel	Erklärung
Il ne va pas lui téléphoner. Er wird ihn/sie nicht mehr anrufen. Il ne veut plus lui téléphoner. Er will ihn/sie nicht mehr anrufen.	Nur im *futur composé* und Sätzen mit Modalverb stehen die Pronomen vor dem Infinitiv.
Ne pas marcher sur la pelouse. Den Rasen nicht betreten. Il vaut mieux ne pas le dire. Es ist besser, das nicht zu sagen.	▬ Bezieht sich eine Verneinung auf einen Infinitiv, so stehen beide Verneinungswörter vor dem Infinitiv.

■ **Die Stellung von *ne … personne*, *aucun/e* und *ne … pas un/e seul/e***

In den zusammengesetzten Zeiten stehen *personne* und *aucun/e* hinter dem Partizip. In Sätzen mit Modalverb und im *futur composé* stehen *personne* und *aucun/e* hinter dem Infinitiv. *Un/e seul/e* steht ebenfalls hinter dem Partizip oder dem Infinitiv.

Beispiel

Je	n'	ai vu	personne.		Ich habe <u>niemanden</u> gesehen.
Elle	n'	a lu	aucun	de ces livres.	Sie hat <u>keines</u> von diesen Büchern gelesen.
Elle	ne	veut voir	personne.		Sie will <u>niemanden</u> sehen.
Elle	ne	veut lire	aucun	de ces livres.	Sie will <u>keines</u> von diesen Büchern lesen.
Il	n'	a	pas fait	une seule faute.	Er hat <u>keinen einzigen</u> Fehler gemacht.
Il	n'	en a	pas fait	une seule.	Er hat <u>keinen einzigen</u> gemacht.
Il	ne	va	pas en faire	une seule.	Er wird <u>keinen einzigen</u> machen.

4   Die Verneinung nur mit *pas*

Beispiel	Erklärung
Elle est suisse, pas italienne. Sie ist Schweizerin, <u>nicht</u> Italienerin. Elle habite dans une maison pas loin du centre. Sie wohnt in einem Haus <u>nicht</u> weit vom Zentrum entfernt. Nous partons aujourd'hui, pas demain. Wir fahren heute weg, <u>nicht</u> morgen.	Um einen anderen Satzteil als das Verb zu verneinen, wird *ne* weggelassen und *pas* vor den Satzteil gestellt, der verneint werden soll.

5   Die Verneinung nur mit *ne*

Beispiel	Erklärung
	Vor einigen Verben steht häufig nur die Verneinung *ne* – ohne *pas*.
Elle **ne cesse** de parler. Sie hört nicht auf zu reden.	*cesser de* + Inf.
Il **n'ose** parler à ses parents. Er traut sich nicht, mit seinen Eltern zu reden.	*oser* + Inf.
Elle **ne peut** leur pardonner. Sie kann ihnen nicht vergeben.	*pouvoir* + Inf.
Je **ne sais** que faire. Ich weiß nicht, was ich tun soll.	*savoir* + Inf.

Im geschriebenen Französisch und in einer sehr gewählten Sprache kann nach bestimmten Verben und Ausdrücken – die einen *subjonctif* auslösen – ein funktionsloses *ne* stehen, das keine Verneinung ausdrückt: das expletive *ne*.

Beispiel	Erklärung
	Das expletive *ne* steht im *que*-Satz:
Je **crains** qu'il **ne** soit trop tard. Ich fürchte, dass es zu spät ist.	▬ nach Verben, z. B.: *craindre, éviter, douter, empêcher,*
Pour **éviter** que le beurre **ne** brûle dans votre poêle, versez aussi un filet d'huile. Um zu verhindern, dass die Butter in Ihrer Pfanne anbrennt, geben Sie einen Schuss Öl dazu.	
Je vais l'appeler **avant qu'**il **ne** soit trop tard. Ich werde ihn anrufen, bevor es zu spät ist.	▬ nach Konjunktionen, z. B.: *avant que, à moins que,*
La maison coûte **moins cher** que je **ne** le pensais. Das Haus kostet weniger als ich dachte.	▬ nach Vergleichen.

6 Der Gebrauch der Verneinungswörter in positiver Bedeutung

Beispiel	Erklärung
C'est le plus beau roman que j'aie **jamais** lu. Das ist der schönste Roman, den ich je gelesen habe.	Die Verneinungswörter *jamais*, *personne*, *aucun/e* und *rien* können, anders als im Deutschen, mit positiver Bedeutung verwendet werden. Sie stehen dann ohne *ne*.
As-tu **jamais** voyagé en Australie? Bist du schon einmal/jemals nach Australien gereist?	
Si **jamais** je l'attrape … Wenn ich ihn jemals erwischen sollte …	
C'est fini à **jamais**. Das ist für immer zu Ende.	
Vous le savez mieux que **personne**. Das wissen Sie/wisst ihr besser als irgendein anderer.	
Est-ce que vous avez **aucune** idée? Haben Sie/Habt ihr irgendeine Idee?	
Il la regarde sans **rien** dire. Er schaut sie an, ohne etwas zu sagen.	
Je **n'**ai **jamais rien** entendu d'aussi bête. Ich habe niemals etwas so Dummes gehört.	In einem verneinten Satz werden, anders als im Deutschen, auch die verneinten Indefinitpronomen verwendet.
Elle **ne** parlera **jamais** à **personne** de cette rencontre. Sie wird über diese Begegnung niemals mit jemandem sprechen.	
Personne ne comprendra **jamais** sa peur. Niemand wird jemals ihre Angst verstehen.	

7 Die Verneinung mit *ne … ni … ni*

Beispiel	Erklärung
Elle **n'**est **ni** blonde **ni** brune. Sie ist weder blond noch brünett. Elle **n'**aime **ni** le rap **ni** le hip-hop. Sie mag weder Rap noch Hiphop. **Ni** Lisa **ni** Sophie **ne** connaissent le Portugal. Weder Lisa noch Sophie kennen Portugal.	Die Verneinung *ne … ni … ni* besteht aus drei Teilen. *Ne* steht vor der konjugierten Form des Verbs, *ni* vor den Satzteilen, die verneint werden sollen.
Arthur **ne** veut **ni ne** peut chanter. Arthur will und kann nicht singen./Weder will noch kann Arthur singen.	Sollen zwei Verben verneint werden, steht vor dem ersten Verb *ne* und vor dem zweiten Verb *ni ne*.
Lisa **ne** connaît **pas** le Portugal. Sophie **non plus**. Lisa kennt Portugal nicht. Sophie auch nicht. Elle **n'**aime **pas** le rap **ni** le hip-hop. Sie mag weder Rap noch Hiphop.	*Ne … ni … ni* gehört vornehmlich der geschriebenen Sprache an. Im gesprochenen Französisch werden eher Verneinungen mit *ne … pas*, *non plus* oder *ne … pas … ni* verwendet.
ne dire **ni** oui **ni** non weder ja noch nein sagen **ne** savoir **ni** lire **ni** écrire weder lesen noch schreiben können **ni** l'un/e **ni** l'autre weder der/die/das eine noch der/die/das andere	In der gesprochenen Sprache wird *ne … ni … ni* vorwiegend in festen Wendungen gebraucht.

8 Die Einschränkung mit *ne … que*

Beispiel	Erklärung
Elle **ne** m'écrit **qu'**une fois par an. Sie schreibt mir <u>nur</u> einmal im Jahr. Il **n'**y a **qu'**un métier qui l'intéresse: journaliste. Es gibt <u>nur</u> einen Beruf, der ihn/sie interessiert: Journalist.	Mit *ne … que* (nur, erst) werden Satzteile eingeschränkt, die nicht Subjekt des Satzes sind. *Ne* steht vor der konjugierten Form des Verbs, *que* vor dem Satzteil, der eingeschränkt werden soll.

▶▶▶ Die Einschränkung mit *ne ... que*

Beispiel	Erklärung
Je **ne** voudrais manger **qu'**une salade. Ich möchte <u>nur</u> einen Salat essen.	
Il **n'a que** 17 ans. Er ist <u>erst</u> 17 Jahre alt.	
Il **n'**arrive **qu'**à 18 heures. Er kommt <u>erst</u> um 18 Uhr an.	
Il n'y a que Clément **qui** puisse venir. Nur Clément kann kommen. **Seul** Clément peut venir.	Ein Subjekt wird mit *il n'y a que ... qui* (+ *subjonctif*) oder *seul* + Nomen (geschriebenes Französisch) eingeschränkt.
Il **ne fait que** travailler. Er arbeitet nur.	Ein Verb wird mit *ne faire que* + Infinitiv eingeschränkt.

9   Hinweise zur Vermeidung von Fehlern

Beispiel	Erklärung
	Verwechseln Sie nicht:
❗ Seul Frédéric travaille. Nur Frédéric arbeitet.	Hier bezieht sich *seul* auf Frédéric.
Frédéric travaille **seul**. Frédéric arbeitet alleine.	Hier bezieht sich *seul* auf *travailler*.
Tu **n'**as **qu'**à écrire. Du brauchst nur zu schreiben.	Merken Sie sich diese Wendungen mit *ne ... que*.
Il **ne** me reste **qu'**à partir. Es bleibt mir nichts anderes übrig als zu gehen.	
Malika ne parle pas l'arabe. **Moi** non plus. ... Ich auch nicht.	In verneinten Antworten ohne Verb werden die unverbundenen Personalpronomen verwendet.
Mais elle parle très bien l'espagnol. **Moi** pas. ... Ich nicht.	

▶▶▶ Hinweise zur Vermeidung von Fehlern

Beispiel	Erklärung
Et ton frère? **Lui** non plus. … Er auch nicht.	
▬ Tu ne viens pas ce soir? ▬ **Si**. ▬ Kommst du heute Abend nicht? ▬ Doch. ▬ Tu ne viens pas ce soir? ▬ Non. ▬ Kommst du heute Abend nicht? ▬ Nein.	Die Antwort auf eine verneinte Frage lautet *si* oder *non*.
▬ Vous venez ce soir? ▬ Je pense **que oui**. ▬ … Ich denke ja. ▬ Elena vient aussi? ▬ Je crois **que non**. ▬ Ich glaube nein. /Ich glaube nicht. ▬ Elena ne vient pas? ▬ J'espère **que si**. ▬ … Ich hoffe doch.	In bejahten und verneinten Antworten mit *oui*, *non*, *si* werden diese Wörter im Unterschied zum Deutschen mit *que* angeschlossen.

Der Text / Le texte

Im Folgenden finden Sie Textbeispiele (Brief, Anschreiben, Bewerbungschreiben, Lebenslauf, E-mail, SMS) und Einleitungs- und Schlussformeln für Briefe.

Dieses Kapitel informiert über:

1 Briefe

- Briefumschlag
- Einleitungs- und Schlussformeln eines Briefes
- 1. Textbeispiel: Persönlicher Brief
- 2. Textbeispiel: Reservierung
- 3. Textbeispiel: Stornierung

2 E-mail

3 Bewerbung

- 1. Textbeispiel: Bewerbung für ein Praktikum
- 2. Textbeispiel: Bewerbung als Marketing Manager

4 Lebenslauf

- 1. Textbeispiel
- 2. Textbeispiel

5 SMS

1 Briefe

- **Briefumschlag**

Monsieur
Romain Gauthier
22, rue Pasteur
F 33200 Bordeaux
France

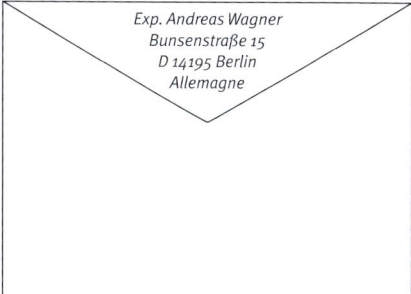

Exp. Andreas Wagner
Bunsenstraße 15
D 14195 Berlin
Allemagne

▶▶▶ Briefe

■ **Einleitungs- und Schlussformeln eines Briefes**

Brief an Freunde, gute Bekannte

Einleitung	Schlussformeln
Cher Romain, / Chère Camille, / Chers amis	Amitiés / (Bien) amicalement Cordialement / À bientôt Je t'embrasse / Je vous embrasse / (Grosses) bises / Salut

Brief an Bekannte, die man siezt

Einleitung	Schlussformeln
Chère Madame ..., Cher Monsieur ...,	Cordialement/Sincèrement Meilleures salutations

sehr formeller Brief

Einleitung	Schlussformeln
Monsieur, / Madame,	Veuillez agréer l'expression de mes sentiments les meilleurs. Je vous prie d'accepter mes sentiments distingués. Nous vous prions de croire en l'expression de nos sentiments les meilleurs. Veuillez agréer, chère Madame/cher Monsieur, nos salutations les meilleures. Je vous prie d'agréer, Monsieur, l'assurance de mes salutations distinguées.

■ **1. Textbeispiel: Persönlicher Brief**

> Chers amis,
>
> Merci mille fois pour votre invitation. C'est avec plaisir que nous aurions participé à la fête, mais nous serons encore en Hollande. Nous ne rentrons de vacances que fin août. Nous souhaitons à Cathy et Lionel tout le bonheur possible et à vous tous une magnifique journée de fête. Nous partageons votre joie.
>
> Bien amicalement
> Daniela et Sven

▶▶▶ Briefe

■ 2. Textbeispiel: Reservierung

Martin Thierolf
Hauptstrasse 12
64332 Ober-Ramstadt
Allemagne

Monsieur,

L'office du tourisme m'a adressé la liste des hôtels de votre ville et votre établissement a retenu mon attention.
Pourriez-vous m'envoyer de la documentation ? Disposeriez-vous d'une chambre pour deux personnes avec salle de bains du 19/7 au 2/8 et à quelles conditions ? Y a-t-il également une possibilité de restauration en pension complète ou en demi-pension ?

Dans l'attente de votre réponse et avec tous mes remerciements, je vous prie d'accepter, Monsieur, mes salutations distinguées.

Martin Thierolf

■ 3. Textbeispiel: Stornierung

Martin Thierolf
Hauptstrasse 12
64332 Ober-Ramstadt
Allemagne

Annulation d'une réservation

Madame, Monsieur,

Je suis au regret de vous annoncer que contrairement à ce qui était convenu, nous ne pourrons pas séjourner dans votre hôtel où nous avions réservé une chambre du 19/7 au 2/8.

Vous remerciant de votre compréhension, je vous prie de croire, Madame, Monsieur, en l'assurance de mes sentiments les meilleurs.

Martin Thierolf

2   E-mail

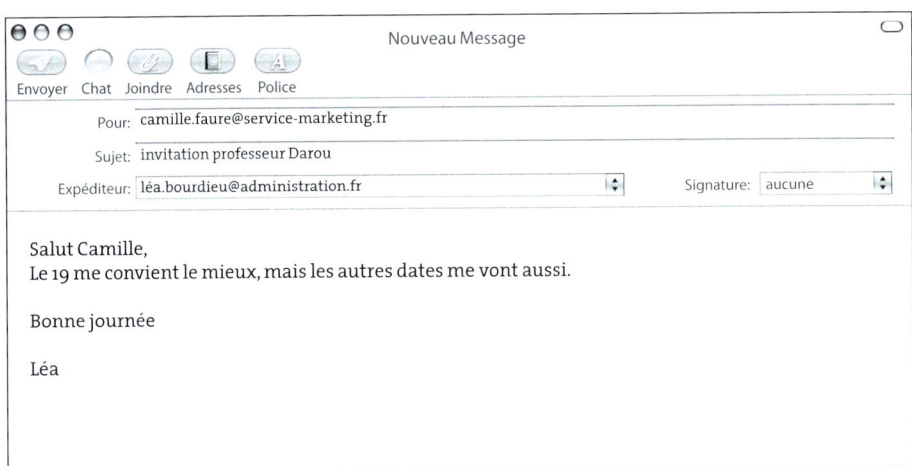

○ ○ ○   Nouveau Message

Envoyer   Chat   Joindre   Adresses   Police

Pour:

Sujet: invitation professeur Darou

Expéditeur: camille.faure@service-marketing.fr   Signature: aucune

Chers collègues,

Nous avons invité le professeur Henri Darou, qui enseigne à HEC, pour qu'il nous aide à répondre à la question que nous nous posons tous :

Quelle est l'importance du choix des enfants sur les achats des parents ?

Monsieur Darou ne peut venir qu'au mois de mars et seulement un mardi après-midi, de 15 h à 17 h 30, c'est-à-dire au choix : le 5, le 12, le 19 ou le 26.

Bien que la conférence n'ait pas lieu avant deux mois, je vous remercie de me donner rapidement la date qui vous convient le mieux pour que je puisse tout organiser.

En plus, je vous envoie les textes que vous m'avez demandés. Qu'en pensez-vous ?
Bonne lecture et bonne fin de semaine à tous.

Camille Faure
Service Marketing

○ ○ ○   Nouveau Message

Envoyer   Chat   Joindre   Adresses   Police

Pour: camille.faure@service-marketing.fr

Sujet: invitation professeur Darou

Expéditeur: léa.bourdieu@administration.fr   Signature: aucune

Salut Camille,
Le 19 me convient le mieux, mais les autres dates me vont aussi.

Bonne journée

Léa

3   Bewerbung

■ 1. Textbeispiel: Bewerbung für ein Praktikum

Sandra Stephan
Frankfurter Straße 76
63263 Neu-Isenburg
Mél : Sansteph@hotmail.com

Hôtel Verte Vallée
BP 31
68140 Munster

le 30 mars 2008

Madame, Monsieur,

J'ai obtenu votre adresse par l'Entraide allemande de Paris. J'ai l'intention de me perfectionner dans la langue française et je voudrais travailler quelques semaines en France.
C'est pourquoi je me permets de vous demander si vous avez des postes de stagiaires vacants cet été.

J'ai 21 ans, je parle l'allemand, l'anglais et j'ai un bon niveau en français. J'aime les langues et le contact avec les gens.
Actuellement, je suis des études de tourisme à la Hochschule de Munich.

J'ai déjà travaillé pendant les vacances dans un hôtel à Francfort et j'ai trouvé cette expérience très intéressante.

Je serai libre pendant les vacances du 21 juillet au 14 septembre et je pourrais travailler pendant quatre ou cinq semaines.

Dans l'espoir d'une réponse positive, je vous prie d'accepter, Madame, Monsieur, mes salutations les meilleures.

Sandra Stephan

Pièces jointes :   CV
certificat de stage (en allemand)

▶▶▶ Bewerbung

■ 2. Textbeispiel: Bewerbung als Marketing Manager

Lukas Schlöttke
Haydnstraße 12
56075 Koblenz
Mél : luksch@web.de

AJF
À l'attention de Madame Durand
Responsable du recrutement
17, rue Danton
75051 Paris

le 2 avril 2008

Madame,

Ayant appris la création au sein de votre entreprise d'un département marketing spécialisé dans le commerce avec l'Allemagne, je vous soumets ma candidature pour collaborer à ce projet. Je suis extrêmement motivé par la réputation de votre entreprise et la croissance de votre secteur d'activité.

Diplômé de l'Université de Mannheim, je dispose de bonnes connaissances théoriques que j'ai pu mettre à profit lors de mes différents stages en Allemagne et en France.
Un entretien me permettrait de vous exposer plus en détail mes motivations et ma personnalité et de découvrir plus précisément votre entreprise.

Je vous adresse ci-joint mon CV et espère vous convaincre de donner une suite favorable à ma demande.

Dans l'attente de vous rencontrer, je vous prie d'agréer, Madame, l'expression de mes salutations distinguées.

Lukas Schlöttke

pièce jointe : curriculum vitae

---

4   Lebenslauf

■ 1. Textbeispiel

Sandra Stephan

Date de naissance   17/2/1987
Adresse   Frankfurter Strasse 76
   63263 Neu-Isenburg
Mél   Sansteph @hotmail.com
Nationalité   allemande
Situation familiale   célibataire

foto

<u>Formation</u>
2006   Baccalauréat à la Ricarda-Huch-Schule, Sprendlingen
2006 – 2008   Études de Tourisme à la Hochschule de Munich, Département de Tourisme

<u>Langues</u>
allemand   langue maternelle
anglais   lu, écrit, parlé : niveau B 1
français   niveau A 2
espagnol   niveau A 1

<u>Stages</u>
2006   stage de 6 semaines à la réception du Novotel de Francfort
2007   stage de 6 semaines dans une agence de voyages à Francfort (Select Reisen)

<u>Logiciel</u>
MS-Office

<u>Loisirs</u>
Musique   membre d'une chorale de jazz
Sport   danse
Autres   voyages, lecture

▶▶▶ Lebenslauf

■ 2. Textbeispiel

Lukas Schlöttke
Haydnstraße 12
56075 Koblenz
Mél : luksch@web.de

25 ans, célibataire

foto

Formation
2002   Baccalauréat option mathémathiques/anglais
          Service militaire
2003   Études de Commerce à l'Université de Mannheim
2007   Diplôme de l'Université de Mannheim, mention bien

Expériences professionnelles
2004   ADVERTISING, Mannheim
          Stage de 5 mois
          Assistant chef de publicité
          Mise en place d'une action de marketing direct
          Organisation de salons

2005   MIWANG, Lyon
          Stage de 5 mois
          Assistant chef de Ventes Marketing
          Mise en place d'une cellule télémarketing
          Suivi des animations vendeurs
          Organisation des secteurs

2007/08   MARKET, Ludwigshafen
          emploi saisonnier
          Assistant du responsable marketing
          Études de marché: positionnement, concurrence
          Suivi d'une action de marketing direct
          Chargé des relations clientèle

Langues
allemand langue maternelle
anglais   lu, écrit, parlé
français lu, écrit, parlé

Connaissances informatiques
MS-Office
Pratique d'Internet

Centres d'intérêt
Sport   football en association
Loisirs   musique (guitare dans un groupe)

5   SMS

Salut ! Tu fais quoi après la
conférence ? J'ai un problème.
Il faut qu'on parle. Tu bois
un café ? Rendez-vous à 6
heures au Balto.

Désolé. Je ne peux pas.
J'ai un rendez-vous.
Je t'appelle dès que je peux.
Rendez-vous demain ?
Pierre

Zu SMS sagt man auf Französisch *le texto*. Die Sprache, die zum Schreiben von SMS
(= *textos*) und teilweise auch in Chats verwendet wird, ist stark verkürzt. Es gibt keine festen
Regeln der Verkürzung und Veränderung der französischen Orthographie. Die hauptsächlichen
Bestandteile der Veränderungen gegenüber der Standardsprache sind:

- Wörter ohne Vokale schreiben (*slt*, *pb*),
- Zahlwörter für Wörter einsetzen (*1*, *2m1*),
- phonetisch schreiben (*tufé*, *boa*).

„Wörterbücher" des *texto* im Internet können Ihnen beim Verstehen von SMS oder Chats
helfen.

Die Begleiter des Nomens

1 Der bestimmte und der unbestimmte Artikel ▸ S. 12, 13

■ 1. Ersetzen Sie den bestimmten durch den unbestimmten Artikel.

a. l'agenda (m.)
b. la bouteille d'eau
c. la carte
d. les ciseaux
e. la clé
f. l'enveloppe (f.)

g. la feuille
h. les journaux
i. les lunettes
j. les mouchoirs
k. l'ordinateur (m.)
l. le peigne

m. la photo
n. le plan
o. le portable
p. le sac
q. le stylo
r. les timbres

Lösung a. un agenda b. une bouteille d'eau c. une carte d. des ciseaux e. une clé f. une enveloppe g. une feuille h. des journaux i. des lunettes j. des mouchoirs k. un ordinateur l. un peigne m. une photo n. un plan o. un portable p. un sac q. un stylo r. des timbres

■ 2. Setzen Sie die kursiv geschriebenen Gegenstände in den Plural.

a. Cécile et Olivier partent en vacances. Cécile prend *une valise*.
b. Dedans, elle met *un pantalon*, *une jupe*, *un pull*, *un chemisier*, *une robe*, *une veste*, *un slip*, *une chemise*.
c. Dans le sac, elle met *le passeport*, *la clé*, *la carte*, *le portable*, *le sandwich*, *le billet* et *la réservation*.

Lösung a. des valises b. des pantalons, des jupes, des pulls, des chemisiers, des robes, des vestes, des slips, des chemises c. les passeports, les clés, les cartes, les portables, les sandwichs, les billets et les réservations

2 Der mit einer Präposition zusammengezogene Artikel ▸ S. 14

■ 1. Was gibt es zu essen? Verbinden Sie mit *à la*, *à l'*, *au* oder *aux*.

une soupe   oignon (m.)   ▸ *une soupe à l'oignon*

a. un steak   poivre (m.)
b. un poulet   estragon (m.)
c. un canard   orange (f.)
d. une truite   amandes

e.	un sandwich	jambon (m.)
f.	un fromage	ail (m.)
g.	un yaourt	fraise (f.)
h.	une glace	framboise (f.)
i.	une crème	vanille (f.)
j.	un gâteau	chocolat (m.)
k.	une tarte	pommes
l.	un café	lait (m.)

Lösung a. un steak au poivre b. un poulet à l'estragon c. un canard à l'orange d. une truite aux amandes e. un sandwich au jambon f. un fromage à l'ail g. un yaourt à la fraise h. une glace à la framboise i. une crème à la vanille j. un gâteau au chocolat k. une tarte aux pommes l. un café au lait

- 2. Am Bahnhof. Verbinden Sie mit *de la*, *de l'*, *du* oder *des*.
  le hall   *gare (f.)* ► *le hall de la gare*

a.	le tableau	départs
b.	le guichet	renseignements
c.	l'employé	guichet (m.)
d.	les horaires	trains
e.	le prix	billet (m.)
f.	le départ	train (m.)
g.	la place	voyageur (m.)
h.	la valise	dame (f.)
i.	le sac	enfant (m.)
j.	l'étiquette	bagages

Lösung a. le tableau des départs b. le guichet des renseignements c. l'employé du guichet d. les horaires des trains e. le prix du billet f. le départ du train g. la place du voyageur h. la valise de la dame i. le sac de l'enfant j. l'étiquette des bagages

- 3. Ergänzen Sie die Sätze mit den fehlenden Präpositionen und Artikeln.

a. Vous prenez la rue .... gare (f.) et vous arrivez sur la place .... Hôtel de ville (m.).

b. C'est dimanche et il y a le marché ...... puces.

c. À droite .... Hôtel de ville se trouve l'entrée ...... château (m.). Dans le château, il y a un musée .... automobile (f.) avec beaucoup de vieilles voitures.

d. Après la visite ...... musée (m.), nous avons traversé le jardin .... université (f.) et admiré la maison .... culture (f.).

e. Nous avons déjeuné au restaurant ...... port (m.), puis nous avons fait le tour ...... remparts.

f. Fatigués, nous nous sommes installés dans un café et avons dégusté une énorme glace ...... fruits.

Lösung **a.** de la, de l' **b.** aux **c.** de l', du, de l' **d.** du, de l', de la **e.** du, des **f.** aux

- 4. Übersetzen Sie folgende Sätze.

a. Paul ist Ingenieur und Claire studiert Physik.
b. Claire ist sehr hübsch. Sie hat grüne Augen und schwarzes Haar.
c. Paul arbeitet viel, er bleibt oft bis acht Uhr abends im Büro.
d. Sonntags fahren sie aufs Land. Sie lieben die Natur und brauchen Ruhe.
e. Papst Benedikt der XVI. hat heute eine Unterredung mit dem Präsidenten der Republik gehabt.
f. Es fehlt ihm an Fantasie.
g. Ein alkoholfreies Bier, bitte!

Lösung **a.** Paul est ingénieur et Claire étudie la physique. **b.** Claire est très jolie. Elle a les yeux verts et les cheveux noirs. **c.** Paul travaille beaucoup, il reste souvent au bureau le soir jusqu'à huit heures. **d.** Le dimanche, ils vont à la campagne. Ils aiment la nature et ont besoin de repos. **e.** Le pape Benoît XVI a eu aujourd'hui un entretien avec le président de la République. **f.** Il manque d'imagination. **g.** Une bière sans alcool, s'il vous plaît!

3 Das partitive *de* und der Teilungsartikel ▶ S. 18

- 1. Ergänzen Sie mit dem Teilungsartikel *de la, de l', du* oder mit *des*.

Le matin, Anne prend ...... thé (m.) avec ...... sucre (m.). Les enfants prennent ...... cacao (m.) avec ...... lait (m.). Ils mangent ...... pain (m.) avec ...... beurre (m.), ... confiture (f.) ou ...... miel (m.).
À midi, les enfants déjeunent à la cantine. Il y a toujours .... viande (f.) ou ...... poisson (m.), ... légumes, ... salade (f.) et ...... fruits. Ils boivent .... eau (f.).
Le soir, Anne fait souvent .... soupe (f.), ... pâtes ou ...... riz (m.) et un dessert.

Lösung Le matin, Anne prend du thé avec du sucre. Les enfants prennent du cacao avec du lait. Ils mangent du pain avec du beurre, de la confiture ou du miel. À midi, les enfants déjeunent à la cantine. Il y a toujours de la viande ou du poisson, des légumes, de la salade et des fruits. Ils boivent de l'eau. Le soir, Anne fait souvent de la soupe, des pâtes ou du riz et un dessert.

- 2. Unterstreichen Sie bei der Einkaufsliste den passenden Artikel.

S'il te plaît, achète au supermarché deux litres de / du lait, un kilo de / des pommes de terre, de / des fruits, un / des pain, un pot de / – confiture, un paquet de / du café et de / de l'eau minérale.

Lösung S'il te plaît, achète au supermarché deux litres de lait, un kilo de pommes de terre, des fruits, un pain, un pot de confiture, un paquet de café et de l'eau minérale.

- 3. Unterstreichen Sie beim Rezept eines Schokoladenkuchens den passenden Artikel.

Il faut **du** / le / de sucre, quatre – /**des** / d'œufs, **des** / du / le chocolat, – /**de la** / une farine, **de la** / – / la margarine, un peu **de** / la / une cannelle. Mélangez 125 grammes **de** / du / d'un sucre avec **les**/ le / du jaunes d'œufs, ajoutez 80 grammes **de** / de la / – farine, 125 grammes **de** / du / – chocolat fondu, 125 grammes de / **la** / – margarine et **la** / une / – cannelle puis **les** / des / – blancs d'œufs battus en neige. Faites cuire **la** / de la / une pâte vingt minutes.

Lösung Il faut du sucre, quatre œufs, du chocolat, de la farine, de la margarine, un peu de cannelle. Mélangez 125 grammes de sucre avec les jaunes d'œufs, ajoutez 80 grammes de farine, 125 grammes de chocolat fondu, 125 grammes de margarine et la cannelle, puis les blancs d'œufs battus en neige. Faites cuire la pâte vingt minutes.

- 4. Übersetzen Sie folgende Sätze.

a. Carole hat Glück, sie hat eine Million gewonnen.
b. Jean hat keinen Humor.
c. Ich habe kein Geld bei mir.
d. Am Montag hat Paul immer viel Arbeit.
e. Es gibt kein einziges freies Zimmer im Hotel.
f. Ist das Tee? Nein, es ist kein Tee, es ist Kaffee!

Lösung **a.** Carole a de la chance, elle a gagné un million. **b.** Jean n'a pas d'humour. **c.** Je n'ai pas d'argent sur moi. **d.** Le lundi, Paul a toujours beaucoup de travail. **e.** Il n'y a pas une (seule) chambre libre à l'hôtel. **f.** C'est du thé? Non, ce n'est pas du thé, c'est du café.

4 Der Demonstrativbegleiter ▶ S. 22

- 1. Ergänzen Sie die Sätze mit dem passenden Demonstrativbegleiter.

a. Tu préfères ...... jupe (f.) ou ...... pantalon (m.)?
b. J'hésite entre ...... t-shirt (m.) et ...... chemisier (m.).
c. Je voudrais essayer ...... robe (f.) et ...... veste (f.), s'il vous plaît.
d. ...... chaussures (f.) vont très bien avec ...... manteau (m.).
e. Je vais prendre ...... pull (m.) et ...... écharpe (f.).

Lösung **a.** cette jupe, ce pantalon **b.** ce t-shirt, ce chemisier **c.** cette robe, cette veste **d.** Ces chaussures, ce manteau **e.** ce pull, cette écharpe.

- 2. Unterstreichen Sie den richtigen Demonstrativbegleiter.

a. On va au cinéma 1. **ce** / 2. **cet** après-midi ou 1. **ce** / 2. **cette** soir (m.)?
b. 1. **Ce** / 2. **Ces** programmes-ci ne sont pas actuels.

c. 1. **Cet** / 2. **Ce** film-là est nouveau.
d. Tu connais 1. **cet** / 2. **ces** acteurs?
e. C'est complet pour 1. **cette** / 2. **cet** séance (f.), Madame.
f. 1. **Ces** / 2. **Cette** réductions ne sont pas valables le samedi.

LÖSUNG a. 2, 1 b. 2 c. 2 d. 2 e. 1 f. 1

5 Der Possesivbegleiter ▶ S. 20

■ 1. Unterstreichen Sie die passenden Possessivbegleiter.

- Allô, Carin-ordi, bonjour!
a. - Bonjour Monsieur, 1. **mon** / 2. **ma** ordinateur est en panne!
b. - 1. **Votre** / 2. **Vos** ordinateur a quel âge?
   - Il est neuf.
c. - 1. **Notre** / 2. **Votre** imprimante fonctionne?
   - Oui, parfaitement.
d. - Bien, je vous envoie 1. **notre** / 2. **votre** technicien demain matin. Vous pouvez me
   donner 1. **votre** / 2. **vos** coordonnées, s'il vous plaît?
e. - 1. **Mon** / 2. **Ma** nom est Martin.
f. - 1. **Votre** / 2. **Vos** code postal, s'il vous plaît?
g. - 75019 et 1. **mon** / 2. **ma** adresse est 70, rue du Rhin.
h. - Et 1. **mon** / 2. **votre** numéro de téléphone?
i. - C'est le 01 42 33 55 66 . 1. **Mon** / 2. **Ma** immeuble a un code, le 12A34.
   - Très bien, c'est noté.
   - Merci beaucoup. Au revoir, Monsieur.

LÖSUNG a. 1 b. 1 c. 2 d. 1, 2 e. 1 f. 1 g. 1 h. 2 i. 1

■ 2. Ergänzen Sie mit *son*, *sa* oder *ses*.

Pierre a perdu ...... portefeuille (m.) avec ...... argent et ...... papiers: ...... carte
d'identité (f.), ... permis de conduire (m.) et ...... carte de crédit (f.). Au commissariat,
l'agent a noté ...... coordonnées: ...... nom (m.), ... prénom (m.), ... adresse (f.) et
...... numéro de téléphone (m.). Le lendemain, l'agent l'a appelé. Quelqu'un avait trouvé
...... portefeuille avec ...... papiers, mais ...... carte de crédit et ...... argent ont disparu!

LÖSUNG Pierre a perdu son portefeuille avec son argent et ses papiers: sa carte d'identité, son
permis de conduire et sa carte de crédit. Au commissariat, l'agent a noté ses coordonnées: son
nom, son prénom, son adresse et son numéro de téléphone. Le lendemain, l'agent l'a appelé.
Quelqu'un avait trouvé son portefeuille avec ses papiers, mais sa carte de crédit et son argent
ont disparu!

- 3. Ergänzen Sie mit *leur* oder *leurs*.

a. Anne et Paul vont aujourd'hui déjeuner chez ...... fille.
b. Ils prennent ...... voiture parce que c'est plus pratique.
c. Ils apportent des cadeaux à ...... petits-enfants: un DVD pour ...... petits-fils Aurélien et Sylvain et un CD pour ...... petite-fille Alice.

Lösung a. leur b. leur c. leurs, leurs, leur

- 4. Übersetzen Sie folgende Sätze.

a. Ich finde Ihre Mutter sehr nett.
b. Ich finde ihre Mutter sehr nett.
c. Ich finde seine Mutter sehr nett.
d. Ich finde Ihr Hotel sehr angenehm.
e. Ich finde ihr Hotel sehr angenehm.
f. Ich finde sein Hotel sehr angenehm.

Lösung a. Je trouve votre mère très gentille. b. *Je trouve sa/leur mère très gentille. c. Je trouve sa mère très gentille. d. Je trouve votre hôtel très agréable. e. *Je trouve son/leur hôtel très agréable. f. Je trouve son hôtel très agréable.

* je nachdem, ob „ihr" sich auf eine weibliche Person oder auf zwei Personen bezieht.

6 Die indefiniten Begleiter ▶ S. 24

- 1. Ergänzen Sie die Sätze mit *tout le/toute la/tous les/toutes les*.

a. On a rénové .... appartement (m.).
b. On a déplacé .... meubles (m.).
c. On a vidé .... armoires (f.).
d. On a repeint .... murs (m.).
e. On a refait .... sol (m.).
f. On a lavé .... fenêtres (f.).
g. On a travaillé .... semaine (f.).

Lösung a. tout l' b. tous les c. toutes les d. tous les e. tout le f. toutes les g. toute la

- 2. Unterstreichen Sie die richtige Form des indefiniten Begleiters *tout*.

a. Pierre travaille 1. tout / 2. toute la journée.
b. 1. Tous / 2. Tout les week-ends, il va à la campagne.
c. Il passe le dimanche avec 1. toutes / 2. toute sa famille.
d. 1. Toutes / 2. Tous les ans, il fait un grand voyage.
e. Il est 1. tout / 2. tous le temps de bonne humeur et 1. toute / 2. tout le monde l'aime bien.

Lösung a. 2 b. 1 c. 2 d. 2 e. 1, 2.

- 3. Übersetzen Sie folgende Sätze.

a. Hélène fährt jeden Tag ins Büro.
b. Es wird Herbst. Die Bäume haben schon einige rote Blätter.

c. Brigitte hat mehrere CDs von Linda Lemay.

d. Wir haben kein einziges Buch auf Spanisch.

e. Manche Weine halten sich sehr lange.

f. Kein einziger Zug war pünktlich.

g. Dieser Zug fährt jeden Tag.

h. Heute habe ich keine Zeit. Ich werde an einem anderen Tag vorbeikommen.

i. Sie wohnt im selben Haus wie wir.

j. Wir haben noch nie eine solche Hitze im Mai erlebt.

k. Sie finden dieses Buch in jeder Buchhandlung.

l. Kauf ein paar Blumen auf dem Markt!

LÖSUNG **a.** Hélène va au bureau tous les jours. / chaque jour. **b.** L'automne arrive. Les arbres ont déjà quelques feuilles rouges. **c.** Brigitte a plusieurs CD de Linda Lemay. **d.** Nous n'avons pas un seul / aucun livre en espagnol. **e.** Certains vins se gardent très longtemps. **f.** Aucun / Pas un seul train n'était à l'heure. **g.** Ce train circule tous les jours / chaque jour. **h.** Je n'ai pas le temps aujourd'hui. Je passerai un autre jour. **i.** Elle habite dans le même immeuble que nous. **j.** Nous n'avons encore jamais connu une telle canicule en mai /au mois de mai. **k.** Vous trouverez ce livre dans n'importe quelle librairie/ toutes les librairies. **l.** Achète quelques fleurs au marché.

Das Nomen

1 Das Genus französischer Nomen ▶ S. 31, 39

- 1. Unterstreichen Sie die Wörter, die im Maskulinum und im Femininum gleich sind.

a. Africain

b. ami

c. artiste

d. concierge

e. directeur

f. élève

g. étudiant

h. journaliste

i. locataire

j. marchand

k. voisin

LÖSUNG c, d, f, h, i

- 2. Unterstreichen Sie die Nomen, die im Maskulinum und im Femininum gleich ausgesprochen werden.

a. un Allemand / une Allemande

b. un boulanger / une boulangère

c. un employé / une employée

d. un enfant / une enfant

e. un Espagnol / une Espagnole
f. un étudiant / une étudiante
g. un inconnu / une inconnue
h. un dentiste / une dentiste
i. un guide / une guide
j. un retraité / une retraitée

LÖSUNG c, d, e, g, h, i, j

■ 3. Kreuzen Sie die richtige Form des Nomens an.

		1.	2.
a.	Pierre est	1. ☐ informaticien.	2. ☐ informaticienne.
b.	Monique est	1. ☐ assistant.	2. ☐ assistante.
c.	Jean est	1. ☐ serveur.	2. ☐ serveuse.
d.	Nicole est	1. ☐ acteur.	2. ☐ actrice.
e.	Paul est	1. ☐ retraité.	2. ☐ retraitée.
f.	Brigitte est	1. ☐ coiffeur.	2. ☐ coiffeuse.
g.	Anne est	1. ☐ avocat.	2. ☐ avocate.
h.	Monsieur Duclos est notre	1. ☐ directeur.	2. ☐ directrice.

LÖSUNG a. 1 b. 2 c. 1 d. 2 e. 1 f. 2 g. 2 h. 1

■ 4. Welches Nomen passt nicht in die Reihe? Kreuzen Sie an.

	a.	b.	c.	d.
1.	☐ page	☐ paysage	☐ péage	☐ voyage
2.	☐ journée	☐ musée	☐ pensée	☐ soirée
3.	☐ couleur	☐ douceur	☐ odeur	☐ ordinateur
4.	☐ déviation	☐ million	☐ question	☐ télévision
5.	☐ différence	☐ élégance	☐ prudence	☐ silence

LÖSUNG 1. a. la page 2. b. le musée 3. d. un ordinateur 4. b. le million 5. d. le silence

■ 5. Kreuzen Sie an, ob die Nomen maskulin oder feminin sind.

Nomen	maskulin	feminin	Nomen	maskulin	feminin
amitié	☐	☐	différence	☐	☐
appartement	☐	☐	gouvernement	☐	☐
baignade	☐	☐	importance	☐	☐
beauté	☐	☐	manteau	☐	☐
bonheur	☐	☐	message	☐	☐
cahier	☐	☐	ouverture	☐	☐
cerisier	☐	☐	peur	☐	☐
civilisation	☐	☐	romantisme	☐	☐

Nomen	maskulin	feminin	Nomen	maskulin	feminin
coiffure	☐	☐	traversée	☐	☐
curiosité	☐	☐	vie	☐	☐

Lösung **maskulin:** un appartement, le bonheur, le cahier, le cerisier, le gouvernement, le manteau, le message, le romantisme **feminin:** une amitié, la baignade, la beauté, la civilisation, la coiffure, la curiosité, la différence, une importance, une ouverture, la peur, la traversée, la vie

■ 6. Bilden Sie die Nomen, die zu folgenden Verben passen.

bricoler ► *le bricolage*

a. chômer
b. jardiner
c. passer
d. recycler
e. confier
f. croître
g. naître
h. résister
i. tolérer
j. arriver

k. avancer
l. monter
m. penser
n. plonger
o. agir
p. connecter
q. polluer
r. prévenir
s. voir
t. déménager

u. héberger
v. investir
w. licencier
x. recruter
y. couper
z. couvrir
aa. fermer
bb. mordre
cc. peindre

Lösung **a.** le chômage **b.** le jardinage **c.** le passage **d.** le recyclage **e.** la confiance **f.** la croissance **g.** la naissance **h.** la résistance **i.** la tolérance **j.** une arrivée **k.** une avancée **l.** la montée **m.** la pensée **n.** la plongée **o.** une action **p.** la connexion **q.** la pollution **r.** la prévention **s.** la vision **t.** le déménagement **u.** un hébergement **v.** un investissement **w.** le licenciement **x.** le recrutement **y.** la coupure **z.** la couverture **aa.** la fermeture **bb.** la morsure **cc.** la peinture

■ 7. Bilden Sie die Nomen, die zu folgenden Adjektiven passen.

arrogant ► *une arrogance*

a. clairvoyant
b. compétent
c. prudent
d. urgent
e. fin
f. gentil
g. poli
h. riche

i. vieux
j. bizarre
k. coquet
l. drôle
m. jaloux
n. niais
o. idéal
p. national

q. naturel
r. réel
s. social
t. apte
u. certain
v. exact
w. las
x. seul

LÖSUNG a. la clairvoyance b. la compétence c. la prudence d. une urgence e. la finesse
f. la gentillesse g. la politesse h. la richesse i. la vieillesse j. la bizarrerie k. la coquetterie
l. la drôlerie m. la jalousie n. la niaiserie o. un idéalisme p. le nationalisme q. le naturalisme
r. le réalisme s. le socialisme t. une aptitude u. la certitude v. une exactitude w. la lassitude
x. la solitude

2 Singular und Plural des Nomens ▸ S. 35, 337

■ 1. Setzen Sie die kursiv geschriebenen Wörter in den Plural.

a. Paul aime *le roman* de Martin Winckler.
b. La serveuse sort *la table* et *la chaise* sur la terrasse du café.
c. Elle pose *l'assiette*, *le verre* et *le couvert* sur *la table*.
d. Au zoo, Hélène regarde *l'ours*. À la maison, elle a *un animal: un chat*.
e. Elle aimerait avoir aussi *un cheval* et *un oiseau*.

LÖSUNG a. les romans b. les tables, les chaises c. les assiettes, les verres, les couverts, les
tables d. les ours, des animaux: des chats e. des chevaux, des oiseaux.

■ 2. Bilden Sie den Plural folgender Nomen, erstellen Sie eine Tabelle und setzen Sie
ihn in die richtige Spalte ein.

un autobus	un crayon	madame	un pays
un bijou	une enveloppe	mademoiselle	un prix
un bureau	un jeu	monsieur	un stylo
un chou	un journal	un nez	un timbre
un cours	un lieu	un œil	un travail

Pl. mit -s	Pl. mit –x	Pl. mit -aux	Sing. und Pl. identisch	Sonderformen
...	...	...	...	

LÖSUNG

Pl. mit -s	Pl. mit –x	Pl. mit -aux	Sing. und Pl. identisch	Sonderformen
crayons	bijoux	journaux	autobus	mesdames
enveloppes	bureaux	travaux	cours	mesdemoiselles
stylos	choux		nez	messieurs
timbres	jeux		pays	yeux
	lieux		prix	

- 3. Bilden Sie zusammengesetzte Nomen mit folgenden Elementen und setzen Sie sie dann in den Plural.

  un pèse-lettre ► *des pèse-lettres*

a.	un pèse-	1.	goutte
b.	un ouvre-	2.	noisette
c.	un casse-	3.	boîte
d.	un compte-	4.	lettre
e.	un presse-	5.	clé
f.	un porte-	6.	citron
g.	un mot-	7.	restaurant
h.	un wagon-	8.	lieu
i.	un chef-	9.	clé
j.	un grand-	10.	démocrate
k.	une grand-	11.	muet
l.	un sourd-	12.	fille
m.	un social-	13.	père
n.	une petite-	14.	mère

LÖSUNG

- a 4   un pèse-lettre / des pèse-lettres
- b 3   un ouvre-boîte / des ouvre-boîtes
- c 2   un casse-noisette / des casse-noisettes
- d 1   un compte-goutte / des compte-gouttes
- e 6   un presse-citron / des presse-citrons
- f 5   un porte-clé / des porte-clés
- g 9   un mot-clé /des mots-clés
- h 7   un wagon-restaurant / des wagons-restaurants
- i 8   un chef-lieu / des chefs-lieux
- j 13 un grand-père / des grands-pères
- k 14 une grand-mère / des grands-mères
- l 11 un sourd-muet / des sourds-muets
- m 10 un social-démocrate / des sociaux-démocrates
- n 12 une petite-fille / des petites-filles

Das Adjektiv

1 Die Formen der Adjektive ▶ S. 43, 44

■ 1. Maskulin oder feminin? Kreuzen Sie an.

Adjektiv	maskulin	feminin	Adjektiv	maskulin	feminin
a. ancienne	☐	☐	**g.** gris	☐	☐
b. belle	☐	☐	**h.** jeune	☐	☐
c. blanc	☐	☐	**i.** positive	☐	☐
d. chère	☐	☐	**j.** public	☐	☐
e. espagnole	☐	☐	**k.** rouge	☐	☐
f. grand	☐	☐			

LÖSUNG **a.** f **b.** f **c.** m **d.** f **e.** f **f.** m **g.** m **h.** m/f **i.** f **j.** m **k.** m/f

■ 2. Ergänzen Sie die Tabelle.

maskulin	feminin	maskulin	feminin
calme	...	traditionnel	...
poli	...	sec	...
...	française	...	longue
...	étrangère	...	nouvelle
bon	...	orange	...
européen		complet	...
...	sportive	gros	...
...	nerveuse		

LÖSUNG

maskulin	feminin	maskulin	feminin
calme	calme	traditionnel	traditionnelle
poli	polie	sec	sèche
français	française	long	longue
étranger	étrangère	nouveau/nouvel	nouvelle
bon	bonne	orange	orange
européen	européenne	complet	complète
sportif	sportive	gros	grosse
nerveux	nerveuse		

■ 3. Kreuzen Sie die passende Form des Adjektivs an.

		1.		2.	
a.	C'est un meuble	☐ ancien		☐ ancienne.	
b.	Nous habitons dans un	☐ vieux		☐ vieil immeuble.	
c.	Elle a un	☐ nouvel		☐ nouvelle ami.	
d.	Tu veux une boisson	☐ frais		☐ fraîche?	
e.	La femme de Paul est terriblement	☐ jaloux		☐ jalouse.	
f.	Olivier est vraiment très	☐ gentil		☐ gentille.	
g.	Cette petite fille est très	☐ mignon		☐ mignonne.	
h.	La réponse de l'élève est	☐ faux		☐ fausse.	
i.	Nous avons acheté une voiture	☐ neuf		☐ neuve.	
j.	On va dans un restaurant	☐ turc		☐ turque?	

Lösung **a.** 1 **b.** 2 **c.** 1 **d.** 2 **e.** 2 **f.** 1 **g.** 2 **h.** 2 **i.** 2 **j.** 1

■ 4. Ergänzen Sie die Sätze mit den Adjektiven *beau*, *nouveau* und *vieux* in der richtigen Form.

beau

a. C'est un ...... arbre.

b. C'est un ...... château.

c. C'est une ...... maison.

nouveau

d. Nous avons un ...... lecteur de DVD.

e. Nous avons une ...... imprimante.

f. Nous avons un ...... ordinateur.

vieux

g. Ils ont quitté leur ...... appartement.

h. Ils ont acheté une ...... maison.

i. Ils ont emmené leur ...... chat.

Lösung **a.** C'est un bel arbre. **b.** C'est un beau château. **c.** C'est une belle maison. **d.** Nous avons un nouveau lecteur de DVD. **e.** Nous avons une nouvelle imprimante. **f.** Nous avons un nouvel ordinateur. **g.** Ils ont quitté leur vieil appartement. **h.** Ils ont acheté une vieille maison. **i.** Ils ont emmené leur vieux chat.

■ 5. Übersetzen Sie folgende Sätze.

a. Diese Obsttorte sieht köstlich aus.

b. Sie sieht glücklich aus.

c. Wir treffen uns um halb fünf vor dem Theater!

d. Er hat eine halbe Stunde Verspätung.

e. Sie läuft barfuß auf dem Strand.

f. Er hat ein hell grünes Hemd gekauft.

LÖSUNG a. Cette tarte aux fruits a l'air délicieuse. **b.** Elle a l'air heureux/heureuse.
c. Rendez-vous à quatre heures et demie devant le théâtre. **d.** Il a une demi-heure de
retard. **e.** Elle marche nu-pieds/ pieds nus sur la plage. **f.** Il a acheté une chemise vert clair.

- 6. Setzen Sie folgende Ausdrücke in den Plural.
  un pantalon bleu ▸ des pantalons bleus

a. un enfant doux

b. un film nouveau

c. un problème régional

d. une spécialité locale

e. une veste marron

f. une robe chic

g. un pull bleu marine

LÖSUNG a. des enfants doux **b.** des films nouveaux **c.** des problèmes régionaux **d.** des spé-
cialités locales **e.** des vestes marron **f.** des robes chic **g.** des pulls bleu marine

2 Die Stellung der Adjektive beim Nomen ▸ S. 50

- 1. Setzen Sie die angegebenen Wörter in die richtige Reihenfolge.

a. Elle – une – a – japonaise – moto.

b. Il – rouge – une – porte – chemise.

c. Ils – ont – studio – un – grand – acheté.

d. Elle – beaucoup – les – françaises – aime – chansons.

e. Nous – dans – maison – habitons – petite – blanche – une.

f. Ils – belle – neuve – ont – voiture – une.

g. Le – traverse – rue – gros – la – noir – chat.

h. Devant – immeuble – il – a – le – un – grand – y – beau – parc.

LÖSUNG a. Elle a une moto japonaise. **b.** Il porte une chemise rouge. **c.** Ils ont acheté un
grand studio. **d.** Elle aime beaucoup les chansons françaises. **e.** Nous habitons dans une
petite maison blanche. **f.** Ils ont une belle voiture neuve. **g.** Le gros chat noir traverse la
rue. **h.** Devant le grand immeuble il y a un beau parc.

- 2. Übersetzen Sie folgende Sätze.

a. Wir haben in einem ehemaligen Kloster übernachtet. In den Zimmern standen schöne antike Möbel.

b. Er ist ein herzensguter großzügiger Mensch und auch ein sehr kompetenter Lehrer.

c. Das Leben ist schwer für eine allein stehende Person ohne Familie.

d. Ein einziger Mensch kann ihm helfen: sein Arzt!

e. Sein eigener Bruder hat ihn bestohlen.

f. Jeden Morgen zieht er ein sauberes Hemd an.

g. Er erzählt immer merkwürdige Geschichten.

h. Kennst du eine lustige Geschichte?

i. Wir haben ein echtes Problem.

j. Es ist leider eine wahre Geschichte.

LÖSUNG **a.** Nous avons passé la nuit dans un ancien couvent. Il y avait de beaux meubles anciens dans les chambres. **b.** C'est un homme bon et généreux et aussi un très bon professeur. **c.** La vie est dure/difficile pour une personne seule, sans famille. **d.** Une seule personne peut l'aider: son médecin! **e.** C'est son propre frère qui l'a volé! **f.** Il met une chemise propre tous les matins. **g.** Il raconte toujours de drôles d'histoires / de curieuses histoires. **h.** Tu connais une histoire drôle? **i.** On a / Nous avons un vrai problème. **j.** C'est malheureusement une histoire vraie.

3 Die Steigerung der Adjektive ▶ S. 53

- 1. Ergänzen Sie die Sätze.

Anne est (+) jolie ...... sa cousine. ▶ *Anne est plus jolie que sa cousine.*

a. Pierre est (-) travailleur ...... son frère.

b. Mon père est (+) âgé ...... ma mère.

c. Les Clément sont (=) riches ...... les Mamet.

d. Aude est (-) intelligente ...... Fabrice.

e. Aujourd'hui, les voyages sont (+) faciles ...... autrefois.

f. La poste n'est pas (=) rapide ...... il y a dix ans.

LÖSUNG

a. Pierre est moins travailleur que son frère. **b.** Mon père est plus âgé que ma mère.
c. Les Clément sont aussi riches que les Mamet. **d.** Aude est moins intelligente que Fabrice.
e. Aujourd'hui, les voyages sont plus faciles qu' autrefois. **f.** La poste n'est pas aussi rapide qu'il y a dix ans.

- 2. Setzen Sie die Adjektive in die Superlativform.

a. La Loire est (+ long) fleuve de France.
b. L'Île-de-France est la région (+ peuplée).
c. Le mont Blanc est le sommet (+ haut) des Alpes.
d. Paris est (+ grande) ville de France.
e. La Lozère est le département (- peuplé).
f. Ce restaurant est (- cher) de la région.

Lösung **a.** La Loire est le plus long fleuve de France. **b.** L'Île-de-France est la région la plus peuplée. **c.** Le mont Blanc est le sommet le plus haut des Alpes. **d.** Paris est la plus grande ville de France. **e.** La Lozère est le département le moins peuplé. **f.** Ce restaurant est le moins cher de la région.

- 3. Übersetzen Sie folgende Sätze.

a. Sie ist die beste Schülerin ihrer Klasse.
b. Das ist die kleinste meiner Sorgen.
c. Du hast die schlimmste Lösung gewählt.
d. Die kleinste Anstrengung erschöpft ihn.
e. Dieser Wein schmeckt gut, aber jener schmeckt besser.
f. In dieser Familie sind sie alle unerträglich. Der Sohn ist der Schlimmste.

Lösung **a.** Elle est la meilleure élève de sa classe. **b.** C'est le moindre de mes soucis. **c.** Tu as choisi la pire des solutions. **d.** Le moindre effort l'épuise. **e.** Ce vin est bon mais celui-là est meilleur. **f.** Dans cette famille, ils sont tous insupportables. Le pire, c'est le fils.

- 4. Ergänzen Sie mit der passenden Präposition.

a. Pierre est allergique ...... acariens.
b. Jean est amoureux ...... Pascale.
c. Êtes-vous capables ...... faire cet exercice?
d. Il est absolument certain ...... venir.
e. Elle est très contente ...... ses vacances.
f. Je suis fidèle ...... mes convictions.
g. Il est fier ...... sa réussite.
h. Il est indifférent ...... problèmes de l'environnement.
i. C'est facile ...... comprendre.
j. Êtes-vous satisfaits ...... votre séjour?
k. C'est un plat typique ...... cette région.
l. Êtes-vous sûr ...... cette information?

Lösung **a.** aux **b.** de **c.** de **d.** de **e.** de **f.** à **g.** de **h.** aux **i.** à **j.** de **k.** de **l.** de

Das Adverb

1 Die Formen der Adverbien ▸ S. 59

■ 1. Bilden Sie die zu den Adjektiven passenden Adverbien.

simple ▸ simplement

a. juste
b. clair
c. correct
d. poli
e. absolu
f. modéré
g. prudent

Lösung **a.** justement **b.** clairement **c.** correctement **d.** poliment **e.** absolument **f.** modérément **g.** prudemment

■ 2. Setzen Sie die folgenden Adverbien in die Tabelle ein.

ailleurs	dehors	mal	probablement
alors	déjà	ne ... jamais	puis
assez	dessous	n'importe comment	soudain
aussi	ensuite	n'importe où	tôt
autour	gentiment	oui	toujours
bien	ici	partout	tout de suite
bien sûr	lentement	peu	vite
bientôt	loin	peut-être	
davantage	maintenant	plus	

Adverbien des Ortes	Adverbien der Zeit	Adverbien der Art und Weise	Adverbien der Menge	Adverbien der Zustimmung, Verneinung, Wahrscheinlichkeit
...	...	...	...	...
...	...	...	...	...
...	...	...	...	...

LÖSUNG

Adverbien des Ortes	Adverbien der Zeit	Adverbien der Art und Weise	Adverbien der Menge	Adverbien der Zustimmung, Verneinung, Wahrscheinlichkeit
ailleurs	alors	bien	assez	bien sûr
autour	bientôt	gentiment	aussi	ne … jamais
dehors	déjà	lentement	davantage	oui
dessous	ensuite	mal	peu	peut-être
ici	maintenant	n'importe comment	plus	probablement
loin	puis	vite		
n'importe où	soudain			
partout	tôt			
	toujours			
	tout de suite			

■ 3. Ergänzen Sie die Tabelle mit den passenden Adjektiven oder Adverbien.

Adjektiv	Adverb	Adjektiv	Adverb
gai	…	premier	…
…	évidemment	…	réellement
gentil	…	long	…
…	bruyamment	…	sèchement
sérieux	…	bon	…
…	négativement	…	mal

LÖSUNG

Adjektiv	Adverb	maskulin	feminin
gai	gaiment	premier	premièrement
évident	évidemment	réel	réellement
gentil	gentiment	long	longuement
bruyant	bruyamment	sec	sèchement
sérieux	sérieusement	bon	bien
négatif	négativement	mauvais	mal

■ 4. Ersetzen Sie die kursiv gedruckten Ausdrücke durch ein Adverb.

Il m'a parlé *de façon agressive.* ► Il m'a parlé *agressivement.*

a. Il m'a regardé *d'un air méchant.*
b. Elle m'a parlé *d'un ton gentil.*
c. Elle me téléphone *de façon régulière.*
d. Il nous a attaqué *de manière violente.*
e. Il s'exprime *de manière confuse.*
f. Elle s'habille *de façon élégante.*
g. Son portable a sonné *de façon constante.*
h. Il m'a écouté *d'un air attentif.*
i. Ils ont discuté *de manière joyeuse.*

LÖSUNG a. Il m'a regardé méchamment. b. Elle m'a parlé gentiment. c. Elle me téléphone régulièrement. d. Il nous a violemment attaqué/ Il nous a attaqué violemment. e. Il s'exprime confusément. f. Elle s'habille élégamment. g. Son portable a sonné constamment. h. Il m'a écouté attentivement. i. Ils ont discuté joyeusement.

■ 5. Setzen Sie die Satzteile in die richtige Reihenfolge.

a. Tu – trop – pour – es – comprendre – jeune.
b. Elle – bien – cette – a – année – travaillé.
c. On – se – voir – régulièrement – va.
d. Il – n' – intelligemment – répondu – ma – pas – à – question – a.
e. Nous – malheureusement – venir – soir – ne – ce – pouvons – pas.

LÖSUNG a. Tu es trop jeune pour comprendre. b. Elle a bien travaillé cette année. c. On va se voir régulièrement. d. Il n'a pas répondu intelligemment à ma question. e. Nous ne pouvons malheureusement pas venir ce soir.

■ 6. Ergänzen Sie die Sätze mit *beaucoup*, *très* oder *trop*.

a. Nous sommes ...... contents de nos vacances.
b. Je ne peux pas lire les sous-titres du film, l'écriture est ...... petite.
c. Je suis ...... heureuse de vous avoir rencontré.
d. Nous avons ...... aimé le dernier film de Claude Chabrol.
e. Paul a ...... grandi pendant les vacances. Il est ...... grand pour son âge!
f. Ne mets pas ce pull, il est ...... petit!
g. Ce gamin est peut-être ...... intelligent mais il n'est pas ...... gentil.
h. J'ai ...... mal au dos, je reste assise ...... longtemps devant mon ordinateur!
i. Pierre voyage ...... pour son travail.
j. Les enfants regardent ...... trop la télévision.

Lösung a. très b. trop c. très d. beaucoup e. beaucoup, très f. trop g. très, très h. très, trop i. beaucoup j. beaucoup.

- 7. Übersetzen Sie folgende Sätze.

a. Wir haben in diesem Restaurant sehr gut gegessen.
b. Dieser Film ist schlecht. Wir haben uns sehr gelangweilt.
c. Wir stehen immer sehr früh auf.
d. Dieser Handwerker ist zuverlässig, er arbeitet gut.
e. Dieses Kind sieht schlecht, es braucht eine Brille.
f. Ich kenne ihn wenig, aber ich mag ihn sehr.
g. Gestern haben wir das Museum besichtigt, heute gehen wir in der Stadt spazieren.

Lösung a. Nous avons très bien mangé dans ce restaurant. b. Ce film est mauvais. Nous nous sommes beaucoup ennuyés/ennuyées. c. Nous nous levons toujours très tôt/de très bonne heure. d. Cet artisan est sérieux, il travaille bien. e. Cet enfant voit mal, il a besoin de lunettes. f. Je le connais peu mais je l'aime bien. g. Hier, nous avons visité le musée, aujourd'hui nous allons nous promener dans la ville.

2 Die Steigerung der Adverbien ▶ S. 63

- 1. Ergänzen Sie die Sätze mit Hilfe der Angaben.

a. Dominique court (+) vite ...... moi.
b. Jérôme conduit bien, mais son frère conduit encore (+).
c. On voyage (-) confortablement en avion ...... en train.
d. Anne cuisine (=) bien que sa mère.
e. Pour aller de Paris à Lyon, on met (-) longtemps en train ...... en voiture.
f. Jean travaille 25 heures par semaine, c'est peu. Pierre travaille 20 heures, c'est encore
   ....
g. Vous pouvez parler (+) fort, s'il vous plaît?
h. Cette actrice est meilleure que l'année passée. Elle joue ....
i. Elle travaille (=) que moi.
j. Aujourd'hui, les enfants ne lisent plus (=) qu'avant.

Lösung a. Dominique court plus vite que moi. b. Jérôme conduit bien, mais son frère conduit encore mieux. c. On voyage moins confortablement en avion qu'en train. d. Anne cuisine aussi bien que sa mère. e. Pour aller de Paris à Lyon, on met moins longtemps en train qu'en voiture. f. Jean travaille 25 heures par semaine, c'est peu. Pierre travaille 20 heures, c'est encore moins. g. Vous pouvez parler plus fort, s'il vous plaît? h. Cette actrice est meilleure que l'année passée. Elle joue mieux. i. Elle travaille autant que moi. j. Aujourd'hui, les enfants ne lisent plus autant qu'avant.

■ 2. Ergänzen Sie die Sätze mit dem Adverb *tout*.

a. Cette petite fille est …… mignonne.
b. Anne était …… heureuse de nous voir.
c. Ils étaient …… étonnés que nous soyons venus.
d. Nous avons acheté une …… petite maison.
e. Ne mets pas ces fourchettes sur la table, elles sont …… abîmées.
f. Elles étaient …… surprises de se rencontrer.

LÖSUNG **a.** toute **b.** tout **c.** tout **d.** toute **e.** tout **f.** toutes

■ 3. *Bien* oder *bon*? Unterstreichen Sie. Manchmal ist beides möglich.

a. Ce gâteau est vraiment très	1. bien	2. bon.
b. Je voudrais	1. bien	2. bon vivre à la campagne.
c. Vous parlez	1. bien	2. bon français.
d. Lis ce roman, il est très	1. bien	2. bon.
e. On est très	1. bien	2. bon ici.
f. Ces roses sentent vraiment très	1. bien	2. bon.

LÖSUNG **a.** 2 **b.** 1 **c.** 1 **d.** 1, 2 **e.** 1 **f.** 2

■ 4. Adjektiv oder Adverb ? Ergänzen Sie die Sätze mit der richtigen Form. Vergessen Sie nicht, das Adjektiv anzugleichen, wenn es nötig ist.
bon/bien, gentil/gentiment, mauvais/mal, lent/lentement, précis/précisément.

a. Naomi était très …… . Elle a …… expliqué le problème de maths aux enfants.
b. Quel est ce nouveau parfum ? Il sent très …… .
c. C'était une …… idée de leur dire la vérité.
d. Alex ne chante pas …… . Il chante même plus …… que son frère.
e. Pourquoi mon ordinateur est si …… ?
f. Le professeur parle …… parce que les étudiants étrangers sont à table.
g. Il me faut une explication …… des objectifs de chaque exercice.
h. Je n'ai pas compris. Décrivez plus …… ce que vous voulez faire.
i. En vacances nous avons découvert une plage très …… .
j. Le matin Henry boit son café et lit …… son journal.

LÖSUNG: **a.** gentille/gentiment **b.** bon. **c.** mauvaise. **d.** bien/mal **e.** lent **f.** lentement
g. précise **h.** présicément **i.** tranquille **j.** tranquillement

■ 5. Übersetzen Sie folgende Sätze.

a. In diesem Restaurant isst man am besten.
b. Man kommt am schnellsten mit dem Zug nach Marseille.
c. Sie hat das Problem am besten gelöst.
d. Er fehlt am häufigsten im Büro.
e. In den Alpen schneit es am meisten.
f. Sag ihr so nett wie möglich, dass ich heute Abend nicht kommen werde.

LÖSUNG a. C'est dans ce restaurant qu'on mange le mieux. b. C'est par le train qu'on va le plus vite/rapidement à Marseille. c. C'est elle qui a le mieux résolu le problème. d. Au bureau, c'est lui qui manque le plus souvent. e. C'est dans les Alpes qu'il neige le plus. f. Dis lui le plus gentiment possible que je ne viendrai pas ce soir.

■ 6. Verbinden Sie die Satzteile.

a. Pierre parle mal espagnol.
b. Paul est malade.
c. Cette maison est fermée depuis longtemps.
d. Catherine part aux États-Unis.
e. Jean est très bon en mathématiques.
f. Anne n'a pas envie de sortir ce soir.
g. Jacques viendra ce soir.
h. À peine était-il arrivé

1. En effet, elle a obtenu un poste là-bas.
2. Autrement, il téléphonera.
3. Pourtant, il a passé deux ans à Madrid.
4. D'ailleurs, elle n'a pas le temps.
5. qu'il était déjà reparti.
6. Cependant, il ne va pas chez le médecin.
7. En revanche, il est nul en orthographe.
8. Peut-être qu'elle est à vendre.

LÖSUNG a. 3 b. 6 c. 8 d. 1 e. 7 f. 4 g. 2 h. 5

3 *De plus en plus, de moins en moins, plus de, moins de, autant de, plus ... plus, moins ... moins* ▶ S. 64, 67

■ 1. Wandeln Sie die Sätze um. Verwenden Sie die Ausdrücke *de plus en plus* und *de moins en moins.*
J'ai chaque jour plus de travail ▶ *Je travaille de plus en plus.*

a. Il pleut chaque année davantage.
b. Il est chaque jour un peu plus détendu.
c. Il y a chaque année moins de neige dans les Pyrénées.
d. Il est chaque jour moins poli avec ses subordonnés.
e. Elle conduit encore plus mal qu'avant.

LÖSUNG a. Il pleut de plus en plus. b. Il est de plus en plus détendu. c. Il y a de moins en moins de neige dans les Pyrénées. d. Il est de moins en moins poli avec ses subordonnés. e. Elle conduit de plus en plus mal.

- **2. Wandeln Sie die Sätze um. Verwenden Sie die Ausdrücke** *plus ... plus,*
  moins ... moins, *plus ... moins/moins ... plus.*
  Quand on roule moins vite, on consomme moins d'essence. ► *Moins on roule vite, moins on consomme d'essence.*

a. Yvonne se maquille davantage, elle paraît moins naturelle.
b. Si vous fumez moins, vous vous porterez mieux.
c. Si on lit davantage, on fait plus de progrès en français.
d. Pierre voit Anne plus souvent, il la trouve plus sympathique.
e. Christophe a moins de travail. Il grossit de plus en plus.
f. Christiane fait davantage de sport, elle va mieux.
g. Je connais ma collègue de mieux en mieux et je l'aime de moins en moins.

LÖSUNG a. Plus Yvonne se maquille, moins elle paraît naturelle. **b.** Moins vous fumerez, mieux vous vous porterez. **c.** Plus on lit, plus on fait de progrès en français. **d.** Plus Pierre voit Anne, plus il la trouve sympathique. **e.** Moins Christophe a de travail, plus il grossit.
f. Plus Christiane fait de sport, mieux elle va. **g.** Plus je connais ma collègue et moins je l'aime.

- **3. Übersetzen Sie folgende Sätze.**

a. Sie hat weniger Geld als du.
b. Marseille hat genauso viele Einwohner wie Hamburg.
c. Pierre hat mehr französische Bücher als ich.
d. Je älter sie wird, desto hübscher wird sie.
e. Je kälter es wird, desto schlechter fühlt sie sich.
f. Paris ist die Stadt Frankreichs mit den meisten Einwohnern.

LÖSUNG a. Elle a moins d'argent que toi. **b.** Marseille a autant d'habitants que Hambourg.
c. Pierre a plus de livres français que moi. **d.** Plus elle vieillit, plus elle embellit. **e.** Plus il fait froid, plus elle se sent mal. **f.** Paris est la ville de France qui a le plus d'habitants.

Das Verb

1 Das Präsens ▶ S. 81, 84, 127

■ 1. Erstellen Sie eine Tabelle mit den folgenden Verben: *avoir*, *être*, *regarder*, *choisir*, *sortir*, *répondre*, *aller*, *conduire*, *devoir*, *faire*, *lire*, *mettre*, *pouvoir*, *ouvrir*, *prendre*, *savoir*, *venir*, *vouloir* , *se lever*. Unterstreichen Sie bei jedem Verb die Formen, die gleich gesprochen werden

	je / j'	tu	il/elle/on	nous	vous	ils/elles
avoir	…	…	…	…	…	…
être	…	…	…	…	…	…
…	…	…	…	…	…	…

LÖSUNG

	je / j'	tu	il/elle/on	nous	vous	ils/elles
avoir	ai	as	a	avons	avez	ont
être	suis	es	est	sommes	êtes	sont
regarder	regarde	regardes	regarde	regardons	regardez	regardent
choisir	choisis	choisis	choisit	choisissons	choisissez	choisissent
sortir	sors	sors	sort	sortons	sortez	sortent
répondre	réponds	réponds	répond	répondons	répondez	répondent
aller	vais	vas	va	allons	allez	vont
conduire	conduis	conduis	conduit	conduisons	conduisez	conduisent
devoir	dois	dois	doit	devons	devez	doivent
faire	fais	fais	fait	faisons	faites	font
lire	lis	lis	lit	lisons	lisez	lisent
mettre	mets	mets	met	mettons	mettez	mettent
pouvoir	ouvre	ouvres	ouvre	ouvrons	ouvrez	ouvrent
ouvrir	peux	peux	peut	pouvons	pouvez	peuvent
prendre	prends	prends	prend	prenons	prenez	prennent
savoir	sais	sais	sait	savons	savez	savent
venir	viens	viens	vient	venons	venez	viennent
vouloir	veux	veux	veut	voulons	voulez	veulent
se lever	me lève	te lèves	se lève	nous levons	vous levez	se lèvent

■ 2. Verbinden Sie. Mehrere Sätze sind möglich.

a.	J'	1.	est heureux.
b.	Tu	2.	sommes contents.
c.	Il	3.	ai faim.
d.	Elle	4.	font du sport.
e.	On	5.	viens avec moi?
f.	Nous	6.	va au cinéma?
g.	Vous	7.	sont gentilles.
h.	Ils	8.	ne dites pas la vérité.
i.	Elles	9.	s'appelle Pascale.

Lösung a. 3 b. 5 c. 1, 6 d. 6, 9 e. 1, 6 f. 2 g. 8 h. 4 i. 7, 4

■ 3. Ergänzen Sie die Sätze.

a. (acheter) Nous ...... des cartes postales. Et toi, tu ...... aussi quelque chose?

b. (appeler) Vous nous ...... ce soir ou je vous ...... demain?

c. (apprendre) J' ...... le polonais à l'université populaire. Vous ...... aussi une langue?

d. (boire) Le matin, je ...... du café. Et vous, qu'est-ce que vous ......?

e. (commencer) Nous ...... les cours le 15 septembre. Et vous, vous ...... quand?

f. (écrire) Vous ...... des cartes postales pendant les vacances? Moi, j'en ...... beaucoup.

g. (manger) Le soir, nous ...... du pain et du fromage. Et vous, qu'est-ce que vous ......?

h. (payer) Je ...... le téléphone, tu ...... l'électricité et nous ...... le loyer moitié-moitié?

i. (partir) Nous ...... en vacances le 2 juillet. Et toi, tu ...... quand?

j. (voir) Nous ...... Monique samedi prochain. Et toi, tu la ...... quand?

k. (se promener) On .... le dimanche. Et toi, tu .... quand?

Lösung a. Nous achetons, tu achètes b. Vous nous appelez, je vous appelle c. J'apprends, Vous apprenez d. je bois, vous buvez e. Nous commençons, vous commencez f. Vous écrivez, j'en écris g. nous mangeons, vous mangez h. Je paie, tu paies, nous payons i. Nous partons, tu pars j. Nous voyons, tu la vois k. On se promène, tu te promènes

2 Das Imperfekt ▶ S. 86, 132

■ 1. Setzen Sie den Text ins Imparfait. Beginnen Sie mit: „*Quand j'étais enfant …*"

Nous allons tous les dimanches chez mes grands-parents. Nous partons de bonne heure et arrivons vers dix heures. Je vais voir mes amis, fais un tour à vélo et aide grand-mère à mettre la table. Après le repas, nous jouons aux cartes avec grand-père, puis nous nous promenons dans la forêt. Les hommes parlent politique, grand-mère raconte à maman les dernières nouvelles du village. Quand il pleut, nous montons dans le grenier et cherchons de vieux livres ou de vieux jouets. Vers cinq heures, maman cueille des fleurs dans le jardin et fait un gros bouquet. Grand-mère nous prépare un panier avec des fruits et des œufs. Nous embrassons grand-père et grand-mère et promettons d'être bien sages. Nous montons en voiture et quand nous n'avons pas de bouchons sur l'autoroute, nous arrivons à la maison pour le dîner.

Lösung Quand j'étais enfant, nous allions tous les dimanches chez mes grands-parents. Nous partions de bonne heure et arrivions vers dix heures. J'allais voir mes amis, faisais un tour à vélo et aidais grand-mère à mettre la table. Après le repas, nous jouions aux cartes avec grand-père, puis nous nous promenions dans la forêt. Les hommes parlaient politique, grand-mère racontait à maman les dernières nouvelles du village. Quand il pleuvait, nous montions dans le grenier et cherchions de vieux livres ou de vieux jouets. Vers cinq heures, maman cueillait des fleurs dans le jardin et faisait un gros bouquet. Grand-mère nous préparait un panier avec des fruits et des œufs. Nous embrassions grand-père et grand-mère et promettions d'être bien sages. Nous montions en voiture et quand nous n'avions pas de bouchons sur l'autoroute, nous arrivions à la maison pour le dîner.

3 Das *passé composé* ▶ S. 102, 131

■ 1. Ergänzen Sie die Tabelle.

Infinitiv	Partizip	Infinitiv	Partizip
avoir	…	…	mis
…	été	mourir	…
asseoir	…	naître	…
…	bu	…	ouvert
connaître	…	pouvoir	…
…	dû	…	pris
dire	…	recevoir	…
…	écrit	…	vu
faire	…	vouloir	…

LÖSUNG

Infinitiv	Partizip	Infinitiv	Partizip
avoir	eu	mettre	mis
être	été	mourir	mort
asseoir	assis	naître	né
boire	bu	ouvrir	ouvert
connaître	connu	pouvoir	pu
devoir	dû	prendre	pris
dire	dit	recevoir	reçu
écrire	écrit	voir	vu
faire	fait	vouloir	voulu

■ 2. Setzen Sie die Sätze ins *passé composé* und gleichen Sie gegebenenfalls das Partizip an.

Claire se lève à sept heures. ► *Hier, Claire s'est levée à sept heures.*

a. Elle ne prend de petit déjeuner.
b. Elle fait vite sa toilette.
c. Elle arrive au bureau à huit heures.
d. Elle travaille jusqu'à une heure.
e. Elle ne déjeune pas à la cantine mais dans un petit restaurant avec une collègue.
f. Elle quitte le bureau à six heures.
g. Elle fait les courses.
h. Elle dîne.
i. Elle ne regarde pas la télévision mais lit un livre.
j. Elle se couche à onze heures.

LÖSUNG a. Elle n'a pris de petit déjeuner. **b.** Elle a vite fait sa toilette. **c.** Elle est arrivée au bureau à huit heures. **d.** Elle a travaillé jusqu'à une heure. **e.** Elle n'a pas déjeuné à la cantine mais dans un petit restaurant avec une collègue. **f.** Elle a quitté le bureau à six heures. **g.** Elle a fait les courses. **h.** Elle a dîné. **i.** Elle n'a pas regardé la télévision mais lu un livre. **j.** Elle s'est couchée à onze heures.

■ 3. Setzen Sie die Verben ins *passé composé*.

Charles de Gaulle (*naître*) à Lille en 1890. En 1940, il (*partir*) pour Londres où il (*organiser*) la résistance à l'occupant allemand. Il (*former*) un gouvernement provisoire à Alger en 1944 et (*diriger*) le premier gouvernement français d'après-guerre. Il (*se retirer*) de la politique en 1953 et (*commencer*) à écrire ses mémoires. Il (*revenir*) aux affaires en 1958. Il (*mettre*) fin à la guerre d'Algérie et (*fonder*) la Vᵉ République. Il (*être*) président de la République de 1958 à 1969. Il (*démissionner*) en juin 1969. Il (*mourir*) à Colombey-les-Deux-Églises en 1970.

LÖSUNG Charles de Gaulle est né à Lille en 1890. En 1940, il est parti pour Londres où il a organisé la résistance à l'occupant allemand. Il a formé un gouvernement provisoire à Alger en 1944 et a dirigé le premier gouvernement français d'après-guerre. Il s'est retiré de la politique en 1953 et a commencé à écrire ses mémoires. Il est revenu aux affaires en 1958. Il a mis fin à la guerre d'Algérie et a fondé la Ve République. Il a été président de la République de 1958 à 1969. Il a démissionné en juin 1969. Il est mort à Colombey-les-Deux-Églises en 1970.

- **4. Unterstreichen Sie die richtige Form des Partizips.**

a   Qu'est-ce que Pauline a 1. fait / 2. faite hier soir?
b.   Elle a 1. regardé / 2. regardée des DVD.
c.   Quels films est-ce qu'elle a 1. regardé? / 2. regardés?
d.   Des policiers de Chabrol. Ils lui ont beaucoup 1. plu. / 2. plue.
e.   Anne, est-ce que tu as 1. envoyé / 2. envoyée les lettres que j'ai 1. écrit / 2. écrites hier?
f.   Bien sûr, je les ai 1. posté / 2. postées ce matin.
g.   Charlotte a 1. rencontré / 2. rencontrée son amie Sylvie hier matin.
h.   Elles ne se sont pas 1. vu / 2. vues depuis longtemps.
i.   La petite fille s'est 1. regardé / 2. regardée dans la glace.
     Elle s'est 1. trouvé / 2. trouvée très belle!
j.   Les enfants, à table! Vous vous êtes 1. lavé / 2. lavés les mains?

LÖSUNG   a. 1   b. 1   c. 2   d. 1   e. 1, 2   f. 2   g. 1   h. 2   i. 2, 2   j. 1

- **5. Übersetzen Sie folgende Sätze.**

a.   Anne ist zum Dachboden hinaufgestiegen. Sie hat die Koffer dahin gebracht.
b.   Pauline ist in den Keller hinuntergegangen. Sie hat die leeren Flaschen hinuntergebracht.
c.   Pauline ist spät nach Hause gekommen. Sie hat ihr Fahrrad nicht hereingebracht.
d.   Anne ist bei ihrer Mutter vorbeigekommen. Sie hat zwei Stunden mit ihr verbracht.

LÖSUNG   a. Anne est montée dans le grenier. Elle y a monté les valises.   b. Pauline est descendue à la cave. Elle a descendu les bouteilles vides.   c. Pauline est rentrée tard. Elle n'a pas rentré son vélo.   d. Anne est passée chez sa mère. Elle a passé deux heures avec elle.

4 Das *futur composé* ▶ S. 103, 129

■ 1. Setzen Sie die Verben ins *futur composé*.

Dimanche, Jean et moi (*faire*) une randonnée en montagne. Nos amis, Anne et Pierre, (*venir*) avec nous. Jean (*acheter*) une carte détaillée. Pierre et Anne (*apporter*) à boire et je (*préparer*) un pique-nique. Nous (*emporter*) des petits sacs à dos. Chacun (*porter*) son repas et une veste. Nous (*partir*) de bonne heure et marcher toute la journée. Le soir, on (*inviter*) Anne et Pierre dans un petit restaurant sympa. J'espère qu'il (*faire*) beau et qu'on (*passer*) une bonne journée.

Lösung Dimanche, Jean et moi allons faire une randonnée en montagne. Nos amis, Anne et Pierre, vont venir avec nous. Jean va acheter une carte détaillée. Pierre et Anne vont apporter à boire et je vais préparer un pique-nique. Nous allons emporter des petits sacs à dos. Chacun va porter son repas et une veste. Nous allons partir de bonne heure et marcher toute la journée. Le soir, on va inviter Anne et Pierre dans un petit restaurant sympa. J'espère qu'il va faire beau et qu'on va passer une bonne journée.

■ 2. Setzen Sie die Satzteile in die richtige Reihenfolge.

a. Pierre – au – la – conduire – garage – va – voiture.
b. La – ne – coûter – réparation – va – pas – cher.
c. Nous – faire – en – cadeau – notre – à – allons – fils.
d. Nous – pour – donner – lui – allons – voiture – son – la – anniversaire.

Lösung a. Pierre va conduire la voiture au garage. b. La réparation ne va pas coûter cher. c. Nous allons en faire cadeau à notre fils. d. Nous allons lui donner la voiture pour son anniversaire.

5 Das *futur simple* ▶ S. 87, 128

■ 1. Erstellen Sie eine Tabelle mit dem *futur simple* dieser Verben: *avoir*, *être*, *regarder*, *choisir*, *sortir*, *aller*, *devoir*, *faire*, *falloir*, *pleuvoir*, *pouvoir*, *recevoir*, *savoir*, *tenir*, *valoir*, *venir*, *voir*, *vouloir*. Unterstreichen Sie bei jedem Verb die Formen, die gleich gesprochen werden.

	je / j'	tu	il/elle/on	nous	vous	ils/elles
avoir	…	…	…	…	…	…
être	…	…	…	…	…	…
…	…	…	…	…	…	…

LÖSUNG

	je / j'	tu	il/elle/on	nous	vous	ils/elles
avoir	aurai	auras	aura	aurons	aurez	auront
être	serai	seras	sera	serons	serez	seront
regarder	regarderai	regarderas	regardera	regarderons	regarderez	regarderont
choisir	choisirai	choisiras	choisira	choisirons	choisirez	choisiront
sortir	sortirai	sortiras	sortira	sortirons	sortirez	sortiront
aller	irai	iras	ira	irons	irez	iront
devoir	devrai	devras	devra	devrons	devrez	devront
faire	ferai	feras	fera	ferons	ferez	feront
falloir	...	...	il faudra	...	...	...
pleuvoir	...	...	il pleuvra	...	...	...
pouvoir	pourrai	pourras	pourra	pourrons	pourrez	pourront
recevoir	recevrai	recevras	recevra	recevrons	recevrez	recevront
savoir	saurai	sauras	saura	saurons	saurez	sauront
tenir	tiendrai	tiendras	tiendra	tiendrons	tiendrez	tiendront
valoir	vaudrai	vaudras	vaudra	vaudrons	vaudrez	vaudront
venir	viendrai	viendras	viendra	viendrons	viendrez	viendront
voir	verrai	verras	verra	verrons	verrez	verront
vouloir	voudrai	voudras	voudra	voudrons	voudrez	voudront

■ 2. Wandeln Sie die Sätze ins *futur simple* um.

Il va certainement faire beau demain ► *Il fera certainement beau demain.*

a. Il va pleuvoir.

b. Il va falloir prendre un parapluie.

c. Nous allons t'appeler ce soir.

d. Tu vas acheter le journal?

e. Qui va payer la note?

f. Je vais vous envoyer un courriel pour confirmer la réservation.

g. On va jeter ces vieux papiers plus tard.

h. Vous allez recevoir votre attestation dans les prochains jours.

i. Il va geler demain, c'est sûr.

LÖSUNG **a.** Il pleuvra **b.** Il faudra **c.** Nous t'appellerons **d.** Tu achèteras **e.** Qui paiera **f.** Je vous enverrai **g.** On jettera **h.** Vous recevrez **i.** Il gèlera

6 Das *passé simple* ▶ S. 88, 133

■ 1. Ergänzen Sie die Tabelle.

Infinitiv	passé simple	Infinitiv	passé simple
...	il eut	...	ils furent
...	il dut	...	ils virent
...	elle fit	...	ils vinrent
...	elle plut	...	ils voulurent
...	il put		

LÖSUNG

Infinitiv	passé simple	Infinitiv	passé simple
avoir	il eut	être	ils furent
devoir	il dut	voir	ils virent
faire	elle fit	venir	ils vinrent
plaire	elle plut	vouloir	ils voulurent
pouvoir	il put		

■ 2. Ersetzen Sie das *passé simple* durch das *passé composé*.

Victor Hugo est certainement le poète et écrivain français le plus connu. Il naquit à Besançon en 1802 et fit ses études à Paris. Il épousa Adèle Foucher en 1822. Ils eurent cinq enfants. En 1830, il devint le chef du mouvement romantique. De 1830 à 1848, il publia drames, recueils de poèmes et romans dont le plus connu est *Notre-Dame de Paris*. Mais Victor Hugo fut aussi une personnalité politique qui accompagna divers courants tout au long du 19e siècle. Il fut d'abord monarchiste, puis il évolua peu à peu vers des positions libérales et républicaines. Après la mort de sa fille Léopoldine, il se tourna vers la politique et fut élu député en 1848. Après le coup d'État de Bonaparte, le neveu de Napoléon 1er, il s'exila à Jersey puis à Guernesey. Il écrivit entre autres des poèmes satiriques contre Napoléon III auquel il donna le surnom de Napoléon le Petit et aussi une vaste fresque historique, sociale et humaine, *Les Misérables*. Il rentra en France en 1870, et devint un personnage honoré et officiel de la nouvelle république. Il mourut en 1885 et ses cendres furent transférées au Panthéon.

LÖSUNG Victor Hugo est certainement le poète et écrivain français le plus connu. Il est né à Besançon en 1802 et a fait ses études à Paris. Il a épousé Adèle Foucher en 1822. Ils ont eu cinq enfants. En 1830, il est devenu le chef du mouvement romantique. De 1830 à 1848, il a publié drames, recueils de poèmes et romans dont le plus connu est *Notre-Dame de Paris*. Mais Victor Hugo a aussi été une personnalité politique qui a accompagné divers courants tout au long du

19e siècle. Il a d'abord été monarchiste, puis il a peu à peu évolué vers des positions libérales et républicaines. Après la mort de sa fille Léopoldine, il s'est tourné vers la politique et a été élu député en 1848. Après le coup d'État de Bonaparte, le neveu de Napoléon 1er, il s'est exilé à Jersey puis à Guernesey. Il a écrit entre autres des poèmes satiriques contre Napoléon III auquel il a donné le surnom de Napoléon le Petit et aussi une vaste fresque historique, sociale et humaine, *Les Misérables*. Il est rentré en France en 1870, et est devenu un personnage honoré et officiel de la nouvelle république. Il est mort en 1885 et ses cendres ont été transférées au Panthéon.

7 Das *passé récent* und das *présent duratif* ▶ S. 106, 107

■ 1. Übersetzen Sie folgende Sätze.

a. Sie ist gerade weggegangen.
b. Der Zug ist gerade angekommen.
c. Er hat mich gerade angerufen.
d. Ich habe es gerade erfahren.
e. Sie haben es mir gerade gesagt.
f. Sie kocht gerade.
g. Er telefoniert gerade.
h. Wir schauen uns gerade die Nachrichten an.
i. Sie sind gerade dabei, ihre Fahrräder zu reparieren.
j. Wo ist die Zeitung? – Dein Vater liest sie gerade.

LÖSUNG a. Elle vient de partir. **b.** Le train vient d'arriver. **c.** Il vient de m'appeler. **d.** Je viens de l'apprendre. **e.** Vous venez / Ils/Elles viennent de me le dire. **f.** Elle est en train de faire la cuisine. **g.** Il est en train de téléphoner. **h.** Nous sommes en train de regarder les informations. **i.** Ils/Elles sont en train de réparer leurs vélos. **j.** Où est le journal? - Ton père est en train de le lire.

8 Das *plus-que-parfait*, das *futur antérieur*, das *passé antérieur* ▶ S. 102, 103, 104, 129, 132, 134

■ 1. Ergänzen Sie die Tabelle.

Infinitiv	plus-que-parfait	futur antérieur	passé antérieur
avoir	je/j' ...	je/j' ...	je/j' ...
être	tu ...	tu ...	tu ...
aller	il ...	il ...	il ...
regarder	elle ...	elle ...	elle ...
choisir	on ...	on ...	on ...
sortir	nous ...	nous ...	nous ...

Infinitiv	plus-que-parfait	futur antérieur	passé antérieur
entendre	vous …	vous …	vous …
faire	ils …	ils …	ils …
prendre	elles …	elles …	elles …

Lösung

Infinitiv	plus-que-parfait	futur antérieur	passé antérieur
avoir	j'avais eu	j'aurai eu	j'eus eu
être	tu avais été	tu auras été	tu eus été
aller	il était allé	il sera allé	il fut allé
regarder	elle avait regardé	elle aura regardé	elle eut regardé
choisir	on avait choisi	on aura choisi	on eut choisi
sortir	nous étions sorti(e)s	nous serons sorti(e)s	nous fûmes sorti(e)s
entendre	vous aviez entendu	vous aurez entendu	vous eûtes entendu
faire	ils avaient fait	ils auront fait	ils eurent fait
prendre	elles avaient pris	elles auront pris	elles eurent pris

9 Der Imperativ ▶ S. 91, 173, 219

■ 1. Setzen Sie die Sätze in den Imperativ.
Vous continuez tout droit. ▶ *Continuez tout droit.*

a. Au feu, vous tournez à gauche.
b. Puis vous traversez le carrefour.
c. Après vous prenez la première rue à droite.
d. Tu ranges tes affaires, s'il te plaît.
e. Tu es gentil avec ton oncle.
f. Tu vas au supermarché et tu achètes du lait s'il te plaît.
g. Tu n'as pas peur.
h. Vous êtes sages à l'école!
i. Nous ne sommes pas inquiets.
j. Tu t'assieds, s'il te plaît.
k. Tu nous téléphones!
l. Tu te dépêches!

Lösung a. Tournez à gauche. b. Puis traversez le carrefour. c. Après prenez la première rue à droite. d. Range tes affaires, s'il te plaît. e. Sois gentil avec ton oncle. f. Va au supermarché et achète du lait s'il te plaît. **g.** N'aie pas peur. **h.** Soyez sages à l'école! **i.** Ne soyons pas inquiets. **j.** Assieds-toi, s'il te plaît. **k.** Téléphone-nous! **l.** Dépêche-toi!

10 Das *conditionnel* ▶ S. 89, 105, 134

- 1. Wandeln Sie die Verben ins *conditionnel* um.

a. je suis ▶ je ......

b. tu as ▶ tu ......

c. il va ▶ il ......

d. elle choisit ▶ elle ......

e. nous sortons ▶ nous ......

f. vous achetez ▶ vous ......

g. ils appellent ▶ ils ......

h. elles préfèrent ▶ elles ......

i. je dois ▶ je ......

j. tu envoies ▶ tu ......

k. il faut ▶ il ......

l. elle fait ▶ elle ......

m. nous pouvons ▶ nous ......

n. vous savez ▶ vous ......

o. ils viennent ▶ ils ......

p. elles veulent ▶ elles ......

LÖSUNG **a.** je serais **b.** tu aurais **c.** il irait **d.** elle choisirait **e.** nous sortirions **f.** vous achèteriez **g.** ils appelleraient **h.** elles préfèreraient **i.** je devrais **j.** tu enverrais **k.** il faudrait **l.** elle ferait **m.** nous pourrions **n.** vous sauriez **o.** ils viendraient **p.** elles voudraient.

- 2. Übersetzen Sie folgende Sätze.

a. Könntest du bitte das Fenster öffnen?

b. Wir müssten einkaufen.

c. Du solltest dich ausruhen.

d. Ich möchte ein Eis essen.

e. Hätten Sie zufällig seine Adresse?

f. Ich würde lieber ins Kino gehen.

LÖSUNG **a.** Tu pourrais ouvrir la fenêtre, s'il te plaît? **b.** Il faudrait faire les courses. **c.** Tu devrais te reposer. **d.** J'aimerais manger une glace. **e.** Vous auriez son adresse, par hasard? **f.** Je préfèrerais aller au cinéma.

- 3. Übersetzen Sie folgende Sätze.

a. Ich wäre gern am Wochenende nach Paris gefahren, aber mein Auto hatte eine Panne.

b. Ich hätte gern eine Auskunft gehabt.

c. Es soll noch einen Unfall an der Kreuzung gegeben haben.

d. Wir hätten links abbiegen müssen.

e. Du hättest eine Krawatte anziehen können.

f. Ich hätte dir gern eine Postkarte geschickt, aber ich habe deine Adresse nicht.

LÖSUNG **a.** J'aurais bien aimé aller à Paris ce week-end, mais ma voiture était en panne. **b.** J'aurais voulu avoir un renseignement. **c.** Il y aurait encore eu un accident à ce carrefour. **d.** On aurait dû tourner à gauche. **e.** Tu aurais pu mettre une cravate. **f.** Je t'aurais volontiers envoyé une carte postale, mais je n'ai pas ton adresse.

11 Der *subjonctif* ▸ S. 90, 105, 135

■ 1. Ergänzen Sie die Sätze mit den Verben im *subjonctif présent*.

a. Il faut que j' (*aller*) chez le dentiste.

b. J'aimerais que tu (*faire*) tes devoirs.

c. Il faut que vous (*apprendre*) régulièrement du vocabulaire.

d. Ce serait bien que Pierre (*pouvoir*) venir.

e. Rentrons avant qu'il (*pleuvoir*).

f. J'aimerais qu'elle (*avoir*) le temps de manger avant de partir.

g. Nous aimerions que vous (*être*) à l'heure au rendez-vous.

h. Il faut absolument que vous (*venir*) ce soir.

i. Il faudrait que tu (*être*) en bonne santé avant de partir en voyage.

j. Je vous envoie un courriel pour que vous (*avoir*) mes coordonnées par écrit.

LÖSUNG a. j'aille b. tu fasses c. vous appreniez d. puisse e. il pleuve f. elle ait g. vous soyez h. vous veniez i. tu sois j. vous ayez

■ 2. Setzen Sie die Verben in den *subjonctif passé*.

a. Il faut que nous (*quitter*) l'hôtel avant onze heures.

b. Les supporters regrettent que leur équipe (*perdre*).

c. J'aimerais que vous (*terminer*) vos devoirs avant le dîner.

d. Il est étonnant que Pierre (*ne pas venir*).

e. Nous sommes heureux que Jean (*réussir*) son bac.

f. Nous regrettons que vous (*ne pas pouvoir*) venir.

g. Il est dommage que vous (*rater*) votre avion.

h. Je suis très heureuse que tu (*passer*) le week-end avec nous.

i. Il ne trouve pas de travail bien qu'il (*obtenir*) une très bonne note à son examen.

j. Je doute qu'il (*dire*) la vérité.

LÖSUNG a. nous ayons quitté b. ait perdu c. vous ayez terminé d. ne soit pas venu e. ait réussi f. vous n'ayez pas pu g. vous ayez raté h. tu aies passé i. il ait obtenu j. il ait dit

12 Der Gebrauch des *imparfait / passé composé* ▸ S. 132

■ 1. Setzen Sie die Satzteile in die richtige Reihenfolge.

a. Elle – quand – la – télévision – je – regardait – suis – arrivé.

b. Les – faisaient – quand – professeur – élèves – est – leurs – entré – exercices – le.

c. Nous – l' – a – nous – orage – éclaté – promenions – quand.

d. Le – n' – pas – quand – client – arrivé – était – directeur – là – le – est.

e. Ils – pendant – partis – téléphonais – je – que – sont.

LÖSUNG **a.** Elle regardait la télévision quand je suis arrivé. **b.** Les élèves faisaient leurs exercices quand le professeur est entré. **c.** Nous nous promenions quand l'orage a éclaté. **d.** Le directeur n'était pas là quand le client est arrivé. **e.** Ils sont partis pendant que je téléphonais.

- 2. Setzen Sie die Verben ins *imparfait* oder *passé composé*.

a. Je/J' (*prendre*) le train parce que ma voiture (*ne pas marcher*).
b. La télévision (*tomber*) en panne pendant que nous (*regarder*) un film.
c. Ce matin, il (*faire*) encore nuit quand elle (*partir*).
d. Je (*dormir*) quand le téléphone (*sonner*).
e. Nous (*fermer*) la fenêtre parce qu'il (*faire*) trop froid.
f. Hier, je/j' (*rencontrer*) Anne. Elle (*faire*) ses courses.
g. Je ne (*savoir*) pas qu'ils (*avoir*) des enfants.
h. Nous (*voir*) ce film trois fois.
i. Quand il (*être*) jeune, il (*jouer*) régulièrement au football.
j. L'été dernier, elle (*nager*) régulièrement.

LÖSUNG **a.** J'ai pris le train parce que ma voiture ne marchait pas. **b.** La télévision est tombée en panne pendant que nous regardions un film. **c.** Ce matin, il faisait encore nuit quand elle est partie. **d.** Je dormais quand le téléphone a sonné. **e.** Nous avons fermé la fenêtre parce qu'il faisait trop froid. **f.** Hier, j'ai rencontré Anne. Elle faisait ses courses. **g.** Je ne savais pas qu'ils avaient des enfants. **h.** Nous avons vu ce film trois fois. **i.** Quand il était jeune, il jouait régulièrement au football. **j.** L'été dernier, elle a nagé régulièrement.

- 3. Unterstreichen Sie die passenden Verbformen.

a. Il a parlé de ce film parce qu'il 1. **a cru** 2. **croyait** qu'elle l' 1. **a vu** 2. **avait vu**.
b. Elle 1. **s'est déjà levée** 2. **s'était déjà levée** quand le réveil 1. **a sonné** 2. **sonnait**.
c. Nous 1. **avons eu** 2. **avions** très faim parce que nous 1. **avons marché** 2. **avions marché** longtemps.
d. Il partait au bureau aussitôt qu'il 1. **finissait** 2. **avait fini** de manger.
e. Nous quittions le bureau dès que le patron 1. **est parti**. 2. **était parti**.
f. Anne 1. **a rapporté** 2. **rapportait** le livre qu'elle m' 1. **empruntait**. 2. **avait emprunté**.
g. Si 1. **j'avais su** 2. **je savais**, je ne serais pas venu.
h. Il a dit qu'il 1. **est arrivé** 2. **était arrivé** la veille.

LÖSUNG **a.** 2, 2 **b.** 2, 1 **c.** 2, 2 **d.** 2 **e.** 2 **f.** 1, 2 **g.** 1 **h.** 2

■ 4. Übersetzen Sie folgende Sätze.

a. Diese Hose passt mir nicht; ich hatte sie jedoch vor dem Kauf anprobiert.

b. Ich habe die Handschuhe wieder gefunden, die ich verloren hatte.

c. Wo sind die Schlüssel? Ich habe sie auf dem Tisch liegen lassen.

d. Ich war mit den Essensvorbereitungen nicht fertig, als die ersten Gäste angekommen sind.

e. Sobald wir mit den Hausaufgaben fertig waren, gingen wir in den Garten spielen.

f. Er hatte seine Frau geheiratet, während er studierte.

LÖSUNG **a.** Ce pantalon ne me va pas ; je l'avais pourtant essayé avant de l'acheter.
b. J'ai retrouvé les gants que j'avais perdus. **c.** Où sont les clés? Je les avais laissées sur la table. **d.** Je n'avais pas fini de préparer le repas quand les premiers invités sont arrivés.
e. Nous allions jouer dans le jardin dès que nous avions fini nos devoirs. **f.** Il avait épousé sa femme pendant qu'il faisait ses études.

■ 5. Übersetzen Sie folgende Sätze.

a. Wir haben gerade Kaffee getrunken.

b. Ich kam gerade an, als das Telefon klingelte.

c. Er kam gerade aus dem Büro, als sein Chef anrief.

d. Wir haben gerade eine schöne Reise gemacht.

LÖSUNG **a.** On vient /Nous venons de prendre un/le café. **b.** Je venais d'arriver quand le téléphone a sonné. **c.** Il venait d'arriver du bureau quand son patron a appelé. **d.** On vient / Nous venons de faire un beau voyage.

13 Der Gebrauch des Futur ▶ S. 128, 129

■ 1. Setzen Sie die Verben ins *futur simple* oder *futur composé*.

a. Il veut être pilote quand il (*être*) grand.

b. Anne a fini son travail. Maintenant elle (*prendre*) un café.

c. Bulletin météo: demain il (*pleuvoir*) sur toute la France.

d. le ciel est noir: il (*pleuvoir*).

e. S'il fait beau demain, nous (*aller*) à la piscine.

f. Le train (*partir*) dans un instant.

g. Comment (*être*) notre planète dans cent ans?

h. Je suis fatigué, je (*aller se coucher*).

LÖSUNG **a.** il sera **b.** elle va prendre **c.** il pleuvra **d.** il va pleuvoir **e.** nous irons **f.** va partir
g. sera **h.** je vais aller me coucher.

■ 2. Wandeln Sie die Sätze um.

Tu ne dois pas mentir. ▸ *Tu ne mentiras pas.*

a. Vous devez apprendre quelques mots de vocabulaire tous les jours.
b. Vous devez écouter une radio française de temps en temps.
c. Vous devez lire un journal français une fois par semaine.
d. Vous ne devez pas manquer les cours.
e. Vous devez faire des exercices.

LÖSUNG a. Vous apprendrez **b.** Vous écouterez **c.** Vous lirez **d.** Vous ne manquerez pas
e. Vous ferez

■ 3. Setzen Sie die Verben ins *futur simple* oder *futur antérieur*.

a. Tu me (*donner*) le journal quand tu (*le lire*)?
b. On annonce que le président (*recevoir*) les journalistes après que le gouvernement (*signer*) les accords.
c. Anne n'est pas encore là. Elle (*rater*) son train.
d. Dans un mois, elle (*accoucher*) certainement.
e. Nous te (*téléphoner*) dès que nous (*arriver*).
f. Pierre revient: il (*oublier*) quelque chose.

LÖSUNG a. Tu me donneras le journal quand tu l'auras lu? **b.** On annonce que le président recevra les journalistes après que le gouvernement aura signé les accords. **c.** Anne n'est pas encore là. Elle aura raté son train. **d.** Dans un mois, elle aura certainement accouché. **e.** Nous te téléphonerons dès que nous serons arrivés. **f.** Pierre revient: il aura oublié quelque chose.

■ 4. Ergänzen Sie die Bedingungssätze. Setzen Sie die Verben in die passende Form.

a. Si tu (*ne pas mettre*) ta veste, tu vas attraper froid.
b. Si tu (*ne pas se dépêcher*), tu vas arriver en retard.
c. S'il (*continuer*) à téléphoner en voiture, il va avoir une contravention.
d. Si vous (*tourner*) à droite, vous verrez la cathédrale juste devant vous.
e. Si vous (*venir*) ce soir, je ferai un bon dîner.
f. Si vous (*vouloir*), emportez une bouteille d'eau!

LÖSUNG a. tu ne mets pas ta veste **b.** tu ne te dépêches pas **c.** il continue **d.** vous tournez
e. vous venez **f.** vous voulez

14 Der Gebrauch des *subjonctif* ▶ S. 135

■ 1. Unterstreichen Sie die richtige Verbform.

a. Il faut que 1. **je vais** / 2. **j'aille** chez le dentiste.
b. J'aimerais que 1. **tu es** / 2. **tu sois** à l'heure.
c. Je trouve qu' 1. **il est** / 2. **il soit** très intelligent.
d. Je ne peux pas venir parce que 1. **je suis** / 2. **je sois** malade.
e. Il faudrait que 1. **vous apprenez** / 2. **vous appreniez** le subjonctif.
f. Nous espérons que 1. **vous êtes** / 2. **vous soyez** en bonne santé.
g. Nous pensons que Pierre 1. **veut** / 2. **veuille** obtenir ce poste.
h. Je ne pense pas que 1. **nous pouvons** / 2. **nous puissions** partir maintenant.
i. Il voudrait que 1.**nous l'aidons**. / 2. **nous l'aidions**.
j. Je crois que mon fils 1. **fait** / 2. **fasse** ses devoirs.

LÖSUNG a. 2 b. 2 c. 1 d. 1 e. 2 f. 1 g. 1 h. 2 i. 2 j. 1

■ 2. Indikativ oder *subjonctif*? Setzen Sie die Verben in die passende Form.

a. Nous regrettons que vous (*ne pas pouvoir*) venir.
b. Je suis heureuse que vous (*être*) là.
c. Je crois que tu (*avoir*) tort.
d. Il est indispensable que nous (*chercher*) un appartement plus grand.
e. Je préfère que tu (*venir*) demain.
f. Mon père pense que les vacances (*être*) trop courtes.
g. Ce serait bien que nous (*avoir*) le temps de bavarder.
h. J'espère que tu (*venir*) ce soir.
i. Il est normal qu'on (*boire*) du champagne à l'apéritif?
j. Je déteste que tu (*mettre*) la musique aussi fort.

LÖSUNG a. vous ne puissiez pas b. vous soyez c. tu as tort d. nous cherchions e. tu viennes f. les vacances sont g. nous ayons h. tu viendras i. on boive j. tu mettes.

■ 3. Wandeln Sie die Sätze um. Verwenden Sie *bien que / quoique* oder *pour que*.

a. Pierre est allé travailler. Il est malade.
b. J'ai loué une maison dans les Alpes. Nous pourrons faire des balades en montagne.
c. Ce gâteau est délicieux. Il est un peu sucré.
d. Va voir un médecin. Il te dira ce qui ne va pas.
e. Notre voisine vit seule. Elle a quatre-vingt-dix ans.
f. Hier, nous avons fait une promenade. Le temps était très mauvais.
g. J'ai mis un mot de passe sur mon ordinateur. Personne ne peut l'ouvrir.
h. Nous sommes bien arrivés. Le train avait beaucoup de retard.

i. Anne fait des économies. Ses enfants peuvent partir au Canada cet été.

j. Pierre a envoyé ce paquet en exprès. Anne le recevra demain.

Lösung **a.** Pierre est allé travailler bien qu'il/quoiqu'il soit malade. **b.** J'ai loué une maison dans les Alpes pour que nous puissions faire des balades en montagne. **c.** Ce gâteau est délicieux bien qu'il/quoiqu'il soit un peu sucré. **d.** Va voir un médecin pour qu'il te dise ce qui ne va pas. **e.** Notre voisine vit seule bien qu'elle/quoiqu'elle ait quatre-vingt-dix ans. **f.** Hier, nous avons fait une promenade bien que/quoique le temps ait été très mauvais. **g.** J'ai mis un mot de passe sur mon ordinateur pour que personne ne puisse l'ouvrir. **h.** Nous sommes bien arrivés bien que/quoique le train ait eu beaucoup de retard. **i.** Anne fait des économies pour que ses enfants puissent partir au Canada cet été. **j.** Pierre a envoyé ce paquet en exprès pour qu'Anne le reçoive demain.

- **4. Übersetzen Sie folgende Sätze.**

a. Wir gehen jeden Tag spazieren, egal wie das Wetter auch sein mag.

b. Egal was er tut, sein Chef ist nie zufrieden.

c. Obwohl er nett ist, mag ich ihn nicht.

d. Welche Argumente er auch bringen kann, sein Bruder ist grundsätzlich anderer Meinung.

e. Anne ist zu ihrem Freund gezogen, ohne dass ihre Mutter es weiß.

f. Ich warte, bis Sie zurückkommen.

g. Ich werde ihn besuchen, bevor er nach Amerika zieht.

h. Angenommen, er hätte Glück und würde seine Prüfung schaffen, was wird er danach machen?

Lösung **a.** Nous nous promenons tous les jours quel que soit le temps. **b.** Quoi qu'il fasse, son patron n'est jamais content. **c.** Je ne l'aime pas bien qu'il soit gentil. **d.** Quels que soient ses arguments, son frère est toujours d'un autre avis/ est toujours contre, par principe. **e.** Anne a emménagé chez son ami sans que sa mère le sache. **f.** J'attendrai jusqu'à ce que vous reveniez. **g.** J'irai le voir avant qu'il (ne) parte en Amérique. **h.** En admettant qu'il ait de la chance et qu'il réussisse son examen, que fera-t-il après?

15 Das Passiv ▶ S. 113

- **1. Welche Verben stehen im Passiv? Kreuzen Sie an.**

	Aktiv	Passiv
a. Nous sommes arrivés lundi.	☐	☐
b. Les enfants sont restés à la maison.	☐	☐
c. La police est appelée sur le lieu de l'accident.	☐	☐
d. Le repas est brûlé.	☐	☐

	Aktiv	Passiv
e. La villa est entourée d'un grand jardin.	☐	☐
f. Anne est partie ce matin.	☐	☐
g. La voiture est contrôlée régulièrement.	☐	☐

Lösung **a.** Aktiv **b.** Aktiv **c.** Passiv **d.** Passiv **e.** Passiv **f.** Aktiv **g.** Passiv

■ 2. Setzen Sie folgende Sätze ins Passiv.

a. On a coupé les arbres.
b. On agrandira le parking.
c. On va élargir les trottoirs.
d. On modernisera le centre-ville.
e. On vient de dévier la circulation.
f. On rénovera les façades.
g. On crée des espaces verts.

Lösung **a.** Les arbres ont été coupés. **b.** Le parking sera agrandi. **c.** Les trottoirs vont être élargis. **d.** Le centre-ville sera modernisé. **e.** La circulation vient d'être déviée. **f.** Les façades seront rénovées. **g.** Des espaces verts sont créés.

■ 3. Verwandeln Sie die Sätze, indem Sie eine Passivform verwenden.
Élection du président de la République le 5 mai. ► *Le président de la République sera élu le 5 mai.*

a. Découverte récemment d'une ville gallo-romaine près de Royan.
b. Vente d'un tableau de Manet le mois prochain.
c. Inauguration du salon de l'auto samedi dernier à Paris.
d. Ouverture au public de la nouvelle piscine olympique.
e. Arrestation de trois cambrioleurs ce matin à Nancy.
f. Nomination dans les jours prochains d'un nouveau directeur de la Banque de France.
g. Location gratuite de vélos à Paris.

Lösung **a.** Une ville gallo-romaine a été découverte récemment près de Royan. **b.** Un tableau de Manet sera vendu le mois prochain. **c.** Le salon de l'auto a été inauguré samedi dernier à Paris. **d.** La nouvelle piscine olympique est ouverte au public. **e.** Trois cambrioleurs ont été arrêtés ce matin à Nancy. **f.** Un nouveau directeur de la Banque de France sera nommé dans les prochains jours. **g.** Des vélos sont loués gratuitement à Paris.

■ 4. Wandeln Sie die reflexiven Verben und die Ausdrücke *se faire/se laisser* + Verb in Passivformen um.

Pierre s'est fait opérer hier. ► *Pierre a été opéré hier.*

a. Ce livre s'est vendu à trois cent mille exemplaires.

b. Paul s'est fait licencier par son patron.

c. Dans le mot «tabac», le «c» ne se prononce pas.

d. Ce vin blanc se boit très frais.

e. Les produits surgelés se conservent à - 18 degrés.

f. Après son opération Pierre s'est fait soigner à domicile.

g. Cet aveugle se laisse guider par son chien.

h. Cela se comprend facilement.

Lösung a. Ce livre a été vendu à trois cent mille exemplaires. **b.** Paul a été licencié par son patron. **c.** Dans le mot «tabac», le «c» n'est pas prononcé. **d.** Ce vin blanc est bu très frais. **e.** Les produits surgelés sont conservés à -18 degrés. **f.** Après son opération, Pierre a été soigné à domicile. **g.** Cet aveugle est guidé par son chien. **h.** Cela est compris facilement.

■ 5. Wandeln Sie die Sätze in die Aktivform um.

a. Le journal télévisé est regardé par des millions de personnes.

b. La construction du château de Versailles a été décidée par Louis XIV.

c. Vous serez reçu par le directeur vendredi à 10 heures.

d. La manifestation va être organisée par tous les syndicats.

e. L'immeuble avait déjà été modernisé par le propriétaire en 2001.

f. Un formulaire vient d'être envoyé à tous les ménages par la commune.

g. Le train partira dès que le problème technique aura été résolu.

h. Si les comédiens avaient bien joué, ils auraient été applaudis par le public.

Lösung a. Des millions de personnes regardent le journal télévisé. **b.** Louis XIV a décidé la construction du château de Versailles. **c.** Le directeur vous recevra vendredi à 10 heures. **d.** Tous les syndicats vont organiser la manifestation. **e.** Le propriétaire avait déjà modernisé l'immeuble en 2001. **f.** La commune vient d'envoyer un formulaire à tous les ménages. **g.** Le train partira dès qu'on aura résolu le problème technique. **h.** Si les comédiens avaient bien joué, le public les aurait applaudis.

■ 6. Ergänzen Sie die Sätze durch *par* oder *de*. Fügen Sie gegebenenfalls einen Artikel ein.

a. La maison est entourée ...... grands arbres.

b. Le directeur est estimé ...... tous les employés.

c. Le président de la République est élu ...... tous les citoyens.

d. Les jardins de Versailles ont été créés ...... Le Nôtre.

e. Cette armoire est remplie ...... vieux vêtements.

f. La colline est plantée …… vignes.

g. Jean va être embauché …… une nouvelle entreprise.

h. Ce chien a été abandonné …… ses maîtres.

i. Le chien abandonné va être examiné …… un vétérinaire.

j. Des maisons sont endommagées …… la tempête.

Lösung a. de b. de c. par d. par e. de f. de g. par h. par i. par j. par

16 *Participe présent + gérondif* ▶ S. 117, 121, 240

■ 1. Wandeln Sie die Sätze um. Verwenden Sie ein Partizip Präsens.

Comme le ciel était noir, j'ai pris un parapluie. ▶ *Le ciel étant noir, j'ai pris un parapluie.*

a. Comme l'essence est très chère, nous prenons rarement la voiture.

b. Comme la nuit tombait, nous avons cherché un hôtel.

c. Comme elle avait raté son train, elle était arrivée en retard.

d. Comme il a de bons diplômes, il trouvera rapidement du travail.

e. Comme il ne se sentait pas bien, il n'est pas allé travailler.

f. Comme nous connaissions tous les invités, nous nous sommes bien amusés à cette fête.

g. Comme vous ne savez pas le français, vous n'avez sûrement pas bien suivi la discussion?

h. Comme nous ne mangeons pas de viande, nous allons toujours dans des restaurants végétariens.

Lösung a. L'essence étant très chère, nous prenons rarement la voiture. b. La nuit tombant, nous avons cherché un hôtel. c. Ayant raté son train, elle était arrivée en retard. d. Ayant de bons diplômes, il trouvera rapidement du travail. e. Ne se sentant pas bien, il n'est pas allé travailler. f. Connaissant tous les invités, nous nous sommes bien amusés à cette fête. g. Ne sachant pas le français, vous n'avez sûrement pas bien suivi la discussion? h. Ne mangeant pas de viande, nous allons toujours dans des restaurants végétariens.

17 Das Verb und seine Ergänzungen ▶ S. 140, 142

■ 1. Unterstreichen Sie.

a. Pierre aime	1. à	2. de	3. –	le chocolat.
b. Jean a refusé	1. à	2. de	3. –	notre invitation.
c. Nous avons participé	1. à	2. de	3. –	un voyage en Afrique.
d. Vous vous intéressez	1. au	2. du	3. –	sport?
e. Fais attention	1. à	2. de	3. –	la marche.
f. Anne s'occupe	1. à	2. de	3. –	l'association «Montgolfière».

		1.	2.	3.	
g.	J'ai téléphoné	1. à	2. de	3. –	mon amie.
h.	Cela ne dépend pas	1. à	2. de	3. –	toi.
i.	Il ne s'est pas rendu compte	1. à	2. de	3. –	son erreur.
j.	On attend	1. à	2. de	3. –	le bus depuis dix minutes.
k.	Tu te souviens	1. à	2. de	3. –	tes grands-parents?
l.	Paul ne s'habitue pas	1. à	2. de	3. –	son nouveau travail.
m.	Il faut changer	1. à	2. de	3. –	train.

LÖSUNG **a.** 3 **b.** 3 **c.** 1 **d.** 1 **e.** 1 **f.** 2 **g.** 1 **h.** 2 **i.** 2 **j.** 3 **k.** 2 **l.** 1 **m.** 2

▪ 2. Ergänzen Sie die Sätze.

a. Pierre a apporté des chocolats ...... enfants.
b. Nous avons montré nos photos de vacances ...... nos amis.
c. Anne parle ...... ses projets ...... son ami.
d. Paul offre un bouquet de fleurs ...... sa mère.
e. Vous prêtez votre livre ...... votre voisine?
f. Anne a remercié Pierre ...... son aide.
g. Monique a prévenu ses amis ...... son arrivée.
h. Nous avons demandé des renseignements ...... contrôleur.

LÖSUNG **a.** aux **b.** à **c.** de, à **d.** à **e.** à **f.** de **g.** de **h.** au

▪ 3. Verbinden Sie mit *à*, *de* oder ohne Präposition.

a.	Pierre aime	regarder la télévision.
b.	Il commence	pleuvoir.
c.	Dépêchez-vous	finir votre travail.
d.	Nous avons entendu	parler de ce changement.
e.	Paul espère	venir dimanche.
f.	Nous avons décidé	vivre à la campagne.
g.	Anne n'a pas réussi	réaliser ses projets.
h.	Nous préférons	habiter en ville.
i.	Monique veut	travailler à mi-temps.
j.	Je regrette	ne pas être avec vous dimanche.
k.	Olivier rêve	s'installer dans le sud.
l.	Nicole a appris	conduire.
m.	Vous devez absolument	terminer ce travail aujourd'hui.
n.	Tu peux	venir demain?
o.	Pensez	prendre un parapluie!
p.	Nous pensons	arriver vers 20 heures.
q.	Vous avez fini	manger?

r. Patrick n'arrive pas   faire son exercice de maths.

s. Je refuse   répondre à cette question.

t. Il souhaite   changer de travail.

LÖSUNG a. aime regarder b. à pleuvoir c. de finir d. entendu parler e. espère venir f. décidé de vivre g. réussi à réaliser h. préférons habiter i. veut travailler j. regrette de ne pas être k. rêve de s'installer l. appris à conduire m. devez absolument terminer n. peux venir o. Pensez à prendre p. pensons arriver q. fini de manger r. n'arrive pas à faire s. refuse de répondre t. souhaite changer

■ 4. Ergänzen Sie die Sätze durch Präpositionen, wenn nötig.

a. Le contrôleur demande ...... voyageurs ...... présenter leurs billets.

b. Nous avons aidé ...... nos voisins ...... déménager.

c. Le professeur conseille ...... étudiants ...... lire des journaux français.

d. Le voyagiste se charge ...... trouver un hôtel agréable ...... clients.

e. On accuse ...... cet homme ...... avoir volé une voiture.

f. Anne apprend ...... nager ...... son fils.

g. La famille Martin est végétarienne mais il arrive ...... enfants ...... manger un bifteck.

h. Il est interdit ...... jeunes ...... acheter des cigarettes.

i. Dites ...... enfants ...... faire moins de bruit.

j. Les parents obligent ...... leurs enfants ...... rentrer avant minuit.

k. Nous avons proposé ...... nos amis ...... passer quelques jours chez nous.

l. Pierre n'a pas pardonné ...... son amie ...... l'avoir quitté.

m. Nous avons promis ...... nos amis ...... venir samedi.

LÖSUNG a. aux, de b. –, à c. aux, de d. de, aux e. –, d' f. à, à g. aux, de h. aux, d' i. aux, de j. –, à k. à, de l. à, de m. à, de

Die Pronomen

1 Die Personalpronomen ▶ S. 163, 165

■ 1. Ergänzen Sie mit dem unverbundenen Personalpronomen.

a. ......, je fais une promenade.
b. Et ......, qu'est-ce que tu fais?
c. ......, il écoute de la musique.
d. ......, elle regarde la télé.
e. ......, on joue au foot.
f. On est bien chez ....
g. ......, nous adorons le cinéma.
h. Et ......, qu'est-ce que vous aimez?
i. ......, ils font du sport.
j. ......, elles font les courses.

Lösung a. Moi b. toi c. Lui d. Elle e. Nous f. soi g. Nous h. vous i. Eux j. Elles

■ 2. Unterstreichen Sie das passende Personalpronomen.

a. C'est toujours 1. je 2. moi qui fais la cuisine.
b. La cuisine, le ménage, c'est toujours pour les femmes. Et pourtant, 1. ils 2. elles aussi, elles travaillent.
c. Pendant ce temps, les hommes, 1. eux 2. ils, lisent tranquillement le journal.
d. Ce paquet-cadeau, c' est pour Anne? – Oui, c'est pour 1. elle 2. lui. C'est son anniversaire demain.
e. Je n'aime pas l'ami de Pierre. Il est toujours content de 1. soi. 2. lui.
f. C'est à 1. je 2. moi que tu parles?
g. Papa, tu joues avec 1. nous 2. on? – Non, demande à ton frère, il n'a rien à faire, 1. lui. 2. il.

Lösung a. 2 b. 2 c. 1 d. 1 e. 2 f. 2 g. 1, 1

■ 3. Ergänzen Sie die Sätze mit dem passenden Personalpronomen.

a. Olivier va à la piscine. Tu veux aller avec ......?
b. Pour les vacances, nous, ... fait du camping au bord de la mer. Et ...... , qu'est-ce que ...... faites?
c. Nous, ... préférons aller à l'hôtel, c'est plus confortable.
d. Olivier et François vont faire une randonnée. Tu ne veux pas partir avec ......?
e. Non, ils marchent trop vite pour ....

f. Pour obtenir un emploi, aujourd'hui il faut être jeune, avoir des diplômes et dix ans d'expérience professionnelle derrière ....

g. Vous connaissez la devise des égoïstes: "Chacun pour ...... et Dieu pour tous!"?

LÖSUNG **a.** lui **b.** on, vous, vous **c.** nous **d.** eux **e.** moi **f.** soi **g.** soi

2 Die direkten Objektpronomen ▶ S. 98, 166, 207

■ 1. Welches Wort ersetzt das Objektpronomen *le/l'/la/les*? Unterstreichen Sie.

a. Tu la regardes souvent?	1. la publicité	2. le journal télévisé
b. Tu les achètes?	1. le journal	2. les timbres
c. Où est-ce que tu les as mis?	1. la clé	2. les papiers de la voiture
d. Tu l'as envoyé?	1. le message	2. les lettres
e. Vous le prenez tous les jours?	1. votre voiture	2. le train
f. Elle la raconte bien.	1. l'histoire	2. le conte

LÖSUNG **a.** 1 **b.** 2 **c.** 2 **d.** 1 **e.** 2 **f.** 1

■ 2. Setzen Sie die Satzteile in die richtige Reihenfolge.

a. Ils – écoutent – vous.

b. Elle – le – faire – peut.

c. Je – vous – pas – ne – connais.

d. Nous – vu – l' – avons – ne – pas.

e. Il – ne – l' – écrire – sait – pas.

LÖSUNG **a.** Ils vous écoutent. **b.** Elle peut le faire. **c.** Je ne vous connais pas. **d.** Nous ne l'avons pas vu. **e.** Il ne sait pas l'écrire.

■ 3. Unterstreichen Sie das richtige Objektpronomen.

a. Monique, on	1. te	2. t'	demande au téléphone!
b. Tu crois qu'il	1. me	2. m'	aime?
c. Je suis sûre qu'il	1. te	2. t'	adore!
d. Parlez! Je	1. t'	2. vous	écoute.
e. Dépêche-toi, Pierre	1. nous	2. les	attend!

LÖSUNG **a.** 1 **b.** 2 **c.** 2 **d.** 2 **e.** 1

■ 4. Unterstreichen Sie das richtige Objektpronomen.

a. L'ordinateur, tu	1. le	2. la	3. l'	allumes ici.
b. La souris, tu	1. le	2. la	3. l'	bouges doucement.
c. Les caractères, tu ne	1. le	2. la	3. les	choisis pas trop petits.

d.	Le texte, tu	1. le	2. la	3. l'	écris comme ça.
e.	Le papier, tu	1. le	2. la	3. les	mets dans l'imprimante.
f.	Les courriels, tu	1. le	2. la	3. les	reçois ici.
g.	Les messages, tu	1. le	2. la	3. les	envoies là.

LÖSUNG a. 3 b. 2 c. 3 d. 3 e. 1 f. 3 g. 3

- 5. Übersetzen Sie folgende Sätze.

a. Kannst Du mir helfen?

b. Hast du Dein Fahrrad weggeräumt? – Ja, ich habe es in die Garage gestellt.

c. Hast Du die Blumen für Nicole gekauft? – Nein, aber ich werde es gleich tun.

d. Hast Du Patrick Cauvins letzten Roman gelesen? – Ja, ich habe ihn sehr gemocht.

LÖSUNG a. Tu peux m'aider? b. Tu as rangé ton vélo? – Oui, je l'ai mis dans le garage. c. Tu as acheté les fleurs pour Nicole? – Non, mais je vais le faire tout de suite. d. Tu as lu le dernier roman de Patrick Cauvin? – Oui, je l'ai beaucoup aimé.

3 Die indirekten Objektpronomen ▶ S. 167, 207

- 1. Welches Wort wird durch das indirekte Personalpronomen ersetzt? Verbinden Sie.

a. Pierre lui demande le chemin.

b. On leur propose une sortie.

c. Les voyageurs lui montrent leur billet.

d. On leur montre nos papiers.

e. On lui achète du pain.

f. Le directeur lui demande d'appeler un client.

g. Le professeur leur explique l'emploi des pronoms personnels.

h. Nous leur envoyons une carte postale.

1. aux enfants
2. aux amis
3. au passant
4. à la boulangère
5. aux élèves
6. aux policiers
7. à la secrétaire
8. au contrôleur

LÖSUNG a. 3 b. 1 c. 8 d. 6 e. 4 f. 7 g. 5 h. 2

- 2. Ergänzen Sie die Sätze mit einem indirekten Objektpronomen (*me*, *te*, *nous*, *vous*, *lui* oder *leur*).

a Tu me montres ta nouvelle robe? – Oui, je …… la montre tout de suite.

b. Ma robe te plaît? – Oui, elle …… plaît beaucoup.

c. Pour Noël, qu'est-ce que tu offres à tes enfants? – Je …… offre des livres.

d. Votre nouvel appartement vous plaît, à Jacques et toi? – Oui, il …… plaît beaucoup.

e. Tu peux me téléphoner ce soir, vers 8 heures? – D'accord, je …… appelle ce soir.

f. Vous avez ce modèle en bleu, s'il vous plaît? – Un instant, Madame, je …… le montre tout de suite.

g. On apporte des fleurs à Véronique? – Non, je ...... ai déjà acheté une bouteille de parfum.

h. J'envoie une carte à tes parents? – Oui, c'est une bonne idée. On peut aussi ...... envoyer des photos.

i. Tu as demandé à Pierre s'il vient dimanche? – Oui, je ...... ai envoyé un courriel.

j. Tu as dit à tes parents qu'on venait dimanche? – Je ...... ai envoyé un SMS.

Lösung a. te b. me c. leur d. nous e. t' f. vous g. lui h. leur i. lui j. leur

- 3. Unterstreichen Sie das richtige Objektpronomen.

a. Olivier ne comprend pas son exercice de maths. Tu peux 1. l' 2. leur 3. lui aider?

b. Vous connaissez le musée des Beaux-Arts? – Pas encore. Nous voulons 1. la 2. le 3. lui visiter demain.

c. Tu crois que ce film va plaire à Claire et François? – Oui, il va certainement 1. leur 2. les 3. lui plaire, ils adorent les policiers.

d. Qu'est-ce qu'on fait avec les enfants demain? On 1. lui 2. les 3. leur offre le cinéma?

e. Qu'est-ce que tu as acheté pour l'anniversaire de Jean? – Je 1. le 2. lui 3. leur ai acheté un CD.

f. Je ne trouve pas les papiers de la voiture. Où est-ce que tu 1. le 2. les 3. leur as mis?

Lösung a. 1 b. 2 c. 1 d. 3 e. 2 f. 2

4 Die Pronomen im Imperativsatz   ▸ S. 173, 220

- 1. Unterstreichen Sie das passende Pronomen.

a. Passe- 1. me 2. moi le sel, s'il te plaît!

b. Cette émission est intéressante. Regardons- 1. la 2. le!

c. Lave- 1. te 2. toi les mains avant de manger!

d. Quand le professeur parle, écoutez- 1. le 2. lui!

e. Donnez- 1. me 2. moi vos coordonnées, je vous appellerai!

f. Pour son anniversaire, apportons- 1. le 2. lui des fleurs!

g. Les invités arrivent. Accueille- 1. les 2. leur s'il te plaît et offre- 1. les 2. leur à boire!

h. Tu veux du jus d'orange? Prends 1. en 2. le!

i. Pierre va à la piscine. Vas- 1. y 2. en avec lui!

Lösung a. 2 b. 1 c. 2 d. 1 e. 2 f. 2 g. 1, 2 h. 1 i. 1

5 Die Reflexivpronomen ▸ S. 109,168

■ 1. Ergänzen Sie die Sätze mit dem passenden Reflexivpronomen.

a. Le matin, je ...... lève, je ...... lave, je ...... habille, je ...... brosse les dents, je ...... coiffe, je ...... maquille et je ...... en vais.

b. Pierre ...... rase tous les matins.

c. Les enfants ...... douchent le soir.

d. Pendant le dîner, on ...... raconte les événements de la journée.

e. Le dimanche, nous ne ...... levons pas avant dix heures. Nous avons le temps, nous n'avons pas besoin de ...... dépêcher.

f. Amélie est fatiguée, elle devrait ...... reposer.

g. Vous ...... souvenez de votre premier jour d'école?

h. Tu ne ...... es pas ennuyé pendant les vacances?

LÖSUNG **a.** me, me, m', me, me, me, m' **b.** se **c.** se **d.** se **e.** nous, nous **f.** se **g.** vous **h.** t'

6 Die Pronomen *en* und *y* ▸ S. 169, 170

■ 1. Ersetzen Sie die kursiv geschriebenen Ausdrücke durch *en* oder *y*.
Tu veux *de la soupe?* ▸ Tu *en* veux?

a. Vous allez *à Marseille*?

b. Vous restez combien de jours *à Marseille*?

c. Vous vous arrêtez *à Avignon*?

d. Vous voulez goûter *au rosé de Provence*?

e. Vous passez la nuit *à l'Hôtel du cheval blanc*?

f. Vous prenez *une chambre double*?

g. Vous demandez *du thé et du café?*

h. Vous mettez *du sucre* dans le café?

LÖSUNG **a.** Vous y allez? **b.** Vous y restez combien de jours? **c.** Vous vous y arrêtez? **d.** Vous voulez y goûter? **e.** Vous y passez la nuit? **f.** Vous en prenez une? **g.** Vous en demandez? **h.** Vous en mettez?

■ 2. Unterstreichen Sie das richtige Personalpronomen.

a. - Vous parlez le japonais?
   - Non, je ne 1. **le** 2. **en** 3. **y** parle pas encore.

b. - Vous avez des bagages?
   - Oui, nous 1. **les** 2. **en** 3. **y** avons: deux valises et un sac.

c. - Vous avez écouté les informations?
   - Oui, nous 1. **les** 2. **en** 3. **y** écoutons tous les matins.

d. - Vous faites du sport?
   - Oui 1. **je lui** 2. **j'en** 3. **j'y** fais régulièrement.

e. - Tu as parlé à ton frère?
   - Non, je ne 1. **le** 2. **lui** 3. **y** ai pas encore parlé.

f. - Il parle encore de son accident?
   - Oui, il 1. **lui** 2. **en** 3. **y** parle tout le temps.

g. - Tu penses à acheter des timbres?
   - Oui, je/j' 1. **le** 2. **en** 3. **y** pense!

h. - Tu as acheté des timbres?
   - Non, je 1. **ne les** 2. **n'en** 3. **n'y** ai pas pensé!

i. - Tu mets une cravate?
   - Non, je 1. **ne la** 2. **ne lui** 3. **n'en** mets pas.

j. - Tu connais la Bretagne?
   - Non, je 1. **ne la** 2. **n'en** 3. **n'y** suis jamais allé.

LÖSUNG a. 1 b. 2 c. 1 d. 2 e. 2 f. 2 g. 3 h. 3 i. 3 j. 3

7 Die Stellung der Pronomen im Satz ▶ S. 172

■ 1. Ergänzen Sie die Sätze mit den richtigen Pronomen.

a. - Tu me donnes les papiers de la voiture, s'il te plaît!
   - Une minute, je .... donne tout de suite.

b. - Tu peux m'emmener à la gare?
   - À quelle heure veux-tu que je .... emmène?

c. - Tu m'achètes des timbres, s'il te plaît?
   - Je .... achète combien?

d. - Pierre vous a parlé de son nouveau travail?
   - Non, il ne .... a pas encore parlé.

e. - Anne vous a aussi envoyé des photos de ses enfants?
   - Oui, elle .... a envoyé trois ou quatre.

LÖSUNG a. te les b. t'y c. t'en d. nous/m'en e. nous/m'en

■ 2. Ergänzen Sie die Sätze mit den richtigen Pronomen.

a. - Tu as montré les photos de nos vacances à tes parents?
   - Non, je ne .... ai pas encore montrées.

b. - Tu as rendu le livre de cuisine à Anne?
   - Pas encore, mais je vais .... rendre demain.

c. - Tu as parlé au directeur de tes problèmes familiaux?
   - Non, et je ne vais pas .... parler!

d. - Qu'est-ce qu'on apporte à tes parents? des fleurs?
- Non, on .... a déjà offert la dernière fois.
e. - Tu accompagnes toujours tes enfants à l'école?
- Non, je ne .... accompagne plus depuis longtemps.
f. - Tu as prêté ta voiture à Olivier?
- Oui, je .... ai prêté pour le week-end.
g. - Il n'y a plus de jus d'orange?
- Non, désolée, il n' .... a plus.

LÖSUNG **a.** les leur **b.** le lui **c.** lui en **d.** leur en **e.** les y **f.** la lui **g.** y en

8 Demonstrativpronomen ▶ S. 180

■ 1. Ergänzen Sie die Sätze mit *celui* oder *celle*.

a. L'appartement de Monique est plus confortable, mais ...... de Josiane est plus grand.
b. La cuisine de Monique est plus fonctionnelle que ...... de Josiane.
c. La salle de bains de Josiane est plus spacieuse que ...... de Monique.
d. Le salon de Monique est plus clair que ...... de Josiane.
e. Je trouve la chambre de Josiane plus belle que ...... de Monique.

LÖSUNG **a.** celui **b.** celle **c.** celle **d.** celui **e.** celle.

■ 2. Ergänzen Sie die Sätze mit den richtigen Demonstrativpronomen.

a. - Quel fouillis!
- À qui sont tous ces magazines?
- ...... - ...... sont à moi, ...- ...... sont à Olivier.
b. - Et ces lunettes sur la télévision?
- Ce sont ...... de Paul.
c. - Ce sont les clés de voiture de papa qui traînent sur la table?
- Non, ce sont ...... de Claude, je crois.
d. - À qui est cette écharpe sur le fauteuil?
- C'est ...... de Carine.
e. - Pierre, range tes cahiers, s'il te plaît!
- Ce ne sont pas les miens, ce sont ...... de Jean.
f. - Oh, quel beau stylo!
- C'est ...... que Pierre m'a offert pour mon anniversaire.

LÖSUNG **a.** ceux-ci, ceux-là **b.** celles **c.** celles **d.** celle **e.** ceux **f.** celui.

■ 3. *Il*, *ce/c'*, *ça* oder *cela*? Ergänzen Sie die Sätze.

a. ...... pleut.

b. ...... fait chaud.

c. - Tu aimes le chocolat? - Oui, j'adore ....

d. ...... est huit heures.

e. - Tu sais que Pierre part travailler aux États-Unis? - ...... est vrai? - ...... t'étonne?
   - Non, pas vraiment parce que ...... est important pour sa carrière!

f. Vous connaissez Fabrice? ...... est mon professeur de piano, ... est charmant!

g. ...... te plaît, le piano?

h. ...... est une plaisanterie, j'ai dit ...... pour rire!

LÖSUNG a. Il pleut. **b.** Il fait chaud. **c.** Oui, j'adore ça/cela. **d.** Il est huit heures. **e.** C'est vrai?
– Ça/ Cela t'étonne? … c'est important pour sa carrière! **f.** C'est mon professeur de piano, il est
charmant! **g.** Ça/Cela te plaît, le piano? **h.** C'est une plaisanterie, j'ai dit ça/cela pour rire!

9 Das Possessivpronomen ▶ S. 181

■ 1. Ergänzen Sie die Sätze mit Possessivpronomen.

a. - Excusez-moi, Messieurs-dames, cette voiture devant ma porte, c'est ......? - Non, ce
   n'est pas ......, c'est sûrement celle de vos voisins.

b. Je peux prendre tes clés? je ne trouve plus ....

c. Mon ordinateur est en panne. Tu me prêtes ......?

d. - Ce sont les journaux de Pierre qui traînent sur le canapé? - Oui, ce sont certainement
   ......, il ne range jamais rien!

e. - À qui est ce canif? À toi? - Non, ce n'est pas ...... , c'est celui de Michel.

LÖSUNG a. la vôtre, la nôtre **b.** les miennes **c.** le tien **d.** les siens **e.** le mien.

10 Die Indefinitpronomen ▶ S. 184

■ 1. Ergänzen Sie die Sätze mit *chaque* oder *chacun/e*.

a. ...... est libre de faire ce qui lui plaît.

b. Dans ...... famille, il y a des légendes.

c. Cet artisan fait de très jolies choses. ...... assiette est différente, ... a un motif
   particulier.

d. Ce train circule ...... jour.

e. Le contrôleur demande son billet à ...... voyageur.

f. J'ai acheté un billet de groupe. Cela fait 20 euros pour ....

LÖSUNG a. Chacun **b.** chaque **c.** Chaque, chacune **d.** chaque **e.** chaque **f.** chacun.

■ 2. Ergänzen Sie die Sätze mit dem indefiniten Pronomen *tout*, *tous* oder *toutes*.

a. ...... va bien.

b. Le professeur parle trop vite, je ne comprends pas ....

c. J'adore les romans de Patrick Cauvin, je les trouve ...... intéressants.

d. Tu as des CD de Linda Lemay? – Oui, je les ai ....

e. Tu aimes les chansons de Céline Dion? – Oui, mais pas ....

f. Le tremblement de terre a ...... détruit.

g. Tes enfants sont venus pour Noël? – Oui, ils étaient ...... là.

h. Claire a invité ses amies pour son anniversaire. ...... sont venues.

LÖSUNG a. Tout b. tout c. tous d. tous e. toutes f. tout g. tous h. Toutes

11 Die Relativpronomen ▶ S. 175, 207, 229

■ 1. Verbinden Sie die Satzteile mit dem Relativpronomen *qui*, *que* oder *où*.

a.	Un tire-bouchon est un instrument	sert à ouvrir les bouteilles.
b.	Une infirmière est une femme	soigne les malades.
c.	J'adore le collier	tu m'as offert.
d.	Montre-moi la robe	tu viens d'acheter.
e.	2005? C'est l'année	nous sommes allés au Canada.
f.	Tu te souviens du petit restaurant	nous avons dîné avec Anne?
g.	Parmi mes amies, Béatrice est celle	je préfère.
h.	La politesse est quelque chose	facilite les relations entre les personnes.
i.	Dans un village, le facteur est quelqu'un	tout le monde connaît.
j.	Je vous présente Fabrice Clément. C'est lui	j'ai proposé pour diriger le nouveau projet.
k.	Parmi les projets présentés, c'est le mien	la direction a choisi.

LÖSUNG a. qui b. qui c. que d. que e. où f. où g. que h. qui i. que j. que k. que

■ 2. Unterstreichen Sie das passende Relativpronomen.

a. Vous ne connaissez pas Nemours? C'est une ville 1. **qui** 2. **que** 3. **où** se trouve à 80 kilomètres au sud de Paris et 1. **qui** 2. **que** 3. **où** il y a un vieux château.

b. L'entreprise 1. **qui** 2. **que** 3. **où** je travaille a des problèmes financiers.

c. Le pantalon 1. **qui** 2. **que** 3. **où** tu as mis ne va pas avec ta veste.

d. Nous avons garé la voiture dans une rue 1. **qui** 2. **que** 3. **où** il n'y a pas de parcmètres.

e. Qui est cette dame 1. **qui** 2. **que** 3. **où** tu viens de présenter à Pierre?

f. Les clés 1. **qui** 2. **que** 3. **où** traînent sur la table sont à toi?

g. Nous sommes allés à une exposition 1. **qui** 2. **que** 3. **où** était super mais 1. **qui** 2. **que** 3. **où** il y avait beaucoup trop de monde.

LÖSUNG a. 1, 3 b. 3 c. 2 d. 3 e. 2 f. 1 g. 1, 3

■ 3. Ergänzen Sie den Satz mit dem Relativpronomen *qui*, *que* oder *où*.

Je me souviens de la jolie place ...... nous avons acheté une glace, du château ...... nous avons visité, de la rivière ...... traverse la ville, du jardin ...... nous nous sommes reposés, de l'atmosphère de la ville ...... nous aimions tant, du restaurant ...... nous avons dîné, du film ...... nous avons vu, du petit hôtel ...... dominait la vallée et ...... nous avons passé la nuit.

Lösung Je me souviens de la jolie place où nous avons acheté une glace, du château que nous avons visité, de la rivière qui traverse la ville, du jardin où nous nous sommes reposés, de l'atmosphère de la ville que nous aimions tant, du restaurant où nous avons dîné, du film que nous avons vu, du petit hôtel qui dominait la vallée et où nous avons passé la nuit.

■ 4. Verbinden Sie die Sätze mit dem Relativpronomen *dont*.
   Il a un travail – Il en est très content. ▶ *Il a un travail dont il est très content.*

a. Il a des réactions bizarres – Nous en sommes parfois surpris.
b. Olivier a rencontré une jeune fille – Il en est tombé follement amoureux.
c. Je ne connais pas l'émission – Vous en parlez.
d. Mon voisin m'a prêté les outils – J'en ai besoin pour réparer mon vélo.
e. Nous lui avons offert les CD – Il en avait envie.

Lösung **a.** Il a des réactions bizarres dont nous sommes parfois surpris. **b.** Olivier a rencontré une jeune fille dont il est tombé follement amoureux. **c.** Je ne connais pas l'émission dont vous parlez. **d.** Mon voisin m'a prêté les outils dont j'ai besoin pour réparer mon vélo. **e.** Nous lui avons offert les CD dont il avait envie.

■ 5. Ergänzen Sie die Sätze mit dem Relativpronomen *qui*, *que*, *où* oder *dont*.

a. Nous avons une voiture ...... a cinq portes et ...... le coffre est très grand.
b. Linda Lemay est une chanteuse québécoise ...... nous aimons beaucoup les chansons.
c. Ils vivent dans une maison très moderne ...... les murs sont en verre mais ...... n'est pas très pratique.
d. Voici le livre ...... mon frère m'a prêté ; celui ...... nous parlions l'autre jour.
e. C'est une ville moderne ...... les rues sont très larges et ...... tout est conçu pour la voiture, mais ...... je n'aimerais pas vivre.
f. J'ai des problèmes avec mon ordinateur ...... j'ai acheté d'occasion et ...... est très lent.
g. Il n'a plus de relations avec son frère ...... a bien réussi dans la vie et ...... il est jaloux.

Lösung **a.** qui, dont **b.** dont **c.** dont, qui **d.** que, dont **e.** dont/où, où, où **f.** que , qui **g.** qui, dont.

■ 6. Ergänzen Sie die Sätze mit *ce qui*, *ce que* oder *ce dont*.

a. Je ne comprends pas .... vous dites.
b. Tu as été témoin de .... s'est passé à la gare du Nord?
c. Guillaume vient d'acheter un camping-car, ... il rêvait depuis longtemps.
d. À Paris, les cyclistes utilisent les voies réservées aux autobus, ... je trouve très dangereux.
e. Allons dans cette boutique et choisis .... te plaît.
f. Nous avons trouvé tout .... nous avions besoin dans ce magasin.
g. .... j'ai peur? La foudre, les chiens, les serpents!

Lösung a. ce que b. ce qui c. ce dont d. ce que e. ce qui f. ce dont g. Ce dont

■ 7. Unterstreichen Sie das richtige Relativpronomen.

a. Je ne connais personne à 1. qui 2. quoi tu pourrais demander ce service.
b. Son travail, il n'y a rien à 1. qui 2. quoi il pense plus souvent.
c. C'est une collègue en 1. qui 2. quoi on peut avoir confiance.
d. Réservez assez tôt, sans 1. qui 2. quoi vous n'aurez pas de réduction dans le TGV.
e. La violence, c'est quelque chose contre 1. qui 2. quoi il faut lutter.
f. Nous aimons beaucoup les amis chez 1. qui 2. quoi nous allons passer le week-end.

Lösung a. 1 b. 2 c. 1 d. 2 e. 2 f. 1

■ 8. Unterstreichen Sie das oder die passenden Relativpronomen.

a. Ce sont des amis avec 1. qui 2. que 3. lesquels nous passons souvent le week-end.
b. J'aime bien la collègue chez 1. qui 2. que 3. laquelle nous sommes invités.
c. C'est une personne serviable sur 1. qui 2. que 3. laquelle on peut vraiment compter.
d. Dans ce parc il y a des animaux à 1. qui 2. quoi 3. auxquels on peut donner à manger.
e. C'est la raison pour 1. que 2. quoi 3. laquelle je n'ai pas pu venir.
f. Il y a souvent des expositions dans la maison de la culture en face 1. dont 2. de laquelle 3. de quoi j'habite.
g. Il faut faire la liste des courriels 1. auxquels 2. où 3. dont on n'a pas répondu.
h. Nous avons un berger allemand grâce 1. à qui 2. auquel 3. à quoi la maison est bien gardée.
i. Voici des photos 1. où 2. sur quoi 3. sur lesquelles on voit toute la famille.
j. Les spectateurs à côté 1. de qui 2. desquels 3. dont j'étais assis étaient insupportables.

Lösung a. 1/3 b. 1/3 c. 1/3 d. 3 e. 3 f. 2 g. 1 h. 2 i. 1/3 j. 2

■ 9. Ergänzen Sie die Sätze mit dem Relativpronomen *dont* oder *duquel/ de laquelle/ desquels/ desquelles*.

a. Le film ...... nous avons vu un extrait hier me semble passionnant.

b. La dame à côté ...... j'étais assise a mangé des bonbons pendant tout le film.

c. Nous aimons cette région ...... le climat n'est pas trop froid.

d. Tu connais cette maison ...... j'ai pris plusieurs photos?

e. Je me souviens de cette maison dans la cour ...... j'ai joué, enfant.

f. Vous pouvez compter sur l'aide de l'association au nom ...... je parle.

g. Le film au tournage ...... nous avons assisté sortira à l'automne.

h. Cette œuvre ...... il est très fier n'a eu aucun succès auprès du public.

LÖSUNG a. dont b. de laquelle c. dont d. dont e. de laquelle f. de laquelle g. duquel h. dont.

Die Präpositionen und Konjunktionen

1 Nebenordnende Konjunktionen ▶ S. 198

• 1. Ergänzen Sie mit *mais*, *car* oder *donc*.

a. Il a un permis de conduire ...... il n'a pas de voiture.
b. Il est malade ...... il va au bureau.
c. Mets une écharpe ...... il fait froid.
d. Elle mange trop ...... elle grossit.
e. Il fait très chaud ...... je mets juste un t-shirt.
f. On a pris le RER ...... il y a des bouchons sur le périphérique.
g. J'ai écouté attentivement ...... je n'ai rien compris.
h. Le métro était plein ...... j'ai pu monter.
i. Elle est contente ...... elle a obtenu son diplôme.
j. Elle ne sait pas l'allemand ...... elle n'a rien compris au discours du président.

Lösung **a.** mais **b.** mais **c.** car **d.** donc **e.** donc **f.** car **g.** mais **h.** mais **i.** car **j.** donc

• 2. Bilden Sie Sätze.

a. Tu – soit – dimanche – viens – soit – samedi.
b. Tu – ne – ni – dimanche – samedi – viens – ni?
c. Tu – rêves – réfléchis – ou – tu?
d. Il – anglais – français – et – parle.
e. On – porte-monnaie – portable – et – mon – volé – train – m'a – mon – dans – le.

Lösung **a.** Tu viens soit samedi soit dimanche. **b.** Tu ne viens ni samedi ni dimanche? **c.** Tu rêves ou tu réfléchis? **d.** Il parle anglais et français. **e.** On m'a volé mon porte-monnaie et mon portable dans le train.

2 Ausdruck des Ortes ▶ S. 191

• 1. Ergänzen Sie mit *au*, *aux* oder *en*.

a. Nous allons ...... Suisse pour le week-end.
b. À la Pentecôte, on est allés ...... Pays-Bas.
c. L'an prochain, Pierre part ...... États-Unis.
d. Nous allons passer nos vacances ...... Portugal (m.).
e. Vous êtes déjà allé ...... Mexique (m.)?
f. Anne a travaillé trois ans ...... Afrique.

Lösung **a.** en **b.** aux **c.** aux **d.** au **e.** au **f.** en

■ 2. Ergänzen Sie mit *à*, *de/du/des*, *en* oder *pour*.

a. Isabelle habite ...... Nantes.

b. Elle vient ...... Chambéry, ... Savoie.

c. On est arrivé hier ...... Hambourg.

d. Il part demain ...... Marseille.

e. Jean est revenu ...... Pays-Bas mercredi.

f. Olivier et Monique s'installent ...... Nyons, ... Provence.

g. Quand est-ce que tu vas ...... Lyon?

LÖSUNG **a.** à **b.** de, en **c.** à **d.** pour **e.** des **f.** à, en **g.** à

■ 3. Übersetzen Sie folgende Sätze.

a. Ich wohne in der Nähe des Parks.

b. Es gibt eine Buchhandlung zwischen der Post und der Bank.

c. Wir sind über Lyon gefahren.

d. Deine Brille liegt auf dem Fernseher.

e. Das Sofa steht an der Wand.

f. Die Bilder hängen an der Wand.

g. Der Spiegel hängt über dem Waschbecken.

h. Dieses Dorf liegt unterhalb des Meeresspiegels.

i. Die Bushaltestelle ist zwei hundert Meter entfernt.

j. Der Bahnhof ist zwei Minuten von hier entfernt.

LÖSUNG **a.** J'habite près/à proximité du parc. **b.** Il y a une librairie entre la poste et la banque. **c.** On est passés par Lyon. **d.** Tes lunettes sont sur la télévision. **e.** Le canapé est contre le mur. **f.** Les tableaux sont accrochés au mur. **g.** Le miroir est au-dessus du lavabo. **h.** Ce village est/se trouve au-dessous du niveau de la mer. **i.** L'arrêt de bus est à deux cents mètres. **j.** La gare est à deux minutes d'ici.

■ 4. Übersetzen Sie folgende Sätze.

a. Biegen Sie rechts ab.

b. Gehen Sie weiter gerade aus.

c. Nehmen Sie die dritte Straße links.

d. Er wohnt gegenüber.

e. Ich habe das Auto in der Nähe geparkt.

f. Bleibt drin, es regnet draußen.

g. Der Supermarkt ist rechts vom Bahnhof.

h. Die Buchhandlung liegt neben der Apotheke.

i. Sie wohnt gegenüber von der Kirche.

j. Fahren Sie bis zur Ampel.

LÖSUNG **a.** Tournez à droite. **b.** Continuez tout droit. **c.** Prenez la troisième rue à gauche.
d. Il habite en face. **e.** J'ai garé la voiture à côté. **f.** Restez à l'intérieur, il pleut dehors.
g. Le supermarché se trouve à droite de la gare. **h.** La librairie est à côté de la pharmacie.
i. Elle habite en face de l'église. **j.** Allez jusqu'au feu.

■ 5. Verbinden Sie.

		librairie
		pharmacie
	au	boulanger
	à la	coiffeur
On va	chez le	médecin
	chez la	cinéma
		directrice
		marché

LÖSUNG On va au cinéma / au marché.
On va à la librairie / pharmacie.
On va chez le boulanger / coiffeur / médecin.
On va chez la directrice.

3 Ausdruck der Zeit ▸ S. 192

■ 1. Ergänzen Sie mit *dans* oder *il y a*

a. Je lui téléphonerai ...... un instant.
b. Je l'ai rencontré ...... deux jours.
c. On lui a envoyé une lettre ...... trois jours.
d. Elle reviendra ...... une semaine.
e. Nous allons arriver ...... une heure.
f. Le train va partir ...... dix minutes.
g. Tu l'as quitté ...... combien de temps?

LÖSUNG **a.** dans **b.** il y a **c.** il y a **d.** dans **e.** dans **f.** dans **g.** il y a

■ 2. Ergänzen Sie mit *il y a* oder *depuis*.

a. Nous habitons ici ...... deux ans.
b. Je travaille pour cette entreprise ...... un mois.
c. Nous avons déménagé ...... six mois.
d. J'ai commencé dans cette entreprise ...... un mois.
e. Nous nous connaissons ...... longtemps.
f. Nous avons fait connaissance ...... six mois.

LÖSUNG **a.** depuis **b.** depuis **c.** il y a **d.** il y a **e.** depuis **f.** il y a

■ 3. Ergänzen Sie mit *en* oder *dans*.

a. J'ai écrit ce rapport ...... trois heures.
b. Nous partons en vacances ...... une semaine.
c. Il viendra jeudi, ... trois jours.
d. J'écrirai ce rapport ...... un instant.
e. Il a tout réglé ...... cinq minutes.
f. Il règlera cela plus tard, ... une heure peut-être.

LÖSUNG a. en **b.** dans **c.** dans **d.** dans **e.** en **f.** dans

■ 4. Übersetzen Sie folgende Sätze.

a. Wir haben heute Freitag, den 5. April.
b. Freitags gehe ich ins Schwimmbad.
c. Während der Ferien lese ich viel.
d. Er wird in drei Tagen kommen.
e. Wir sind bis Ende der Woche im Urlaub.
f. Er wird vom achten bis zum zehnten Mai bei uns bleiben.
g. Der Zug kommt um neunzehn Uhr an.
h. Wir werden gegen zwanzig Uhr bei euch eintreffen.

LÖSUNG a. Aujourd'hui, on est le vendredi, 5 avril. **b.** Je vais à la piscine le vendredi. / Le vendredi, je vais à la piscine. **c.** Je lis beaucoup pendant les vacances. **d.** Il viendra / Il va venir dans trois jours. **e.** Nous sommes en vacances jusqu'à la fin de la semaine. **f.** Il va rester / Il restera chez nous du huit au dix mai. **g.** Le train arrive à dix-neuf heures. **h.** Nous arriverons chez vous vers vingt heures.

■ 5. *Pour* oder *pendant*? Ergänzen Sie.

a. Il est parti ...... toujours en Angleterre.
b. J'ai essayé de te téléphoner ...... une demi-heure.
c. Il part demain ...... trois jours en Hollande.
d. Nous avons repeint l'appartement ...... les vacances.
e. On ne surfe pas sur Internet ...... les heures de travail.
f. - Tu es prête? – Attends, j'en ai encore ...... cinq minutes.
g. Il m'a dit qu'il venait ...... deux jours, mais finalement il est resté une semaine.

LÖSUNG a. pour **b.** pendant **c.** pour **d.** pendant **e.** pendant **f.** pour **g.** pour

■ 6. Ergänzen Sie mit *avant*, *avant de/d'* oder *avant que/qu'*.

a. S'il te plaît, rentre ...... la nuit.
b. S'il te plaît, reviens ...... il fasse nuit.

c. Enlevez vos chaussures ...... entrer.

d. Lave-toi les mains ...... te mettre à table.

e. Tu devrais aller chez le dentiste ...... nous partions en voyage.

f. Je dois finir ce rapport ...... la fin de la semaine.

g. Réfléchis ...... parler.

h. Il faut se mettre de la crème ...... s'allonger au soleil.

i. Je dois lui parler ...... il parte.

j. Il passera son permis de conduire ...... les vacances.

Lösung **a.** avant **b.** avant qu' **c.** avant d' **d.** avant de **e.** avant que **f.** avant **g.** avant de **h.** avant de **i.** avant qu' **j.** avant.

- 7. *Après* oder *après que / qu'*? Ergänzen Sie.

a. Nous regardons les informations ...... le dîner.

b. Il a commencé à pleuvoir ...... il est sorti.

c. Tu pourras sortir ...... avoir dîné.

d. Nous rangerons ...... les invités seront partis.

e. Nous rangerons ...... le départ des invités.

f. J'irai au cinéma ...... avoir terminé mes devoirs.

g. Nous irons au restaurant ...... le cinéma.

Lösung **a.** après **b.** après qu' **c.** après **d.** après que **e.** après **f.** après **g.** après

- 8. Unterstreichen Sie die richtige Konjunktion bzw. Präposition.

a. Ne fais pas de bruit 1. **pendant** 2. **pendant que** ton frère travaille.

b. Il est tombé malade 1. **après avoir** 2. **après qu'il a** mangé des moules.

c. Le patron vérifie tout 1. **avant de** 2. **avant** partir.

d. Il est malade 1. **il y a** 2. **depuis** deux jours.

e. 1. **À partir du** 2. **Depuis** le cinq octobre, le magasin sera ouvert jusqu'à vingt heures.

f. Je vous prie de ne pas m'appeler 1. **après** 2. **depuis** vingt heures.

g. Il n'a pas dit un mot 1. **depuis qu'**il 2. **dès qu'**il est arrivé.

h. Je partirai 1. **avant qu'**elle 2. **dès qu'**elle ira mieux.

Lösung **a.** 2 **b.** 1 **c.** 1 **d.** 2 **e.** 1 **f.** 1 **g.** 1 **h.** 2

- 9. Bilden Sie Sätze.

a. Le – sonnait – au – où – il – téléphone – entré – moment – est.

b. Elle – ne – lorsqu'il – sort – pas – pleut.

c. Il – heureux – tant – du – a – est – qu'il – travail.

d. On – fait – sport – temps – quand – du – on – le – a.

e. Tu – j'allais – arrivé – partir – es – moment – au – où.

f. Nous – l'orage – sommes – a – lorsque – arrivés – éclaté.

g. On – à – tant – reste – l'abri – pleut – qu'il.

Lösung **a.** Le téléphone sonnait au moment où il est entré. **b.** Elle ne sort pas lorsqu'il pleut. **c.** Il est heureux tant qu'il a du travail. **d.** On fait du sport quand on a le temps. **e.** Tu es arrivé au moment où j'allais partir. **f.** Nous sommes arrivés lorsque l'orage a éclaté. **g.** On reste à l'abri tant qu'il pleut.

- 10. *Quand* oder *si/s'*? Ergänzen Sie.

a. Je ne serai pas là ...... tu reviendras.

b. Nous irons faire les courses ...... il ne pleuvra plus.

c. Viens ...... tu voudras.

d. Je te prête ce livre, ... il t'intéresse.

e. ...... tu as le temps, tu pourrais m'aider?

f. Il pourrait, ... il voulait.

g. Je te rendrai ton livre ...... nous nous reverrons.

h. Tu pourras prendre ma voiture, ... tu passes ton permis de conduire.

Lösung **a.** quand **b.** quand **c.** quand **d.** s' **e.** Si **f.** s' **g.** quand **h.** si

4 Ausdruck der Ursache und des Ziels ▶ S. 201, 208

- 1. Verbinden Sie die Sätze mit *parce que*.

a. On a mal dormi. Les voisins ont fait une fête.

b. Il reste jusqu'à huit heures au bureau. Il a beaucoup de travail.

c. J'allume le chauffage. Il fait froid.

d. On prend un parapluie. Le ciel est noir.

e. Elle mange à la cantine. C'est bon et pas cher.

Lösung **a.** On a mal dormi parce que les voisins ont fait une fête. **b.** Il reste jusqu'à huit heures au bureau parce qu'il a beaucoup de travail. **c.** J'allume le chauffage parce qu'il fait froid. **d.** On prend un parapluie parce que le ciel est noir. **e.** Elle mange à la cantine parce que c'est bon et pas cher.

- 2. *Parce que/qu'* oder *à cause de/du*?

a. Tu viens en train ...... ta voiture est en panne?

b. L'hôtel est climatisé ...... la chaleur en été.

c. Il fait un régime ...... il est trop gros.

d. J'ai mal dormi ...... bruit.

e. Votre lettre n'est pas arrivée ...... la grève.

Lösung **a.** parce que **b.** à cause de **c.** parce qu' **d.** à cause du **e.** à cause de

- 3. Verbinden Sie die Sätze mit *puisque*, *comme* oder *parce que*.

a. Il fait beau. Nous allons faire une randonnée.
b. Prends un pull. Il va faire frais.
c. On arrivera en retard. On a raté le train.
d. Il fait la sieste. Il est fatigué.
e. Tu n'étais pas là au rendez-vous. Je suis rentré chez moi.
f. Tu es arrivé. On peut se mettre à table.

Lösung **a.** Comme/Puisqu'il fait beau, nous allons faire une randonnée. **b.** Prends un pull parce qu'il va faire frais. **c.** On arrivera en retard parce qu'on a raté le train. **d.** Il fait la sieste parce qu'il est fatigué. **e.** Comme/Puisque tu n'étais pas là au rendez-vous, je suis rentré chez moi. **f.** Puisque tu es arrivé, on peut se mettre à table.

- 4. Kreuzen Sie an, ob die Sätze eine Ursache (U) oder ein Ziel (Z) ausdrücken.

a. On passe le dimanche à la maison parce qu'il pleut.   U ☐   Z ☐
b. On a invité Pierre pour qu'il se repose.   U ☐   Z ☐
c. Change de coiffeur puisque tu n'es pas contente.   U ☐   Z ☐
d. Le professeur a bien préparé ses élèves
pour qu'ils aient une bonne note au bac.   U ☐   Z ☐
e. Elle a fait un énorme rôti afin qu'il en reste pour le lendemain. U ☐   Z ☐
f. Parlez assez fort de sorte que tout le monde vous entende.   U ☐   Z ☐

Lösung **a.** U **b.** Z **c.** U **d.** Z **e.** Z **f.** Z

5 Ausdruck der Bedingung und der Konzession   ▶ S. 199, 203

- 1. Kreuzen Sie an, ob die Sätze eine Bedingung (B) oder eine Konzession (K) ausdrücken.

a. Il ne sort pas bien qu'il fasse beau.   B ☐   K ☐
b. Nous allons déménager si nous trouvons un appartement pas trop cher. B ☐   K ☐
c. Tu pourras faire un grand voyage si tu as assez d'argent.   B ☐   K ☐
d. Quoique ses parents soient tolérants, Adèle se dispute souvent avec eux. B ☐   K ☐
e. Pierre va venir à moins qu'il ait oublié le rendez-vous.   B ☐   K ☐
f. On fera une randonnée pourvu qu'il ne pleuve pas.   B ☐   K ☐

Lösung **a.** K **b.** B **c.** B **d.** K **e.** B **f.** B

Syntax

1 Der verneinte Satz ▶ S. 237

■ 1. Ergänzen Sie die Sätze.

a. Tu as oublié quelque chose au bureau? – Non, je ...... ai ...... oublié.

b. Il y a encore des places libres? – Non, il ...... y a plus ...... place libre.

c. Tu as parlé à quelqu'un de ce problème? – Non, je ...... en ai parlé à ....

d. Tous les clients sont satisfaits du service après-vente? – Non, ... client ...... est satisfait.

e. A-t-il une chance de réussir à son examen? – Non, il ...... a ...... chance.

f. Vous allez quelquefois au cinéma? – Non, nous ...... y allons ....

Lösung a. Non, je n'ai rien oublié. b. Non, il n'y a plus aucune place libre. c. Non, je n'en ai parlé à personne. d. Non, aucun client n'est satisfait. e. Non, il n'a aucune chance. f. Non, nous n'y allons jamais.

■ 2. Setzen Sie die Satzteile in die richtige Reihenfolge.

a. Pierre – n' – pas – marié – est.

b. Jean – n' – jamais – dans – usine – travaillé – a – une.

c. Ses – n' – plus – chez – enfants – habitent – lui.

d. Anne – ne – rien – aux – mathématiques – comprend.

e. Aujourd'hui, – n' – pas – nous – nous – promener – allons.

f. Nous – n' – personne – rencontré – avons.

g. Rien – ne – dans – plaît – cette – me – boutique.

Lösung a. Pierre n'est pas marié. b. Jean n'a jamais travaillé dans une usine. c. Ses enfants n'habitent plus chez lui. d. Anne ne comprend rien aux mathématiques. e. Aujourd'hui, nous n'allons pas nous promener. f. Nous n'avons rencontré personne. g. Rien ne me plaît dans cette boutique.

■ 3. Wandeln Sie folgende Sätze in verneinte Sätze um.

a. Je me souviens encore de ma grand-mère.

b. Pierre va mieux. Il se sent bien aujourd'hui.

c. Vous voulez encore du café?

d. Sophie regarde toujours la télévision le matin.

e. Jean est allé à la piscine ce matin.

f. Anne a déjà passé son bac.

g. Paul se déplace toujours en métro.

LÖSUNG **a.** Je ne me souviens plus de ma grand-mère. **b.** Pierre ne va pas mieux. Il ne se sent pas bien aujourd'hui. **c.** Vous ne voulez plus de café? **d.** Sophie ne regarde jamais la télévision le matin. **e.** Jean n'est pas allé à la piscine ce matin. **f.** Anne n'a pas encore passé son bac. **g.** Paul ne se déplace jamais en métro.

- **4. Beantworten Sie die Fragen verneint.**

a. Quelque chose vous plaît?
b. Tu as dit quelque chose?
c. Vous avez déjà choisi quelque chose?
d. Tu connais quelqu'un ici?
e. Quelqu'un a appelé?
f. Tout est prêt?
g. Tu veux encore quelque chose?

LÖSUNG **a.** Non, rien ne me plaît. **b.** Non, je n'ai rien dit. **c.** Non, je n'ai / nous n'avons encore rien choisi. **d.** Non, je ne connais personne. **e.** Non, personne n'a appelé. **f.** Non, rien n'est prêt. **g.** Non, je ne veux plus rien.

- **5. Verneinen Sie folgende Sätze.**

a. Il boit du thé et du café.
b. Ils boivent et ils fument.
c. Hier soir, nous sommes allés au restaurant et au cinéma.
d. Nous avons un chien et un chat.
e. Ce roman est traduit en italien et en espagnol.

LÖSUNG **a.** Il ne boit ni thé ni café/ ni de thé ni de café. **b.** Ils ne boivent ni ne fument.
c. Hier soir, nous ne sommes allés ni au restaurant ni au cinéma. **d.** Nous n'avons ni chien ni chat. **e.** Ce roman n'est traduit ni en italien ni en espagnol.

- **6. Was ist das Gegenteil folgender Ausdrücke?**

a. *Tout le monde* est invité.
b. Il a *beaucoup d'amis*.
c. Elle part en vacances *avec* son ami.
d. On a rencontré cette personne *quelque part*.
e. *Tout* va *encore* bien.
f. *Chaque* montre coûte cinq euros.

LÖSUNG **a.** Personne n'est invité. **b.** Il n'a aucun ami. **c.** Elle part en vacances sans son ami.
d. On n'a rencontré cette personne nulle part. **e.** Rien ne va plus. **f.** Aucune montre ne coûte cinq euros.

- 7. Ersetzen Sie die kursiv gedruckten Ausdrücke durch *ne ... que* oder *il n'y a qu'à / tu n'as qu'à / vous n'avez qu'à.*

a. Les surgelés, c'est pratique, *il suffit de* les réchauffer.
b. Si tu veux une meilleure qualité de vie, *tu devrais* aller vivre à la campagne.
c. Madame Daru a *seulement* quarante ans, mais elle en paraît cinquante.
d. Pour aller à l'office de tourisme, *vous devez simplement* traverser la place.
e. Pour aller à la gare, c'est facile, *vous devez uniquement* prendre le 48.
f. Anne connaît *seulement* trois mots d'allemand: bitte, danke et tschüs.

LÖSUNG **a.** Les surgelés, c'est pratique, il n'y a qu'à les réchauffer. **b.** Si tu veux une meilleure qualité de vie, tu n'as qu'à aller vivre à la campagne. **c.** Madame Daru n'a que quarante ans, mais elle en paraît cinquante. **d.** Pour aller à l'office de tourisme, vous n'avez qu'à traverser la place. **e.** Pour aller à la gare, c'est facile, vous n'avez qu'à prendre le 48. **f.** Anne ne connaît que trois mots d'allemand: bitte, danke et tschüs.

- 8. Übersetzen Sie folgende Sätze.

a. Seien sie bitte still, man hört gar nichts mehr.
b. Wir haben für die Ferien noch nichts geplant.
c. Sie macht, was sie will. Sie hört nie auf jemanden.
d. Er hat Gesundheitsprobleme. Er darf nie wieder einen Tropfen Alkohol trinken.
e. Er hat niemandem etwas gesagt.
f. Er mag weder Gemüse noch Obst.

LÖSUNG **a.** Taisez-vous, s'il vous plaît, on n'entend plus rien. **b.** Nous n'avons encore rien prévu pour les vacances. **c.** Elle fait ce qu'elle veut. Elle n'écoute personne. **d.** Il a des problèmes de santé. Il ne doit plus jamais boire une goutte d'alcool. **e.** Il n'a rien dit à personne. **f.** Il n'aime ni les légumes ni les fruits.

2 Der Fragesatz ▶ S. 212

- 1. Verwandeln Sie die Fragen, indem Sie *est-ce que* einsetzen.

a. Vous venez avec moi?
b. Pierre est invité?
c. Vous arrivez quand?
d. Vous voulez combien de tomates?
e. Anne habite où?
f. Que fais-tu?
g. D'où vient-il?
h. Pourquoi ne répond-il pas à mes courriels?
i. Quel film préférez-vous?

LÖSUNG **a.** Est-ce que vous venez avec moi? **b.** Est-ce que Pierre est invité? **c.** Quand est-ce que vous arrivez? **d.** Combien de tomates est-ce que vous voulez? **e.** Où est-ce qu'Anne habite? **f.** Qu'est-ce que tu fais? **g.** D'où est-ce qu'il vient? **h.** Pourquoi est-ce qu'il ne répond pas à mes courriels? **i.** Quel film est-ce que vous préférez?

■ 2. Ergänzen Sie mit einem Fragewort.

a. ...... allez-vous? – Très bien, merci.
b. Vous allez ...... pendant les vacances? – En Provence.
c. Vous restez .... temps en Provence? – Quinze jours.
d. Vous y allez ......? – En voiture.
e. Vous partez ......? – La semaine prochaine.
f. ...... est-ce que vous louez une maison? – Parce que c'est moins cher que l'hôtel.

Lösung **a.** Comment allez-vous? – Très bien, merci. **b.** Vous allez où pendant les vacances? – En Provence. **c.** Vous restez combien de temps en Provence? – Quinze jours. **d.** Vous y allez comment?– En voiture. **e.** Vous partez quand? – La semaine prochaine. **f.** Pourquoi est-ce que vous louez une maison? – Parce que c'est moins cher que l'hôtel.

■ 3. Verbinden Sie.

a. Qui est-ce qui
b. Qui est-ce que
c. Qui est-ce qu'

1. a écrit cette lettre?
2. on informe de la venue de Paul?
3. tu vas voir?
4. tu invites pour ton anniversaire?
5. a touché à mon ordinateur?
6. a envoyé ces fleurs?
7. n'est pas encore là?
8. Pierre attend depuis deux heures?

d. Qu'est-ce qui
e. Qu'est-ce que
f. Qu'est-ce qu'

9. se passe?
10. on fait demain?
11. vous voulez?
12. il y a?
13. vous est arrivé?
14. elle a dit?
15. vous préférez?
16. ne va pas?

Lösung **a.** 1, 5, 6, 7 **b.** 3, 4, 8 **c.** 2 **d.** 9, 13, 16 **e.** 11, 15 **f.** 10, 12, 14

■ 4. Unterstreichen Sie den richtigen Frageausdruck.

a. 1. Qui est-ce que   2. Qu'est-ce que   tu attends? – Le facteur.
b. 1. Qui est-ce que   2. Qu'est-ce que   tu attends? – Le bus.
c. 1. Qui est-ce qui   2. Qu'est-ce qui   vient de sortir? – Pierre.

d.	1. Qui est-ce qui	2. Qu'est-ce qui	sonne? – Le réveil de Jean.
e.	1. Qui est-ce que	2. Qui est-ce qui	t'a envoyé ce courriel? – Une collègue de bureau.
f.	1. Qu'est-ce qui	2. Qu'est-ce qu'	on mange ce soir? – Des pâtes.
g.	1. Qui est-ce que	2. Qu'est-ce que	tu as rencontré? – Nos voisins.
h.	1. Qu'est-ce que	2. Qu'est-ce qui	fait ce bruit bizarre? – L'aspirateur de nos voisins.

Lösung a. 1 b. 2 c. 1 d. 2 e. 2 f. 2 g. 1 h. 2

- 5. Bilden Sie die Fragen zu den kursiv geschriebenen Satzteilen (mehrere Möglichkeiten).
  Cet après-midi, *je vais faire une balade à vélo*. ▶ Qu'est-ce que tu vas faire cet après-midi?

a. Nous allons rester *une semaine* à Paris.
b. Nous partons *le 15*.
c. Nous allons *visiter des musées*.
d. Je prends mon parapluie *parce que le ciel est noir*.
e. *Oui*, nous avons vu le film hier soir sur La 2.
f. *C'est mon portable* qui sonne.
g. C'est *mon frère*.
h. Elle attend *un coup de téléphone de son ami*.
i. Il est allé voir *ses parents*.

Lösung a. Vous allez rester combien de temps à Paris? / Combien de temps est-ce que vous allez rester à Paris? / Combien de temps allez-vous rester à Paris? b. Vous partez quand? / Quand est-ce que vous partez? / Quand partez-vous? c. Vous allez faire quoi? / Qu'est-ce que vous allez faire? / Qu'allez-vous faire? d. Pourquoi est-ce que tu prends ton parapluie? / Pourquoi prends-tu ton parapluie? e. Vous avez vu le film hier soir sur La 2? / Est-ce que vous avez / Avez-vous vu le film hier soir sur La 2? f. Qu'est-ce qui sonne? g. Qui est-ce? / C'est qui? h. Qu'est-ce qu'elle attend? / Qu'attend-elle? i. Qui est-ce qu'il est allé voir? / Il est allé voir qui? / Qui est-il allé voir?

- 6. Unterstreichen Sie das passende Fragewort.

a.	À	1. que	2. qui	3. quoi	réfléchis-tu?
b.	À	1. que	2. qui	3. quoi	parles-tu?
c.		1. Que	2. Qui	3. Quoi	lui avez-vous dit?
d.	De	1. que	2. qui	3. quoi	est cette lettre?
e.	Avec	1. que	2. qui	3. quoi	fais-tu une randonnée?
f.		1. Qu'	2. Qui	3. Quoi	emportez-vous pour le pique-nique?

g. Avec   1. que   2. qui   3. quoi   as-tu ouvert cette boîte?

h. En   1. que   2. qui   3. quoi   cela est-il faux?

LÖSUNG **a.** 3 **b.** 2 **c.** 1 **d.** 2 **e.** 2 **f.** 1 **g.** 3 **h.** 3

- **7. Bilden Sie Inversionsfragen.**

a. Vous allez où ce week-end?

b. Vous vous appelez comment?

c. Est-ce que ton père vient déjeuner?

d. Est-ce que Pierre a fini son travail?

e. Ton train arrive à quelle heure?

f. Anne habite où?

g. Avec qui est-ce que ton fils est parti en voyage?

h. Sur qui est-ce que Jean compte pour l'aider?

LÖSUNG **a.** Où allez-vous ce week-end? **b.** Comment vous appelez-vous? **c.** Ton père vient-il déjeuner? **d.** Pierre a-t-il fini son travail? **e.** À quelle heure ton train arrive-t-il? **f.** Où Anne habite-t-elle? **g.** Avec qui ton fils est-il parti en voyage? **h.** Sur qui Jean compte-t-il pour l'aider?

- **8. Übersetzen Sie folgende Fragen.**

a. Wie viele Leute sind wir heute zum Mittagessen?

b. Wen hast du eingeladen?

c. Kommt Pierre alleine?

d. Kommt seine Frau nicht mit?

e. Wohin ist sie gegangen?

f. Wann kommt sie wieder?

g. Was gibt es zu essen?

h. Was gibt es für einen Nachtisch?

LÖSUNG **a.** On est combien aujourd'hui à déjeuner? / Combien de personnes sommes-nous aujourd'hui à déjeuner? **b.** Qui est-ce que tu as invité? / Qui as-tu invité? **c.** Est-ce que Pierre vient seul? / Pierre vient-il seul? **d.** Sa femme ne vient pas? / Est-ce que sa femme ne vient pas? / Sa femme ne vient-elle pas? **e.** Où est-elle allée? / Où est-ce qu'elle est allée? **f.** Elle revient quand? / Quand est-ce qu'elle revient? / Quand revient-elle? **g.** Qu'est-ce qu'il y a à manger? / Qu'y a-t-il à manger? **h.** Qu'est-ce qu'il y a comme dessert? / Qu'y a-t-il comme dessert?

■ 9. Ergänzen Sie die Fragen mit dem Pronomen *lequel*, und wenn nötig, der passenden Präposition. Gleichen Sie das Pronomen an.

a. Je connais un bon petit restaurant dans le quartier. - Moi aussi, ... penses-tu?

b. Tu me donnes ton numéro de téléphone? - Bien sûr, ... veux-tu, celui du fixe ou du portable?

c. Nous avons visité beaucoup de pays dans notre jeunesse. - ...... avez-vous le meilleur souvenir?

d. ...... de tes sœurs a épousé un médecin?

e. Avec ...... de tes frères es-tu le plus intime?

f. Ce cadeau est pour l'une de mes filles. - Pour ......?

g. Tu as trois paires de sandales. ...... veux-tu mettre?

h. Je voudrais un kilo de pommes, s'il vous plaît! - ...... voulez-vous? Des Boskoops?

LÖSUNG a. auquel b. lequel c. Duquel d. Laquelle e. lequel f. laquelle g. Lesquelles h. Lesquelles/Desquelles

3 Quel, quelle, quels, quelles ▶ S. 23

■ 1. Ergänzen Sie die Sätze mit dem Interrogativbegleiter *quel/quelle/quels* oder *quelles*.

a. ...... est votre nom (m.)?

b. ...... est votre adresse (f.)?

c. ...... sont vos passe-temps préférés (m.)?

d. ...... est votre nationalité (f.)?

e. ...... sont ses chances (f.) de réussir?

LÖSUNG a. Quel b. Quelle c. Quels d. Quelle e. Quelles

■ 2. *Quels/quelle/quels* oder *quelles*? Ergänzen Sie den passenden Interrogativbegleiter.

a. On est ...... jour (m.) aujourd'hui?

b. On va à ...... séance (f.) de cinéma?

c. ...... temps (m.) fait-il chez toi?

d. On regarde ...... émissions (f.), ce soir?

e. Tu as lu ...... romans (m.) pendant les vacances?

f. Vous parlez ...... langues (f.)?

g. ...... régions (f.) de France connaissez-vous?

LÖSUNG a. quel b. quelle c. Quel d. quelles e. quels f. quelles g. Quelles

■ 3. Ergänzen Sie die Fragen mit der passenden Präposition und dem Interrogativbegleiter *quel/quelle/quels* oder *quelles*.

a. - Je viens à Paris avec des amis allemands.
   - .... amis?
b. - On arrive par le train de huit heures.
   - Vous arrivez .... train?
c. - Pour venir chez moi, vous prenez le métro. Vous descendez à la station Jourdain.
   - .... station?
d. - Vous tournez à gauche au deuxième feu.
   - .... feu?
e. - J'habite au troisième étage.
   - .... étage?
f. - J'ai des billets de théâtre pour lundi soir. Ça vous convient?
   - .... jour?
g. - J'ai aussi des invitations pour un vernissage dans une petite galerie à Montparnasse.
   - .... galerie?

LÖSUNG **a.** Avec quels amis? **b.** Vous arrivez par quel train? **c.** À quelle station? **d.** À quel feu? **e.** À quel étage? **f.** Pour quel jour? **g.** Dans quelle galerie?

■ 4. Übersetzen Sie folgende Sätze.

a. Wie Schade!
b. Was für eine komische Idee!
c. Was für eine gute Überraschung!
d. Was für ein schöner Tag!
e. Was für eine hübsche Blume!

LÖSUNG **a.** Quel dommage! **b.** Quelle drôle d'idée! **c.** Quelle bonne surprise! **d.** Quelle belle journée! **e.** Quelle jolie fleur!

4 Die Hervorhebung von Satzteilen ▶ S. 210

■ 1. Betonen Sie die kursiv geschriebenen Satzteile durch Wiederholung mit einem Personalpronomen.
Pierre travaille beaucoup mais *Jean* ne fait pas grand-chose. ▶ Pierre travaille beaucoup mais *Jean, lui,* ne fait pas grand-chose.

a. *Cette actrice* est vraiment très belle.
b. *J'*aurais dit ça? Ce n'est pas possible.
c. *Tu* t'appelles comment?
d. En Provence, on trouve partout *de la lavande*.

e. On va *à Paris* le 15.

f. Je suis sûr *qu'Anne est amoureuse de Pierre*.

g. Je doute *que Jean vienne aujourd'hui*.

h. Je n'ai rien lu *d'Amélie Nothomb*.

LÖSUNG **a.** Cette actrice, elle est vraiment très belle. **b.** Moi, j'aurais dit ça? Ce n'est pas possible. **c.** Toi, tu t'appelles comment? **d.** En Provence, de la lavande, on en trouve partout. **e.** À Paris, on y va le 15. **f.** Qu'Anne est amoureuse de Pierre, j'en suis sûr. **g.** Que Jean vienne aujourd'hui, j'en doute. **h.** Amélie Nothomb, je n'ai rien lu d'elle.

■ **2. Betonen Sie die kursiv geschriebenen Ausdrücke durch** *c'/ cela* **oder** *ça.*
J'adore *le chocolat.* ► Le chocolat, j'adore *ça.*

a. J'ai horreur *de conduire sur l'autoroute*.

b. Le foot est *la passion de Pierre*.

c. Il est inadmissible *de travailler dans de telles conditions*.

d. J'aimerais *traverser le Sahara à dos de chameau*.

e. Pierre trouve formidable *de faire le tour du monde*.

f. *Avoir deux mois de vacances par an* nous plairait énormément.

g. Il est normal *que vous ne puissiez pas régler ce problème*.

LÖSUNG **a.** Conduire sur l'autoroute, j'ai horreur de ça. **b.** Le foot, c'est la passion de Pierre. **c.** Travailler dans de telles conditions, cela /c'est inadmissible. **d.** Traverser le Sahara à dos de chameau, j'aimerais ça /cela. **e.** Faire le tour du monde, Pierre trouve ça /cela formidable. **f.** Avoir deux mois de vacances par an, ça / cela nous plairait énormément. **g.** Que vous ne puissiez pas régler ce problème, c'est normal.

■ **3. Beantworten Sie die Fragen mit „Ja". Verwenden Sie dabei** *c'est … qui* **oder** *c'est … que* **und ein Personalpronomen.**
Ton ami t'a offert ce joli bouquet? ► *Oui, c'est lui qui me l'a offert.*

a. À la maison, d'habitude, tu fais le ménage?

b. Pierre s'occupe du jardin?

c. Les enfants rangent leur chambre?

d. La femme de ménage repasse le linge?

e. Qu'est-ce que vous buvez aux repas? de l'eau?

f. Tes parents gardent les enfants le mercredi?

g. Ton fils répare son vélo?

h. À la télévision, qu'est-ce que vous préférez regarder? le sport?

LÖSUNG **a.** Oui, c'est moi qui le fais. **b.** Oui, c'est lui qui s'en occupe. **c.** Oui, ce sont eux qui la rangent. **d.** Oui, c'est elle qui le repasse. **e.** Oui, c'est de l'eau que nous buvons aux repas.

f. Oui, ce sont eux qui les gardent. **g.** Oui, c'est lui que le répare. **h.** Oui, c'est le sport que nous préférons regarder.

■ 4. Betonen Sie die kursiv geschriebenen Ausdrücke durch *c'est … que*.
   L'accident a eu lieu *hier soir* ► *C'est* hier soir *que* l'accident a eu lieu.

a. Une voiture m'a heurté *rue La Fayette*.

b. Je roulais *sur la file de gauche*.

c. L'accident s'est produit *à cause d'un piéton*.

d. La voiture n'a pas pu s'arrêter à temps *parce que la chaussée était mouillée*.

e. La voiture est partie sur la gauche *pour ne pas renverser le piéton*.

f. La police est venue *pour faire un constat*.

LÖSUNG a. C'est rue La Fayette qu'une voiture m'a heurté. **b.** C'est sur la file de gauche que je roulais. **c.** C'est à cause d'un piéton que l'accident s'est produit. **d.** C'est parce que la chaussée était mouillée que la voiture n'a pas pu s'arrêter à temps. **e.** C'est pour ne pas renverser le piéton que la voiture est partie sur la gauche. **f.** C'est pour faire un constat que la police est venue.

5 Der Bedingungssatz ► S. 222

■ 1. Setzen Sie die passende Verbform ein.

a. Où aimeriez-vous habiter, si vous (avoir) le choix?

b. Si Jean (obtenir) un poste à Paris, il devra déménager.

c. Si je (vouloir) aller à Londres, je prendrais le tunnel sous la Manche.

d. Si on (aller) à Londres la semaine prochaine, on prendra l'Eurostar.

e. S'il (ne pas pleuvoir) tout le week-end, nous aurions fait une balade en vélo.

f. Si tu me l' (demander), je t'aurais aidé.

g. Si on (déménager), j'aimerais habiter en centre-ville.

LÖSUNG a. aviez **b.** obtient **c.** voulais **d.** va **e.** n'avait pas plu **f.** avais demandé
g. déménageait

■ 2. Unterstreichen Sie die richtige Verbform.

a. Si Anne 1. obtient 2. obtenait ce poste, elle ne serait plus au chômage.

b. Si j'avais le temps, j' 1. irai 2. irais au cinéma ce soir.

c. Si j'ai terminé mes exercices de grammaire, j' 1. irai 2. irais au cinéma ce soir.

d. Prends ma voiture, si tu 1. voulais 2. veux.

e. Si nous étions allés en Tunisie au mois de mai, nous n' 1. aurons pas 2. aurions pas eu aussi chaud.

f. Si tu 1. avais regardé 2. as regardé la carte, on ne se serait pas perdus.

g. Si Pierre avait fait attention, il n' 1. **aurait pas eu** 2. **avait pas eu** d'accident.

h. Vous ferez des progrès si vous 1. **irez** 2. **allez** en France de temps en temps.

i. Si tu 1. **me téléphonais** 2. **m'avais téléphoné**, je serais allé te chercher à la gare.

j. Si tu 1. **as** 2. **avais eu** besoin d'argent, dis-le moi.

LÖSUNG a. 2 b. 2 c. 1 d. 2 e. 2 f. 1 g. 1 h. 2 i. 2 j. 1

■ 3. Verbinden Sie die Satzteile.

	1. pour peu qu'elle prenne ses médicaments.
a. Vous arriverez plus ou moins vite,	2. en admettant que nous y passions la nuit.
b. Les gens utiliseront moins leur voiture,	3. à moins qu'il n'ait eu un empêchement.
c. Tu pourras prendre la voiture,	4. selon que vous prenez l'autoroute ou la
d. Pierre viendra,	nationale.
e. Anne va guérir rapidement,	5. sinon elle viendrait avec nous.
f. Nous viendrons en voiture,	6. au cas où la grève des trains continuerait.
g. Ce projet sera terminé demain,	7. dans la mesure où les transports en
h. Elle est sûrement fatiguée,	commun seront plus fiables.
	8. à condition que tu ne boives pas d'alcool.

LÖSUNG a. 4 b. 7 c. 8, (auch 6) d. 3 e. 1 f. 6 g. 2 h. 5

■ 4. Übersetzen Sie folgende Sätze.

a. Wenn es dich freut, schenke ich dir ein Wochenende in Paris zum Geburtstag.

b. Wenn er mit mir darüber gesprochen hätte, hätte ich ihm geholfen.

c. Wenn du Französisch lernen würdest, könnten wir unseren Urlaub in Frankreich verbringen.

d. Wenn ihr pünktlich gewesen wäret, hätten wir den Anfang des Filmes gesehen.

e. Wenn sie mit mir Französisch sprechen würden, würde ich Fortschritte machen.

LÖSUNG a. Si cela te fait plaisir, je t'offre un week-end à Paris pour ton anniversaire. b. S'il m'en avait parlé, je l'aurais aidé. c. Si tu apprenais le français, on pourrait/ nous pourrions passer nos vacances en France. d. Si vous aviez été à l'heure, nous aurions vu le début du film. e. S'ils/Si elles parlaient français avec moi, je ferais des progrès.

6 Die indirekte Rede ▶ S. 231

■ 1. Berichten Sie, was der Trainer erklärt. Beginnen Sie mit: „*L'entraîneur déclare* ...“

a. «Les joueurs ont très bien joué.»

b. «Le match était très difficile.»

c. «Le public a été formidable.»

d. «Je suis content de la victoire».

e. «Nous allons continuer l'entraînement.»

f. «Nous allons nous préparer pour le prochain match.»

LÖSUNG L'entraîneur déclare **a.** que les joueurs ont très bien joué, **b.** que le match était très difficile, **c.** que le public a été formidable, **d.** qu'il est content de la victoire, **e.** qu'ils vont continuer l'entraînement, **f.** qu'ils vont se préparer pour le prochain match.

■ 2. Anne erzählt ihrer Freundin, was Jean sie fragt. Beginnen Sie mit: „ *Jean veut savoir...*“

a. Comment vas-tu?

b. Pourquoi est-ce que tu ne réponds pas à mes courriels?

c. Est-ce que tu es fâchée?

d. Quand est-ce qu'on peut se voir?

e. Est-ce que tu voudrais dîner avec moi?

f. Où est-ce qu'on se rencontre?

LÖSUNG Jean veut savoir **a.** comment je vais, **b.** pourquoi je ne réponds pas à ses courriels, **c.** si je suis fâchée, **d.** quand on peut se voir, **e.** si je voudrais dîner avec lui, **f.** où on se rencontre.

■ 3. Ersetzen Sie *Selon le dirigeant syndical* durch *Le dirigeant syndical a déclaré ...*.

Selon le dirigeant syndical,

a. le pouvoir d'achat des fonctionnaires a baissé depuis cinq ans,

b. le gouvernement veut imposer des réformes inacceptables,

c. les négociations avec le gouvernement doivent commencer immédiatement,

d. les fonctionnaires sont prêts à faire grève,

e. la grève durera tant que le gouvernement n'aura pas modifié ses projets.

LÖSUNG Le dirigeant syndical a déclaré
a. que le pouvoir d'achat des fonctionnaires avait baissé depuis cinq ans, **b.** que le gouvernement voulait imposer des réformes inacceptables, **c.** que les négociations avec le gouvernement devaient commencer immédiatement, **d.** que les fonctionnaires étaient prêts à faire grève, **e.** que la grève durerait tant que le gouvernement n'aurait pas modifié ses projets.

■ 4. Setzen Sie folgende Sätze in die indirekte Rede.

a. Pierre a dit: «J'ai fini mon stage vendredi.»

b. Anne a annoncé: «J'ai rencontré l'homme de ma vie pendant les vacances.»

c. Jean a confirmé: «J'ai terminé mes études à Lyon.»

d. Monique confirmait: «Nous sommes bien arrivés ce matin à Dakar.»

e. Les enfants ont promis: «Nous rentrerons avant minuit.»

f. Nos voisins nous avaient prévenus: «Nous ferons une fête samedi, 6 juillet».

g. Nicole nous avait annoncé: «Je viens de me fiancer et je me marierai en printemps».

h. Le professeur m'a dit: « Il faudrait que vous travailliez plus sérieusement.»

Lösung **a.** Pierre a dit qu'il avait fini son stage vendredi. **b.** Anne a annoncé qu'elle avait rencontré l'homme de sa vie pendant les vacances. **c.** Jean a confirmé qu'il avait terminé ses études à Lyon. **d.** Monique confirmait qu'ils étaient bien arrivés le matin à Dakar. **e.** Les enfants ont promis qu'ils rentreraient avant minuit. **f.** Nos voisins nous avaient prévenus qu'ils feraient une fête samedi, 6 juillet. **g.** Nicole nous avait annoncé qu'elle venait de se fiancer et qu'elle se marierait en printemps. **h.** Le professeur m'a dit qu'il faudrait que je travaille plus sérieusement.

- **5. Wandeln Sie folgende Fragen in die indirekte Rede um.**

a. Anne m'a demandé: «Est-ce que tu es heureux?»

b. Pierre voulait savoir: « Qu'est-ce que tu as fait dimanche?»

c. Le voyagiste m'a demandé: «Avec qui voyagerez-vous?»

d. Ma mère voulait savoir: « Qui est-ce qui a téléphoné?»

e. Paul m'a demandé: « À quoi est-ce que tu t'intéresses?»

f. Monique voulait savoir: Quelles sont tes dates de vacances?

g. Nicole m'a demandé: «Qu'est-ce qui s'est passé à la réunion?»

Lösung **a.** Anne m'a demandé si j'étais heureux. **b.** Pierre voulait savoir ce que j'avais fait dimanche. **c.** Le voyagiste m'a demandé avec qui je voyagerais. **d.** Ma mère voulait savoir qui avait téléphoné. **e.** Paul m'a demandé à quoi je m'intéressais. **f.** Monique voulait savoir quelles étaient mes dates de vacances. **g.** Nicole m'a demandé ce qui s'était passé à la réunion.

Anhang / Annexe

Im Anhang finden Sie die Abschnitte:

1 Aussprache

2 Rechtschreibung

3 Die Satzeichen

4 Die Unregelmäßigen Verben

5 Grammatische Begriffe

1 Aussprache

■ Die französische Lautschrift

Vokale

[a] *glace*, *voilà*

[ɑ] *pas*, *théâtre*

[ɛ] *merci*, *c'est*, *problème*, *être*, *faire* (sehr offenes «*e*»)

[e] *chez*, *école*, *travailler* (geschlossenes «*e*»)

[ə] *je*, *ne*, *le*, *qu'est-ce que* (stummes «*e*»)

[i] *vie*, *actif*, *pyjama*

[o] *vélo*, *eau*, *côté* (geschlossenes «*o*»)

[ɔ] *alors*, *comment* (offenes «*o*»)

[ø] *deux*, *peu* (geschlossenes «*ö*»)

[œ] *sœur*, *vendeur* (offenes «*ö*»)

[u] *vous*, *où*

[y] *une*, *sur*

Halbvokale

[ɥ] *je suis*, *huit*, *cuisine*

[j] *bien*, *étudiant*, *travailler*, *fille*

[w] *moi*, *oui*

Nasallaute

[ã] *enfant*, *chambre*, *exemple*

[ɔ̃] *bonjour*, *nom*

[ɛ̃] *un*, *bien*, *lundi*, *fin*, *terrain*, *sympa*

Konsonanten

[b] *habiter*

[d] *dur*

[f] *français*, *photo*

[g] *cigarette*, *collègue*

[k] *cours*, *avec*, *qui*, *kir*

[l] *il*

[m] *mal*

[n] *non*

[ŋ] *camping*

[ɲ] *signer*

[p] *pardon, je m'appelle*

[r] *bonjour*, *rencontre*

[s] *salut*, *ça*, *bonsoir* (stimmloses «*s*»)

[z] *Mademoiselle*, *les_enfants*, *six_heures*, *zéro* (stimmhaftes «*s*»)

[ʃ] *chez*, *chocolat* (stimmloses «*sch*»)

[ʒ] *bonjour*, *âge*, *jus* (stimmhaftes «*sch*»)

[t] *très*

[v] *vous*, *arriver*

▶▶▶ Aussprache

Anmerkungen

■ **Aussprache von g**

Beispiel	Erklärung
gare, égoïste, légumes	Vor *-a*, *-o*, *-u* wird *g* wie [g] gesprochen.
génial, âge, région, technologie, garage	Vor *-e* und *-i* wird *g* wie [ʒ] gesprochen.
nous mangeons, nous rangeons	Soll ein *g* vor *-a* oder *-o* doch wie [ʒ] gesprochen werden, schreibt man *-ge-*.
baguette, guerre, guêpe, guérir, guichet, guide, guitare, guignol	Soll ein *g* vor *-e* oder *-i* doch wie [g] gesprochen werden, schreibt man *-gu-*.

■ **Aussprache von c**

Beispiel	Erklärung
cadeau, collège, cuisine	Vor *-a*, *-o*, *-u* wird *c* wie [k] gesprochen.
c'est, centime, cinéma, cirque	Vor *-e* und *-i* wird *c* wie [s] gesprochen.
français, ça, garçon, leçon, maçon, conçu	Soll ein *c* vor *-a* oder *-o* doch wie [s] gesprochen werden, erhält es eine „*cédille*": *-ç-*.

■ ***h muet* und *h aspiré***

Im Französischen gibt es zwei h: das ***h muet*** (stummes h) und das ***h aspiré*** (behauchtes h). Beide werden **nicht** ausgesprochen. Französische Wörter, die mit h beginnen, werden so ausgesprochen, als würde das Wort mit dem folgenden Vokal beginnen: *habiter* [abite], *hôtel* [otɛl].

Trotzdem gibt es Unterschiede!

Ein ***h muet*** (stummes h) wird wie ein Vokal behandelt:

Beispiel	Erklärung
l'homme, l'heure	Vor einem stummen *h* ▬ wird der bestimmte Artikel apostrophiert,
j'habite	▬ wird *je* apostrophiert,
mon_histoire (weiblich)	▬ wird *mon*, nicht *ma*, verwendet,
cet_homme	▬ wird *cet*, nicht *ce*, verwendet.

▶▶▶ Aussprache

Ein *h aspiré* (behauchtes h) wird wie ein Konsonant behandelt:

Beispiel	Erklärung
	Vor einem behauchten *h*
le handball, **le** haricot, **la** Hollande, **le** huit août	▬ wird der bestimmte Artikel nicht apostrophiert,
les haricots, **des** haricots, **ces** haricots	▬ wird das -s des vorangehenden Wortes nicht gebunden (keine *liaison*),
je hais, ils **me** haissent, **se** heurter	▬ werden Pronomen nicht apostrophiert.

Welches h behaucht und welches h stumm ist, können Sie im Wörterbuch nachsehen.

- **Die Bindung (*liaison*)**

Um zu vermeiden, dass beim Aussprechen zwei Vokale zusammentreffen, wird im Französischen die Liaison gemacht. Der Endkonsonant eines Wortes, der sonst stumm ist, wird ausgesprochen und mit dem Anfangsvokal des folgenden Wortes gebunden. Im Folgenden finden Sie die häufigsten Fälle der *liaison*.

Begleiter + Nomen

les_ordinateurs [lezɔrdinatœr], *des_aventures* [dezavãtyr], *des_hôtels* [dezotɛl],
les_habitudes [lezabityd], *les_îles* [lezil],
un_hôtel [ɛ̃notɛl], *ces_amies* [sezami],
mon_ordinateur [mɔ̃nɔrdinatœr], *mes_affaires* [mezafɛr],
leurs_enfants [lœrzɑ̃fɑ̃]

Adjektiv + Nomen

un petit_ami [ɛ̃p(ə)titami], *des vieux_amis* [devjøzami], *un bon_élève* [ɛ̃bɔnelɛv],
des beaux_animaux [debozanimo], *des beaux_hôtels* [debozotɛl], *des bons_élèves* [debɔ̃zelɛv],
des nouveaux_appartements [denuvozapartəmã], *des nouvelles_idées* [denuvɛlzide], *des nouveaux_hôtels* [denuvozotɛl]

Personalpronomen + Verb

on_attend [ɔ̃natã], *nous_aimons* [nuzemɔ̃], *il_est* [ilɛ], *elle_attend* [ɛlatã],
vous_organisez [vuzɔrganize], *ils_écoutent* [ilzekut],
elles_embrassent [ɛlzãbras], *ils_attendent* [ilzatãd]

Objektpronomen + Verb

je vous_entends [ʒ(ə)vuzãtã], *il nous_écoute* [ilnuzekut],
on les_adore [ɔ̃lezadɔr]

2 Rechtschreibung

Auch Frankreich hat seine Rechtschreibung reformiert, aber nicht per Gesetz, sondern als Empfehlung. Der *Conseil supérieur de la langue française* in Paris hat 2004 Empfehlungen zu einer vereinfachten Rechtschreibung gegeben, die gleichberechtigt neben der bisherigen Rechtschreibung gültig ist. Seither gelten beide Schreibweisen, die alte und die neue. Keine von beiden ist falsch!

Im Folgenden finden Sie die 10 Regeln der neuen Rechtschreibung mit Beispielen und Kommentaren versehen.

■ **1. Alle zusammengesetzten Zahlen werden mit Bindestrich geschrieben.**

Alt	Neu
vingt et un	vingt-et-un
deux cents	deux-cents
mille cinq cent soixante-quinze	mille-cinq-cent-soixante-quinze

Le million und *le milliard*, die Nomen sind, werden nicht mit Bindestrich mit den Zahlwörtern verbunden: *deux millions trois-cent-mille*.

Das heißt, dass nach dem Vorbild von *quatre-vingt-un* und *quatre-vingt-onze* jetzt auch alle anderen zusammengesetzten Zahlen mit Bindestrich geschrieben werden. Das entlastet von der vorher so komplizierten Regel der Verwendung des Bindestrichs bei den Zahlen.

Aufpassen muss man allerdings bei *vingt et un tiers* ($20\,^1/3$) und *vingt-et-un tiers* ($^{21}/3$), bei denen die Bindestriche bedeutungstragend sind.

■ **2. Einige zusammengesetzte Nomen, die früher mit Bindestrich geschrieben wurden, werden jetzt zusammengeschrieben.**

Alt	Neu
le porte-monnaie	le portemonnaie
le porte-manteau	le portemanteau
le porte-clé	le porteclé
le tire-bouchon	le tirebouchon
le tire-botte	le tirebotte
le pique-nique	le piquenique
le week-end	le weekend
le contre-exemple	le contrexemple
l'entre-temps	l'entretemps

Dies betrifft insbesondere zusammengesetzte Nomen mit *contr(e)* und *entr(e)*, Fremdwörter und Zusammensetzungen mit wissenschaftlichen Termini.

▶▶▶ Rechtschreibung

Leider konnte sich der *Conseil supérieur* nicht entschließen, diese Regel auf alle mit Bindestrich geschriebenen zusammengesetzten Nomen auszuweiten, um eine einheitliche Regelung zu treffen; die Autoren französischer Wörterbücher werden aber ausdrücklich aufgefordert, die Zusammenschreibung zu bevorzugen.

■ **3. Bei zusammengesetzten Nomen, die aus Verb + Nomen oder Präposition + Nomen (mit Bindestrich) zusammengesetzt sind, nimmt im Plural der zweite Wortteil die Pluralmarkierung an. Pluralmarkierungen im Singular fallen weg.**

Kein Plural-*s* oder -*x* in der Singularform mehr:

Alt	Neu
le compte-gouttes	le compte-goutte/les compte-gouttes
le cure-ongles	le cure-ongle/les cure-ongles
le sèche-cheuveux	le sèche-cheveu/les sèche-cheveux
le pèse-lettres	le pèse-lettre/les pèse-lettres
le porte-avions	le porte-avion/les porte-avions

Eine Markierung des Plurals erhalten:

Alt	Neu
les après-midi	les après-midis
les sans-abri	les sans-abris
les presse-citron	les presse-citrons
les chasse-neige	les chasse-neiges
les gratte-ciel	les gratte-ciels
les taille-crayon	les taille-crayons
les grille-pain	les grille-pains
les presse-papier	les presse-papiers
les chauffe-eau	les chauffe-eaux
les lave-vaisselle	les lave-vaisselles

Das bedeutet, dass bei einigen Wörtern eine frühere Pluralmarkierung im Singular entfällt. Aber alle Nomen, die aus Verb + Nomen oder Präposition + Nomen zusammengesetzt sind, erhalten eine Pluralmarkierung, wenn das ganze Nomen im Plural steht.

■ **4. Fremdwörter bilden den Plural genauso wie französische Wörter.**

Das bedeutet, dass Fremdwörter den Plural nicht wie in ihrer Ursprungssprache bilden (z. B.: *gentleman – gentlemen*), sondern nach dem Vorbild der französischen Nomen durch Anhängen eines -*s*.

▶▶▶ Rechtschreibung

Diese Regelung betrifft auch Fremdwörter, die in ihrer Ursprungssprache schon im Plural stehen (*le spaghetti* ▶ *les spaghettis*).

Singular	Plural
le bluejean	les bluejeans
le cannelloni/spaghetti/ravioli	les cannellonis/spaghettis/raviolis
le cowboy	les cowboys
l'errata	les erratas
le gentleman	les gentlemans
le hobby	les hobbys
le hotdog	les hotdogs
le land	les lands
le leitmotiv	les leitmotivs
le lied	les lieds
le sandwich	les sandwichs
le solo	les solos

Um die französische Aussprache der Fremdwörter zu vereinheitlichen, werden einige Fremdwörter mit *accent* versehen (z. B.: *le revolver* ▶ *le révolver*; *le phoenix* ▶ *le phénix*)

■ **5. Vor einer Silbe mit *e* wird *è* anstelle von *é* geschrieben.**

Alt	Neu
un événement	un évènement
réglementaire	règlementaire
la crémerie	la crèmerie
la sécheresse	la sècheresse
le céleri	le cèleri

Insbesondere betrifft diese Regel die Verben des Typs *préférer*, *céder* im *futur simple* und im *conditionnel*.

Alt	Neu
j'accélérerai/j'accélérerais	j'accélèrerai /j'accélèrerais
j'aérerai/j'aérerais	j'aèrerai /j'aèrerais
je célébrerai/je célébrerais	je célèbrerai /je célèbrerais
je considérerai/je considérerais	je considèrerai/ je considèrerais
j'espérerai/j'espérerais	j'espèrerai /j'espèrerais
je préférerai/je préférerais	je préfèrerai /je préfèrerais
je répéterai/je répéterais	je répèterai/ je répèterais

▶▶▶ Rechtschreibung

Mit dieser Regel wird die Schreibung der gängigen Aussprache angepasst: Offenes *e (è)* wird geschrieben, wo es gesprochen wird.

Ausnahmen bilden die Präfixe *dé-* und *pré-*, Wörter, deren Aussprache mit geschlossenem *e (é)* erhalten ist, und Wörter mit *é-* im Anlaut:

dégeler, prévenir, le médecin, la médecine, l'édredon, l'échelon, élever

■ **6. Der *accent circonflexe* auf i und u fällt weg.**

Alt	Neu
allô	allo
connaître, il connaît	connaitre, il connait
entraîner, nous entraînons	entrainer, nous entrainons
paraître, il paraît	paraitre, il parait
s'il vous plaît	s'il vous plait
le coût, coûter	le cout, couter
la boîte	la boite
la chaîne	la chaine
la flûte	la flute
la fraîcheur, fraîche	la fraicheur, fraiche
le gîte	le gite
le goût	le gout
l'huître	l'huitre
l'île,	l'ile
le maître	le maitre

Da der *accent circonflexe* auf *i* und *u* keinen phonetischen Wert hat – im Unterschied zu dem *accent circonflexe* auf *a, e* und *o*, wo er die Qualität des Vokals verändert – kann er getrost wegbleiben. Das heißt u. a., dass alle Verben auf -*aitre* und -*oitre* (außer *croître*) den *accent circonflexe* verlieren.

Nur in den Verbformen des *passé simple* (z. B. *il fît, nous vîmes, nous eûmes*) und des *subjonctif* (z. B. *il fût, il eût mangé*) bleibt der *accent circonflexe* auf -*î-* und -*û-* erhalten. Außerdem wird der *accent circonflexe* weiterhin in Wörtern beibehalten, die sonst mit anderen verwechselt werden könnten, z.B.: *sûr – sur, mûr – le mur, jeune – jeûne, du – dû (devoir)*, und in allen Formen des Verbs *croître*:

croitre	croire
je croîs	je crois
il croît	il croit
crû	cru

▶▶▶ Rechtschreibung

■ **7. In den Buchstabenfolgen -*güe*- und -*güi*- steht das Trema auf dem -*u*-.**

Alt	Neu
aiguë	aigüe
ambiguë	ambigüe
l'ambiguïté	l'ambigüité
la contiguïté, contiguë	la contigüité, contigüe

Das Trema wird jetzt auf den Buchstaben gesetzt, der ausgesprochen wird: das *u*. Da es nur wenige Wörter mit dieser Buchstabenkombination gibt, betrifft diese Regel nur ca. ein Dutzend Wörter.

Alt	Neu
arguer, j'argue, j'ai argué	argüer, j'argüe, j'ai argüé
la gageure	la gagüre
la vergeure	la vergüre

Außerdem wird bei einigen Wörter ein Trema hinzugefügt, um Aussprachefehlern vorzubeugen: *argüer* [argye] – aber: *blaguer* [blage], *naviguer* [navige].

Damit wird auch in der Schrift ein -*u*-, das ausgesprochen wird, von einem -*u*- unterschieden, das nur die palatale Aussprache eines -*g*- anzeigt.

Nomen auf -*eure* erhalten auf dem -*u*- ebenfalls ein Trema, um anzuzeigen, dass -*eu*- nicht als Diphtong gesprochen wird. Vergleichen Sie:

gagüre [gaʒyr], *vergüre* [vɛrʒyr] – aber: *voyageur* [vwajaʒœr]

So kann das Trema eine falsche Aussprache verhindern.

■ **8. Die Konjugation der Verben auf -*eler* und -*eter* wird der Konjugation von *acheter* angepasst.**

Das bedeutet, dass die Verdoppelung eines Konsonanten nach einem *e* im Stamm eines Verbs wegfällt. Das letzte *e* im Verbstamm wird jetzt mit *accent grave (è)* geschrieben.

Alt	Neu
amonceler, j'amoncelle	j'amoncèle
dételer, je dételle	je détèle
épousseter, j'époussette	j'époussète
ficeler, je ficelle	je ficèle
moucheter, je mouchette	je mouchète
pelleter, je pellette,	je pellète

▶▶▶ Rechtschreibung

Zwei häufig verwendete Verben bilden eine Ausnahme: *appeler* und *jeter* und ihre Komposita. Diese behalten die Verdoppelung des letzten Stammkonsonanten bei: *j'appelle*, *je jette*. Ebenso: *interpeler* ▶ *j'interpelle*.

■ **9. Wörter auf *-olle* und Verben auf *-otter* werden nicht mehr mit Doppelkonsonanten geschrieben.**

Alt	Neu
la corolle	la corole
la girolle	la girole
frisotter	frisoter
grelotter	greloter

Ausnahmen davon bilden Wörter wie *colle*, *folle*, *botte* und Ableitungen von diesen Wörtern (*la botte – botter*; *frottage – frotter*).

■ **10. Das Partizip Perfekt von *laisser* ist unveränderlich, wenn darauf ein Infinitiv folgt.**

Alt	Neu
les enfants que tu as laissés partir	les enfants que tu as laissé partir
elle s'est laissée maigrir	elle s'est laissé maigrir
je les ai laissés sortir dans le jardin	je les ai laissé sortir dans le jardin

Nach dem Vorbild des Partizips von *faire* ist auch das Partizip von *laisser* jetzt nicht mehr veränderlich, wenn es vor einem Infinitiv steht.

3   Die Satzzeichen

.	le point	Punkt
,	la virgule	Komma
?	le point d'interrogation	Fragezeichen
!	le point d'exclamation	Ausrufezeichen
:	les deux points	Doppelpunkt
;	le point-virgule	Semikolon
« »	les guillemets	Anführungszeichen
-	le trait d'union	Bindestrich
–	le tiret	Gedankenstrich
( )	les parenthèses	Klammern
[ ]	les crochets	eckige Klammern
...	les points de suspension	Auslassungspunkte

4   Die Unregelmäßigen Verben

■ Die Hilfsverben *avoir* und *être*

avoir (haben)

Präsens		*imparfait*		*futur simple*	
j'	ai	j'	avais	j'	aurai
tu	as	tu	avais	tu	auras
il	a	il	avait	il	aura
nous	avons	nous	avions	nous	aurons
vous	avez	vous	aviez	vous	aurez
ils	ont	ils	avaient	ils	auront

passé simple		*conditionnel présent*		*subjonctif présent*	
j'	eus	j'	aurais	que j'	aie
tu	eus	tu	aurais	que tu	aies
il	eut	il	aurait	qu'il	ait
nous	eûmes	nous	aurions	que nous	ayons
vous	eûtes	vous	auriez	que vous	ayez
ils	eurent	ils	auraient	qu'ils	aient

Imperativ	Partizip Präsens	Partizip Perfekt
aie!	ayant	eu
ayons!		
ayez!		

▶▶▶ Die Unregelmäßigen Verben

être (sein)

Präsens		*imparfait*		*futur simple*	
je	suis	j'	étais	je	serai
tu	es	tu	étais	tu	seras
il	est	il	était	il	sera
nous	sommes	nous	étions	nous	serons
vous	êtes	vous	étiez	vous	serez
ils	sont	ils	étaient	ils	seront

passé simple		*conditionnel présent*		*subjonctif présent*	
je	fus	je	serais	que je	sois
tu	fus	tu	serais	que tu	sois
il	fut	il	serait	qu'il	soit
nous	fûmes	nous	serions	que nous	soyons
vous	fûtes	vous	seriez	que vous	soyez
ils	furent	ils	seraient	qu'ils	soient

Imperativ	Partizip Präsens	Partizip Perfekt
sois!	étant	été
soyons!		
soyez!		

▶▶▶ Die Unregelmäßigen Verben

■ Liste der Unregelmäßigen Verben

*   bedeutet, dass das Verb in zusammengesetzten Zeiten mit dem Hilfsverb *être* verbunden wird.

**   bedeutet, dass das Verb je nach Bedeutung in den zusammengesetzten Zeiten mit den Hilfsverben *avoir* oder *être* verbunden wird.

Infinitiv Partizip Perf.	Indikativ Präsens	*futur simple* *passé simple*	*subjonctif présent*
accueillir ► cueillir			
acquérir acquis	j'acquiers tu acquiers il acquiert nous acquérons vous acquérez ils acquièrent	j'acquerrai j'acquis nous acquîmes	que j'acquière que nous acquérions
admettre ► mettre			
* **aller** allé	je vais tu vas il va nous allons vous allez ils vont	j'irai j'allai nous allâmes	que j'aille que nous allions
* **s'apercevoir** ► recevoir			
** **apparaître** ► connaître			
appartenir ► venir			
apprendre ► prendre			

▶▶▶ Die Unregelmäßigen Verben

Infinitiv Partizip Perf.	Indikativ Präsens	*futur simple* *passé simple*	*subjonctif présent*
* s'asseoir	je m'assieds	je m'assiérai	que je m'asseye
	tu t'assieds		que nous nous asseyions
assis	il s'assied		
	nous nous asseyons	je m'assis	
	vous vous asseyez	nous nous assîmes	
	ils s'asseyent		
	im Präsens auch geläufig:		
	je m'assois		
	tu t'assois		
	il s'assoit		
	nous nous assoyons		
	vous vous assoyez		
	ils s'assoient		
atteindre			
▶ peindre			
battre	je bats	je battrai	que je batte
	tu bats		que nous battions
battu	il bat		
	nous battons	je battis	
	vous battez	nous battîmes	
	ils battent		
boire	je bois	je boirai	que je boive
	tu bois		que nous buvions
bu	il boit		
	nous buvons	je bus	
	vous buvez	nous bûmes	
	ils boivent		
bouillir	je bous	je bouillirai	que je bouille
	tu bous		que nous bouillions
bouilli	il bout		
	nous bouillons	je bouillis	
	vous bouillez	nous bouillîmes	
	ils bouillent		
combattre			
▶ battre			

▶▶▶ Die Unregelmäßigen Verben

Infinitiv Partizip Perf.	Indikativ Präsens	*futur simple* *passé simple*	*subjonctif présent*
comparaître			
► connaître			
comprendre			
► prendre			
conclure	je conclus	je conclurai	que je conclue
	tu conclus		que nous concluions
conclu	il conclut		
	nous concluons	je conclus	
	vous concluez	nous conclûmes	
	ils concluent		
conduire	je conduis	je conduirai	que je conduise
	tu conduis		que nous conduisions
conduit	il conduit		
	nous conduisons	je conduisis	
	vous conduisez	nous conduisîmes	
	ils conduisent		
connaître	je connais	je connaîtrai	que je connaisse
	tu connais		que nous connaissions
connu	il connaît		
	nous connaissons	je connus	
	vous connaissez	nous connûmes	
	ils connaissent		
conquérir			
► acquérir			
construire			
► conduire			
contenir			
► venir			
contredire	⚠ vous contredisez		
► dire			
convaincre			
► vaincre			
* convenir			
► venir			

▶▶▶ Die Unregelmäßigen Verben

Infinitiv Partizip Perf.	Indikativ Präsens	*futur simple* *passé simple*	*subjonctif présent*
coudre cousu	je couds tu couds il coud nous cousons vous cousez ils cousent	je coudrai je cousis nous cousîmes	que je couse que nous cousions
courir couru	je cours tu cours il court nous courons vous courez ils courent	je courrai je courus nous courûmes	que je coure que nous courions
couvrir ▶ ouvrir			
craindre ▶ peindre			
croire cru	je crois tu crois il croit nous croyons vous croyez ils croient	je croirai je crus nous crûmes	que je croie que nous croyions
cueillir cueilli	je cueille tu cueilles il cueille nous cueillons vous cueillez ils cueillent	je cueillerai je cueillis nous cueillîmes	que je cueille que nous cueillions
cuire ▶ conduire			
décevoir ▶ recevoir			
découvrir ▶ ouvrir			

▶▶▶ Die Unregelmäßigen Verben

Infinitiv Partizip Perf.	Indikativ Präsens	*futur simple* *passé simple*	*subjonctif présent*
décrire			
▶ écrire			
détruire			
▶ conduire			
* devenir			
▶ venir			
devoir	je dois	je devrai	que je doive
	tu dois		que nous devions
dû	il doit		
	nous devons	je dus	
	vous devez	nous dûmes	
	ils doivent		
dire	je dis	je dirai	que je dise
	tu dis		que nous disions
dit	il dit		
	nous disons	je dis	
	vous dites	nous dîmes	
	ils disent		
** disparaître			
▶ connaître			
écrire	j'écris	j'écrirai	que j'écrive
	tu écris		que nous écrivions
écrit	il écrit		
	nous écrivons	j'écrivis	
	vous écrivez	nous écrivîmes	
	ils écrivent		
élire			
▶ lire			
entreprendre			
▶ prendre			
entretenir			
▶ venir			

▶▶▶ Die Unregelmäßigen Verben

Infinitiv	Indikativ Präsens	*futur simple*	*subjonctif présent*
Partizip Perf.		*passé simple*	
envoyer	j'envoie	j'enverrai	que j'envoie
	tu envoies		que nous envoyions
envoyé	il envoie		
	nous envoyons	*j'envoyai*	
	vous envoyez	*nous envoyâmes*	
	ils envoient		
éteindre			
► peindre			
exclure			
► conclure			
faire	je fais	je ferai	que je fasse
	tu fais		que nous fassions
fait	il fait		
	nous faisons	*je fis*	
	vous faites	*nous fîmes*	
	ils font		
fuir	je fuis	je fuirai	que je fuie
	tu fuis		que nous fuyions
fui	il fuit		
	nous fuyons	*je fuis*	
	vous fuyez	*nous fuîmes*	
	ils fuient		
hair	je hais	je haïrai	que je haïsse
	tu hais		que nous haïssions
haï	il hait		
	nous haïssons	*je haïs*	
	vous haïssez	*nous haïmes*	
	ils haïssent		
inclure	⚠ inclus (participe passé)		
► conclure			
inscrire			
► écrire			
instruire			
► conduire			

▶▶▶ Die Unregelmäßigen Verben

Infinitiv Partizip Perf.	Indikativ Präsens	*futur simple* *passé simple*	*subjonctif présent*
interdire ▶ dire	⚠ vous inter**disez**		
interrompre interrompu	j'interromps tu interromps il interrompt nous interrompons vous interrompez ils interrompent	j'interromprai j'interrompis nous interrompîmes	que j'interrompe que nous interrompions
* intervenir ▶ venir			
introduire ▶ conduire			
joindre ▶ peindre			
lire lu	je lis tu lis il lit nous lisons vous lisez ils lisent	je lirai je lus nous lûmes	que je lise que nous lisions
méconnaître ▶ connaître			
mettre mis	je mets tu mets il met nous mettons vous mettez ils mettent	je mettrai je mis nous mîmes	que je mette que nous mettions
* mourir mort	je meurs tu meurs il meurt nous mourons vous mourez ils meurent	je mourrai je mourus nous mourûmes	que je meure que nous mourions

▶▶▶ Die Unregelmäßigen Verben

Infinitiv Partizip Perf.	Indikativ Präsens	*futur simple* *passé simple*	*subjonctif présent*
* naître	je nais tu nais	je naîtrai	que je naisse que nous naissions
né	il naît nous naissons vous naissez ils naissent	je naquis nous naquîmes	
obtenir			
► venir			
offrir			
► ouvrir			
ouvrir	j'ouvre tu ouvres	j'ouvrirai	que j'ouvre que nous ouvrions
ouvert	il ouvre nous ouvrons vous ouvrez ils ouvrent	j'ouvris nous ouvrîmes	
** paraître			
► connaître			
parcourir			
► courir			
peindre	je peins tu peins	je peindrai	que je peigne que nous peignions
peint	il peint nous peignons vous peignez ils peignent	je peignis nous peignîmes	
permettre			
► mettre			
plaindre			
► peindre			

▶▶▶ Die Unregelmäßigen Verben

Infinitiv Partizip Perf.	Indikativ Präsens	*futur simple* *passé simple*	*subjonctif présent*
plaire plu	je plais tu plais il plaît nous plaisons vous plaisez ils plaisent	je plairai je plus nous plûmes	que je plaise que nous plaisions
poursuivre ► suivre			
pouvoir pu	je peux tu peux il peut nous pouvons vous pouvez ils peuvent	je pourrai je pus nous pûmes	que je puisse que nous puissions
prendre pris	je prends tu prends il prend nous prenons vous prenez ils prennent	je prendrai je pris nous prîmes	que je prenne que nous prenions
prévenir ► venir			
prévoir ► voir		⚠ je prévoirai	
promettre ► mettre			
recevoir reçu	je reçois tu reçois il reçoit nous recevons vous recevez ils reçoivent	je recevrai je reçus nous reçûmes	que je reçoive que nous recevions
reconnaître ► connaître			

▶▶▶ Die Unregelmäßigen Verben

Infinitiv Partizip Perf.	Indikativ Präsens	*futur simple* *passé simple*	*subjonctif présent*
recueillir			
▶ cueillir			
réduire			
▶ conduire			
rejoindre			
▶ peindre			
renvoyer			
▶ envoyer			
reprendre			
▶ prendre			
résoudre	je résous	je résoudrai	que je résolve
	tu résous		que nous résolvions
résolu	il résout		
	nous résolvons	je résolus	
	vous résolvez	nous résolûmes	
	ils résolvent		
revoir			
▶ voir			
rire	je ris	je rirai	que je rie
	tu ris		que nous riions
ri	il rit		
	nous rions	je ris	
	vous riez	nous rîmes	
	ils rient		
savoir	je sais	je saurai	que je sache
	tu sais		que nous sachions
su	il sait		
	nous savons	je sus	
	vous savez	nous sûmes	
	ils savent		
	⚠ Partizip Präsens: sachant		
séduire			
▶ conduire			

▶▶▶ Die Unregelmäßigen Verben

Infinitiv Partizip Perf.	Indikativ Präsens	*futur simple* *passé simple*	*subjonctif présent*
souffrir			
▶ ouvrir			
sourire			
▶ rire			
* se souvenir			
▶ venir			
suivre	je suis	je suivrai	que je suive
	tu suis		que nous suivions
suivi	il suit		
	nous suivons	je suivis	
	vous suivez	nous suivîmes	
	ils suivent		
surprendre			
▶ prendre			
survivre			
▶ vivre			
* se taire	je me tais	je me tairai	que je me taise
	tu te tais		que nous nous taisions
tu	il se tait		
	nous nous taisons	je me tus	
	vous vous taisez	nous nous tûmes	
	ils se taisent		
tenir			
▶ venir			
traduire			
▶ conduire			
transmettre			
▶ mettre			
vaincre	je vaincs	je vaincrai	que je vainque
	tu vaincs		que nous vainquions
vaincu	il vainc		
	nous vainquons	je vainquis	
	vous vainquez	nous vainquîmes	
	ils vainquent		

▶▶▶ Die Unregelmäßigen Verben

Infinitiv Partizip Perf.	Indikativ Präsens	*futur simple* *passé simple*	*subjonctif présent*
* venir	je viens	je viendrai	que je vienne
	tu viens		que nous venions
venu	il vient		
	nous venons	**je vins**	
	vous venez	**nous vînmes**	
	ils viennent		
vivre	je vis	je vivrai	que je vive
	tu vis		que nous vivions
vécu	il vit		
	nous vivons	**je vécus**	
	vous vivez	**nous vécûmes**	
	ils vivent		
voir	je vois	je verrai	que je voie
	tu vois		que nous voyions
vu	il voit		
	nous voyons	**je vis**	
	vous voyez	**nous vîmes**	
	ils voient		
vouloir	je veux	je voudrai	que je veuille
	tu veux		que nous voulions
voulu	il veut		
	nous voulons	**je voulus**	
	vous voulez	**nous voulûmes**	
	ils veulent		

▶▶▶ Die Unregelmäßigen Verben

■ Liste der unpersönlichen Verben

Infinitiv Partizip Perf.	Indikativ Präsens	*imparfait*	*futur simple* *passé simple*	*subjonctif présent*
falloir fallu	il faut	il fallait	il faudra il fallut	qu'il faille
pleuvoir plu	il pleut	il pleuvait	il pleuvra il plut	qu'il pleuve
valoir valu	il vaut	il valait	il vaudra il valut	qu'il vaille

falloir – brauchen, müssen, sollen
pleuvoir – regnen
valoir – kosten, gelten

5   Grammatische Begriffe

Adjektiv ▶ S. 42 ff

(*un adjectif*) Eigenschaftswort. Beschreibt Personen oder Sachen: *Il est grand*.

Adverb ▶ S. 58 ff

(*un adverbe*) Umstandswort. Beschreibt ▶ Verben, ▶ Adjektive oder andere Adverbien näher.
Elle parle vite. Viele Adverbien kann man an ihren Endungen *-ment*, *-amment*, *-émant*, u.a.
erkennen (*heureusement*, *couramment*), andere nicht (*vite*, *bien*). Adverbien können vor oder
nach dem Verb stehen.

Akzent

(*un accent*) Im Französischen gibt es drei Akzente, die über einem ▶ Vokal stehen können:
é (*accent aigu*), *è* (*accent grave*), *ê* (*accent circonflexe*).

Apostroph ▶ S. 13, 109, 224, 237, 334, 335

(*une apostrophe*) Auslassungszeichen. Zeigt an, dass an dieser Stelle ein ▶ Vokal ausgelassen
wurde: *l'armoire, j'habite, c'est, elle m'écoute*.

Artikel, bestimmter ▶ S. 13

(*un article défini*) bestimmtes Geschlechtswort. Im Französischen gibt es zwei bestimmte Artikel für den Singular: *le* und *la*. Der bestimmte Artikel im Plural ist *les*. Einen sächlichen Artikel
gibt es im Französischen nicht.

Artikel, unbestimmter ▶ S. 12

(*un article indéfini*) unbestimmtes Geschlechtswort. Im Französischen gibt es zwei unbestimmte Artikel im Singular: *un* und *une*. *Un* und *une* haben eine gemeinsame Pluralform: *des*, die es
im Deutschen nicht gibt. *Des livres*/Bücher

Artikel, zusammengezogener ▶ S. 14, 189

(*un article contracté*) Die bestimmten Artikel *le* und *les* werden mit den ▶ Präpositionen *à* und
de zusammengezogen: *à* + *le* = *au*; *à* + *les* = *aux*; *de* + *le* = *du*; *de* + *les* = *des*.

Aussagesatz ▶ S. 205 ff

(*la phrase déclarative*) *Ils écoutent un CD.*/ Sie hören eine CD.

Bedingungssatz, irrealer ▶ S. 224

(*la condition irréelle*) Ein irrealer Bedingungssatz sagt aus, was in der Gegenwart geschehen
würde, wenn eine bestimmte Bedingung erfüllt wäre, oder was in der Vergangenheit geschehen wäre, wenn eine bestimmte Bedingung erfüllt gewesen wäre. *S'ils avaient marqué un but
de plus, ils auraient gagné.*/Wenn sie noch ein Tor geschossen hätten, hätten sie gewonnen.

▶▶▶ Grammatische Begriffe

Bedingungssatz, realer ▶ S. 223
(*la condition réelle*) Ein realer Bedingungssatz sagt aus, was geschehen wird, wenn eine bestimmte Bedingung erfüllt ist. *S'ils marquent un but de plus, ils gagneront.* Wenn sie noch ein Tor schießen, werden sie gewinnen.

Befehlsform ▶ Imperativ

Begleiter
(*le déterminant*) Ein Wort, das Nomen näher bestimmt. Es gibt verschiedene Begleiter:
▶ bestimmter/unbestimmter Artikel S. 12 ff, ▶ Possessivbegleiter S. 20,
▶ Demonstrativbegleiter S. 22, ▶ unbestimmter Begleiter ▶ S. 24 ff.

Beugung ▶ Konjugation

conditionnel (*présent, passé*)   ▶ S. 89, 105, 134
Modus des Französischen, der verwendet wird, um höfliche Fragen oder Bitten (***Pourriez-vous** me dire ...?*), Vorschläge (*On **pourrait** aller au cinéma.*), und Ratschläge (*Tu **pourrais** l'aider.*) zu formulieren. *Conditionnel présent* oder *passé* stehen auch in Bedingungssätzen. Das *conditionnel* hat im Deutschen keine Entsprechung. Es wird häufig mit dem Konjunktiv wiedergegeben.

Demonstrativbegleiter   ▶ S. 22
(*le déterminant démonstratif*) hinweisender Begleiter. Weist auf eine bestimmte Person oder Sache hin: ***ce** livre, **cette** maison, **cet** élève, **ces** films.*

Demonstrativpronomen   ▶ S. 180
(*le pronom démonstratif*) hinweisendes Fürwort. Steht anstelle eines ▶ Nomens oder Eigennamens. Es wird in Geschlecht und Zahl dem Nomen angeglichen, das es vertritt.
*Tu achètes quelle robe? **Celle-là**.* Auf ein Demonstrativpronomen folgt immer eine weitere Angabe: ein ▶ Relativsatz, eine Ergänzung mit einer ▶Präposition, *-ci* oder *-là*.

Eigenschaftswort ▶ Adjektiv

Einschränkung   ▶ S. 244 f
(*la restriction*) Mit *ne ... que* (nur, erst) kann man etwas einschränken. *Il **ne** vont partir **que** samedi.* Sie fahren <u>erst</u> am Samstag weg. *Il **n'**a retrouvé **que** sa mère.* Er hat <u>nur</u> seine Mutter wiedergefunden.

Einzahl ▶Singular

Endung   ▶ S. 32 ff, 46, 57, 59 ff, 73, 76, 79 ff, 91 ff
(*la terminaison*) Teil eines Wortes, das an den Stamm des Wortes angefügt wird: *les cassette**s**,* Endung *-s* für den Plural) *Elle est grand**e**.* (Endung *-e* für die feminine Form.) Bei Verben zeigt

▶▶▶ Grammatische Begriffe

die Endung an, in welcher Person, Zeit und in welchem Modus ein Verb verwendet wird: *nous jouons* (1. Person Plural, Präsens, Indikativ)

Ergänzung ▶ S. 55, 119, 124, 140 ff

(*le complément*) Ein Satzteil, der eine Ergänzung zum Verb darstellt. Es gibt verschiedene Ergänzungen: ▶ direktes Objekt, ▶ indirektes Objekt, Ortsangabe, ▶ Infinitivergänzungen.

feminin ▶ S. 12 ff, 20 ff, 31 ff, 43 ff

(*féminin*) weiblich ▶ Genus

Frage, indirekte ▶ S. 199, 232 ff

(*l'interrogation indirecte*) Mit der indirekten Frage wird wiedergegeben, was eine andere Person gefragt hat. Die indirekte Frage wird mit dem ▶ Fragewort der direkten Frage oder der ▶ Konjunktion *si* eingeleitet: *Il demande pourquoi ....? Elle veut savoir si ...?*

Fragebegleiter ▶ S. 23, 188

(*le déterminant interrogatif*) Mit dem Begleiter *quel?/quelle?/quels?/quelles?* werden nähere Informationen zu einem Nomen erfragt. *Quel* wird dem Nomen angeglichen, vor dem es steht: *Quel livre? Quelle maison?*

Fragepronomen ▶ S. 182

(*le pronom interrogatif*) Mit dem Fragepronomen fragt man nach Personen oder Sachen: *Lequel?/Laquelle?/Lesquels?/Lesquelles?* Im Unterschied zu dem ▶ Fragebegleiter stehen Fragepronomen alleine, d. h. ohne folgendes Nomen. -*Tu as lu son livre? -Lequel?* -Hast du sein Buch gelesen? -Welches?

Fragesatz ▶ S. 212 ff

(*une interrogation*) Es gibt mehrere Möglichkeiten, einen Fragesatz zu bilden: die ▶ Intonationsfrage, die ▶ Frage mit *est-ce que*, die ▶ Inversionsfrage, die ▶Frage mit Fragewort und die Frage mit dem Fragebegleiter *quel?*

Fragewort ▶ S. 187, 212 ff, 232

(*un interrogatif*) Worte, die eine Frage einleiten: z. B. *qui?/que?/ pourquoi?/comment?/quand?*

français familier ▶ S. 12, 238, 244

(„Umgangssprache") Das *français familier* wird in der Familie, im Freundeskreis und unter Jugendlichen verwendet. Es unterscheidet sich vom ▶ *français standard* durch Wörter, Formen und Verkürzungen, die im *français standard* als falsch oder sehr nachlässig gelten.

▶▶▶ Grammatische Begriffe

français standard
(„Hochsprache") Das *français standard* ist die grammatikalisch korrekte Hochsprache. Es wird mit Fremden und weniger bekannten Erwachsenen verwendet und ist in jeder Situation angebracht.

Fürwort ▶ Pronomen

futur antérieur   ▶ S. 103, 128 f
(Futur II) Bezeichnet eine Handlung in der Zukunft, die vor einer anderen Handlung in der Zukunft abgeschlossen ist. *Quand j'**aurai fini** l'école, je ferai un grand voyage.* Wenn ich die Schule beendet haben werde/beendet habe, werde ich eine große Reise machen.

futur composé   ▶ S. 78, 82, 93, 103, 129, 172, 220, 241
(zusammengesetzte Zukunft) Zeitform des Verbs, mit dessen Hilfe man ausdrücken kann, dass eine Handlung in der Zukunft stattfinden wird. Es wird aus einer konjugierten Form des Verbs *aller* und dem Infinitiv eines Verbs gebildet: *Je **vais aller** chez Lucie.* Ich werde zu Lucie gehen.

futur simple   ▶ S. 87 ff, 93, 108, 128
(einfaches Futur) Zeitform des Verbs, mit der man ausdrücken kann, dass eine Handlung in der Zukunft stattfinden wird. Im Unterschied zum ▶ *futur composé* besteht das *futur simple* nur aus einer Verbform: *Je **mangerai**, il **parlera**.*

Gegenwart ▶ Präsens

Genus
(*le genre*) Geschlecht eines Wortes. Im Französischen gibt es nur zwei Geschlechter: männlich oder weiblich. Ein neutrales (sächliches) Geschlecht gibt es im Französischen nicht.

gérondif   ▶ S. 83, 109, 121 ff, 169, 210, 225, 240
(Gerundium) Verbform, für die es im Deutschen keine Entsprechung gibt. Mit dem *gérondif* kann man Nebensätze, die mit *quand*, *et* oder *si* beginnen, ersetzen, allerdings nur dann, wenn ▶ Hauptsatz und ▶ Nebensatz das gleiche Subjekt haben. *Il mange **en regardant** la télé.* Er isst beim Fernsehen.

Geschlecht ▶ Genus

Geschlechtswort ▶ Artikel

Grundform des Verbs ▶ Infinitiv

Hauptsatz   ▶ S. 198, 223 ff, 231 ff
(*la proposition principale*) ein Satz, der mindestens aus einem Subjekt und einem Verb besteht. *Sophie parle.* Hauptsätze können im Unterschied zu Nebensätzen alleine stehen.

▶▶▶ Grammatische Begriffe

Hauptwort ▶Nomen

Hervorhebung ▶ *Mise en relief*

Hilfsverb ▶ S. 95 *ff*

(*le verbe auxiliaire*) Ein Verb, das zur Bildung einer Zeitform verwendet wird. Zur Bildung des ▶ *passé composé* und des ▶ *plus-que-parfait* gibt es im Französischen zwei Hilfsverben: *avoir* und *être. Il **a** parlé. /Elle **est** allée. Il **avait** parlé. Elle **était** allée.* Zur Bildung des ▶ *futur composé* wird das Hilfsverb *aller* verwendet. *Je **vais** travailler.*

imparfait ▶ S. 86, 132

Zeitform der Vergangenheit. Wird hauptsächlich zur Schilderung einer Situation, eines Zustands in der Vergangenheit verwendet und für Handlungen, die sich in der Vergangenheit wiederholt haben oder zur Gewohnheit geworden sind. *Il **faisait** beau.*

Imperativ ▶ S. 91 *f*, 110, 126, 169, 173 *ff*, 219 *ff*, 240

(*un impératif*) Befehlsform. Mit den Imperativformen eines Verbs kann man eine oder mehrere Personen auffordern, etwas zu tun oder zu unterlassen: *Regarde/Regardons/Regardez. Ne **pleure** plus.* Der Imperativ wird häufig mit ▶ Pronomen verwendet: *Regarde-**moi**. Ne **me** regarde pas comme ça. Écoutez-**le**.*

Indefinitbegleiter ▶ Begleiter, unbestimmter

Indefinitpronomen ▶ S. 184

(*le pronom indéfini*) unbestimmtes Fürwort, das für nicht näher bestimmte Sachen oder Personen steht. Z. B.: *Quelque chose* – etwas, *chacun* – jeder.

Indikativ ▶ S. 127 *ff*

(Wirklichkeitsform) Sagt aus, was wirklich ist, gewesen ist oder sein wird. Im Unterschied zur Möglichkeitsform (▶ *conditionnel*), die aussagt, was sein könnte.

Infinitiv ▶ S. 79 *f*, 82 *f*

(*un infinitif*) Grundform. Form eines Verbs, die zu keiner Person gehört. *Jouer, attendre, faire.*

Infinitivergänzung ▶ S. 140, 207, 209

(*le complément avec l'infinitif*) Einige ▶ Verben können Infinitive mit oder ohne Präposition anschließen. Z. B.: *aimer **faire qc**, commencer **à faire qc**, arrêter **de faire qc**.*

Interrogativbegleiter ▶Fragebegleiter

Interrogativpronomen ▶Fragepronomen

Intonation ▶ S. 213, 221

(*une intonation*) Satzmelodie: das Heben und Senken der Stimme im Satz.

▶▶▶ Grammatische Begriffe

Inversionsfrage   ▶ S. 215

(*l'interrogation par inversion*) Frage, in der das Subjekt nach dem Verb steht: *Parlez-vous français? Que fais-tu?*

Komparativ   ▶ S. 53

(*le comparatif*) Vergleichsform. Steigerungsform des ▶ Adjektivs: *Yann est plus grand que Sophie.* und des ▶ Adverbs: *Elle parle plus vite que Yann.*

Konjugation   ▶ S. 79 ff, 340, 342 ff

(*la conjugaison*) Beugung, Anpassung eines Verbs an das Subjekt: *Elle joue. Il a un chien.*

Konjunktion   ▶ S. 194, 197 ff

(*la conjonction*) Bindewort. Wörter, mit denen zwei Satzteile *(Paul et Pauline)* oder Sätze (*Manon aime la danse et Valentin aime les livres.*) verbunden werden. Z. B.: *et, ou, mais, que, parce que*. Nach einigen Konjunktionen muss der *subjonctif* verwendet werden. *Ils sortent sans que leurs parents le <u>sachent</u>*. Sie gehen aus, ohne dass ihre Eltern es wissen.

Konsonant

(*la consonne*) Mitlaut (**b, c, d, f, g** ...)

Liaison

(*Bindung*) Die hörbare Bindung eines Endkonsonanten mit dem Anfangsvokal des folgenden Wortes: *nous_avons, les_adresses.*   **A**

männlich ▶ maskulin

maskulin   ▶ S. 12 ff, 20 ff, 31 ff, 43 ff

(*masculin*) männlich ▶ Genus

Mehrzahl ▶ Plural

Mengenangaben   ▶ S. 18 f, 64, 72, 170

(*les quantifiants*) Mengenangaben können Nomen sein (*un pot de, une bouteille de* u. a.) oder Adverbien (*un peu de, beaucoup de* u.a.). Im Französischen steht nach Mengenangaben immer *de. Un kilo de farine.*

Mise en relief   ▶ S. 210 ff

(Hervorhebung) die besondere Betonung eines Satzteils. Das Subjekt wird durch *c'est / ce sont ... qui*, Ergänzungen durch *c'est / ce sont ... que* hervorgehoben: *C'est Sophie qui a téléphoné. C'est son roman que j'aime.*

Mitlaut ▶ Konsonant

▶▶▶ Grammatische Begriffe

Modalverb ▸ S. 78, 240

(*le verbe modal*) Hilfswort. ***Pouvoir, vouloir, savoir, devoir*** sind Modalverben. Auf Modalverben folgt der ▸ Infinitiv eines anderen Verbs ohne Präposition. *Elle **veut** chanter.*

Nebensatz ▸ S. 119, 122 f, 136, 139, 190, 194 ff

(*la proposition subordonnée*) Ein Satz, der von einem ▸ Hauptsatz abhängig ist und nicht alleine stehen kann.

Nomen ▸ S. 30 ff

(*le nom*) Hauptwort, auch Substantiv. Ein Wort, das eine Sache oder Person bezeichnet und meistens einen Begleiter hat: *le **copain**, ma **copine**, ce **livre**.*

Numerus

(*le nombre*) die Zahl ▸ Singular (Einzahl) oder ▸ Plural (Mehrzahl).

Objekt, direktes ▸ S. 98 ff, 111, 123, 140 ff, 166 ff, 180, 187, 207, 210, 234

(*le complément d'objet direct*) Eine Ergänzung, die ohne Präposition direkt nach dem Verb steht. *Je range **ma chambre**.*

Objekt, indirektes ▸ S. 99 f, 111, 140, 167 f, 174, 177, 207

(*le complément d'objet indirect*) Eine Ergänzung, die mit einer Präposition an das Verb angeschlossen wird. *Il pense **à ses vacances**. Elle parle **de ses vacances**.*

Objektpronomen, direktes ▸ S. 98, 166, 187, 207

(*le pronom objet direct*) Fürwort, mit dem ein direktes Objekt ersetzt werden kann. *Il cherche le CD./Il **le** cherche.*

Objektpronomen, indirektes ▸ S. 167 f, 207

(*le pronom objet indirect*) Fürwort, mit dem ein ▸ indirektes Objekt ersetzt werden kann: *Je donne le livre à Yann. Je **lui** donne le livre.*

Ordnungszahl ▸ S. 73 ff, 77

(*le nombre ordinal*) Zahlen, mit denen etwas aufgezählt wird: *Ma **première** question, leur **deuxième** chanson.* Meine erste Frage, ihr zweites Lied.

Partizip Perfekt ▸ S. 65 f, 80 ff, 97 ff, 113, 190, 229, 341, 342 ff

(*le participe passé*) Mittelwort der Vergangenheit, Form des Verbs, die zur Bildung einiger zusammengesetzter Zeiten und des Passiv gebraucht wird. *Il a **parlé**. Il avait **parlé**.* Das Partizip Perfekt wird nach dem Hilfsverb *être* dem Subjekt in Genus und Numerus angeglichen. *Elles sont allées.* Nach dem Hilfsverb *avoir* wird es in drei Fällen dem ▸ direkten Objekt angeglichen.

▶▶▶ Grammatische Begriffe

Partizip Präsens ▶ S. 83, 93, 109, 117 ff, 124, 240

(*le participe présent*) Verbform, wird vor allem im geschriebenen Französisch verwendet. Mit dem *participe présent* kann man einen Relativsatz ersetzen: *Il a des questions **concernant** un métier.*

passé composé ▶ S. 99, 102, 108, 110, 113, 131 ff, 200, 211, 223 ff, 235

(zusammengesetzte Vergangenheit) Perfekt. Zeitform der Vergangenheit, die aus der Präsensform eines ▶ Hilfsverbs und einem ▶ Partizip Perfekt gebildet wird. *Il **a écouté**. Elle **est tombée**.*

passé récent ▶ S. 106, 108, 110, 128, 169

(*venir de faire* + Infinitiv) Zeitform der Vergangenheit, mit der ausgedrückt wird, dass eine Handlung gerade beendet wurde. *Il **vient de manger**. Er hat gerade gegessen.*

passé simple ▶ S. 88 f, 92, 108, 133

(einfache Vergangenheit) Zeitform der Vergangenheit, die fast nur in der geschriebenen Sprache verwendet wird und deren Gebrauch etwa dem des *passé composé* entspricht. *Elle **parla** à son mari.*

Passiv ▶ S. 96, 113 ff

(*le passif*) Leideform. Wird gebildet mit dem Hilfsverb *être* und dem Partizip Perfekt des entsprechenden Verbs. Der Verursacher wird mit *par* angegeben. *Le chateau de Villandry **a été** **construit par** Jean Le Breton.* Das Schloß von Villandry ist von Jean Le Breton gebaut worden.

Personalpronomen, unverbundenes ▶ S. 161, 165 f, 170 f, 174, 208 ff, 245

(*le pronom personnel disjoint*) *moi, toi, lui, elle, nous, vous, eux, elles* werden alleinstehend (ohne Verb) nach Präpositionen und nach *c'est/ce sont* verwendet. Die unverbundenen Personalpronomen können mit *-même* verstärkt werden: *lui-même* – er selbst.

Personalpronomen, verbundenes ▶ S. 161, 163 ff

(*le pronom personnel conjoint*) Persönliches Fürwort: *je, tu, il, elle, on, nous, vous, ils, elles*. Die verbundenen Personalpronomen stehen immer vor oder nach Verbformen, nie alleine.

Plural ▶ S. 12 ff, 35 ff

(*le pluriel*) Mehrzahl. Die Mehrzahl eines Wortes wird durch seine Endung angezeigt. Bei ▶ Nomen und ▶Adjektiven meistens mit *-s*: *la maison – les maisons*; *grand – grands*. Einige Nomen haben einen besonderen Plural. Der Plural der ▶ bestimmten Artikel *le* und *la* ist *les*, der Plural der ▶ unbestimmten Artikel *un* und *une* ist *des*.

Plusquamperfekt ▶ S. 102 f, 108, 113, 132

(*le plus-que-parfait*) Tempus der Vergangenheit. Wird aus der *imparfait*-Form eines ▶ Hilfsverbs (*avoir* oder *être*) und dem Partizip Perfekt eines Verbs gebildet. Das Plusquamperfekt bezeich-

▶▶▶ Grammatische Begriffe

net Handlungen, die vor anderen, ebenfalls in der Vergangenheit liegenden Handlungen, stattgefunden haben. *Lundi il était fatigué parce qu'il **avait** beaucoup **travaillé** dimanche.*

Possessivbegleiter ▶ S. 20 ff, 188

(*le déterminant possessif*) besitzanzeigender Begleiter. Gibt den Besitz oder die Zugehörigkeit an: ***ma** chambre* / mein Zimmer. ***notre** appartement* / unsere Wohnung

Possessivpronomen ▶ S. 181 f, 188

(*le pronom possessif*) besitzanzeigendes Fürwort. ***Le mien**, **le tien**, **le sien*** usw. Pronomen, das ein Besitzverhältnis ausdrückt. *Ton frère est plus grand que **le mien**.* Dein Bruder ist größer als meiner.

Präposition ▶ S. 14, 189 ff, 204

(*la préposition*) Verhältniswort. Zeigt zeitliche, räumliche und andere Beziehungen zwischen Personen oder Sachen an: ***après** l'école*, ***dans** la chambre.*

Präsens ▶ S. 80 f, 85 f, 93, 127 f

(*le présent*) Gegenwart, Zeitform des ▶ Verbs.

présent duratif ▶ S. 107 f, 127 f, 150

(*être en train de* + Infinitiv) wird zum Beschreiben einer gerade stattfindenden Handlung verwendet. *Il **est en train de manger**.* Er isst gerade.

Pronomen

(*le pronom*) Fürwort. Wörter, mit denen Nomen oder Eigennamen ersetzt werden können. Es gibt verschiedene Pronomen: ▶ Personalpronomen, ▶ Possessivpronomen, ▶ direkte Objektpronomen, ▶ indirekte Objektpronomen, ▶ Demonstrativpronomen, ▶ Fragepronomen, ▶ Relativpronomen, ▶ Reflexivpronomen, ▶ Indefinitpronomen, die Pronomen *en* und *y*.

Rede, direkte

(*le discours direct*) wörtliche Wiedergabe einer Äußerung.

Rede, indirekte ▶ S. 198, 231 ff

(*le discours indirect*) Mit der indirekten Rede wird wiedergegeben, was eine andere Person gesagt hat. Die indirekte Rede wird im Französischen immer mit einer Konjunktion eingeleitet: *Elle dit / pense **que** ...* ; *Il a demandé / veut savoir **si** ...*

Reflexivpronomen ▶ S. 79, 100, 109 ff, 168 f

(*le pronom réfléchi*) rückbezügliches Fürwort. Reflexivpronomen begleiten ein ▶ reflexives Verb. Sie stehen in der gleichen Person wie das Subjekt des Satzes. *Je **me** sens bien. Ils **s'** occupent des oiseaux.*

▶▶▶ Grammatische Begriffe

Relativpronomen ▶ S. 98, 175 ff, 183, 188, 207 f, 226, 229 f
(*le pronom relatif*) bezügliches Fürwort, bezieht sich auf Personen oder Sachen, über die etwas Genaueres ausgesagt werden soll, und verbindet Sätze miteinander. Z. B.: *Que*, *qui*, *ce que*, *dont* u.a..

Relativsatz ▶ S. 226 ff
(*la proposition relative*) Bezugssatz, Nebensatz, der mit einem ▶ Relativpronomen eingeleitet wird. Er gibt zusätzliche Informationen zu Personen oder Sachen, die im Hauptsatz erwähnt werden. *Je connais une fille **qui veut apprendre la trompette***.

Selbstlaut ▶ Vokal

Singular
(*le singulier*) Einzahl

Stamm
(*le radical*) Ein Verb besteht aus einem Stamm und einer Endung: *parl-ons*.

Subjekt ▶ S. 205 ff auch: ▶ S. 49, 96, 101, 113 ff, 123, 136, 163, 168, 182
(*le sujet*) Satzgegenstand. Der Teil eines Satzes, über den etwas ausgesagt wird. *Lucie est drôle*.

subjonctif ▶ S. 90 ff, 105 ff, 135 ff
Modus, Form des ▶ Verbs. Nach bestimmten Verben, Ausdrücken und Konjunktionen muss der *subjonctif* eines Verbs verwendet werden. *Il faut que tu **partes***. Der *subjonctif* steht in einem ▶ Nebensatz, der mit *que* eingeleitet wird.

Superlativ ▶ S. 54, 63, 136 f, 228
(*le superlatif*) Die höchste Steigerungsform des ▶ Adjektivs: *Yann est **le plus fort** de la classe.* und des ▶ Adverbs *Elle parle **le plus vite** de tous.*

Tätigkeitswort ▶ Verb

Teilungsartikel ▶ S. 18 ff, 170, 238
(*l'article partitif*) Im Französischen gibt es neben dem ▶ bestimmten und dem ▶ unbestimmten Artikel noch den Teilungsartikel, der unbestimmte Mengen begleitet: *de l'eau* / Wasser; *du café* / Kaffee; *de la farine* / Mehl. Im Deutschen gibt es keinen Teilungsartikel.

Verb ▶ S. 78 ff, 92, 108, 140 ff, 207 ff
(*le verbe*) Tätigkeitswort/Zeitwort. Verben bezeichnen Handlungen. Sie bestehen aus einem Stamm und einer ▶ Endung. Verben werden dem ▶ Subjekt eines Satzes angeglichen. *Elle **travaille** beaucoup.*

▶▶▶ Grammatische Begriffe

Verb, reflexives ▶ S. 109 ff
(*le verbe pronominal*) rückbezügliches Tätigkeitswort. Verb, dessen Subjekt und Objekt dieselbe Person oder Sache ist, und das von einem ▶ Reflexivpronomen begleitet wird. *Nous nous préparons*. Nicht jedes Verb, das im Französischen reflexiv ist, ist es im Deutschen auch.

Vergangenheit, zusammengesetzte ▶*passé composé*

Vergleichsform ▶ Komparativ

Verhältniswort ▶ Präposition

Verneinung ▶ S. 19, 121, 128, 172 f, 229, 237 ff
(*la négation*) Die französische Verneinung besteht aus mehreren Teilen: *ne ... pas /plus / jamais / rien / personne / aucun/e*. *Ne* steht vor dem konjugierten Verb und *pas/plus/jamais/rien/personne/aucun/e* dahinter. Verneinung mit *ne ... que* ▶ Einschränkung.

Vokal
(*la voyelle*) Selbstlaut (*a, e, i, o, u*).

weiblich ▶ feminin (Genus)

Zukunft, zusammengesetzte ▶ *futur composé*